实用信息资源检索与利用

主 编 端木艺

编 者 端木艺 曹 涛 施李丽
　　　 徐晨飞 秦飞飞 黄桂娟
　　　 唐 昭

扫码加入读者圈
轻松解决重难点

南京大学出版社

内容提要

本教材旨在全面提高大学生的信息素养，系统讲述了信息检索的原理和方法，包括信息与信息资源的基本知识，文献信息整序和检索的原理与方法，信息检索工具，信息资源检索方法，信息分析筛选、加工利用、论文写作规范等基本理论和基本技能。本书内容新颖，反映了人文社科信息资源和信息技术的最新进展。图文并茂，以大量检索实例讲授信息资源检索的操作方法，明白易懂。本书主要适用对象是大学本科各专业学生，亦可供研究生、人文社科工作者、研究人员和其他读者参考。

图书在版编目(CIP)数据

实用信息资源检索与利用 / 端木艺主编. —— 南京：南京大学出版社，2018.8（2023.2重印）
ISBN 978-7-305-20465-4

Ⅰ. ①实… Ⅱ. ①端… Ⅲ. ①信息检索 Ⅳ. ①G254.9

中国版本图书馆 CIP 数据核字(2018)第 149615 号

出版发行　南京大学出版社
社　　址　南京市汉口路 22 号　　邮　编　210093
出 版 人　金鑫荣

书　　名　实用信息资源检索与利用
主　　编　端木艺
责任编辑　吴　华　　　　　　　编辑热线　025-83596997
照　　排　南京南琳图文制作有限公司
印　　刷　江苏苏中印刷有限公司
开　　本　787×1092　1/16　印张 18.75　字数 480 千
版　　次　2018 年 8 月第 1 版　2023 年 2 月第 5 次印刷
ISBN 978-7-305-20465-4
定　　价　46.80 元

网址：http://www.njupco.com
官方微博：http://weibo.com/njupco
微信服务号：njuyuexue
销售咨询热线：(025) 83594756

扫码可免费
申请教学资源

* 版权所有，侵权必究
* 凡购买南大版图书，如有印装质量问题，请与所购
　图书销售部门联系调换

前 言

当代社会的信息生产和传播方式不断更新,信息素养成为大学生综合素质的重要组成部分。具有敏锐的信息意识,能够熟练高效地检索信息,严谨地评价分析所获得的信息,灵活有效地运用信息,遵纪守法,具有良好的信息伦理素养,是大学生培养终身学习能力和科研创新能力的基础。高校的信息检索教育是培养信息素养的重要手段,信息检索能力是信息素养中的一个重要方面,本教材将基础知识、基本技能和综合利用结合在一起,旨在使学生得到全面的培养和提高。

根据高校人文社科各专业信息需求的特点,本书综合了各种文献类型、各种载体形态、各种传播方式的信息资源和检索工具。信息资源的选择古今兼顾,以今为主,中外文并重;检索工具以计算机网络检索工具为主,兼及其他。2009年第一版出版,得到广大师生的好评,2014年修订出版第二版。近年来信息技术发展非常迅速,信息传播、存储、检索的方式更新升级很快,因此,我们对教材进行全面修订,以反映信息资源和检索工具、检索技术的最新状况和发展趋势。

本书的基本框架包括3部分,第1部分(1~3章)为信息检索的基础知识和基本原理,包括人文社科信息与信息资源的基本知识、文献信息整序和检索的原理与方法、信息检索工具的基本知识。第2部分(4~7章)介绍信息检索方法,包括学术类文献信息、法律类文献信息、事实与数据信息的信息源及具体检索方法。第3部分(第8章)是信息的综合利用。

本书主编端木艺对全书内容、结构、写作大纲进行策划和设计,并对全书做了审改。

本书各章节编写分工如下:

端木艺:第1章,第2章,第3章,第4章第3节;

曹　涛:第5章第3节、第4节,第6章;

施李丽:第8章;

徐晨飞:第4章第2节,第7章第1节;

秦飞飞:第7章第2节、第3节;

黄桂娟:第5章第1节,第2节;

唐　昭：第 4 章第 1 节。

为了本书的编写出版，南京大学出版社吴华编辑兢兢业业做了大量工作，主编在此深表感谢！对各位参与本书编撰的同仁，以及提出过宝贵意见的各位朋友，主编也在此致以诚挚的感谢！

本书在编写中参考了大量国内外文献和同类图书，在此向作者深表谢意！书末的参考文献如有疏漏，敬请谅解。因信息技术的飞速发展和编者水平限制，书中内容难免有不足或错误之处，敬请读者和专家不吝赐教！

编　者

2018 年 6 月

目 录

第 1 章 信息与信息资源 ... 1
1.1 关于信息 ... 1
1.1.1 信息的含义 ... 1
1.1.2 信息的性质 ... 2
1.1.3 信息与知识 ... 3
1.2 信息资源的类型 ... 3
1.2.1 信息资源 ... 3
1.2.2 文献信息资源 ... 4
1.3 人文社科信息资源的特点 ... 8
1.4 信息资源的传播方式 ... 9
1.4.1 信息传播的定义 ... 9
1.4.2 信息传播的类型 ... 9

第 2 章 文献信息整序和检索方法 ... 12
2.1 文献信息整序原理 ... 12
2.1.1 文献的特征 ... 12
2.1.2 文献信息整序的步骤 ... 12
2.2 信息检索语言 ... 13
2.2.1 分类法与分类语言 ... 13
2.2.2 主题法与主题语言 ... 16
2.2.3 其他排序法 ... 17
2.3 检索技术 ... 17
2.3.1 数据库简介 ... 18
2.3.2 计算机检索常用技术 ... 18
2.4 信息检索方法 ... 20
2.4.1 信息检索原理 ... 20
2.4.2 分析检索需求 ... 20
2.4.3 选择信息源 ... 20
2.4.4 选择检索途径 ... 21
2.4.5 构建检索式 ... 23
2.4.6 分析检索结果 ... 24

第 3 章 信息检索工具 ... 27
3.1 线索型工具 ... 27
3.1.1 目录 ... 27
3.1.2 索引 ... 29

3.1.3　文摘 …… 29
3.2　参考型工具 …… 30
　　3.2.1　字典词典 …… 30
　　3.2.2　百科全书 …… 31
　　3.2.3　类书 …… 32
　　3.2.4　年鉴 …… 33
　　3.2.5　其他参考工具 …… 33
3.3　全文型工具 …… 34
　　3.3.1　图书数据库 …… 34
　　3.3.2　论文数据库 …… 34
　　3.3.3　特种文献数据库 …… 35
　　3.3.4　多媒体数据库 …… 35
3.4　综合型工具 …… 35
　　3.4.1　搜索引擎 …… 35
　　3.4.2　综合性信息资源平台 …… 36

第4章　图书检索 …… 38

4.1　检索图书的出版和收藏信息 …… 39
　　4.1.1　检索图书出版情况 …… 39
　　4.1.2　检索图书收藏情况 …… 43
4.2　检索图书全文 …… 57
　　4.2.1　综合型数字图书馆 …… 57
　　4.2.2　公益性数字图书馆 …… 69
　　4.2.3　其他免费电子图书网站 …… 74
4.3　古籍检索 …… 79
　　4.3.1　利用古籍书目 …… 79
　　4.3.2　利用综合型古籍全文数据库 …… 85
　　4.3.3　利用古籍专题数据库 …… 91

第5章　论文检索 …… 94

5.1　中文综合型检索系统 …… 94
　　5.1.1　中国知网 …… 94
　　5.1.2　万方数据知识服务平台 …… 109
5.2　中文报刊检索系统 …… 113
　　5.2.1　维普期刊资源整合服务平台 …… 113
　　5.2.2　全国报刊索引 …… 116
　　5.2.3　人大复印报刊资料数据库 …… 120
　　5.2.4　中文社会科学引文索引 …… 123
　　5.2.5　其他中文学术文献检索工具 …… 127
5.3　国内的外文学术论文检索工具 …… 137
　　5.3.1　开世览文 …… 137

5.3.2　CALIS 外文期刊网 …………………………………………………… 141
　　5.3.3　国家科技图书文献中心的外文文献 ………………………………… 144
　　5.3.4　中国教图公司 OA(开放式获取)一站式检索平台 ………………… 149
5.4　外文综合型检索系统 ……………………………………………………………… 150
　　5.4.1　EBSCOhost ……………………………………………………………… 150
　　5.4.2　SpringerLink 数据库 …………………………………………………… 155
　　5.4.3　SciVerse ScienceDirect 全文数据库 …………………………………… 157
　　5.4.4　Wiley InterScience ……………………………………………………… 160
　　5.4.5　ProQuest 数据库 ………………………………………………………… 162
　　5.4.6　Web of Science ………………………………………………………… 166

第6章　法律文献、专利文献、标准文献检索 …………………………………………… 171
6.1　法律法规条约检索 ………………………………………………………………… 171
　　6.1.1　法律文献概述 …………………………………………………………… 171
　　6.1.2　国内的法律法规检索系统 ……………………………………………… 173
　　6.1.3　国外的法律法规检索系统 ……………………………………………… 178
6.2　专利文献检索 ……………………………………………………………………… 181
　　6.2.1　专利基础知识 …………………………………………………………… 181
　　6.2.2　专利文献 ………………………………………………………………… 182
　　6.2.3　专利文献检索 …………………………………………………………… 184
6.3　标准文献检索 ……………………………………………………………………… 196
　　6.3.1　标准基础知识 …………………………………………………………… 196
　　6.3.2　标准文献检索 …………………………………………………………… 198

第7章　事实与数据信息资源检索 ………………………………………………………… 205
7.1　搜索引擎 …………………………………………………………………………… 205
　　7.1.1　搜索引擎的产生与发展 ………………………………………………… 205
　　7.1.2　搜索引擎的原理 ………………………………………………………… 207
　　7.1.3　常用搜索引擎介绍 ……………………………………………………… 209
　　7.1.4　搜索引擎的未来发展趋势 ……………………………………………… 228
7.2　事实型、数值型数据库 …………………………………………………………… 230
　　7.2.1　国务院发展研究中心信息网 …………………………………………… 230
　　7.2.2　中国经济信息网 ………………………………………………………… 234
　　7.2.3　中国资讯行 ……………………………………………………………… 236
　　7.2.4　其他 ……………………………………………………………………… 238
7.3　参考工具书 ………………………………………………………………………… 240
　　7.3.1　字典词典 ………………………………………………………………… 240
　　7.3.2　百科全书 ………………………………………………………………… 245
　　7.3.3　表谱、图录及其他参考工具 …………………………………………… 250

第8章　文献信息综合利用 ………………………………………………………………… 257
8.1　信息收集与整理 …………………………………………………………………… 257

8.1.1　信息收集……………………………………………………………… 257
　　8.1.2　信息整理方法…………………………………………………………… 258
8.2　信息分析……………………………………………………………………… 259
　　8.2.1　信息分析的原则………………………………………………………… 259
　　8.2.2　信息分析的方法………………………………………………………… 260
8.3　论文写作规范………………………………………………………………… 262
　　8.3.1　学位论文写作过程……………………………………………………… 262
　　8.3.2　论文格式规范…………………………………………………………… 263
8.4　个人文献信息管理工具……………………………………………………… 267
　　8.4.1　概述……………………………………………………………………… 267
　　8.4.2　常用参考文献管理软件介绍…………………………………………… 268
8.5　学术规范与信息的合理使用………………………………………………… 280
　　8.5.1　学术规范………………………………………………………………… 280
　　8.5.2　学术不端………………………………………………………………… 282
　　8.5.3　信息的合理使用………………………………………………………… 283
附录　《中国古籍善本书目》分类简表……………………………………………… 286
参考文献……………………………………………………………………………… 288

第1章 信息与信息资源

我们处在一个信息产生非常迅速的时代,信息的传播渠道丰富多样,信息传播的速度日益迅捷,以致信息的总量极其庞大,并继续以几何级数不停增长。信息在社会的生产和生活中都发挥着重要作用。

信息与物质、能量是构成客观世界的三大要素,是人类认识世界的媒介,是重要和活跃的生产力要素,经过人类组织开发的信息已成为社会经济发展的重要资源。

1.1 关于信息

1.1.1 信息的含义

信息(Information)是什么?人们观察世界和认识事物的角度不同、方法各异,因而得出的结论也不同。据不完全统计,信息的定义有 100 多种,它们分别从不同层次、不同侧面揭示了信息的特征与性质。信息定义的多样性,是由于信息本身的复杂性尚未被完全认识。信息科学是一门新兴学科,它有许多分支学科,对于它的内涵与外延,人们还在不断探索中,代表性的说法包括以下几种。

(1) 从产生信息的客体来定义信息。从哲学的角度认为,信息是物质的一种普遍属性、本质属性。事物在运动中发出一定的信号,这些能够被其他事物所感知的表征该事物特征的信号的内容即为该事物向其他事物所传递的信息。

(2) 从接受信息的主体来定义信息。申农认为:"信息是能够用来消除不确定性的东西。"与此相近的提法有:"传递的消息中使概率发生变化的东西。"

(3) 从信息的发送、传输、接受的过程中,客体和接受主体之间的相互作用来定义信息。N.维纳认为:"信息是我们适应外部世界并且使这种适应为外部世界所感知的过程中,同外部世界进行交换的内容的名称";"生物以及具有自动控制系统的机械系统,通过感觉器官和外界交换的一切内容"。

我国学者对信息的研究也有多种不同的表述,信息技术、心理学、图书情报学、信息传播等不同学科各有不同的视角。我们可以将其归纳为广义和狭义两种表述。

广义的信息指的是客观世界中各种事物的存在方式和它们的运动状态的反映。用通俗的说法阐述,信息就是客观世界一切事物存在和运动所能发出的各种信号和消息。狭义的信息指的是能反映事物存在和运动差异的,能为某种目的带来有用的,可以被理解或被接受的消息、情况等。Information 一词理解为狭义的信息时,常被译为情报。情报具有传递性、效用性、知识性 3 个基本属性。

在不同的学科领域，对信息一词也有不同的定义，例如在文献工作领域，中国国家标准GB/T 4894—2009《信息与文献术语》关于信息的定义为：信息（Information）——被交流的知识。

信息无所不在，可以感知，但它不是事件和物质本身，信息是客观事物的存在方式或运动状态，是关于客观事物存在方式或运动状态的陈述。信息是原料，经过人类的认识活动，成为知识。

1.1.2 信息的性质

信息来源于物质世界，但不是物质本身；信息来源于精神世界，但又不限于精神领域。信息是物质的普遍属性，是物质运动的状态与方式。信息的物质性决定了它的基本性质，主要包括普遍性、客观性、依附性、可识别性、可处理性（可转换性）、可度量性、可传递性、动态性（时效性）、可共享性等。

➢ **普遍性** 信息是普遍存在的，凡有物质及其运动存在，就有信息产生。无论是自然界还是人类社会，无论是有机界还是无机界，信息无所不在，无时不在。

➢ **客观性** 信息是客观的，物质及其运动状态是不以人的意志为转移的客观存在，所以反映这种客观存在的信息同样具有客观性。即使是认识论信息中的感知信息，一旦记录在载体上，转换成再生信息，就成为一种高层次的客观存在，不再受认识主体的局限。

➢ **依附性** 信息是抽象的，必须依附于物质形式的载体而存在，信息的载体可以是多种多样的，如语言、文字、图像、声波、光波、电磁波、纸张、胶片、磁带、磁盘、光盘等。正是借助于这些载体，信息才能被人们感知、接受、加工、存储。信息载体的进步，有力地推动了人类社会的发展。

➢ **可识别性** 对于客观存在的信息，人们可以通过自己的感觉器官或借助各种仪器设备，来感知、接受信息，并进而识别它。信息的可识别性，是人类能够认识客观世界的基础。

由于人类感知、接受、识别信息的能力总是有限的，因而对信息的识别总是不完全的，认识的不完全，会形成认知"伪信息"；信息在传递的过程中会发生各种错误，产生传递"伪信息"；也有人出于某种目的，故意制造虚假信息，造成人为"伪信息"。这就是信息的可伪性，信息的可伪性派生于信息的可识别性。

➢ **可处理性（可转换性）** 信息是可以加工处理的，人的感觉器官能够把接收到的各种形式的物质信息，一律编译成生物电流的脉冲信号，通过神经纤维传给大脑，大脑随即加工处理信息，进行一系列意识活动，并将加工后的信息存储在大脑中。人类为了更好地加工处理和存储信息，创造了大量的仪器设备和技术方法，对信息进行接收、转换、编码、压缩和有序化，并将加工后的信息存储在各类物质载体上，从而有效地实现了大脑功能的延伸。

信息是可以转换的，同一意义的信息，可以用不同的方式表达，如语言文字、光波、电磁波等，它们之间可以相互转换；同一意义的信息，可以依附于不同的载体，如纸张、胶片、磁带、磁盘、光盘等，它们之间也可以相互转换。

➢ **可度量性** 信息是按照一定的方式排列起来的信号序列，信息是可以度量的，目前一般以系统不确定性的变化程度来测度信息量。

➢ **可传递性** 信息在信源和信宿之间，可以通过信道进行传递，这种传递包括在时间上的传递和空间上的传递。信息具有可传递性，是因为它可以脱离源物质而转移到另一物质，信息的传递借助于信息载体,没有物质载体,传递无法进行。

➢ **动态性(时效性)** 信息所反映的总是特定时刻事物的运动状态和方式,信息一旦被提取出来后,就脱离了源物质,不可能反映该事物其后的变化,因此它的效用会随着时间的推移逐渐降低。

➢ **可共享性** 信息可以共享是信息的一个重要特征。一般物质资源和能量资源的交流,一方有所得,另一方必有所失。而信息从一方传递到另一方,受者获得信息,传者并未失去其所拥有的信息,也不会因使用次数的多少而损耗信息的内容。

1.1.3 信息与知识

知识是人类认识的成果和结晶,依反映对象的深刻性,可分为生活常识和科学知识;依反映层次的系统性,可分为经验知识和理论知识。

人类在接受了社会和自然界的大量信息后,通过实践活动和大脑的思维活动,将这些信息结合实践活动进行分析与综合,形成新的认识,这种经过加工、孕育、经过推理证实后的认识就成为知识。或者说,知识是同类信息的深化、积累,是优化了的信息的总汇和结晶。从外延看,知识包含在信息之中。

知识借助于一定的语言形式,或物化为某种劳动产品的形式,借助于一定的手段,可以交流和传递给其他人,成为人类的共同精神财富。人类对事物的认识是逐步深入的,例如,人类利用一定的仪器,记录了自然界的信息,如动物的鸣叫,先知道是何种动物的鸣叫,再进一步研究,知道各种声音所代表的意思,传递的是什么信息。随着社会实践、科学技术的发展,人类对社会和自然的认识不断深入,新的知识不断产生,新知识又成为新的信息。当代社会,人类认识社会和自然的手段越来越先进,知识更新的速度越来越快,新的信息以几何级数增长。

在知识经济时代,每个人都需要不断更新知识,面对过于庞大而无序的信息储备,如何迅速准确地获取自己所需的信息,获得新的知识,取决于我们的信息素养和认知能力。信息素养是指从各种信息源中获取、评价和利用信息的能力。

1.2 信息资源的类型

1.2.1 信息资源

关于信息资源的定义,目前未形成统一的认识,综合各种观点,可以分为广义和狭义两类解释。广义的理解认为信息资源是人类社会信息活动中积累起来的信息及其信息生产者和信息生产技术等信息要素的集合。狭义的理解认为信息资源是指人类社会活动中经过加工处理有序化并大量积累起来的有用信息的集合。

按对信息的开发程度,可以将信息分为潜在的信息资源和现实的信息资源两大类。

潜在的信息资源是人类利用感觉器官或各种仪器,感知和接受信息后,经过一系列的思维活动,存储在大脑中的知识。潜在的信息资源能够为个人所利用,进行知识信息的再生产,但无法为他人直接利用,一旦经过表述输出,形成现实的信息资源,就可以被人们广泛地利用,成为可无限再生的信息资源。

现实的信息资源按表述方式又可以分为文献信息资源和非文献信息资源,其中文献信息资源是信息检索的主要对象,非文献信息资源主要包括口语信息资源、体语信息资源、实物信息资源等。

口语信息资源是人类以口头语言表述出来而未被记录下来的信息资源,主要通过谈话、授课、讨论、演讲、集会等人际传播方式进行传播,使之得到利用。

体语信息资源是人类以表情、姿态、动作等方式表述出来的未被记录下来的信息资源,它们通常依附于一定的文化背景,如舞蹈。体语信息资源同样通过面对面的人际传播方式传播和利用。

实物信息资源是人类通过创造性的劳动以实物形式表述出来的信息资源,这类信息资源中物质成分较多,有时难以区别于物质资源,而且它们的可传递性一般较差。常见的实物信息资源有产品样本、标本、模型、雕塑等,可通过参观博览会、博物馆、展览馆、样品室、标本室,实地调查等方式获取相关信息。

1.2.2 文献信息资源

文献信息资源是记录在文献上的信息集合。文献信息资源便于传播,可以累积,可以加工整理,便于检索,能更好地被利用。

1. 文献的定义

文献二字最早连用是在《论语·八佾》:"子曰:夏礼,吾能言之,杞不足征也;殷礼,吾能言之,宋不足征也。文献不足故也。足,则吾能征之矣。"这里的"文献",从汉代的郑玄到宋代的朱熹,都将"文"解释为文章、典籍,将"献"解释为贤人、贤者,即记录下来的信息以及保存在贤哲们大脑中,通过他们来传播的信息。到元代中后期,文献从兼指典籍和贤人变为偏指典籍。明代以后指有参考价值的重要的典籍。

在当代,文献的产生和传播方式都发生了巨大的变化,学者们给文献一词所下的定义也有很多种,不一一介绍。目前关于文献的较权威的定义主要有两个,一是《文献情报术语国际标准(草案)》(ISO/DIS5127)的定义:为了把人类知识传播开来和继承下去,人们用文字、图形、符号、声频、视频等手段将其记录下来,或写在纸上,或晒在蓝图上,或摄制在感光片上,或录到唱片上,或存储在磁盘上,这种附着在各种载体上的记录统称为文献。二是《中华人民共和国国家标准·文献著录总则》(GB 3792.1—2009)的定义:文献是记录有知识的一切载体。记录在文献上的信息资源最主要的特征是拥有不依赖于人的物质载体,只要这些载体没有损坏或消失,所记录的信息就可以跨越时空无限往复地为人类利用。文献信息资源是信息资源的一部分,因其便于传递、便于积累、便于整序,所以信息资源检索主要是对文献信息资源的检索。信息、信息资源、文献之间的关系如图 1-1 所示。

图 1-1 信息、信息资源、文献关系图

2. 构成文献的要素

构成文献的要素主要有文献信息、文献载体、符号系统、记录方式。文献信息是文献的内容,离开了知识信息便不能称之为文献;文献载体是记录符号赖以依附的寄主,从古代的甲骨、金石、竹木、布帛、树叶、泥土、羊皮、纸张,到现代的磁带、磁盘、光盘,文献载体已经历了几代更替;符号系统是信息的携带者,如语言、文字、图画、公式、声像、编码,等等;记录方式是符号进入载体的方法和过程,例如,手工书写、绘画、机械印刷、光记录、电记录、磁记录,等等。文献记录方式和载体材料的每一次演变、创新,都带来信息传播方式的重大变革,从而推动社会的发展。

3. 文献的类型

按不同的划分标准,可以将文献分为不同类型。

(1) 按文献的记录方式可以将文献分为书写型、印刷型、缩微型、音像型、电子型五大类。

➢ 书写型文献　又称手工型文献,指主要以手工方式,将知识信息记录在各种自然材料和人工制造的材料,如布帛、纸张等载体上的文献。如中国古代的甲骨文献、青铜文献、简策文献、帛书、写本,外国古代的泥版文献、纸草纸文献、羊皮纸文献、贝叶文献,现代的日记、笔记、手稿、绘画、书法作品等。

➢ 印刷型文献　指用印刷方式将知识信息记录在纸张等载体上的文献。纸质印刷型文献因为阅读方便,适宜大量生产,仍为现代文献的主要类型。当代以塑料薄膜等材料为载体的印刷文献也有生产。

➢ 缩微型文献　指用缩微摄影技术将知识信息记录在感光材料上的文献,主要有缩微胶卷、缩微胶片、缩微平片等,这种文献体积小,信息存贮密度高,便于保存,但需要专门的缩微阅读器才能使用。

➢ 音像型文献　又称声像文献、音像制品。指运用录音录像技术,以磁性材料和感光材料为载体,直接记录声音和图像的文献。因其给人以直观的感觉,故又称直感型文献,主要有幻灯片、唱片、录音带、录像带、电影胶片等。

➢ 电子型文献　又称计算机可读型文献、数字化文献。指采用磁性或激光存贮技术,以数字代码方式将图文声像等信息存储在磁、光、电介质上,通过计算机或类似设备阅读使用的文献,主要有电子图书、电子报刊、光盘数据库、网络数据库、因特网数据资源,等等。电子文献因其存储量大,可以将多种符号系统都转换为电磁符号(数字化符号),形成多媒体文献,可以远距离传播,并且便于检索,因此成为目前增长最快的文献类型。

电子文献按传播和使用方式又可分为单机型和网络型。单机型文献一次只能在一台计算机上使用,不能同时在多台计算机使用。网络型文献可以在计算机网络上传播,供多个用户同时使用,根据授权范围,在局域网内使用或在因特网上传播。

(2) 按编纂体例和出版形式可以将文献分为图书、期刊、报纸、档案、专利文献、标准文献、产品样本、会议文献、学位论文、政府出版物、科技报告,等等。

➢ 图书　广义的图书等同于文献,狭义的图书专指书籍,即单本出版发行的非连续性出版物。通常是分页并形成一个物理单元的,以书写、印刷或电子形式出版的知识作品(中国国家标准 GB/T 4894—2009《信息与文献术语》)。一般说来,图书内容系统完整,论述全面深入,知识成熟稳定,是最主要的信息传播媒介之一。图书种类繁多,其中信息密集、检索频率较高的有学术著作、文集、丛书、资料汇编、地方志等。

我国从 1956 年开始,每种正式出版的图书都有一个书号,先后使用过统一书号和 ISBN 号。

统一书号全称"全国统一图书编号",1956年至1986年使用。统一书号由分类号、出版社代号、书序号三部分组成。分类号采用《中国人民大学图书馆图书分类法》的大类号,共17个大类;出版社代号以三位数表示;书序号表示同一出版社所出版的同一类别图书的种次;出版社代号与书序号之间用小圆点隔开。

例如,《汉书艺文志注释汇编》的"统一书号"是:11018·1092,其中11代表历史类,018代表中华书局,1092代表该书属于中华书局出版的第1092种历史类图书。

ISBN全称国际标准书号(International Standard Book Number),是国际标准化组织1971年公布的一项国际通用的出版物统一编号方法,我国1987年1月1日起采用。ISBN由10位数组成,分为4段。第一段为组号,代表国家、地区、语种,由国际ISBN中心分配;第二段为出版者号,由各国家或地区ISBN中心分配;第三段为书序号,是各出版社所出版图书的代号,由各出版社给出;第四段是校验号,用来检验前三段的编号是否有误。

例如,ISBN 7-03-011505-8,其中7代表中国,03代表科学出版社,011505代表科学出版社出的一种书,8是校验号。

由于出版物的迅速膨胀,ISBN原编号已容纳不下,国际ISBN中心于2007年1月1日启用13位数五段编号,即在组号前添加一段三位数的前缀号,使之与图书的商品条码相同。(已启用978前缀号,979备用)

例如:ISBN 978 — 7 — 301 — 07975 — 1
      前缀 组号 出版者号 书序号 校验号

➢ 期刊　期刊是有固定名称,定期或不定期出版的连续出版物。期刊出版周期短,以发表新作为主,因此能及时传播新信息、新成果。尤其是水平较高、能够反映学科最新成果和前沿动态的核心期刊,受到专业读者的特别关注。期刊是当代学术信息的骨干文献源。

正式出版的期刊有国内统一刊号和ISSN号。国内统一刊号由"中国"的英文缩写CN、地区代号、顺序号组成。中国地区代号采用GB 2260—86《中华人民共和国行政区划代码》中的省、自治区、直辖市代码的前两位数字。例如,CN 11-43代表北京市出版的第43种期刊。

ISSN全称国际标准连续出版物编号(International Standard Serial Number),由国际标准化组织1971年公布启用。ISSN共8位数,分两段组成,前7位数是标准号,表示国别、语区和顺序号,第8位是校验号,前后4位数之间用连字符隔开。例如:ISSN 0252-3116。

➢ 报纸　报纸是出版周期最短的连续出版物,具有及时性、普及性、大众性等特点。报纸传播信息比书刊更快,内容广泛,发行量大,读者面广。对于了解和研究政治、经济动态,社会生活,是一种重要信息源,缺点是材料比较分散,知识不系统。

➢ 档案　档案是指国家机构、社会组织和个人从事政治、经济、军事、科学、技术、文化等社会实践活动,直接形成的各种文字、图表、数据、声像等形式的历史记录。因其是原始记录,具有客观性和可靠性,是具有证据价值和信息价值的第一手资料。

➢ 会议文献　指在学术会议上宣读或交流的论文、报告以及讨论记录、会议纪要等。学术会议是一条重要的信息交流渠道,国际性和全国性学术会议大都是就某一学科或专业的重大学术问题进行研讨,往往广泛涉及该学科或专业领域的新课题、新成果、新趋势。会议文献没有固定的出版形式,有会前预印本、论文摘要、会议期间的论文汇编,会后的会议录、专题论文集。会议文献有的以图书形式出版,有的以期刊特辑、声像资料的形式出版,也有的编入系统性科技报告中发表。

➢ 学位论文　指高等院校和科研机构的学生为取得学位，在导师指导下完成的科学研究、实验成果的书面报告，是授予学位的主要依据。学位论文分为学士论文、硕士论文、博士论文。较高层次的学位论文探讨问题比较系统、专深，具有独创性、新颖性。学位论文一部分在答辩后公开出版或在期刊上发表，有些不公开发表。

➢ 政府出版物　指各国各级政府机关以及国际组织颁布的文件。按其性质可以分为行政性文件和技术性文献两大类。前者主要包括政府公报、法律法令、方针政策、议会文件、条约规章、专题报告、统计资料等，多以公告的方式发布，并通过媒体宣传。后者主要包括研究报告、科普资料、技术政策文件，等等，涉及社会的政治、经济、文化、生活各个方面，具有正式性、权威性等特点。

➢ 专利文献　专利文献是指记录有关发明创造信息的文献，蕴含着技术信息、法律信息和经济信息。广义的专利文献包含专利申请书、专利说明书、专利公报和专利检索工具；狭义的专利文献仅指各国专利局出版的专利说明书。全世界已有130多个国家建立了专利制度，每年公布专利说明书约100万件。由于申请专利必须符合新颖性、先进性、实用性三个条件，因此，专利文献反映的都是首先发明，在此之前没有发表过，在技术上有独到之处、有实用价值的信息。专利文献既是技术文件，又是法律文件，是保护知识产权的主要依据。专利文献是极重要的科技信息源。（专利文献的编号方法参见第6章）

➢ 标准文献　是指由专门委员会制定，经过公认权威机构或国家行政主管部门批准的一套具有法定约束力的规范化文献，包括各种级别的标准、部门规范和技术规程等。根据国际标准化组织（ISO）的界定，标准文献还包括"有关的文献工具书：标准目录、索引、文献目录等"。按适用范围，标准可分为国际标准、国家标准、专业标准、企业标准等。国际标准目前主要由国际标准化组织（ISO）和国际电工委员会（IEC）组织制定。国际标准的执行，一般通过在国家标准中采用国际标准来体现。（标准文献的编号方法参见第6章）

➢ 产品样本　指厂商为向客户宣传和推销其产品而印发的介绍产品情况的文献，包括产品目录、产品说明书、单项产品样本、企业介绍和广告性厂刊等。产品样本是对已定型产品的性能、原理、构造、用途、操作、维修、售后服务等情况的具体说明，一般都附有外观造型图和内部结构图。当然，对产品中的技术关键一般是不介绍的，可以和专利文献、标准文献、期刊论文配合使用，以掌握其核心部分。产品样本一般随产品附送或现场散发。

➢ 科技报告　又叫研究报告，是对科学、技术研究结果的报告或研究进展的记录。按内容可以分为基础理论研究和工程技术研究两大类。由于其内容具有一定的保密性和专门性，故由专门机构出版，在一定范围内流通，按其流通范围，可分为保密、解密、公开三种类型。

（3）按是否出版，可分为正式出版物、非正式出版物。

➢ 正式出版物　即经过出版机构的编辑，获得国家的出版物编号（如书号、刊号等）的各种载体的文献。

➢ 非正式出版物　即没有经过出版机构正式出版的文献，情报学界常称之为"灰色文献"。例如，手稿、日记、会议记录、实验报告、档案、产品样本、广告，等等。非正式出版物多通过人际、组织传播。互联网也是这类文献传播的重要平台，如个人网站、博客、留言板、BBS等。这类文献往往有信息新颖、传播迅速、视角独特等优点，应注意利用。

(4) 按文献的加工程度可以将文献分为一次文献、二次文献、三次文献。

> 一次文献 通常指原始制作，即人们对自然和社会信息进行首次加工而成的记录，如专著、论文、研究报告、专利文献、标准文献，等等。

> 二次文献 又称检索性文献，是对一次文献进行加工整理后形成的条目化、系统化的文献，是报道、检索一次文献的工具，主要有书目、索引、文摘。

> 三次文献 又称参考性文献，是利用二次文献，选用一次文献的内容而编撰出的成果，如词典、百科全书、年鉴、综述、教科书、文献指南等。

文献的级次与其载体类型和传播方式无关，如《中国国家书目》不论是印刷版，还是转换为光盘版、在线版，都是二次文献。

此外，还可以按学科、语种等标准来划分文献。

1.3 人文社科信息资源的特点

1. 学科分布广泛和内容交叉渗透

人文社科文献的分布非常广泛，包含多种学科，《中华人民共和国国家标准·学科分类与代码》(GB/T 13754—2009)中，人文社科的一级学科有 21 个，二级学科有 276 个。在人文社科领域里，各学科的文献内容交叉渗透，不仅传统学科有"文史哲不分家"之说，人文社科的新兴学科也是如此，因为一种社会现象、一个事件可以是不同学科的研究对象，研究者会从不同的视角用本学科的研究方法来探索社会规律，研究过程中也会借鉴相关学科的方法，参考或引用其文献。

2. 最新文献与古老文献并重

与科技研究以获得最新信息为主不同，人文社科研究具有明显的继承性，因而既需要当前的最新成果，也需要前人的成果，并且有些学科就是以古代文献为研究对象。有重要影响的人文社科文献，尤其是奠基性和代表性的文献，尽管是几十年、几百年甚至几千年前的，仍然为今人提供重要信息，先贤们的劳动成果继续造福后人。

3. 鲜明的民族特色与地区特色

人文社科信息反映的是人类的社会生活，因此必然受社会环境的影响，一定时代和地区的政治、经济、民族文化传统等因素必然表现于其中。例如，使用的语言，不仅各民族语种不一，同一种语言在不同时代也有不同特点。艺术作品的民族特色和地方特色就更加鲜明。

4. 资源类型和传播方式多样性

人文社科信息资源的资源类型、传播渠道、传播方式都呈多样化。人文社科信息资源中口语、体语、实物等非文献信息资源占有很重要的地位，人文社科文献类型多样，有大量手工型、音像型、图片和多媒体类的非文字符号的文献。有些文献不公开出版，如档案、艺术作品等。在人文社科信息资源的传播中，各种传播方式都发挥重要作用，都应充分利用。因此，人文社科信息需多渠道收集，以免造成重大遗漏。

1.4 信息资源的传播方式

1.4.1 信息传播的定义

"传播"一词在汉语中出现较晚,主要用来表达广泛散布的意思。如《北史·突厥传》:"宜传播天下,咸使知闻。"元辛文房《唐才子传·高适》:"每一篇已,好事者辄为传播吟玩。"在英语中,communication 主要用来表达交流、沟通、传递、交通等意思,是从拉丁文 communis(分享)派生而来。在现代传播学中,学者们对传播的定义各抒己见。据统计,这些定义迄今不下百余种,代表性的主要有共享说、影响说、反应说、符号说等。这些论述,由于视角不同,或着眼于传播的过程,或着眼于传播的结果,或讨论概念的外延,或讨论概念的内涵,因而得出不同的结论。从传播的内容——信息着眼,传播是信息的运动,信息是传播的材料,传者传递的和受者接收的都是信息。因此,有一个简单的定义被传播学界采用:传播即"传递与接收信息的行为(或过程)"。[1]

1.4.2 信息传播的类型

信息是客观世界中各种事物的存在方式和它们的运动状态的反映,那么,信息传播也就无时不在,无处不在。因此,广义的信息传播应包含自然界、人与自然界、人与人、人与机械系统之间等各种类型的传播;而狭义的传播则仅指人类传播。这里所讨论的传播类型仅涉及人类的社会传播。

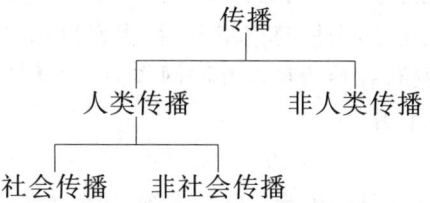

按不同的标准,可以将人类的社会传播划分为不同的类型,一般依传播者与接收者所属的范畴分为自我传播、人际传播、组织传播、大众传播四种类型。其中自我传播即人的内向传播,传者和受者都是自己,如独自思考、自言自语等出声和不出声的心理活动,都是内向的信息传播。从规模看,这是最小的,一个人的"传播"。因其实际上是人的心理活动,并不实现社会传播的功能,一贯被作为心理学的研究对象,而不是传播学的研究对象。

1. 人际传播

即人与人之间的传播,规模应在两个人以上,可以是一对一、一对多,也可以是多对多,不论人数多少,只要没有组织参与其间,性质仍然不变。人际传播包括面对面的直接交流以及通过信函、电话、互联网等媒介进行的间接交流。人际传播不仅使用语言文字等符号系统传递信

---

[1] 张国良.传播学原理[M].上海:复旦大学出版社,1999.
罗时进.信息学概论[M].修订版.苏州:苏州大学出版社,2002.

息,而且表情和动作往往在信息传递中发挥着重要作用。在人际传播过程中,信息反馈极其迅速,有利于理解信息。传、受双方的角色频繁互换,可以互相启发、激活对方的思维,一些新颖的观点、不成熟的设想可以得到补充、完善。人际传播是人们获取信息的最习惯的方式。但人际传播的传播范围小,其中不通过媒介的直接交流受时空影响较大,所传信息的表达方式不一定规范,给信息的累积和回溯检索带来了困难。

2. 组织传播

指在组织的基础上进行的信息传播,其规模大于人际传播。当然,组织有大有小,小到几个人的小团体,大到联合国,具体情况千差万别。社会由无数的组织构成,组织内部必然发生内部各成员之间的信息传播,组织与外界或与其他组织之间进行交往联系,必然发生相互间的信息传播。收集、整理、存储、利用信息,是组织的信息管理工作,通过各种方式向外界传递信息,是组织的传播工作。组织传播较有规则,有较强的约束力,传播效果的可预见性较强,便于信息的累积和有序化。信息反馈不及人际传播迅速。

3. 大众传播

指专门的传播机构通过特定的技术手段和工具向为数众多的、分散的大众所进行的信息传播活动。大众传播通常采用的形式有报纸、期刊、书籍、广播、电视、网站等。大众传播的信息发布者是一个机构或组织,内容是公开的,传播活动一般按事先预订好的时间周而复始地进行,大众传播凭借现代化的工具大量复制和传播信息,拥有数量巨大的受传者,是一种强势传播类型。大众传播的信息反馈速度较慢,数量也受到限制。

在印刷出版、广播、电视、互联网四大媒体中,互联网因其便捷、自由,各种类型的传播都可以充分利用,个人可以用来发电子邮件、打网络电话、聊天、开博客等;个人、组织机构、大众传媒都可以建立自己的网站,发布各种信息。互联网作为一种信息传播工具,得到了广泛的利用,正在发挥着越来越重要的作用。

互联网信息传播的特点:

(1)信息发布自由。互联网是一个开放性的系统,任何个人、任何机构都可以在网上自由发布信息。与传统媒体不同,互联网上人人可以参与,互动性强,每个人都可以既是信息的用户,又是信息的发布者,担任多种角色。

(2)信息呈动态性。互联网上的信息每分每秒都在变化,网址、网站、网页形式、网页内容、发布的数据、软件的版本,等等,每项信息都有可能随时更新,总量持续增长,但有的信息会被删除,如果没有被任何人保存,就永久丢失。

(3)信息传播快捷。互联网传播信息方便快捷,不受出版周期、节目时间表等限制,可以在第一时间将信息传播出去,可以通过聊天工具、电子邮箱等传给确定的对象,也可以通过网站、博客等传给不确定的对象。

(4)内容丰富且庞杂。互联网上的信息数量巨大,内容非常丰富,涉及人们生活的方方面面,无所不包。但是网络也是把双刃剑,在给人们带来丰富信息、带来方便的同时,也带来负面影响。网络信息良莠不齐,垃圾信息和有害信息不仅影响网络信息的安全,造成重大经济损失,还严重损害受传者的身心健康。对此,各国政府和国际社会都已给予高度重视,制定了一系列法律法规和条约,用行政和技术的手段加强监管。同时我们每个人都要加强法制观念,自觉遵纪守法,遵守社会公德,学会鉴别方法,自觉抵制不良信息。

当代社会的信息传播已形成信源全球化、共享化,传播网络化,技术通用化、标准化,功能多样化,服务个性化等特点,但是在信息传播中仍然会由于社会的、技术的或个人的因素,传送的信息会受到影响,发生损耗或产生偏差。因此,我们需要建设和谐宽松的社会环境,发展经济,加强信息基础设施建设,保障各种信息传播渠道畅通;提高技术水平,使信息传播更方便快捷安全;健全法制,深化管理,引导信息传播健康发展;多方合作,使信息资源共享能惠及更多的人。

练习与思考

1. 理解信息、信息资源、文献的概念及三者之间的关系。
2. 信息资源有哪些类型?
3. 文献有哪些类型?
4. 简述人文社科信息资源的特点。
5. 简述互联网信息传播的特点。

第 2 章 文献信息整序和检索方法

2.1 文献信息整序原理

信息在自然状态下是无序的,人们无法有效利用,为了迅速准确地获取信息资源,必须对信息进行加工整理,利用一定的科学规律和方法,通过对信息的外部特征和内容特征的序化与综合,实现无序信息流向有序信息流的转换,这就是信息的整序。信息整序在社会生活中应用很广泛,不同类型的信息有不同的特征,文献的各种特征就是对文献整序的依据。

2.1.1 文献的特征

文献有多种特征,按不同的特征值可以组成不同的序列,提供不同的检索途径,适应不同的检索需求。

文献的外部特征主要有:文献的题名,包括篇名、书名、刊名、文件名等;文献的责任者和责任方式,包括著者、编者、译者、校注者等,还有责任者所属的机构;文献的出版情况,包括出版者、出版时间、版次、载体类型等;文献的编号,包括专利号、标准号、档案号、政府文件的文号、书号、刊号等。

文献的内容特征主要有:文献所属的学科范畴,文献所研究的主题,文献所涉及的专有名词,组成该文献的所有字词句、分子式、公式等。

文献的相关性主要表现在文献之间的引用与被引用、替代与被替代、局部与整体等关系,反映文献之间内容上的联系。

2.1.2 文献信息整序的步骤

信息的整序与检索是信息有序传播的两个方面:检索工具的编纂者对文献信息进行整序,按一定的方式有序化存储;使用者按同样的方式,从检索工具中迅速查得自己所需信息。

文献信息整序的一般步骤:

分析文献信息的各项特征,选择所需要的特征进行标引,选择检索语言,按有关标准或规定选择标识符号,输入检索系统,根据需要,输出检索结果。

信息检索系统存储信息,使之有序化,要使用一定的检索语言,信息利用者检索信息时也使用相同的检索语言,所以检索语言是沟通存储和检索双方的桥梁。

2.2 信息检索语言

检索语言是用来标识文献信息特征的符号系统,标识不同的特征需采用不同的符号系统,有的采用自然语言作为检索标识,有的采用特定的人工语言,如分类法、分子式等。

标引外部特征多按字顺为序,例如,题名、人名、机构名等,按笔画笔顺或字母顺序;书号、刊号、文号等,按数字顺序;出版时间,按年代顺序。标引内容特征则多采用特定的检索语言。

2.2.1 分类法与分类语言

分类法是将文献按其学科体系或事物性质进行归类标引的整序方法,分类法是常用的文献整序方法,几乎所有二次文献和全文数据库、大部分三次文献库都提供分类检索途径。按其分类角度,主要有学科体系分类法和事物性质分类法。

学科体系分类法按学科集中文献,展示知识体系的层次和框架,便于按学科检索文献信息。科学知识的分类体系随着人们对科学认识的深入、科学的发展而变化。因此,不同时代的分类法反映了该时代的学术体系和学术水平。古今中外的分类法各自采用不同的学科体系,使用不同的标识符号,符号系统是人为制定的,分类检索语言是人工检索语言。

1. 我国古代的四部分类法

我国古代对文献的分类,始于汉代汉成帝时期刘向、刘歆父子奉命进行的第一次大规模文献整理工作,其重要成果之一便是编纂了我国古代第一部综合性图书分类目录《七略》。按当时的学术分类思想,将群书系统分类,其中"辑略"是综述学术源流的总序,实际将学术门类分为六艺、诸子、诗赋、兵书、数术、方技六大类,下分38小类。班固在编修《汉书》时,将《七略》改编为《汉书·艺文志》。现在《七略》已失传,其主要内容在《汉书·艺文志》中保存。这次文献整理工作对后世影响巨大,历代王朝都有类似的工作,其中较有影响的有:魏晋南北朝时,魏秘书郎郑默根据当时的藏书,编纂了图书目录《中经》;西晋时,荀勖依据《中经》,改编为《中经新簿》,将分类调整为甲、乙、丙、丁四部;东晋时,李充编《晋元帝四部书目》,将乙、丙两部所收图书的内容对调;唐代修《隋书·经籍志》,把类名改为经、史、子、集,一直沿用到清末;清代末年张之洞任四川学政时,为回答诸生的提问编《书目答问》,增加丛书部。我国古代分类体系沿革情况见表2-1。

表2-1 我国古代图书分类体系沿革简表

时代	编纂者	书名	类目
汉	班固	汉书·艺文志	六艺 诸子 诗赋 兵书 数术 方技
西晋	荀勖	中经新簿	甲 乙 丙(史书) 丁
东晋	李充	晋元帝四部书目	甲 乙(史书) 丙 丁
唐	魏徵等	隋书·经籍志	经 史 子 集 道经附 佛经附
清	纪昀等	四库全书总目提要	经 史 子 集
清	张之洞	书目答问	经 史 子 集 丛

《四库全书总目提要》分类体系：
- 经部：易、书、诗、礼、春秋、孝经、五经总义、四书、乐、小学。
- 史部：正史、编年、纪事本末、别史、杂史、诏令奏议、传记、史钞、载记、时令、地理、职官、政书、目录、史评。
- 子部：儒家、兵家、法家、农家、医家、天文算法、术数、艺术、谱录、杂家、类书、小说家、释家、道家。
- 集部：楚辞、别集、总集、诗文评、词曲。

因四部分类法能较准确地反映我国古代的学术体系和古籍的特点，当代编纂的《中国古籍善本书目》所采用的分类体系即根据传统的四部分类法修订的，共分经、史、子、集、丛五类，现在大多数图书馆的古籍目录也采用这个体系。

2. 当代的学科体系分类法

当代学科分类法是一种体现现代知识分类等级概念的标识系统，是对概括文献的内容特征和某些外部特征的概念进行逻辑分类（划分与概括）和系统排列而构成的。特点是按学科、专业集中文献，从知识分类角度揭示各类文献在内容上的区别和联系，提供从学科分类检索文献的途径，适合于"族性检索"，是一种人工检索语言。

体系分类法中，用于表示一类事物的概念称为"类名"，代表类名的标识符号称为"类号"。在不同的分类法中，分类体系和编号体系也不相同。在我国目前主要通用的是《中国图书馆分类法》（简称《中图法》）、《中国科学院图书馆图书分类法》（简称《科图法》）、《中国人民大学图书馆图书分类法》（简称《人大法》），其中《中图法》使用最广泛。

- 《中国图书馆分类法》（简称《中图法》，国家图书馆出版社 2010 年第 5 版）。《中图法》共分马列主义，毛泽东思想，哲学，社会科学，自然科学，综合性图书五大部类，在此基础上扩展为 22 个大类。每个大类下再根据需要分若干小类，如此层层划分，形成一个等级体系。大类用字母标识，以下各级类目用数字标识（其中工业技术 T 类的二级类目用两位字母标识）。如：I 文学，I2 中国文学，I22 诗歌，I222 古代作品，I222.2 诗经……。《中图法》由主表和总论复分表，世界地区表，中国地区表，国际时代表，中国时代表，世界种族与民族表，中国民族表，通用时间、地点和环境人员表等 8 个辅助表组成，《中图法》的 22 个大类如下所示：

A 马克思主义、列宁主义、毛泽东思想、邓小平理论	N 自然科学总论
	O 数理科学和化学
B 哲学、宗教	P 天文学、地球科学
C 社会科学总论	Q 生物科学
D 政治、法律	R 医药、卫生
E 军事	S 农业科学
F 经济	T 工业技术
G 文化、科学、教育、体育	U 交通运输
H 语言、文字	V 航空、航天
I 文学	X 环境科学、安全科学
J 艺术	Z 综合性图书
K 历史、地理	

《中图法》标识符号示例：

I 文学	I200 方针政策及其阐述	I230 综合集	
I0 文学理论	I206 文学评论和研究	I232 京剧	
I1 世界文学	I207 各体文学评论和研究	I233 歌剧、歌舞剧	
I2 中国文学	I21 作品集	I234 话剧	I235.1 电影
I3 亚洲文学	I22 诗歌韵文	I235 电影、电视、广播剧	I235.2 电视
I4 非洲文学	I23 戏剧文学	I236 地方剧	I235.3 广播剧
I5 欧洲文学	I239 曲艺	I237 古代戏曲	
I6 大洋洲文学	I24 小说	I238 其他剧种	
I7 美洲文学	……		

国际上通用的分类法主要有《杜威十进分类法》、《国际十进分类法》、《美国国会图书馆分类法》等。

➢《杜威十进分类法》(Dewey Decimal Classification，简称 DDC)，是美国图书馆学家 Melvil Dewey 所创，从 1873 年至今，经过不断修订和发展，在国际上使用非常广泛，有 35 种文字版本，135 个国家使用。2003 年出第 22 版，有印刷型、光盘型、网络型。DDC 将所有知识分为 10 个大类，每一大类再分为 10 类，每类又分 10 小类，如此层层划分。标识符号采用纯阿拉伯数字，前三级类目用三位数字标识，三级以下用小圆点隔开。DDC 的十个大类如下所示：

000 总类   500 纯科学类
100 哲学类   600 应用科学类
200 宗教类   700 艺术类
300 社会科学类   800 文学类
400 语言类   900 地理历史类

➢《国际十进分类法》(Universal Decimal Classification，简称 UDC)，是在 DDC 基础上加以改进而成，是目前列类最为详细的分类法，国际上科技界普遍使用 UDC，它分为如下 10 个大类：

0 总论   5 数学、自然科学
1 哲学、心理学   6 应用科学医学、工学、农学
2 宗教、神学   7 艺术、美术、摄影、音乐、娱乐、竞技
3 社会科学、法律、行政 8 语言学、文学
4（语言学）   9 地理、传记、历史

➢《美国国会图书馆分类法》(Library of Congress Classification，简称 LCC)，是根据美国国会图书馆的藏书需要而编制的，共分为 21 个大类：

A 总类：著作集   J 政治学   R 医学
B 哲学、宗教   K 法律   S 农业、畜牧业
C 历史：辅助学科   L 教育   T 工业技术
D 历史：世界史   M 音乐   U 军事科学
E~F 历史：美洲史   N 美术   V 海军科学
G 地理、人类学   P 语言、文学   Z 目录学及图书馆学
H 社会科学   Q 科学

3. 事物性质分类法

有些信息不适合用学科体系分类,如专利分类法、标准分类法,是按产品类型分类(参见第6章);我国古代的类书按天、地、人、事、物的顺序分类,现代的年鉴和网络搜索引擎等也按事物性质来分类。

古代类书的编纂时代不同,编者对事物的认识也不一致。因此,类书的分类体系不完全相同,但大体上按天、地、人、事、物的顺序分大类,然后再细分,如《艺文类聚》分46部、72目。

按事物性质分类,符合人们按事物性质查找相同或相近事物的习惯,但由于世界上的事物繁多,加之人们认识上的差异、自编分类体系的随意性等原因,使用相关工具时请注意其分类表和使用说明。

2.2.2 主题法与主题语言

主题法是一种用自然语言作为标识符号标引文献中心内容的整序方法。这里所说的主题,是指文献论述和研究的具体对象、事物或问题。经过选择,用来表达文献主题的词语称为主题词。用主题法标引文献,便于将分散在不同学科的同一主题的文献集中,也便于揭示同一种文献中所涉及的多个学科的研究对象。主题词可以进行组配,达到任意专指度,因此主题法适合特性检索。主题法用词语标引文献,直观性好,但主题法系统性不强,其优缺点与分类法是互补的。

主题语言有多种,根据对自然语言是否进行人工规范,可以分为受控主题词和非控自由词;根据对主题词的组配是预先规定还是检索时任意组配,分为先组式语言和后组式语言。

1. 标题词法(Subject Heading)

这是一种先组式的受控检索语言,标引文献时使用经过规范化的词或词组作为主题标识,词与词之间的等级关系和组配方式由词表预先制定。标题词法按照词表列举的标题和副标题进行标引,操作方便,但只能按规定的组配顺序,灵活性不够。目前使用最广泛的标题表是《美国国会图书馆标题表》,简称为LCSH。

2. 叙词法(Descriptor)

叙词又称叙述词、描述词,叙词法汉语中也称主题词法,是一种用规范化的词语作为文献标识,用概念组配的方式表达文献主题的标引方法。概念的组配可以在标引和检索时任意组配,是后组式的检索语言。叙词语言要求主题词与概念之间一一对应,即一个概念只能用一个主题词表达,一个主题词只能表达一个概念。为此,必须对自然语言加以一系列人工规范,对自然语言里存在着的各种语义关系进行辨别,如同义、属种、交叉、相关关系,等等,用一系列符号标示出来。主题词不一定是一个词,可以是表达各学科领域基本概念的词组。主题词之间的组配必须是概念之间的组配,不能是字面上的组配。

叙词语言是受控主题语言的主流,国内外的叙词表有上千种。我国的叙词表有130多种,其中《汉语主题词表》、《中国分类主题词表》是大型的综合性叙词表,还有不少专业性的叙词表,如《社会科学检索词表》、《数学主题词表》、《教育主题词表》、《档案主题词表》等。

叙词语言标引文献主题信息准确、规范,检索效率高,检索系统适应能力强。但是,在自然语言中，新词和新概念不断产生，从其产生到定型化并收入词表，有较长的过程，因此词表的更新总是滞后，反映新概念不够及时。

3. 关键词法（Keywords）

关键词法是用从文献中选出来的，未经规范化处理的，表征文献主要内容的具有实质性意义的词汇来标引文献的方法。

关键词不经过规范化处理，不受词表控制，直接使用自然语言，易于掌握，能及时反映最新概念。但是关键词之间的语义关系不经规范化处理，检索时会造成漏检和误检，其优缺点与叙词语言是互补的。

4. 关键词法—叙词法链接模型

这种方法是在关键词和叙词之间建立转换链接系统，将用户输入的关键词转换成叙词，检索结果为叙词检索结果。这样可以充分利用叙词法和关键词法各自的优点，用叙词法的精确检索弥补关键词的不足，用关键词的自由检索弥补叙词法的不足，使检索取得更好的效果。

5. 任意词法

这是基于计算机的全文检索功能，使用任意词检索文献的方法。优点是只要全文中包含某一词或词组或字符串，就可以从该词入手，检得相关文献。但用任意词检索文献，误检率很高，因为全文中包含某一词，不等于文献就研究这一主题，而且任意词不能反映自然语言中词和词之间的语义关系。使用任意词检索时，最好选择多个词组配，并选择按相关性排序，以减少误检。

各种检索语言各有优缺点，大型检索系统都会同时采用几种检索语言，提供多个检索入口，以适应不同的检索要求。分类—主题一体化、后控制词等新的方法已开始应用，标引和检索的准确率和方便程度都会逐步提高。

2.2.3 其他排序法

字序法是一种最常用的排序方法，不仅各种词典、百科全书使用，分类法和主题法也要借助字序来排列分类表和主题词。

字序法中应用最广泛的是形序法和音序法。形序法依据字形排序，主要有部首法、笔画笔顺法、四角号码法等，目前主要使用的音序法是汉语拼音法，古汉语工具书还使用注音字母法、韵部法。

常用的排序法还有按时间顺序的时序法、按地理区域的地序法、按编号大小的号码法等，因其简单易用，不一一赘述。

2.3 检索技术

检索技术主要在计算机信息检索系统中使用。计算机信息检索系统是对信息资料进行收集、编辑、管理和检索的系统，由硬件系统和软件系统组成，硬件主要包括服务器、存储设备、检索终端、网络设备等；软件系统主要包括操作系统、检索程序、管理程序、数据库等。

2.3.1 数据库简介

数据库(database)就是在计算机系统中合理存放的相互关联的数据的集合,其目的是为了充分利用这些数据。

数据库由字段、记录、文档三个层次构成。

(1) 字段是数据库的最基本单元,在文献数据库中,每一个字段描述一种信息单元,即文献的一种特征,如题名字段、责任者字段、分类字段等,每个字段都提供一种检索途径。

(2) 记录由字段组成,每条记录都是对一种文献的完整描述,如一本书、一篇论文、一项专利。字段设置越充分,记录对文献的描述就越完整,提供的信息就越丰富。

(3) 文档由记录组成,是记录的集合。记录越多,数据库容量越大。数据库中一般有一个顺排文档和若干倒排文档,顺排文档按记录号为序,检索时依次扫描。倒排文档将可检字段的标引词抽查重排,检索时只扫描相关字段,找到与之匹配的信息特征和相应的记录号。

2.3.2 计算机检索常用技术

检索数字化的文献,用户输入计算机能够识别的指令,即检索表达式,由计算机根据检索指令查找出与之相匹配的文档,检索技术是为提高计算机运算效率而采用的一些技术,目前广泛应用的主要有布尔逻辑、位置算符、截词检索、限制检索等。

1. 布尔逻辑检索技术

布尔逻辑检索技术是用逻辑运算符规定检索词之间的逻辑关系,然后由计算机进行相应的逻辑运算,找出所需文档。布尔逻辑算符主要有以下三种。

(1) 逻辑与,运算符为"AND"或"*",用于交叉概念或限定关系的组配,表示检索词概念范围的交集。可以限定检索范围,增强专指度,提高查准率。用逻辑与连接的多个检索项,检索结果中必须同时包含。检索表达式 A*B,表示检索结果中必须同时包含 A 和 B。如检索关于"法治的市场经济"方面的文献,可用如下检索式:

法治 AND 市场经济

(2) 逻辑或,运算符为"OR"或"+",用于并列概念(同义词、近义词)的组配,表示检索词概念范围的并集。可以扩大检索范围,防止漏检,提高查全率。用逻辑或连接的多个检索项,应检索出包含其中任意一个的文档。检索表达式 A+B,表示检索结果中出现 A,或者出现 B。如检索研究通货膨胀问题的文献,通货膨胀简称通胀,可用如下检索式:

通货膨胀 OR 通胀

(3) 逻辑非,运算符为"NOT"或"−",用于排斥关系的组配,表示从原来的检索范围中排除不需要的概念。用逻辑非连接的概念,检索出只包含前者,不包含后者的文档。检索表达式 A−B,表示检索结果中只能出现 A,不能出现 B。如检索关于后现代艺术的文献,而排除关于行为艺术的文献,检索式可以写成:

后现代艺术 NOT 行为艺术

如果检索式中有一个以上逻辑算符,计算机检索时按布尔算符的优先级依次运算,大多数系统中规定,逻辑非最高,逻辑与次之,逻辑或最低。

如需改变优先级,可以用算符( )。检索式"A*C+B*C"可表达为"(A+B)*C"。如

检索关于学龄前儿童教育问题的文献,检索式可以写成:

(学前儿童+幼儿) * 教育

布尔逻辑算符不仅可以用来规定同一字段内不同检索词之间的逻辑关系,也可以用来规定字段之间的逻辑关系。在不同的检索系统中,使用的逻辑算符不完全一致,算符与逻辑关系之间的对应,请注意各检索系统的说明。

2. 截词技术

截词检索技术是用词的一部分与系统中所存信息进行匹配运算,所以也称为部分一致检索。不同系统中的截词符不相同,常用的有"?"、"$"、"*"等。中文检索系统多使用菜单方式,不用截词符。截词形式主要有以下五种。

(1) 后截词,即截掉词尾,检索词头相同的词语,也称"前方一致"或"开头为"。输入一个词语,系统检出含有以该检索词为词头的词语的文档。例如,输入 psycholog?,会检出包含 psychology,psychological,psychologically,psychologist 等词语的文档。

(2) 前截词,即截掉词头,检索词尾相同的词语,也称"后方一致"或"结尾为"。

(3) 前后截词,即截掉词头词尾,检索中间相同的词语,也称"中间一致"。

(4) 中间截词,即截掉的中间部分,检索词头词尾相同的词语,也称"前后一致"。

(5) 任意匹配,也称模糊检索,是以上检索效果的综合,不论是词头词尾还是中间,只要包含这个词语即可。

中文检索系统一般采用前方一致、后方一致、模糊检索(包含)、完全一致(精确匹配)四个选项。

3. 位置算符

位置算符的作用是规定检索词之间的相对位置,因词与词之间不同的位置反映不同的语义关系,如"艺术教育"和"教育艺术",词序不同,是两个不同的概念。

以 DIALOG 检索系统为例,介绍几种常用的位置算符。

(1) W(with)表示该算符连接的检索词之间的顺序不能颠倒,并且彼此邻近,中间不能插入其他词语和代码,但可以有空格和标点符号。

(2) nW(n word)表示该算符前后的检索词之间的顺序不能颠倒,中间最多可以插入 n(n=1~9)个词或代码。

(3) N(near)表示该算符连接的检索词之间必须邻近,中间不能插入其他词(可以有空格和标点符号),但顺序可以颠倒。

(4) nN(n near)表示该算符连接的检索词之间顺序可以颠倒,中间最多可以插入 n(n=1~9)个词或代码。

(5) L(link)表示该算符连接的检索词之间为从属或限制关系,如一个为一级标题词,另一个为二级标题词。

(6) S(subfield)表示该算符连接的检索词必须在同一句中,词序不限。

(7) F(field)表示该算符连接的检索词必须在同一字段中,词序不限。

4. 限制检索

为提高检索的专指度和检索效率,数据库检索系统一般设置字段限制、时间限制、文献类型限制等限制检索。

每种文献数据库都会选择文献的多种特征,数据库的每个字段对应于一种特征,字段限制就是对指定的特征进行检索,如题目、作者、主题、学科、编号,等等。字段限制的形式有通过菜单选择所需字段和通过输入限制算符规定检索字段两种,大多数据库采用前者。时间限制和文献类型限制也多采用菜单方式。

2.4 信息检索方法

2.4.1 信息检索原理

信息检索是指用一定的方法和技术,从信息集合中找出自己所需要的信息。信息检索是信息整序的另一面,其原理与信息整序相同,也是通过对信息需求的分析,找出信息的内容或外部特征,根据所选检索工具采用的检索语言,选择检索标识,构建检索表达式,检出所需结果(参见图2-1)。

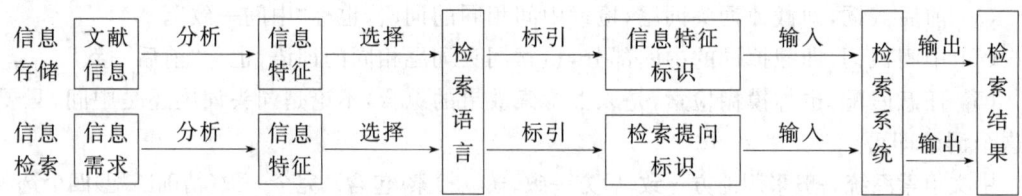

图2-1 检索原理示意图

2.4.2 分析检索需求

分析检索需求是为了明确检索目的和意图,以达到最佳检索效果。

➤ 分析检索目标,按信息检索的对象,一般将检索需求分为文本检索、事实检索、数据检索、多媒体检索等四种类型。文本检索也称为狭义的文献检索,检索目标是获取图书、文章、文件等文本的全文或部分内容。事实检索的目标是了解关于某一事物知识,如词语的解释,某一具体事件发生的时间、地点、人物的简介,机构的概况,某产品的特点,等等。数据检索的目标是获取某一具体数值,如有关常数、统计数据、实验数据,等等。多媒体检索的目标是音频、视频等多媒体文献。

➤ 分析检索意图,明确检索的侧重点是查全还是查准,查新还是溯源,所需时间段和所需语种。

➤ 分析已知条件,从已知的条件确定检索途径,确定学科、主题等的标识。

2.4.3 选择信息源

根据需求分析,选择合适的信息源。可从信息源所收录的学科范围、文献出版类型、文献加工类型、时空范围、语种、载体类别,提供的检索途径、使用权限、更新周期等几个方面衡量是否适合检索需求。

例如,检索词语的解释,选择词典、百科全书等参考工具;需直接获取文献的全文,选择全文型数据库;检索最新文献,可选更新快的信息源;核对古籍版本,仅选择古籍全文数据库还不够,因为每种古籍全文库中只有1~3种版本,还要全面检索古籍联合目录、古籍馆藏目录,再根据得到的信息,通过借阅、文献传递等方法获得原始文献。

对各类信息源要做全面了解,例如,大部分学术型全文数据库所收的文学类文献以研究论文为主,收文学作品则很少。又如,唐诗宋词的全文数据库有多种版本,检索某一词语在唐诗宋词中的用法,应选择带有词频统计功能的唐诗宋词全文数据库。

2.4.4 选择检索途径

检索工具在存贮信息时,按照信息的特征,提供多种检索途径。对所选信息源,用户应了解其所提供的检索途径有哪些,再根据所需检索信息的已知特征,选择相应的检索入口。常用作检索途径的文献信息特征见表2-2所示。

表2-2 常用检索途径

外部特征	题名	题名:正题名、交替题名、异名、副题名……
	责任者和责任方式	责任者:个人责任者、团体责任者
		责任方式:著、编、译、校、注、辑、绘、改编、表演……
		责任者所属机构
	版本	出版者
		时间
		格式:载体形态、大小、规格……
		版次
	文献类型	电子图书、电子期刊、会议文献、古籍、拓片、音频资料、网络文献等
	标识(编号)	国际标准书号(ISBN)、国际标准刊号(ISSN)、统一资源标识(URI)、统一资源定位(URL)、数字对象标识(DOI)、专利号、标准号、文号、档案号等
	权限	权限管理
	其他	如:语种、基金、时空范围等
内容特征	主题	分类号
		主题词、关键词
	描述	摘要
		目次
		附注
	语句	字、词、句、公式等
	全文	全文
	其他	图表
与其他资源的关系	参照	参照
	引用	引用
	替代	替代
	其他	部分、整体、继承等

1. 题名

题名是文献的名称,也称作标题、题目,包括书名、刊名、篇名、文件名,等等。有些文献具有多个题名,形成多个题名的原因主要有下列几种。

➢ 同书异名。文献在流传过程中产生的不同题名。例如,唐代李贺的诗集《李长吉集》又名《昌古集》、《李长吉歌诗》,宋代周邦彦的词集《片玉词》又名《清真词》。

➢ 不同语种的名称。一种文献的不同语种题名,正文所采用语种的题名为"题名"(title),其他语种的题名为"交替题名"(alternative)。如《基于文脉延续策略的城市可持续更新》一文的正文语种是中文,其英文篇名 *On the sustainable renewal in cities based on the following historical context* 为交替题名。

➢ 同一文献的不同译名。如美国著名记者埃德加·斯诺(Edgar Snow)的著作 *Red star over China*,董乐山的中译本名《西行漫记》,又译为《红星照耀中国》。王福时等人的译本,题名为《前西行漫记》(解放军文艺出版社,2006版),是相对于〔美〕尼姆·威尔斯所著《续西行漫记》而改名。

还有正题名和副题名、全称和简称、总题名和部分题名等多种情况。

2. 责任者和责任方式

文献的责任者,指对文献内容负责任的人(个人作者)、组织机构或服务系统(团体作者)及责任者所属机构。按其责任方式的不同,责任者对所产生文献的内容承担相应的责任。

➢ 责任方式,即责任者与文献内容之间的责任关系。责任方式有多种,如著、编、译、校、注、辑、绘、改编、表演,等等。例如:

《史记》〔汉〕司马迁撰;〔南朝宋〕裴骃集解;〔唐〕司马贞索隐;〔唐〕张守节正义。

《围城(十集电视连续剧)》钱钟书原著;孙雄飞等编剧;黄蜀芹导演;陈道明,吕丽萍主演。

➢ 责任者所属机构,一种文献的不同责任者可能属于不同的机构,如著者所属机构,译者所属机构,学位论文作者所属机构、学位授予机构、指导老师所属机构等。

3. 文献类型

指因资源内容特征而形成的具有不同功能及表现形式的资源种类,如电子图书、电子期刊、会议文献、古籍、拓片、音频资料、网络文献等。

4. 版本

指同一资源因编辑、传抄、刻版、排版或制作形式不同而产生不同的本子,包括是否公开,是否出版,出版者、时间、格式、版次等。

➢ 出版者,指对文献现有形式负责的个人、组织机构或服务系统。

➢ 时间,指文献生产的时间,包括内容完成时间、公开时间、生效时间、出版时间、可获得时间,等等。

➢ 格式,主要指文献的形态,包括文献的媒体类型或大小。媒体类型指文献的物理载体;大小指文献外形尺寸、所占的存储空间及持续时间等,如图书、期刊的大小、册数、页数、字数,音频资料在物理上的大小程度、播放时间的长短,电子文献的格式、字节数,等等。

5. 标识

指按有关规定分配给文献的各种标识性信息(编号)。常用的有国际标准书号(ISBN)、国际标准刊号(ISSN)、统一资源标识(URI)、统一资源定位器(URL)、数字对象标识(DOI)、专利号、标准号、档案号、政府文件编号,等等。每种检索系统还会根据需要,对文献进行编号,如索取号、条码号、记录号等。

6. 权限管理

指有关资源本身所拥有或被赋予的权利信息,一般包括知识产权(IPR)、版权、使用权限说明及其他相关产权信息。如关于资源的版权通告、权限管理陈述、存取条件声明、馆藏信息等。有些权限管理是与网络或计算机作业环境密切相关的。

7. 主题

指描述文献主要内容的分类号码、关键词或主题词。

8. 描述

对文献内容的说明,主要有目次、摘要、附注等。

9. 语句

文献中所包含的字、词、句。如人名、地名、机构名、专业词汇等词语,名句等语句。

10. 全文

文献全文包含的所有内容。选择全文途径要注意使用词频限制功能或相关度排序功能。

11. 与其他资源的关系

每种文献与其他文献之间存在各种关系,如引用与被引用、参考与被参考、部分与整体、替代与被替代,等等。通过这些途径,可以检出与所检文献内容相关的文献,并反映出文献之间的相互影响,因此,有专门的引文索引,大型的论文数据库也有引文检索途径。

2.4.5 构建检索式

检索表达式用于计算机检索,是表达检索提问的逻辑运算式。构建检索式,首先按照检索需求,根据信息源所提供的检索途径和采用的检索语言体系,选择适合的标识。例如,从主题途径检索,需明确信息源提供的是关键词还是叙词,或二者兼备,是否可从关键词检索叙词,关键词途径是否带同义词表,进而确定检索词;若从学科分类检索,需选择恰当的分类号。其次要明确各检索途径、检索标识之间的逻辑关系,选择正确的逻辑符号、检索模式(参见§2.3.2),然后根据检索结果调整检索途径,修改检索式,直到获得满意的检索结果。

以中国高等教育数字图书馆(CALIS)书刊联合目录为例,检索课题"启功的书法作品及书法研究著作"。

用简单查询界面检索,检索式 1 为:"责任者=启功",得到 159 条记录。但是其中包含启功的中国古代文学研究、史学研究、书画研究、文学创作等其他著作,因此需要在结果中进行二次检索,优化检索结果。当然,如果对启功有所了解,知道他是国学大家,研究范围较广,可以跳过第一步,直接从高级检索界面开始。

高级检索界面提供多种检索途径,表2-3列出了不同途径的检索结果,用户可以根据自己的需要决定采用哪一种,其中检索式6比较符合既全又准的要求。

表2-3 CALIS书刊联合目录检索结果示例

检索式序号	检索途径	检索标识	检索模式	逻辑关系		检索结果记录数
检索式1	责任者	启功	精确匹配			259
检索式2	题名	书法	包含	与		32
	责任者	启功	精确匹配			
检索式3	主题	书法	前方一致	与		33
	责任者	启功	精确匹配			
检索式4	主题	书法	前方一致	或	与	55
	题名	书法	包含			
	责任者	启功	精确匹配			
检索式5	责任者	启功	精确匹配	与		145
	分类号	J292	前方一致			
检索式6	分类号	J292	前方一致	或	与	156
	主题	书法	前方一致			
	责任者	启功	精确匹配			

2.4.6 分析检索结果

对检索结果需要进行分析,以便及时调整检索策略,取得更好的检索效果。衡量检索效果的标准主要有查全率、查准率、漏检率、误检率等指标。

1. 查全率和漏检率

查全率(Recall Ratio)是指系统在进行某一项检索时,检出的相关文献量与系统中存储的相关文献总量的比率,反映从系统中检出与需求相关的文献的能力。查全率公式为:

$$查全率(R) = \frac{检出的相关文献总量}{系统中的相关文献总量} \times 100\%$$

如果利用某系统检索某课题,该系统中与这个课题相关的文献有50篇,检出相关文献为40篇,那么查全率就等于80%。

漏检率(Omission Factor)是指漏检文献量与系统中相关文献总量的比率,反映未检出文献的情况,漏检率公式为:

$$漏检率(M) = \frac{漏检相关文献总量}{系统中的相关文献总量} \times 100\%$$

如果系统中与课题相关的文献有50篇,检出40篇,漏检10篇,那么漏检率就等于20%,

所以漏检率＝100％－查全率，即 $M=100\%-R$。

提高查全率，减少漏检率的方法主要有：

(1) 选全同义词和相关词，用逻辑"或"连接检索词。例如，在系统没有提供同义词表时，就要考虑所选择的关键词是否有同义词、近义词，是否有交叉关系的概念，是否有同一主题的不同表述形式，如有，需全部列出。例如，"苏州方言"和"苏州话"，"吴方言"和"吴语"。对于属种关系的概念或交叉关系的概念应根据需要选择，例如，"吴方言"与"苏州方言"是属种关系的概念，而苏州方言是吴方言的代表，研究吴方言的文献大多会论及苏州方言，甚至主要以苏州方言为例，所以检索研究苏州方言的文献，就不仅要考虑"苏州话"、"苏州方言"这两个同义词，还要考虑其上位概念"吴方言"、"吴语"这两个同义词。

(2) 选择多种检索途径，如摘要、全文等。人文社科文献有很多在题名中不出现文献的主题词或关键词，防止漏检需要多途径检索，如题名、主题词、关键词、摘要（或内容简介）以及全文。例如，瑞士心理学家皮亚杰（Jean·Piaget）撰写了多种研究儿童心理学的著作，其中《成功与理解》、《儿童的语言与思维》、《儿童智力的起源》、《智慧心理学》等著作题名中并无"儿童心理学"字样，因此仅用在题名中包含"儿童心理学"来检索，这些著作都会漏检。

(3) 减少学科、文献类型、年代等限定。人文社科领域的学术研究，有很多是跨学科的。例如，青少年网络成瘾的问题，牵涉到心理、教育、管理、法律、医学、信息技术等多个学科，要查全关于该问题的文献，就不宜对学科作限定。

(4) 选择适合的检索模式。检索模式（截词方式）的选择也是影响查全率的一个方面，大多检索系统的默认模式为"前方一致"，而仅选择"前方一致"，会漏检不以输入的检索词开头但包含该词的文献。用户应根据检索词和检索需求，选择相应的模式，如"包含"、"任意匹配"等。

2. 查准率和误检率

查准率（Precision Ratio）是指检出的相关文献与检出文献总量的比率，反映从系统中检出文献的精确度。查准率公式为：

$$查准率(P)=\frac{检出的相关文献总量}{检出文献总量}\times 100\%$$

例如，检索某一课题，检出文献总量 50 篇，其中与课题相关的文献 35 篇，则查准率就等于 70％。

误检率（Noise Factor）是指误检文献量与检出文献总量的比率，反映检索结果的差错程度，误检率的公式为：

$$误检率(N)=\frac{误检文献总量}{检出文献总量}\times 100\%$$

如果检出文献总量 50 篇，其中与课题相关的文献 35 篇，15 篇与该课题不相关，则误检率为 30％，所以，误检率＝100％－查准率，即 $N=100\%-P$。

造成误检的原因有多种，如选择的检索词不准确、所选检索词是多义词、误识别（切分与嵌套）等。

误识别主要是计算机检索系统将前一个词的词尾与后一个词的词头误组为一个与检索词相同的词，或一个词中包含了一个与检索词相同的词，造成误检。例如，检索题名中包含"士人"一词的著作，在检出一批符合要求文献的同时，可能会误检出下列文献：

> 魏晋名士人格论
> 护士人文素养
> 院士人生——来自科学殿堂的报告
> 革命战士人生观
> 中国博士人名录
> 走近中国——瑞士人在华见闻录

其中"瑞士人"一词中包含了"士人",形成嵌套,其余几例都是前一个词的词尾与后一个词的词头误组为"士人"一词,形成切分,因而产生误检。

提高查准率,减少误检率的方法,主要有:

(1) 选准检索词,对过于宽泛的概念加以限定,对多义词加以限定,多个词组配,提高专指度,或进行二次检索。例如:

➢ 检索研究瓷器"青花瓷"的文献——"青花瓷"and"瓷器";
➢ 检索研究歌曲《青花瓷》的文献——"青花瓷"and"歌曲";
➢ 检索研究舞蹈《青花瓷》的文献——"青花瓷"and"舞蹈"。

(2) 多途径组合检索。如已知文献信息的不同特征,可以将这些特征组合检索。

例如,对于同名文献,可用作者来限定。如以"天问"为题名的文献,一般为人熟知的是屈原的长诗《天问》,但是,当代诗人余光中的一首诗也以"天问"为题,还有陈铨的长篇小说《天问》(江苏文艺出版社 1985 年出版),首都师范大学哲学系、首都师范大学宗教与文化研究中心主办,程恭让主编的丛刊《天问》(江苏人民出版社 2006 年创刊)。用作者途径和题名途径组配检索,可以避免误检。

减少同名作者误检,可用作者所属单位或研究领域限定。如检索华东师范大学叶澜教授教育学研究的论文,可以用"作者等于叶澜　并且　单位等于华东师范大学　并且　主题包含教育学"的检索式检索。

(3) 从全文途径检索时采用词频限制。全文中包含检索词的词频越高,与该课题的相关性越高。选择恰当的词频,可以提高查准率。

(4) 匹配模式的选择要恰当。采用"精确匹配"或相应的位置算符,可以有效减少误检。如"企业"和"文化",可组配成"企业文化"、"文化企业"两个不同概念,应根据检索目的,用位置算符规定词序,用精确匹配模式。

用户在检索过程中,应根据检索目的,选择恰当的资源,根据所选检索工具的功能,采用恰当的检索策略,并及时调整检索策略,以达到最佳的检索效果。

练习与思考

1. 简述信息检索的基本原理。
2. 信息检索语言有哪些种类?
3. 计算机检索常用技术有哪些?熟悉布尔逻辑检索技术。
4. 文献信息检索的主要途径有哪些?
5. 如何提高查全率、查准率?

第 3 章 信息检索工具

信息检索工具是指根据一定的社会需要,将某一方面的知识材料,以特定的方法加以编排组织,专供人们检索文献资料的工具。知识性、资料性、检索性是信息检索工具最本质的特征。

检索工具按检索手段可分为手工检索工具和机器检索工具。手工检索工具多为纸质载体,有卡片、图书、连续出版物等类型。手工检索工具直观,不需借助辅助设备,但检索途径少,更新速度慢。机器检索工具借助一定的机器设备存储文献信息,实现信息的整序与检索,机器检索工具以计算机检索工具为主。计算机检索工具存储量大、内容更新快、检索途径多、检索速度快,借助网络,信息传递可不受时空限制。因此,大多数检索工具同时出版印刷版和电子版,或以电子版为主。电子版检索工具以光盘、移动硬盘为载体的多为单机版,以服务器、大型存储阵列为载体的多为网络版。

按检索功能,可将检索工具分为线索型、参考型、全文型、综合型等类型。

3.1 线索型工具

线索型检索工具是二次文献,其特点是提供文献的线索,指引获得全文的途径,而不是直接提供文献全文或问题的具体答案,主要有目录、索引、文摘等类型。各类工具对文献信息的报道各有侧重,目录以报道整本文献为主,索引以揭示文献部分特征为主,文摘以报道单篇文献为主。

3.1.1 目录

目录是从特定需要出发,对一批相关文献系统整理,按一定顺序编排而成的一种揭示、记录、报道文献的工具。目录的功用是简介文献内容,辨析学术源流,考察收藏存佚,指明阅读范围,反映文献出版或整理状况。按文献出版类型,可分为图书目录、报刊目录、特种文献目录等类型。图书目录,简称"书目",是记录与揭示一批相关整本文献的检索工具,是目录最重要的组成部分。

1. 古代目录

我国古代"目"和"录"有不同的含义。目,指篇目、目次;录,相当于内容提要。汉代的《七略》就是成熟的提要型书目。在汉代,进行了一次大规模的文献收集整理工作,从汉武帝广开献书之路开始,至汉成帝时,国家藏书已形成相当规模,汉成帝又派谒者(负责朝廷宣传事务的官员)陈农广求民间遗书,命著名学者刘向主持图书校勘整理。刘向等人校书,首先广泛收集公私所藏各种不同版本,接着对书籍进行校勘,理定篇目次序,编写内容提要、编纂目录。每种书的"录",包括校勘情况、作者简介、该书主旨、内容得失、学术渊源、流传情况等。刘向又将原附于各书之后的提要汇编成一书,名为《别录》。刘向去世后,其子刘歆奉命完成校书工作,刘歆在《别录》的基础上,将群书系统分类,编成我国古代第一部综合性图书分类目录《七略》。全书有总序(辑略),每一略(大类)有大序,每种有小序,每种书有录(提要),提要由编者用自己的话写成,这种体例称为"叙录体"。古代的提要型书目还有一种体例,称为"辑录体",辑录体的提要是在每种书名下汇编各家对该书的评价,类似资料汇编。

汉代的文献整理编目工作为以后各朝代继承仿效,形成了古典目录中从《七略》至《四库全书总目提要》的官修书目体系。

班固将《七略》各书的提要删去,保留了序,改编为《汉书·艺文志》,开史书收书目的先例,其后的正史、政书、地方志大多有"艺文志"、"经籍志",形成史志目录体系。

古典目录还有多种类型。

➢ 私家藏书目录。如《郡斋读书志》,〔宋〕晁公武撰。上海古籍出版社 1990 年出版《〈郡斋读书志〉校证》,孙猛校证,附《郡斋读书志校证索引》,王立翔编。《直斋书录解题》,〔宋〕陈振孙撰。上海古籍出版社 1987 年出版点校本,徐小蛮、顾美华点校;山东画报出版社 2004 年出版整理本,尹小林整理。

➢ 版本目录。如《增订四库全书简明目录标注》,〔清〕邵懿辰撰,近代邵章续录,邵友诚整理。该书对《四库全书简明目录》的善本、别本进行批注,并且收载《四库全书》未收的重要典籍,中华书局 1959 年出版,上海古籍出版社 1979 年新 1 版,2000 年重印。《藏园订补邵亭知见传本书目》,〔清〕莫友芝撰,傅增湘订补,傅熹年整理,中华书局 1993 年出版。

➢ 举要书目。如《书目答问补正》,〔清〕张之洞撰,近人范希曾补正。本书是一部旨在指导治学门径的举要目录,着重介绍"经史子集丛"各部重要书籍及其精校精刻本,没有提要,但有提示性按语,书后附有《国朝著述诸家姓名略》,按专业、学术流派列举清代学者的姓名、籍贯。中华书局 2011 年出版孙文泱增订本,增加了到 2008 年为止的古籍整理现状,涉及影印本、排印本、新校本、新注本等,影印本附底本信息,大型丛书附册数等具体信息。

2. 现当代书目

根据不同的划分方法,现当代书目可分为多种不同的类型。

(1) 按所收文献的出版时间,可以分为回溯书目、现行书目、预告书目。回溯书目,反映过去某一段时期的出版物,如《民国时期总书目》。现行书目,反映当前出版现状,如《全国新书目》。预告书目,反映即将出版的文献,如《社科新书目》。

(2) 按文献出版地,分为国家书目、地区书目。如《中国国家书目》,北京图书馆(现名中国国家图书馆)编,先后由书目文献出版社、华艺出版社出版,依据国家图书馆的馆藏(包括缴送本和采购本),逐年报道新书出版情况。国外最负盛名的国家书目是英国不列颠图书馆编辑的《英国国家书目》(*British National Bibliography*,简称 BNB),著名的还有美国鲍克公司编制的《美国图书出版记录》(*American Book Publishing Record*)、《在版图书》(*Books in Print*)等。

(3) 按收藏情况,分为反映一个收藏单位藏书情况的馆藏目录,反映两个或多个收藏单位藏书情况的联合目录。馆藏目录如各收藏单位主页的馆藏文献公共查询模块(OPAC),各收藏单位的特藏目录如《美国哈佛大学燕京图书馆中文善本书志》、《北京图书馆普通古籍总目》;

在线联合目录如中国高等教育文献保障系统(CALIS)的"CALIS联合目录",印刷型联合目录如《(1833~1949)全国中文期刊联合目录》。通过馆藏目录及联合目录,读者可以了解何处有所需文献,进而通过文献传递或馆际互借等方法获得文献。

(4) 还可以按所收文献的学科,分为综合性书目和专科性书目。专科性书目是书目中最大的家族,大多数书目是按学科或专题编纂,不一一举例。按用途,分为推荐书目(如《清华北大教授推荐的120本必读书》)和出版社目录(如《文物出版社图书总目(1957~1987)》、书目指南(书目之书目))。

3.1.2 索引

索引(Index)又称引得、通检,是将特定范围内的表达文献外表特征或内容特征的有关信息单元按一定的方法编排起来,注明出处,以供检索的工具。索引的类型很丰富,每种文献特征都有相应的索引,尤其是数据库型的索引,每一个字段记录一种文献特征,每一个字段都可以设为可检字段,因此可以根据文献本身的特点和用户需要,提供相应类型的索引。目前应用较普遍的类型有题名索引、责任者索引、学科分类索引、主题索引、字词索引、语句索引、引文索引、版本索引、编号索引等。每种类型的索引可以是独立的检索工具,也可以在其他检索工具中起增加检索途径的作用。

以文献题名为主要检索项编排的索引可分为两类,一类是大型文集所收文章的篇名索引、丛书的子目书名索引,用来查询每一作品所在页码位置。如《全唐文篇目分类索引》(冯秉文主编,中华书局2001年出版)。一类是以报道论文为主的篇目索引,记录论文的题名、责任者、文献出处(报刊名称、会议名称、学位授予单位等)、时间、分类号、主题词、载体类型、篇幅等信息,又称为题录。有的题录型工具也称目录,如《150年中美关系史论著目录(1823~1990)》是论文篇目索引。回溯式的论文篇目索引,多为按学科或专题累积一个较长时间段里的文献,如《中国心理学文献索引(1949~1984)》、《中国古典文学研究论文索引(1949~1980)》;报道型的篇目索引(题录),以反映最新研究成果为主,如《全国报刊索引》,印刷版按月报道全国报刊上发表的文章,网络版每日更新。

学科分类索引、主题索引、引文索引、责任者索引等多用于对文本的检索,参见第4~6章;字词索引、语句索引多用于事实检索,参见第7章。

3.1.3 文摘

文摘(Abstracts)是以摘要的形式概括地报道单篇文献内容的浓缩式检索工具,每条记录由题录和摘要两部分组成。题录部分主要反映文献的外表特征,对文献内容只通过分类号、主题词来揭示,比较简略,而摘要部分是文献内容的浓缩,反映原文的研究目的、方法、结果、结论等信息,较深入地揭示原文。报道性文摘必须忠实于原文,概述原文的主要内容、论点、方法、结论及有关数据,不加评论和补充解释,是原文的浓缩。指示性文摘简介原文的主题范围、目的和方法,适用于篇幅较长、内容较散的文献。评论性文摘可以有文摘员的看法或分析,其价值如何,取决于文摘员的专业水平。

文摘类检索工具中,文摘条目是主体,按分类或主题编排,同时附有多种索引,以供从不同角度检索。根据国家标准,印刷型文摘的条目一般应包含以下内容(以期刊论文为例),如图3-1所示。

分类号		顺序号
中文题名＝外文题名［文献类型，语种］/主要责任者（所属机构）；其他责任者//刊名.-年，卷（期）.-页码		
摘要。图 X 表 X 参 X（文摘员）		索取号

图 3-1　文摘格式

例如，《中国环境科学文摘》中"环境经济学"类的一条文摘如图 3-2 所示。

```
X196                                                           200802422
    污水处理厂沼气发电的经济性分析/郑林静…(同济大学污染控制与资源化研究国家
重点实验室)//中国给水排水/中国市政工程华北设计研究院.-2007,23(24).-6～11
                                                                环图 TU-20
    介绍了法国 2006 年颁布的沼气利用政府法令以及沼气发电的价格体系，并以法国南
部某污水处理厂为例，分析了污水处理厂利用污泥厌氧消化产生的沼气进行发电的技术
经济可行性。研究表明，沼气发电在经济上完全可行，可在 3 年左右收回投资成本；选择适
当功率的发电机，沼气发电后的余热还能保证消化池的正常运行，每处理 1 m³ 污水产生的
电能达 0.19 kW・h。此外，结合我国现有沼气发电的成功经验，指出污水处理厂的污泥采
取厌氧消化、沼气发电进行综合利用，具有良好的发展前景。表 6 参 7
```

图 3-2　文摘样条

电子版检索工具的显示和输出格式有多种样式可以选择，参见第 5 章。

国内出版的人文社科类的文摘刊物大多是普通文摘，除每期的目次以外不提供检索手段，没有辅助索引，每期的栏目设置、报道的学科也会随着热点问题而变化，因此读者可以利用这些文摘刊物来关注热点问题和研究动态，检索文献则需利用其他工具。

3.2　参考型工具

参考型工具主要是三次文献，这些工具不以文本为检索对象，而是直接提供问题的答案，如词语的解释、具体用法，某一人物、事件的简介，某一具体数值等。

3.2.1　字典词典

字典词典也称为辞书，是汇集并解释字词术语的工具书。词典起源于语言学，以字词为对象，主要解决语言文字障碍。字典词典是工具书中的大家族，历史悠久，种类繁多，是人们比较熟悉的工具书类型。按学科可以分为语文词典、专科词典、综合词典；按语种可以分为单语词典、双语词典、多语词典。

语文词典主要收录普通语词，解释其形音义和用法。其中综合性语文辞书，按收录语词的时段又可分为通代型辞典（如《汉语大词典》）和断代型词典（如《现代汉语词典》）。专门性语文词典，只解决某一特定范围内的问题。例如，关于古字形的《甲骨文字典》、《金文常用字典》；关于读音的《古今字音对照手册》、《普通话异读词审音表》；关于语法的《古汉语虚词词典》、《现代汉语虚词词典》；关于方言的《方言调查字表》、《普通话基础方言词汇集》；关于某些特殊用法的

词典,如关于缩略语的《首字母和缩略语词典》,以及关于成语、俗语、歇后语、方言、同义近义词、反义词的词典等。

知识性辞书主要收录并解释学科知识或专用名词。其中专科辞书以某一学科的词语、知识为对象,这是词典中最大的家族,每一学科都有多种本学科及各大大小小分支学科的专科辞典。例如,文学类辞书,著名作家和作品都有专人或专书研究词典。专名辞书,解说专有名词术语,包括人名、地名、书名等,如《中国人名大辞典》、《世界地名词典》、《简明中国古籍辞典》等。

综合性词典既收语文性词语,也收百科词汇,兼有以上两类词典的特性,如我国古代的《尔雅》、当代的《辞海》、英国的《牛津英语大词典》(*The Oxford English Dictionary*)、美国的《韦氏三版新国际英语词典》(*Webster's Third New International Dictionary of the English Language*)。

双语和多语词典按使用功能,可以分为语言学习型、科学研究型、日常交流型等类型。

3.2.2 百科全书

百科全书(Encyclopedia)是概述人类一切门类或某一门类知识的完备的工具书。百科全书在规模和内容上均超过其他类型的工具书,它几乎包含了各种工具书的成分,囊括了各方面的知识,有"工具书之王"的美称。《百科全书》一词来源于希腊文 enkyklios(普通的)和 paedeia(教育或学识)。百科全书起源于教科书,以概念为对象,以讲述知识为主,每一条目就是关于这一条目的系统完备的知识,回答该条目的定义、原理、方法、历史、现状、相关人物、统计数据、图表、参考书目、翻译情况等各方面问题。百科全书包含的学科全面,知识系统,检索便捷。世界著名百科全书多由世界一流专家学者撰稿,对知识作全面系统、客观简明的阐述,注重反映科学文化的最新成就。因此百科全书既具有查考功能,又具有较高的可读性,被称为"没有围墙的大学"。

近现代百科全书的奠基作是以法国学者 D. 狄德罗为首的法国百科全书派于 1751～1772 年编纂出版的《百科全书,或科学、艺术和手工艺分类字典》。当代著名的综合性百科全书有美国的《新不列颠百科全书》(*The New Encyclopaedia Britannica*)、《美国百科全书》(*The Encyclopaedia Americana*)、《科里尔百科全书》(*Collier's Encyclopedia*),法国的《拉鲁斯大百科全书》(*Larousse Encyclopedie*),德国的《布罗克豪斯百科全书》(*Brockhaus Enzyklopädie*)、前苏联的《苏联大百科全书》(*Bol'shaia Sovetskaia Entsiklopediia*),日本的《世界大百科事典》,中国的《中国大百科全书》等。

百科全书按学科可以分为专业性百科全书、综合性百科全书;按篇幅一般将 20 卷以上的称为大百科,10 卷以下的称为小百科。百科词典介于词典和百科全书之间。

印刷型的百科全书由于规模大,修订不易,一般采用连续出补充本或百科全书年鉴的方式,反映新信息并为修订积累资料。数字化为百科全书的编辑出版提供了便利条件,世界上大多数百科全书在出版印刷版的同时出版光盘版和在线版,以多媒体形式丰富了百科全书的内容和检索功能,在线版还可以随时更新,及时反映科学文化的最新成就。有的出版社已将在线版作为百科全书的主要出版形式。

借助互联网,一种由全世界的自愿者协同写作的百科全书"维基百科"应运而生。维基百科 2001 年由互联网企业家吉米·威尔士和拉里·桑格创立。英文的"Wikipedia"是"wiki"

（一种可供协作的网站类型）和"encyclopedia"结合而成的混成词。中文名称"维基百科"是经过投票讨论后决定的。"维基"两字除了音译之外，"维"字意为系物的大绳，也可解释为网，还可以引申为因特网，"基"是事物的根本或是建筑物的底部。"维基百科"合起来可引申为因特网中装载人类基础知识的百科全书。任何人只要能连上因特网，符合维基百科的编辑方针，并且达到一定的标准都可参与编辑维基百科。维基的目的在于构建知识库，并且所有的人都可以参与知识库的构建，贡献自己的知识。目前在250种以上的语言版本中，共有超过六万名的使用者贡献了超过一千万则条目，其中有25万多则条目以中文撰写。每天有数十万的访客作出数十万次的编辑，创造出数千篇的新条目，维基百科已经成为最大的资料来源网站之一。

"维基百科"的编撰方式被很多网站采用，产生了大量由网民协作编写的百科条目，如搜索引擎"百度"的"百科"即用这种方式编纂。

3.2.3　类书

类书是我国特有的工具书，是一种百科性的资料汇编，按类或按韵列出若干条目（或词语），将前人著作中与该条目相关的资料辑录出来，每一条的资料再依经史子集的顺序排列。最早的类书是三国魏文帝曹丕时编纂的《皇览》，该书已失传。现存最早的类书是隋末唐初虞世南编的《北堂书钞》，此书已不完整。现存最早的完整的类书是唐代欧阳询等编的《艺文类聚》。

《艺文类聚》100卷，分为46部、727目，每目先引辞书对该词语的解释，再按"事居其前，文列于后"的体例编排古代文献中包含该词语的语句、段落、篇章。"事"指"本事"、"事类"，即关于事件缘由、事物本原的记载，"文"指文学作品。资料编排基本依经史子集为序。《艺文类聚》引用了1 400多种古籍，如今90%以上已亡佚，只能通过《艺文类聚》中保存的部分来了解这些古籍。

著名的类书还有宋代的《太平御览》、《册府元龟》，明代的《永乐大典》，清代的《古今图书集成》等。专收诗文语句的著名类书有《佩文韵府》。唐代编撰的类书对后来历朝影响较大，其后类书的体例多是对其模仿及继承发展，只是类目更多，规模更大。

《永乐大典》是我国古代最大的一部类书，编成于明永乐六年(1408)，谢缙等编，共22 877卷，另有凡例、目录60卷。今仅存800余卷，有影印本、光盘版和在线版。栾贵明编有《永乐大典索引》。

《古今图书集成》是现存最大的一部古代类书，编于清康熙至雍正年间，陈梦雷等编，共10 000卷，目录40卷，分6汇编、32典、6 117部，有多位学者为《古今图书集成》编过索引。现有多种光盘版和在线版。

《中华大典》是一部新型类书，从1989年开始试编，1992年正式启动编撰，目前正陆续出版，预计2018年全部完成。《中华大典》对先秦至1911年我国历代汉文典籍进行梳理汇编，收入两万多种古籍。全典参照现代图书分类方法分为24个典，100多个分典，共8亿多字，是《永乐大典》的2倍多，《古今图书集成》的4倍多。

类书中保存了丰富的古文献资料，因其内容丰富，包罗万象，被称为古代的百科全书。但类书与现代百科全书有明显的区别，类书的编纂目的主要是保存古代文化，是对前人文献的分类辑存，类似资料汇编。百科全书则以条目的形式对知识作概述，重在传播科学文化的新成就。

3.2.4 年鉴

年鉴是逐年编辑出版，概述一年中事物的发展并汇集重要文献和统计资料的工具书。年鉴内容丰富、涉及面广、信息量大，集多种类型文献于一体，既收本年度重要的一次文献，如相关政策法律条文、重要事件、重要人物介绍、重要统计数据等，又有本年度相关著作、论文的目录索引，有关研究状况、热点问题的综述等二、三次文献，年鉴逐年连续出版，是重要的编年史料。年鉴一般采用栏目、条目形式编排内容，并辅以多种索引，检索方便。

我国第一部年鉴是1924年上海出版社出版，阮湘等编的《中国年鉴（第一回）》。20世纪80年代后为适应社会快速发展的需求，年鉴种类增加迅速。

年鉴一般分为综合性年鉴、专科性年鉴、专业性年鉴。综合性年鉴提供全面系统的政治、经济、文化等社会各个领域、学科的资料，多按国家或地区编撰，如《中国年鉴》、《世界知识年鉴》等，我国各省、市、自治区及省辖市多编有本地区的年鉴。专科性和专业性年鉴提供某一学科、主题或某一行业部门范围内的一年来的发展概述资料，每个学科都有本学科的年鉴，如《中国经济年鉴》、《中国教育年鉴》等。专业性年鉴如《中国统计年鉴》、《中国出版年鉴》等。

3.2.5 其他参考工具

1. 手册、指南

手册和指南是汇集某一专业或专题的常用资料、重要公式、基本数据、专业符号、基本知识、原理方法，以供人们经常翻检的参考工具。手册汇总的一般是某一学科、专业领域最基础、实用的资料、数据、公式，反映的是该学科中有较高深度和成熟度的知识经验，不一定是最新动态，但具有很高的应用和实践价值。

2. 表谱

表谱是用编年、表格等形式来揭示时间概念或谱列历史事实的工具书。主要有按不同历法编排用于记时的历表，用于不同纪年系列对照的纪年表，按时间序列记录重要事件的大事年表，为某学科、专题、人物编撰的专门性表谱，如职官表、地理沿革表、学术年表、人物生卒年表，等等。

3. 图录

图录是以图像为主体，辅以文字说明的工具书。图录主要有地图、历史图录、人物图录、文物图录等，还有动植物图录、艺术图谱、邮票图谱、兵器图谱等许多专业图谱。

4. 名录

名录是提供专名资料的工具，内容简明，介绍所收对象的基本情况、业务范围、联系方式等。主要有人名录、地名录、机构名录、产品名录等类型。

5. 政书

政书是我国古代记载典章制度的专史，主要有通代型的"十通"系列和断代型的"会要"系列。"十通"是十部通代政书的合称,其中《通典》唐代杜佑编,记上古至唐天宝末年的典章制度;《通志》南宋郑樵编,是纪传体史书,其中"二十略"部分记上古至唐代典章制度;《文献通考》宋末元初马端临编,记上古至宋宁宗时期的典章制度,这三部书称为"三通"。清乾隆时期,官修《续通典》、《续通志》、《续文献通考》,仿三通体例,上接三通,下至明末;又修《清朝通典》、《清朝通志》、《清朝文献通考》,记事清初至乾隆朝。近代刘锦藻编《清朝续文献通考》,记事至清末。十部书记述了我国古代完整的典章制度史,商务印书馆将它们合印为《十通》,并编撰了《十通索引》。

断代政书主要有"会要"和"会典"。会要有《西汉会要》、《东汉会要》等,上海古籍出版社的《历代会要丛书》收前人和今人编纂的各个朝代的会要。会典有《元典章》、《明会典》、《清会典》。

3.3 全文型工具

全文型检索工具主要是直接提供文献全文的数据库,也称为源数据库。因可以直接对文献全文进行检索,对文献揭示得比较深入,并可在线阅读或下载原文,能较好地满足用户需求,因而发展迅速。全文数据库现主要有图书数据库、论文数据库、多媒体数据库、综合性数据库等类型。

3.3.1 图书数据库

图书数据库主要收录图书全文,从制作方式可以分为原生型和再生型两种。

原生型图书数据库是直接将出版物以数字化格式出版,因此这类数据库收录较新的著作,且多以商业化数字图书馆的方式运作,如中华数字书苑、书生之家数字图书馆等。

再生型图书数据库是将纸质文献用扫描或拍摄等方式制作成数字化文献,常用来加工较早出版的文献和古籍,使之得到更好的保护和传播。古籍丛书、总集的数据库,如《四库全书》、《四部丛刊》、《二十五史》等,皆有多种版本,有纯图像版,有纯文本版,有图像、文本结合版。结合版采用图像文件保留原版本原貌,采用文本文件供全文检索和加工(标注、校勘等),最便于研究。如《中国基本古籍库》,每种古籍提供1~2种善本的图像,可与文本格式互校。超星数字图书馆则主要是将当代印刷型图书加工为数字化图书。

3.3.2 论文数据库

论文数据库是以学术论文为主要内容的全文数据库,按学科可以分为专科型论文数据库、多科型论文数据库、综合型论文数据库。多科型论文数据库以收某几个相关学科文献为主,目前一些多科型论文数据库也在向综合型发展。

按所收文献的出版类型可以分为单一型和综合型。单一型论文库按文献的出版类型建库,每个数据库收一种类型的文献,如报纸论文、期刊论文、学位论文、会议论文等。单一型数据库按每种文献的特征设置相关的字段,可以充分反映每种文献的特点,大型检索系统多采用这种方式建库,由多个不同类型的数据库构成检索系统。综合型数据库在同一个库里收入不同类型的文献,一般只设有共有字段。

按对文献来源的采用程度可以分为选择型和全选型。选择型数据库只选用来源文献的部分文章,如"人大复印报刊资料全文数据库",选择报道全国报刊上的具有新意的论文。有些高校的学位论文库因论文涉及保密或知识产权的原因,对论文全文的入库也采取选择型的方针。全选型论文数据库对采用的来源文献(如期刊、会议录)上的凡获得作者授权的所有论文全部收录。

3.3.3 特种文献数据库

特种文献全文数据库主要收录法律法规、国际条约、专利文献、标准文献、商标等文献类型。这些文献都具有一定的强制性或约束性,与人们的日常生活紧密相关,因而常常需要查阅其中的具体规定、司法解释等相关条文,因此法律法规是最早使用全文数据库这种模式的文献类型。特种文献一般按文献类型分库,根据各自的特征,采用不同的分类方法(参见第6章)。

3.3.4 多媒体数据库

多媒体数据库是以图片、音频、视频文献为主要内容的数据库。如图像数据库按内容有新闻图片库、艺术图片库、地图库、卫星照片库、工程图形库等。音频数据库按所收内容有语音库、音乐库、语言与音乐混合类资源库、自然界声音库等。视频数据库按内容有新闻视频库、电影作品库、电视作品库等。多媒体文献有各种独特的属性,如图像文献的颜色、纹理、形状等,音频文献的音高、音强、音长、音调、音色、频率、带宽、谐音等,视频文献的场景、镜头、代表帧(又称关键帧,用于描述一个镜头的关键图像)、运动特征(如摄影摄像机的运动、拍摄目标的运动)等,这些独特属性都是多媒体文献的重要检索途径。

多媒体文献在人文社科的各个领域大量应用,不仅美术、音乐、影视戏剧的文献以多媒体文献为主,其他各学科的专题研究数据库也纷纷采用多媒体数据库,以全方位地反映本学科或专题的研究成果,如中国国家图书馆的国际敦煌文献库、欧盟的欧洲数字图书馆项目、首都图书馆的"北京记忆"、南京师范大学的"全唐宋金元词文库及赏析"等,多媒体数据库在各个领域都普遍应用。

3.4 综合型工具

综合型检索工具包含多种文献类型,整合了多种类型检索工具的功能,可以在一个检索工具或检索平台上解决多种问题,满足多种检索需求。综合型检索工具多为网络型,采用超文本和超媒体方式,由节点与节点之间的链接形成网状结构,在IT技术的支持下,综合型工具发展迅速,功能也日益齐备。综合型工具可以分为搜索引擎和综合性资源平台两大类。

3.4.1 搜索引擎

搜索引擎(Search Engines)是搜索网络信息的检索工具。搜索引擎可以利用名为蜘蛛(Spider)、爬虫(Crawlers)、机器人(Robot)的网页自动跟踪搜索程序以及人工方式,将互联网上的信息收集起来,进行组织整序,建立索引数据库,并不断更新,为用户提供检索服务。

(1) 根据对网页的标引深度,可以分为目录型(线索型)搜索引擎和全文型搜索引擎。

➢ 全文型搜索引擎搜索网页的全部内容,是现在互联网上主流的搜索引擎,它们都是由后台的网络搜索软件自动定期遍历搜索各类网站,提取网站的页面信息(文字、图片、视频等)

以建立数据库,并通过用户前台输入的查询条件匹配检索相关记录,然后按一定的排列顺序将结果返回给用户。国外典型代表有 Google、AllTheWeb、AltaVista、Inktomi 等,国内著名的有百度(Baidu)、搜狗(Sogou)、有道(Youdao)等。

此类搜索引擎的优点是查全率高、更新及时,不需要人工干预;缺点是返回信息过多,且有很多无关信息,查询结果中重复链接较多,用户必须从结果中进行筛选,而且缺乏清晰的层次结构。"搜索引擎"这个词其实狭义上就是指全文搜索引擎。

➢ 目录型搜索引擎只标引网页的网址、篇名、重要段落、重点词语。这类搜索引擎大多面向网站,提供目录浏览和直接检索服务。多以人工方式或半自动方式搜集信息,由具有专业知识的网页编辑人员人工地对网页进行精选,建立一个索引目录,并将信息置于事先确定的分类框架中,提供目录导航服务。经过处理的 Web 信息资源按照主题分类,并以树状形式加以组织,一般在大类目下分成若干小类目,类目之间按照等级系统排列,然后将人工或自动搜集软件搜集的网址、主页与主题链接起来,用户通过主题目录中链接的指引,逐层浏览,直到找到自己所需要的信息。当用户对某个领域感兴趣但并不熟悉这个领域的关键词时,这种查询方式可以更好地为用户提供服务。由于该类搜索引擎加入了人工控制,所以信息准确、导航质量高、查准率也高,缺点就是需要人工介入,维护工作繁重、信息更新速度慢、信息量少等。传统目录式搜索引擎的代表是:Yahoo!、Look Smart、Open Directory、Go Guide 等。

目前,全文搜索引擎与目录式搜索引擎有相互融合的趋势。原来一些纯粹的全文搜索引擎现在也提供目录搜索,而一些目录搜索引擎则通过与全文搜索引擎的合作来扩大搜索范围。

(2) 根据是否拥有自己独立的索引数据库,搜索引擎分为独立搜索引擎和元搜索引擎。

➢ 独立搜索引擎有自己的索引数据库,对用户的提问在自己的数据库中查询并回答。目前影响较大的搜索引擎大多属于这一类,如 Google、百度。

➢ 元搜索引擎(Meta Search Engine)没有自己的数据库,其原理是将用户的提问分发到各个独立搜索引擎,再对所得结果进行不同程度的处理,然后反馈给用户。如 WebCrawler、Metacrawler 等。严格意义上来讲,元搜索引擎只是一种用户代理,而不是真正的搜索引擎。元搜索引擎分为并行处理式和串行处理式两大类。并行处理式是将用户的查询提问同时传送给它链接的多个独立搜索引擎进行搜索;串行处理式是将检索提问依次传送给多个独立搜索引擎进行搜索。元搜索引擎的优点是可以获得更多更全面的网址,可对各个网络搜索引擎的搜索结果进行横向比较,缺点是查询时间长,且不能充分使用搜索引擎的所有功能,用户需要作更多的筛选。

(3) 根据搜索的内容,可以分为通用搜索引擎和专用搜索引擎。

➢ 通用搜索引擎也称综合性搜索引擎,可以对网上多种类型信息、多主题信息内容进行检索,如 Google、百度等可对网上的文本信息、图像信息、视频、Flash、新闻组等不同类型的信息进行检索,也可对所有主题信息,如科教、文体、生活、休闲娱乐等,进行检索。

➢ 专用搜索引擎也称专题性搜索引擎,是专门针对网上某一类型或某一主题的信息进行检索。例如,Metalist.net 是专门检索网上邮件列表的搜索引擎,Mp3.com 是专门搜索 MP3 文件的搜索引擎,北大天网是搜索教育网内 FTP 资源的搜索引擎。

3.4.2 综合性信息资源平台

综合性信息资源平台聚合了多个学科、多种类型的信息资源,并提供跨库检索、跨平台检索功能,用户可以在一个平台上获得不同结构的多种数据库或平台中的信息,即所谓"一站式检索"。这类平台也称为学科门户、信息门户。常用搜索引擎主要搜索表层网,对深层网中的信息尤其是科学研究信息不能充分反映,而学科门户以提供学术信息为主,所提供的信息经过精选和优化整合,可以为用户提供深层次的信息。

以学术性资源为主的平台可以分为公益性和商业性两大类。公益性学术平台主要由跨国组织、政府部门,或科研机构、高等学校、信息服务机构联合建设,提供各类学术信息,成员或公众可以免费获取。如世界数字图书馆、欧洲数字图书馆,还有美国的 Science.gov、英国的社会科学信息门户(Social Science Information Gateway,简称 SOSIG)、中国的国家科技图书文献中心(NSTL)、中国高等教育文献保障系统(CALIS)等。商业性学术资源平台由商业机构经营,收费服务,如中国知网(CNKI)、万方数据资源系统等。

练习与思考

1. 书目、索引、文摘有哪些功能和特点?
2. 百科全书、字典词典、类书有何异同?
3. 了解全文数据库的类型和功能。
4. 搜索引擎有哪些类型?熟悉常用搜索引擎的各项用途。
5. 熟悉各种类型信息检索工具的特点和作用。

第 4 章 图书检索

图书因其内容的系统全面,尤其是学术专著、丛书、志书、资料汇编、教材等信息较密集的图书,在知识传播中起着非常重要的作用。当代最通用的图书出版制作类型主要为印刷型和数字型(又称电子书 Electronic book 或 E-book)两大类。电子书有着体积小、容量大、便于检索等优点,越来越多的图书同时出版印刷版和电子版,或首先出版电子版。数字化图书按传播发行方式分,主要有单机版、网络版等类型。单机版的电子书多采用光盘、移动硬盘、电子书阅读器等载体形式,方便用户携带;网络版多采用大型存储设备存放,通过互联网传播,便于及时更新,用户在线或下载阅读。目前,使用掌上电脑、手机、掌上阅读器阅读正在成为移动阅读的主要方式。

电子图书的文件存储格式形式多样,常见的有 TXT、DOC、HTML、PDF、CHM、HLP、EXE、PDG、CEB 格式等,归纳起来主要有三类,即文本格式、图像格式和图像与文本格式。

(1) 文本格式。这种格式的电子图书,通常是将书的内容作为文本,并有相应的应用程序。最常见的文本格式为纯文本和超文本格式,如 TXT、DOC、HTM、HTML 以及 CHM、HLP 等。

(2) 图像格式。就是把传统的印刷型图书内容扫描到计算机中,以图像格式存储,如 TIF、JPG 等。这种格式保存图书原貌,适合于古籍图书以及以图片为主的书籍,但这种图书显示速度较慢,检索手段不强。

(3) 图像与文本格式。其典型代表是 PDF 格式,它是 Adobe 公司的"便携文档格式",PDF 格式的文件,无论在何种机器、何种操作系统上都能以制作者所希望的形式显示和打印出来,表现出跨平台的一致性,PDF 文件中可包含图形、声音等多媒体信息,还可建立主题间的跳转、注释,且 PDF 文件的信息是内含的,甚至可以把字体"嵌入"文件中。可见,PDF 格式的电子图书是具有图像和文本格式,兼备双重特点的电子读物。

与传统印刷型图书相比,电子图书的优势主要体现在以下方面:

(1) 电子图书容量巨大,能节省藏书空间。电子图书以数字化的形式存储,节省了大量的藏书空间。例如 SoftBook 能存储 10 万页普通图书的内容;而网络电子图书,由于是通过网络或镜像服务器提供服务,容量巨大。

(2) 电子图书图、文、声、像并茂。电子图书是多媒体形式,可以包含文字、图像、声音、电影、动画等内容。电子图书的动态、语音效果使阅读更加灵活和生动。

(3) 电子图书易于检索。电子图书以数字化的形式存储,有方便快捷的查找功能,可以迅速找到相关内容,大大提高了资料的检索效率。

(4) 电子图书可以低成本无限制复制,便于传播,不受时空限制,适合资源共享,也解决了图书馆印刷型图书收藏复本量不足,不能满足读者需要的问题。

(5) 电子图书使用方便。电子图书可以任意缩放，支持剪切、拷贝等操作，可任意增删、批注和点评，有用的信息可立即复制，省略了抄写时间和精力，提高了工作效率。

4.1　检索图书的出版和收藏信息

4.1.1　检索图书出版情况

1. 利用回溯性书目

(1) 综合性目录。全面了解过去某一时段相关学科出版了哪些图书，我们可以利用综合性回溯性书目，这类书目反映一定时段内出版的图书，有助于把握总体状况。例如：

➢《民国时期总书目(1911～1949)》，北京图书馆编，书目文献出版社 1986～1996 年出版。这是一部大型回溯性书目，所收图书主要依据国家图书馆(原名北京图书馆)、上海图书馆、重庆图书馆的藏书，收我国 1911 年至 1949 年 9 月出版的中文普通图书 12.4 万余种，约占民国时期出书总数的 90%。该书目共分 20 大类：1 哲学·心理学(3 450 种)，2 宗教(4 617 种)，3 社会科学总类(3 526 种)，4 政治(14 697 种)，5 法律(4 368 种)，6 军事(5 563 种)，7 经济(16 034 种)，8 文化科学(1 585 种)，9 艺术(2 825 种)，10 教育·体育(10 269 种)，11 中小学教材(4 055 种)，12 语言文字(3 861 种)，13 中国文学(16 619 种)，14 外国文学(4 404 种)，15 历史地理(11 029 种)，16 自然科学(3 865 种)，17 医药卫生(3 863 种)，18 农业科学(2 455 种)，19 工业技术·交通运输(3 480 种)，20 综合性图书(3 479 种)。全书按学科分册出版，共 17 册，每册按分类排序，附汉语拼音书名索引。每书皆注明馆藏标记，用“B.”“S.”“C.”分别代表中国国家图书馆(原名北京图书馆)、上海图书馆、重庆图书馆(参见图 4－1)。

> **1314**
> **文章例话**　　叶圣陶著
> 上海　开明书店　1937年2月初版，1937年3月再版，1941年8月5版，1945年6月渝内1版
> 191页　32开　(开明少年丛书)
> 就朱自清、茅盾等当代作家的24篇文章，讲述文章作法及有关作文的其他知识。这些例话曾在《新少年》杂志上陆续发表过。　(B. S.C.)

图 4－1　民国时期总书目条目格式

➢《中国学术名著提要》，周谷城主编，复旦大学出版社 1992 年开始出版，介绍先秦至 1949 年出版的著名学术著作。提要内容包括书名、卷数、版本、作者、写作经过及成书年代、内容特色、学术影响、研究情况等。1992～1999 年出版了按学科编撰的语言文学卷、语言文字卷[敦煌资料]、哲学卷、历史卷、历史卷(敦煌资料卷)、经济卷、艺术卷、教育卷、宗教卷、政治法律卷、科技卷等分卷，2009 年出版按时代编撰的先秦两汉编、魏晋南北朝编、隋唐五代编、宋辽金元编、明代编、清代编、民国编。

➢《中国图书大典(1949～1992)》，宋木文、刘杲主编，湖北人民出版社 1997～1999 年出

版,该书是一部词典式书目。从新中国成立至 1992 年出版的图书中,选择了 10 万种优秀的和有代表性的图书立目,以词条形式介绍每种图书的主要内容和特点。全书所收每种图书,除列出了书名(含副书名)、著者、出版者、出版时间、篇幅、册数等基本要素外,还介绍了它们的主要内容、主要特点及其评价。全书按"中图法"分为 22 类 15 卷,书前附有分类目录,书后附有辞目笔画索引,有全书总索引 1 卷。该书由新闻出版署组织编撰,资料来源于全国各出版单位。香港、澳门、台湾地区出版的图书暂未收入。

(2) 专科、专题书目。回溯书目中大多是专科或专题书目,专科或专题的书目有助于读者了解某一学科有哪些重要著作。每一学科、每一重要研究领域都有相关的专题书目,这些书目多为提要式,介绍所收图书的优缺点、学术价值等,了解分支学科或某一研究专题的图书,利用专题书目往往能获得更深入的信息,可以减少我们检索过程中的盲目性。专科书目种类很多,仅举几例:

➢ 《20 世纪中国哲学著作大辞典》,李超杰、边立新主编,警官教育出版社 1994 年出版。本书共收著作 3 530 种,分为马克思主义哲学、中国哲学、外国哲学等 8 个分卷。

➢ 《中国法律图书总目》,中国政法大学图书馆编,中国政法大学出版社 1991 年出版。

➢ 《社会学参考书目》,中国社会科学院社会研究所、南开大学社会学系编,南开大学出版社 1984 年出版。

➢ 《经济学著作要目(1949～1983)》,中国社会科学院经济研究所编,经济科学出版社 1987 年出版。

➢ 《汉语语言学书目(1980～1997)》,徐烈炯、王志洁主编,外语教学与研究出版社 2001 年出版。本书目收录了海内外出版的以汉语为研究对象的专著与论文,附作者索引。

➢ 《中国二十世纪文学研究论著提要》,乔默主编,北京大学出版社 1994 年出版。

➢ 《八十年来史学书目》,中国社会科学院历史研究所编,中国社会科学出版社 1984 年出版。

➢ 《中国古代小说总目》,石昌渝主编,山西教育出版社 2004 年出版。

➢ 《二十世纪诗经研究文献目录》,寇淑慧编,学苑出版社 2001 年出版。

➢ 《二十世纪楚辞研究文献目录》,白铭编著,学苑出版社 2008 年出版。

➢ 《中国古代戏曲总目提要》,蔡敦勇、吴敢主编,江苏文艺出版社 1993 年出版。

➢ 《中国现代戏剧总目提要》,董健主编,南京大学出版社 2003 年出版。

(3) 推荐书目。初学者可以利用推荐书目了解本学科的经典著作,便于有的放矢、循序渐进地读书,前辈学者曾为学生开过一批"必读书目",如张之洞开列的《书目答问》、胡适开列的《实在的最低限度的书目》、鲁迅开列的学习中国文学的书目。当代的学者和高校、教育主管部门也为学子们开列了一系列推荐书目,可以作为选择图书的参考。仅举几例:

➢ 《清华北大教授推荐的 120 本必读书》,本书编委会编,民主与建设出版社 2002 年出版。1998 年北大百年校庆之际,由"北京大学学生应读选读书目推荐委员会"组织,经北大众多教授、学者精心论证和选择,为北大学子推出了一份"应读选读书目",分为应读书目、选读书目两部分共 60 种。其后清华大学也组织专家学者为清华学子提供了一份书单,包括中国文学、中国文化、外国文学、外国文化四部分共 80 种。两校书目中重合的书有 20 种。这两份书单主要包括人文社科名著。该书编委会对两份书目中的名著作了全面介绍,包括名人、名家对名著或者著作者的评价,作者、编选者的生平介绍,时代背景介绍,著作内容介绍,推荐版本,部分著作还辑选了部分章节。

➤《中文专业本科生百部阅读书目导读》，教育部高等学校中文学科教学指导委员会编，高等教育出版社 2003 年出版。本书提供了 100 部作品的背景、历史地位、理论价值或文学价值、阅读要点和线索，并阐述存在的历史局限性等。

➤《中国语言文学系学生阅读书目》，南开大学中文系编，邢公畹主编，南开大学出版社 1999 年第 2 版。本书目所列为中文系本科学生应知书籍，包括语言学类 80 多部、文学类 400 多部，每部书有简介。

➤《经济学学生阅读书目》，高建伟、李伟主编，南开大学经济学系编，南开大学出版社 2008 年出版。

➤《大学文科指导书目·历史学》，李玉、吴宗国主编，北京大学出版社 1991 年出版。

➤《经典常读：代表中国传统文化精神的三十本书》，庞朴、刘泽华主编，广西师范大学出版社 2006 年出版。

➤《要把金针度与人：200 种中国古典名著导读》，李敖著，(台北) 商业周刊出版公司 2000 年出版。

➤《一百位哈佛大学教授推荐的经典图书》，张弘、杨超编著，远方出版社 2006 年出版。

2. 利用出版或销售目录

了解新出版的图书和将要出版的图书，可以利用新书目、出版社的书目、网上书店、书评网站的书目。例如：

（1）新书目。

➤《全国新书目》，由新闻出版总署信息中心主办，创刊于 1951 年 8 月，原为月刊，2005 年起改为半月刊。根据全国各出版社缴送的出版物，通报新书出版情况，刊登有关书评。从 2003 年 11 月起配光盘，光盘版的检索途径有分类、书名、著者、主题词、出版社名称等 30 多个字段，并有跨字段复合检索功能。2006 年起新书登记目录在中国新闻出版信息网发布，随刊光盘不再配送，由新闻出版信息中心图书在版编目中心提供数据。2008 年 20 期起分上半月版、下半月版。上半月为新书导读，主要侧重于新书的介绍以及对优秀图书作品的摘评，主要面对书店和读者。下半月为数据大全，主要侧重于每月国内最新出版图书在版编目数据汇总，同时出印刷版和电子版。2010 年 01 期起，恢复为月刊，每期最后设为中国版本图书馆月度 CIP 数据精选（参见图 4-2）。

居·格桑散文选/居·格桑著.-青海民族出版社,2016.10.-978-7-5420-2686-6：￥25　　I267

光阴如绣，蔓草生香/丁立梅著.-四川人民出版社,2016.10.-978-7-220-09969-4：￥28　　I267

图 4-2　全国新书目印刷版条目格式

> 《全国总书目》,新闻出版总署、中国版本图书馆编,中华书局出版。由出版界老前辈胡愈之先生亲自倡议编纂,1949年以来根据全国所有出版单位向中国版本图书馆缴送的、公开发行的出版物样本为依据,逐年编纂,是出版社、图书馆、情报资料和科研教学等部门必备的工具书。1956年以前由新华书店编辑出版。1956年度以后改由中国版本图书馆陆续编辑,经中华书局出版,直至2004年。自2004年起,《全国总书目》不再出版印刷本目录,改为光盘出版,由新闻出版总署电子出版物数据中心出版。《全国总书目》由分类目录、专门目录、附录三部分组成。分类目录为汉文图书,专门目录为少数民族图书和外文图书,附录包括全国出版社名录和书名索引。书目印刷版按中国图书馆分类法(第4版)的体系编排,同一类目的书以书名的汉语拼音为序。光盘版的组合检索提供正书名、副书名、丛书书名、作者、丛书责任者、出版者、出版地、出版日期、语种、ISBN号、分类号、主题词、内容提要、附注内容等检索字段,支持字段内和字段之间的布尔逻辑运算。光盘版有分类索引和出版单位索引。2005年以来的数据在新闻出版信息网发布。

> 《全国内部发行图书总目(1949~1986)》,中国版本图书馆编,中华书局1988年出版。

> 中国新闻出版信息网(http://www.capub.cn/zxgk/jgjs/cipzx),由新闻出版总署信息中心、中国版本图书馆主办,其图书在版编目中心(CIP)按国家标准完成出版单位在版编目数据的生成与管理,并定期发布在网上。

了解各出版单位的最新出版情况,可以通过中华人民共和国新闻出版广电总局(http://www.sapprft.gov.cn)、中国新闻出版广电网(http://www.chinaxwcb.com)以及通过搜索引擎进入各出版社的网站查询。

了解年度出版情况还可以利用年鉴,如《中国出版年鉴》从1980年起按年出版,《中国图书年鉴》从1994年起按年出版。

了解即将出版的图书可以通过预告目录,如《社科新书目》、《科技新书目》等。

(2) 出版社目录。

各出版社,尤其是历史悠久的出版社的回溯性书目,反映本社的出版情况,可以弥补总书目的不足。例如:

> 《人民教育出版社书目(1950~1999)》,霍雅春主编,人民教育出版社图书馆编,人民教育出版社2000年出版。

> 《商务印书馆图书目录(1949~1980)》,商务印书馆资料室编,商务印书馆1981年出版。

> 《中华书局图书目录(1949~1991)》,中华书局总编室编,中华书局1993年出版。

> 《中华书局图书目录(1992~2001)》,中华书局管理中心编,中华书局2002年出版。

> 《生活·读书·新知三联书店图书总目(1932~2007)》,曹鹤龙、李雪映编,三联书店2008年增订版。

> 《上海古籍出版社五十年图书总目(1956~2006)》,上海古籍出版社编,上海古籍出版社2006年出版。

> 《文物出版社图书总目(1957~1987)》,文物出版社编,文物出版社1987年出版。

> 《1954~1984高等教育出版社图书目录》,高等教育出版社编,高等教育出版社1984年出版。

(3) 网上书店目录。

网上书店也是了解出版动态很好的窗口。网上书店是为互联网用户提供找书、购书、读书服务的商业网站,所销售的图书、音像文献等大多是新近出版的。网上书店一般选择

部分图书或部分章节供读者免费在线阅读、试读。这些网站数量众多,其中规模较大、较著名的如:

➢ 当当网(http://www.dangdang.com)是综合性中文网上购物商城,1999 年 11 月开通,由国内著名出版机构科文公司、美国老虎基金、美国 IDG 集团、卢森堡剑桥集团、亚洲创业投资基金(原名软银中国创业基金)共同投资成立。当当网的网上书店(http://book.dangdang.com)以及电子图书(http://e.dangdang.com/index_page.html)是其中一项重要业务,销售中文图书、进口外文原版书以及电子图书。2008 年 12 月开通了网上读书频道。

➢ 京东网(https://www.jd.com)是综合性的网上购物商城,2004 年由刘强东创立于北京,历经几次改版,成为中国最大的自营式电商企业。京东的书店(https://book.jd.com)、电子书店(http://e.jd.com)以及在线阅读社区(http://read.jd.com),也已成为了中国目前主流的网络搜书、购书渠道。

➢ 中国图书网(http://www.bookschina.com)由北京英典电子商务有限责任公司于 1998 年创建,是国内最早的网上图书销售平台之一,现已经成为国内图书品种最全的网上书店。有中文图书、外文原版书,可按书名、作者、出版社、出版日期检索图书。

➢ 亚马逊中国(http://www.amazon.cn/),原名卓越亚马逊,卓越网创立于 2000 年,为客户提供各类图书、音像、软件、玩具礼品、百货等商品。2004 年 8 月亚马逊全资收购了卓越网,2011 年"卓越亚马逊"改名为"亚马逊中国",目前已经成为中国网上零售的领先者。

4.1.2 检索图书收藏情况

1. 利用馆藏目录

图书馆的公共检索目录简称 OPAC(Online Public Access Catalog),通过 OPAC 查询,可以了解图书馆的文献收藏信息、读者借阅信息、文献订购征询、新书通报等多种信息。检索馆藏目录可以首先考虑本校或本地图书馆,若本地缺藏,应考虑收藏丰富的大型图书馆,通过馆际互借或文献传递服务获得全文。例如:

(1) 中国国家图书馆(http://www.nlc.gov.cn,参见图 4-3)。

中国国家图书馆历史悠久,其前身是筹建于 1909 年 9 月 9 日的京师图书馆,1912 年 8 月 27 日正式开馆接待读者。之后,馆名几经更迭,馆舍几经变迁。新中国成立后,更名为北京图书馆。1998 年 12 月 12 日经国务院批准,北京图书馆更名为国家图书馆,对外称中国国家图书馆。作为国家的总书库,国家图书馆馆藏丰富,古今中外,集精撷萃。馆藏文献超过 3 500 万册(件),并以每年百万册(件)的速度增长。尤以典藏古籍善本闻名,共有古籍善本 28 万册(件),普通古籍 164 万册(件)。国家图书馆全面入藏中文图书,还设有名人手稿、革命历史文献、中国博士论文等专藏,是联合国与外国政府出版物的指定收藏馆,有 123 种文字的外国文献资料,占馆藏的 40%,是国内收藏外国文献最多的图书馆。随着信息载体的变化,还入藏了大量电子出版物。数字资源总量超过 1 000 TB。国家图书馆是全国书目中心、图书馆信息网络中心。国图的馆藏资源目录都可在线查询,并有多种联合目录,如与上海图书馆共建的《近现代文学联合目录》;有多种学科导航,如中国古籍善本书目导航、中国学导航等。依托于国图的庞大资源储备,2012 年 7 月,由中央机构编制委员会办公室批准正式挂牌成立国家典籍博物馆,成为国内首家典籍博物馆,也是世界同类博物馆中面积较大、藏品较丰富、代表性展品较多的博物馆(参见图4-4)。

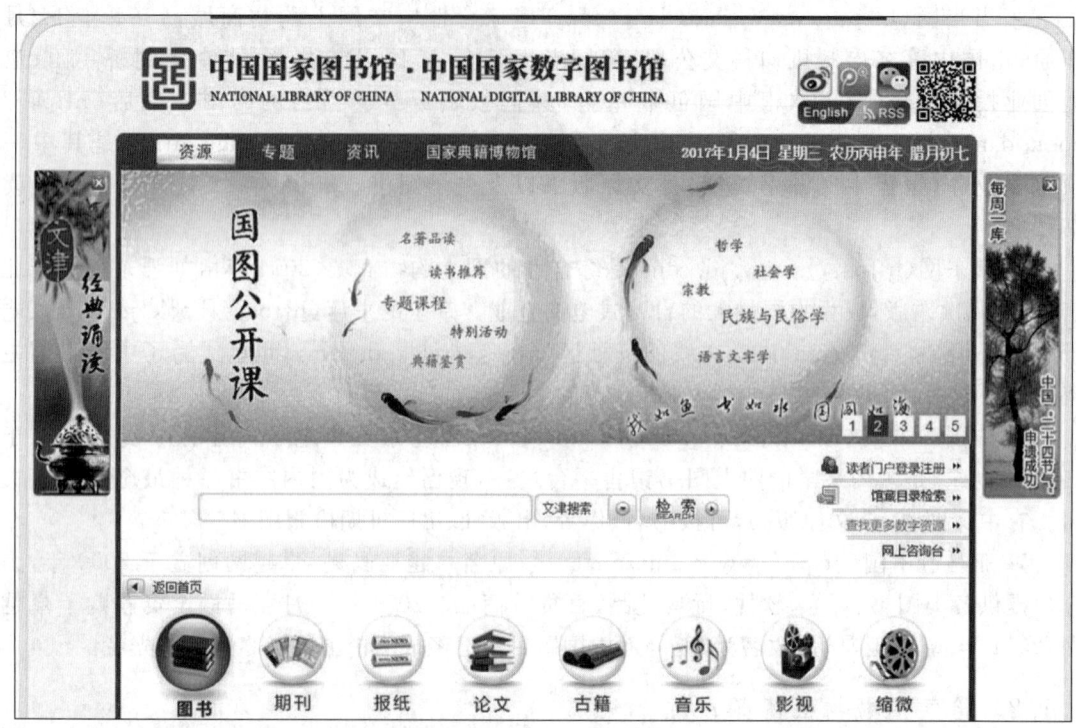

图4-3　国家图书馆主页

图4-4　国家典籍博物馆

国图的馆藏目录查询系统有基本检索、多字段检索、多库检索、组合检索、通用命令语言检索等查询方式。基本检索的可检字段有正题名、其他题名、著者、主题词、中图分类号、论文专业、论文研究方向、论文学位授予单位、论文学位授予时间、出版地、出版者、出版年、丛编、ISBN、ISSN、ISRC、索取号、条码号、所有字段等(参见图 4-5)。

图 4-5　国图馆藏目录基本检索界面

多字段检索有主题、著者、题名、出版年、出版者等主要字段供检索，并有"题名起始于"可供题名前方一致检索，各字段之间的布尔逻辑关系为"与"(参见图 4-6)，若不允许输入的检索词中间插入其他字符，应选择"词邻近?"为"是"，还可以限制文献的语种、出版时间、资料类型、馆藏地。

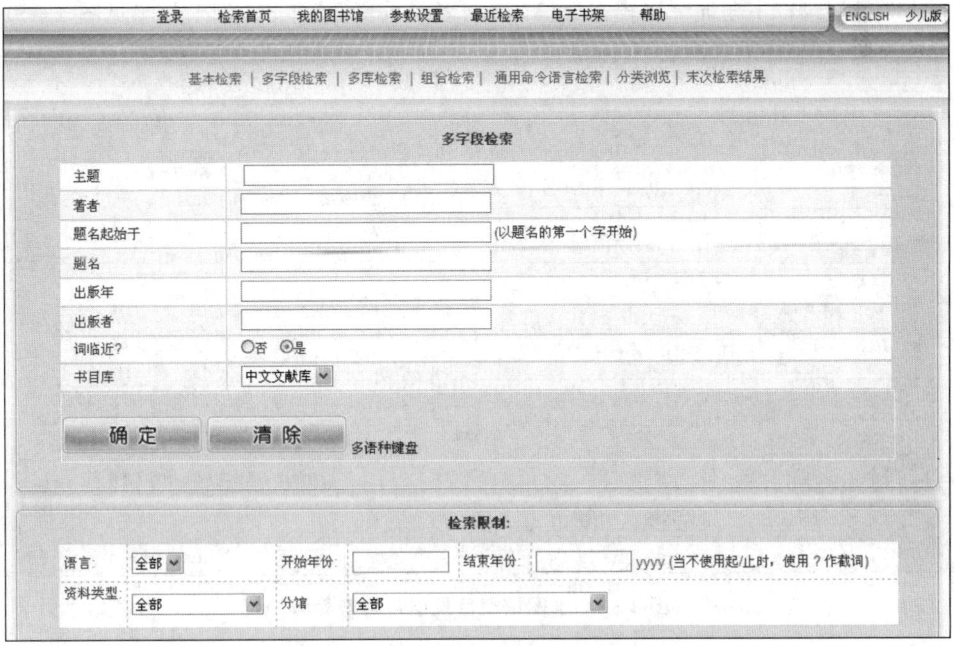

图 4-6　国图馆藏目录多字段检索界面

多库检索一次只能选择一个字段，但可对所需资源库做多项选择（参见图 4-7）。

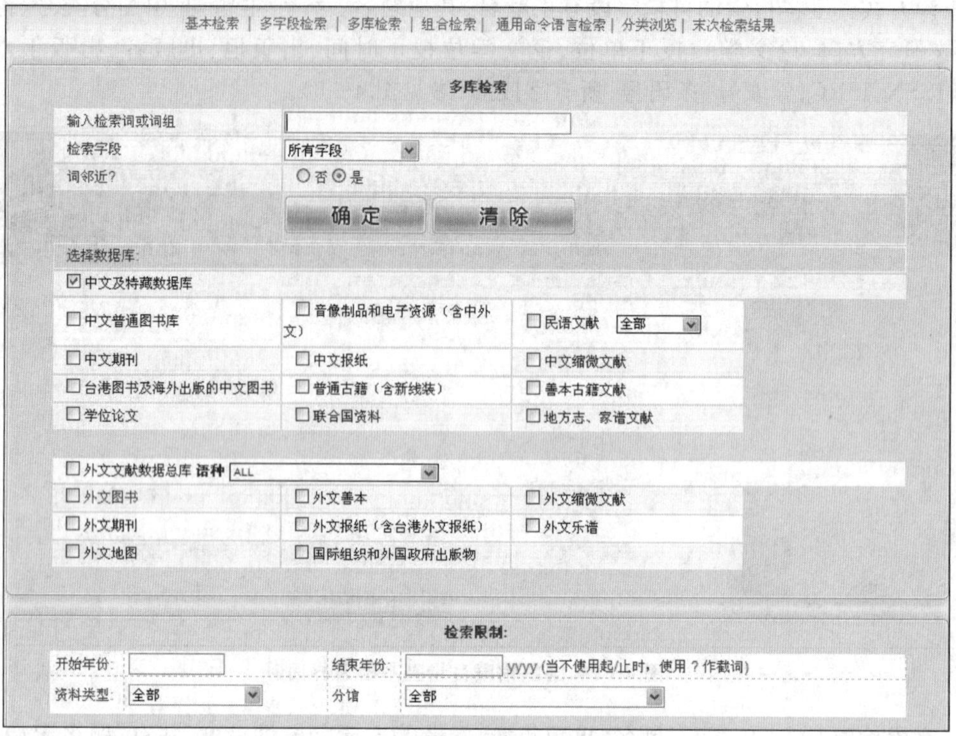

图 4-7 国图馆藏目录多库检索界面

组合检索方式可在所有可检字段中选择所需字段组合，系统检出所选各字段符合检索条件的记录，并对所选各字段做"逻辑与"检索。如："主题词＝比较文学"有 1022 条记录；"著者＝乐黛云"有 135 条记录；"主题词＝比较文学 AND 著者＝乐黛云"有 31 条记录（参见图 4-8）。

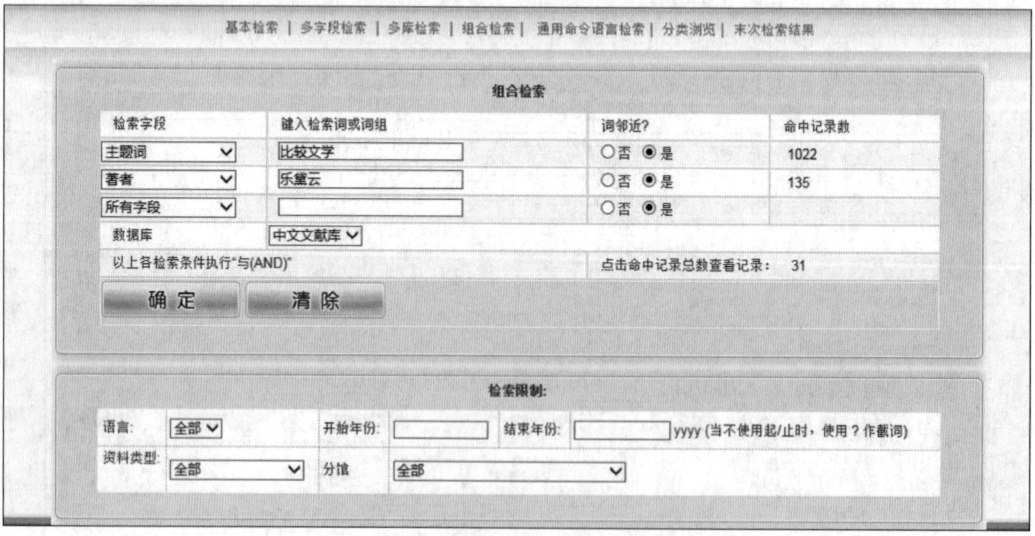

图 4-8 国图馆藏目录组合检索界面

通用命令语言检索适用于较复杂的检索要求,在输入检索式时要注意参照使用提示,正确输入相关代码符号(参见图 4-9),如通用命令语言检索字段代码为:WRD—任意字段,WTI—题名字段,WAU—作者字段,WSU—主题字段,WPU—出版者字段,WYR—出版年字段。

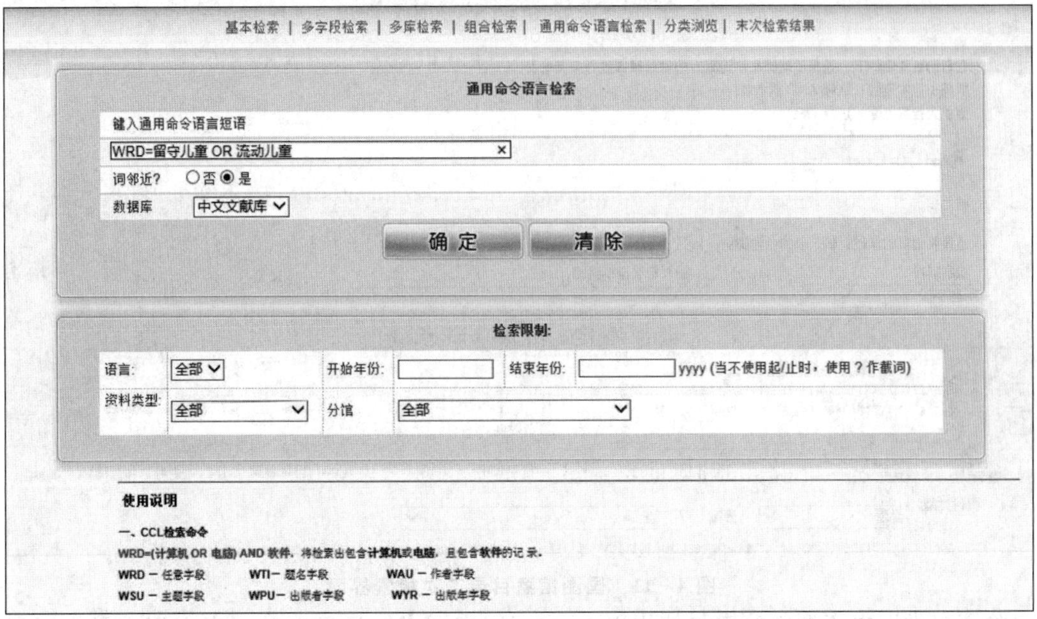

图 4-9 国图馆藏目录通用命令语言检索界面

检索记录可按年份、著者、题名、相关度排序。显示格式有简洁视图、详细格式、题名著者等多种供选择。检索结果界面提供主题词、分类、年份、作者等统计,可供优化检索结果。点击"整合集合"按钮下的二次检索,进入二次检索界面,可对检索结果扩大或缩小检索范围,进行二次检索(参见图 4-10 和图 4-11)。

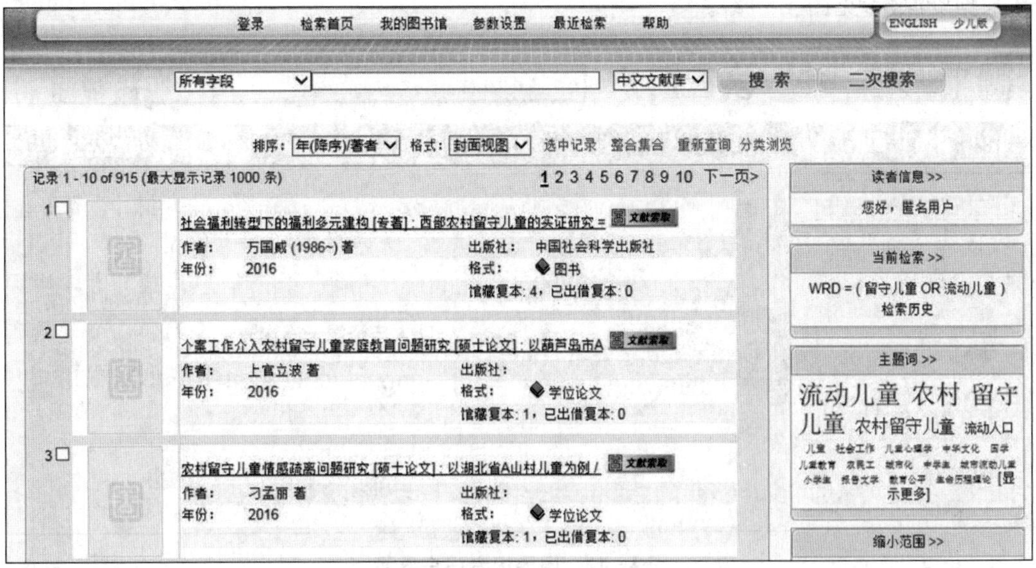

图 4-10 国图馆藏目录检索结果简介视图界面

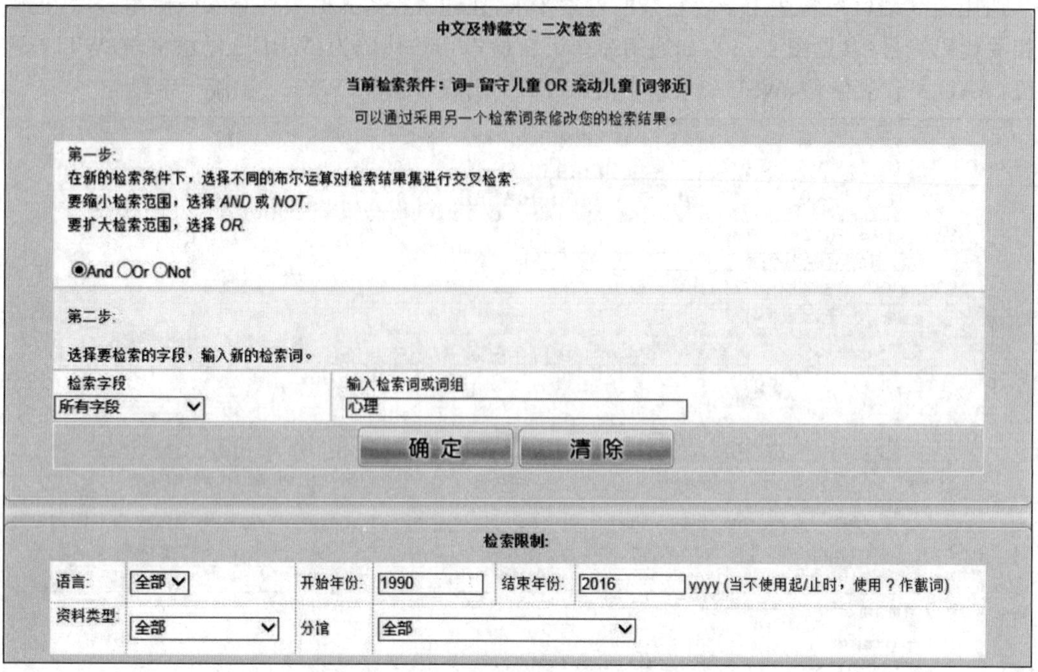

图4-11 国图馆藏目录二次检索界面

除了提供图书资源的检索与使用以外,中国国家图书馆还面向其读者卡用户提供国家图书馆采购的商业数据库、国家图书馆以及地方图书馆加工的各类特色资源等,其数据库总量多达175个。国家图书馆针对不同的用户开放不同的远程访问权限:网络虚拟读者的用户权限最低,仅可以访问图书馆的自建数据库;网上实名认证读者可以访问国家图书馆的自建资源和过半的商业数据库;而在国家图书馆办理过实体读书卡的读者卡用户,可以免费使用上述175种数据库。读者在中国国家图书馆主页上登录读者门户,然后就可以访问自己账号权限内的全部数据资源(参见图4-12)。

图4-12 国图读者门户界面

(2) 其他图书馆。

目前,国内外使用较多的 OPAC 系统(Online Public Access Catalog)有汇文、ILAS、INNOPAC 等。国内的高校图书馆采用汇文系统的有几百家,江苏省高校全部采用。汇文系统的检索方式简洁易掌握,可检字段有题名、责任者、主题词、出版社、分类号、索书号、ISBN/ISSN 号、订购号、丛书名等。简单检索每次可选一个字段,并可对检索结果做二次检索(参见图 4-13)。多字段检索可同时选择多个字段,各字段之间的布尔逻辑关系为逻辑"与"。

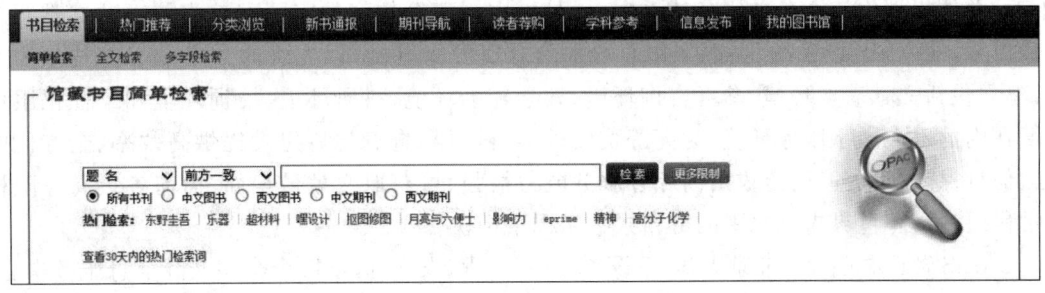

图 4-13 汇文系统简单检索界面

全文检索提供的可检字段有任意词、题名、责任者、主题词、出版社、索书号、丛书名,可跨字段组配检索,其中"任意词"是指所有可检字段,对排序方式可做选择(参见图 4-14)。汇文系统的分类导航提供中图法导航,学科导航的设置遵循教育部学位办的学科目录。

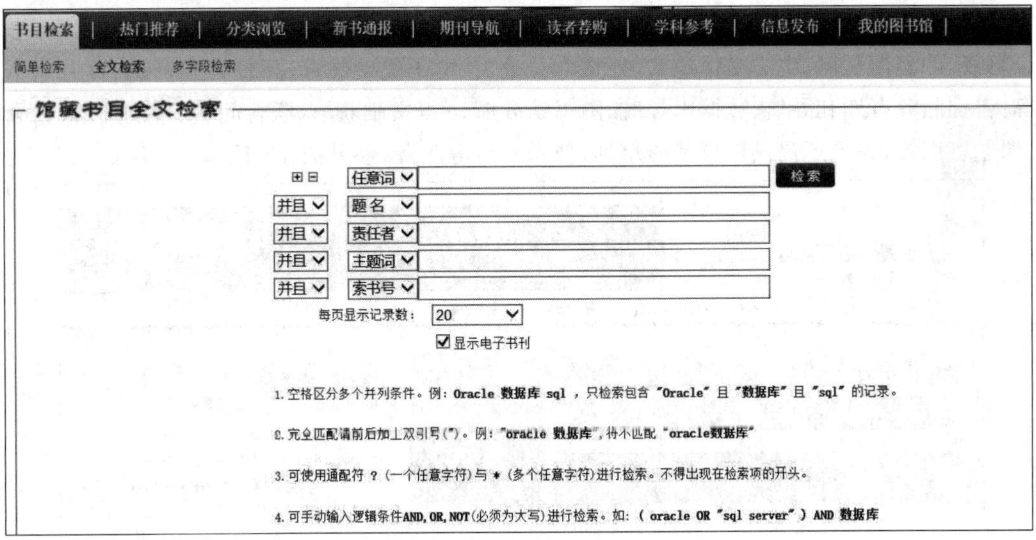

图 4-14 汇文系统全文检索界面

> 注意:人文社科类的图书与科技图书不同,在书名中往往并不出现相关的主题词,如《文化传递与文学形象》一书,题名中没有"比较文学"一词,因此如果用"比较文学"做检索词,从题名途径不能检中该书,而选择主题途径即可检中。因此,用户检索图书时,请注意选择多种途径。

2. 利用联合目录

联合目录反映多个收藏单位的馆藏情况,可以通过相关的馆际互借或文献传递服务,获得所需的文献。

(1) 中国高等教育文献保障系统(http://www.calis.edu.cn)(China Academic Library & Information System,简称 CALIS),是经国务院批准的我国高等教育"211 工程"、"九五"、"十五"总体规划中三个公共服务体系之一,是以中国高等教育数字图书馆为核心的文献联合保障体系。CALIS 以系统化、数字化的学术信息资源为基础,以先进的数字图书馆技术为手段,建立包括文献获取环境、参考咨询环境、教学辅助环境、科研环境、培训环境和个性化服务环境在内的六大数字服务环境,为高等院校教学、科研和重点学科建设提供高效率、全方位的文献信息保障与服务,已建成国内综合服务能力最强、可获取文献最全面、面向各级高等院校教学科研的具有世界先进水平的分布式数字图书馆。

CALIS 管理中心设在北京大学,下设了文理、工程、农学、医学四个全国文献信息服务中心,华东北、华东南、华中、华南、西北、西南、东北七个地区文献信息服务中心和一个东北地区国防文献信息服务中心,各省也建立了省级中心,形成了较为完整的 CALIS 文献信息服务网络,实现信息资源共建、共知、共享,以发挥最大的社会效益和经济效益。全国大多数高校是 CALIS 的成员馆,参加 CALIS 项目建设和获取 CALIS 服务。CALIS 引进和共建了一系列国内外文献数据库,包括大量的二次文献库和全文数据库,共建项目中有联合目录库、专题特色库、学科导航库、学位论文库、教学参考文献库等一批数字资源。服务主要分为两类,检索服务有 e 读学术搜索、书刊联合目录、外文期刊网、中文学位论文、外文学位论文、电子教参书籍、高校特藏资源、百万电子图书等;咨询服务有期刊导航、数据库导航、图书馆导航、e 得文献获取、联合问答、科技查新、收录引证、课题咨询等,另外还提供馆员素质培训、技术支持等服务(参见图 4-15)。

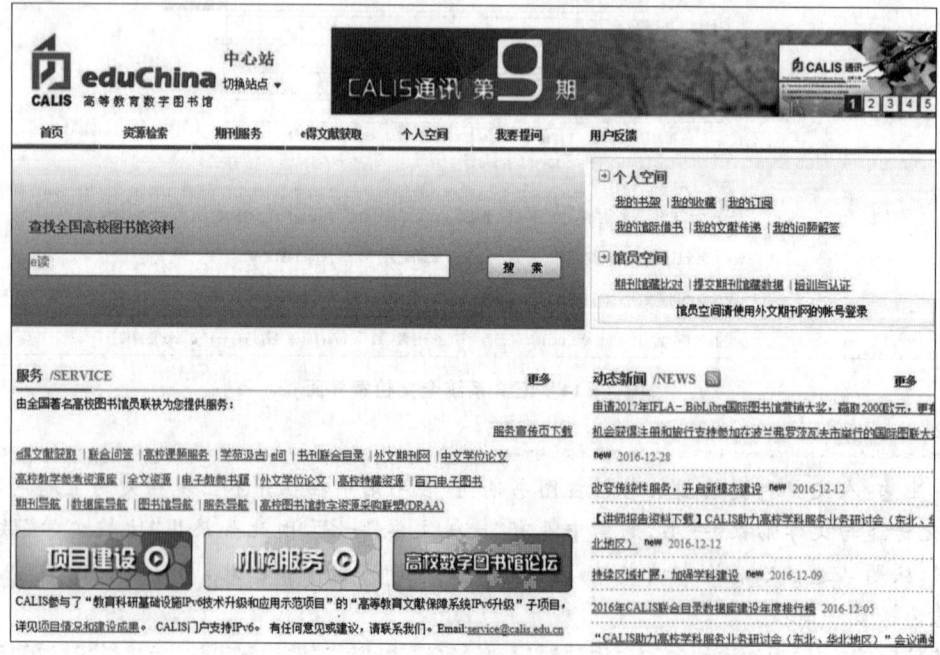

图 4-15 中国高等教育文献保障系统(CALIS)主页

CALIS 的联合目录库由各成员馆上传的书目数据组成,反映各成员馆的收藏情况和服务方式。

① CALIS 联合目录检索。

➢ 简单检索。该模式的可检字段有全面检索、题名、责任者、主题、分类号、所有标准号码、ISBN 号、ISSN 号。每次可选择一种检索途径,输入检索词,系统默认对 CALIS 联合目录中心数据库的所有中文、外文数据全面检索。

➢ 高级检索。该模式的可检字段有题名、责任者、主题、出版者、出版地、期刊题名、丛编题名、统一题名、个人责任者、团体责任者、会议名称、分类号、所有标准号码、ISBN、ISSN、ISRC、记录控制号等。检索词的匹配方式有"前方一致"、"精确匹配"、"包含"三种。检索项之间的布尔逻辑关系可以选择"与"、"或"、"非"三种组配关系,可以通过选择内容特征、语种、出版时间、资源类型对检索范围加以限定,检索词与限制性检索之间为"与"的关系(参见图 4 - 16)。

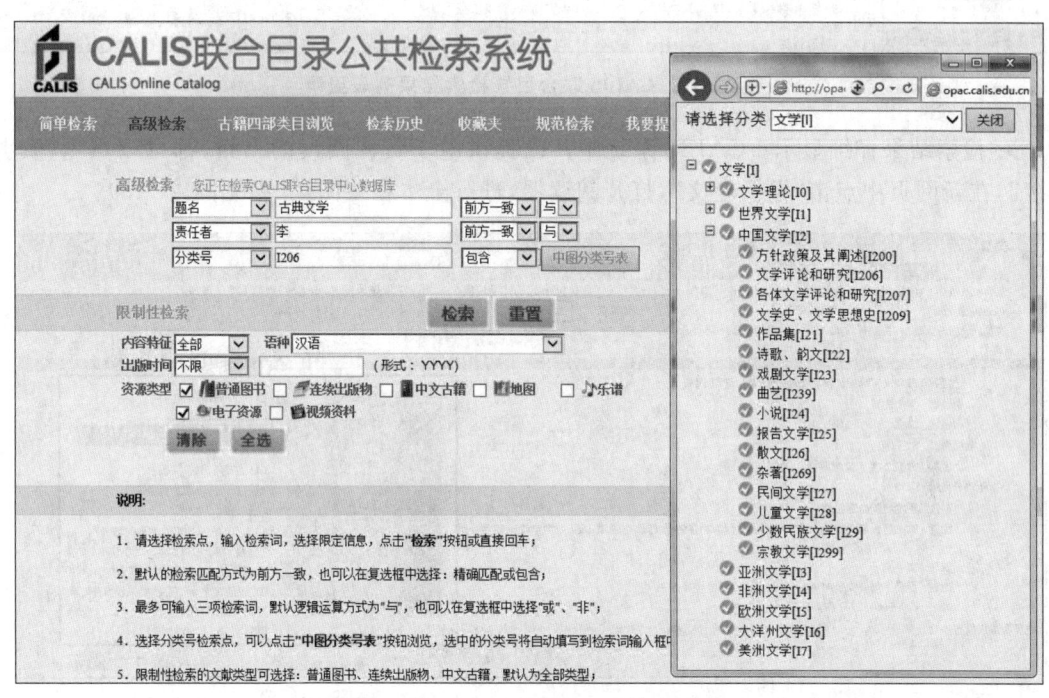

图 4 - 16　CALIS 联合目录高级检索界面

➢ 检索结果显示。检索结果列表显示,左侧的检索结果统计栏提供按数据库、责任者、资源类型、丛编题名、统一题名、学科分类、出版日期、语种统计的数据,可以根据需要优化检索结果(参见图 4 - 17)。点击"检索历史"按钮,显示用户本次进入系统的所有检索表达式和检索结果数,点击所需查看的检索结果数,显示该次检索结果列表。查看馆藏信息可以点击"馆藏"字段的"Y",显示馆藏情况(参见图 4 - 17)。

图 4-17　CALIS 联合目录检索结果列表显示

➢ 检索结果详细显示。CALIS 系统中凡已提供电子资源阅读的书目，都可以点击"资源链接"，在新网页中点击"电子全文"，打开阅读器，进行全本在线阅读（参见图 4-18）。

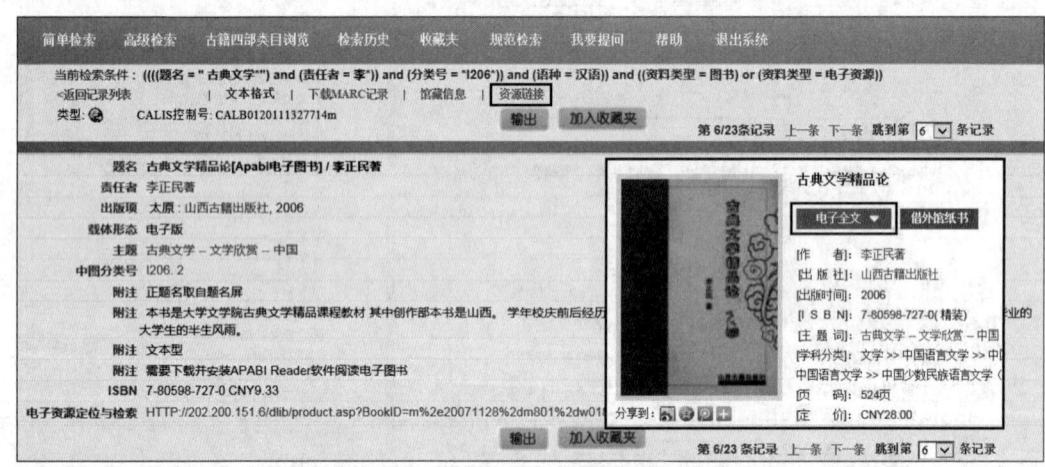

图 4-18　CALIS 联合目录检索结果详细记录显示

➢ 馆藏信息。在检索结果列表中点击所选图书的"馆藏"列表下的"Y"按钮（参见图 4-17），或在检索结果详细记录显示页面点击"馆藏信息"（参见图 4-19），即可查看该书的馆藏信息和收藏馆所提供的服务方式，CALIS 的提供的馆藏书目借阅方式有"返回式馆际互借"和"文献传递"两种。点击"请求馆际互借"按钮，将弹出"统一认证登录页面"，对于高校读者，在相应的页面中选择要登录的高校，点击"去该馆登录"，在新页面输入用户名和口令；对于直通车用户，直接输入用户名和口令，登录后进入申请信息页面，填写相应的信息后点击"提交"即可发送馆际互借申请（参见图 4-20）。

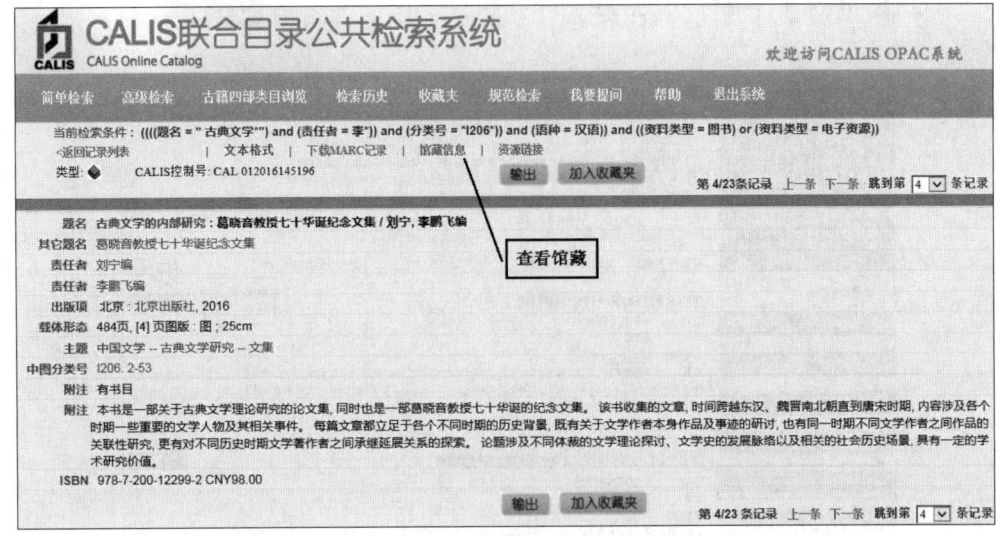

图 4-19　CALIS 联合目录检索结果馆藏查询

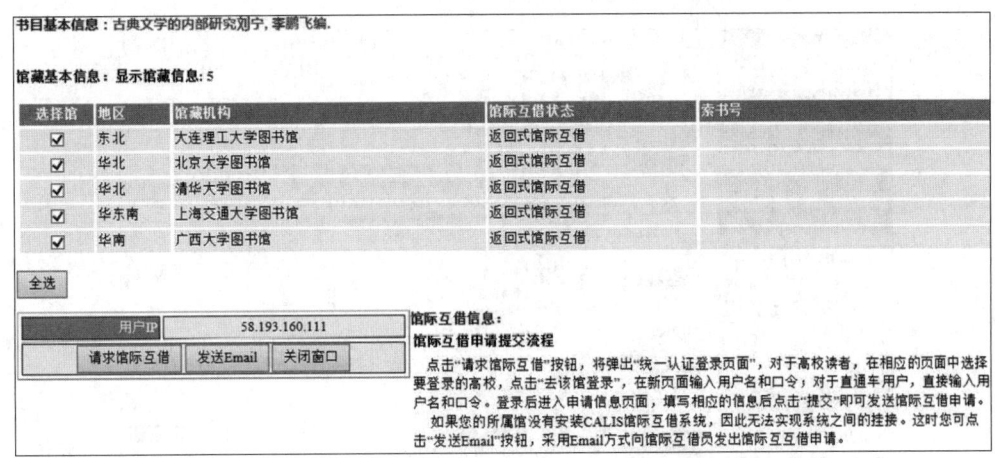

图 4-20　CALIS 联合目录馆藏信息界面

② e 读学术搜索。e 读学术搜索引擎于 2015 年 3 月 15 日全新改版，变更为"开元知海·e 读"。开元知海·e 读是 CALIS 和方正联合开发的学术资源发现系统，用于检索、发现国内高校图书馆的馆藏资源。它可与 CALIS 馆际互借系统配套使用，在一站式发现本馆资源的同时还可通过馆际互借、文献传递的形式获取外馆文献，还可以在线阅读电子资源，并且增设了资源分析功能，在海量数字资源揭示的基础上，建立全领域的知识脉络，通过知识图谱、关联图、领域细分等功能帮助读者挖掘知识背后的隐含信息。

开元知海·e 读搜索的检索界面在 CALIS 首页（参见图 4-15），检索界面简洁明了，直接输入检索词，即可检出符合检索条件的所有资源，再根据侧边栏提供的精炼条件，完成更精确的检索结果（参见图 4-21）。如需在线阅读电子书全文，可以在"收录数据库"中选择"CALIS 电子书"，点击"电子全文"按钮，在 Apabi 云阅读器中完成图书的在线全文阅读（参见图 4-21，图 4-22）。在 Apabi 云阅读器中可以用移动客户端 APP，Apabi Reader 扫描二维码，完成移动客户端上的全文下载和阅读（参见图 4-23）。

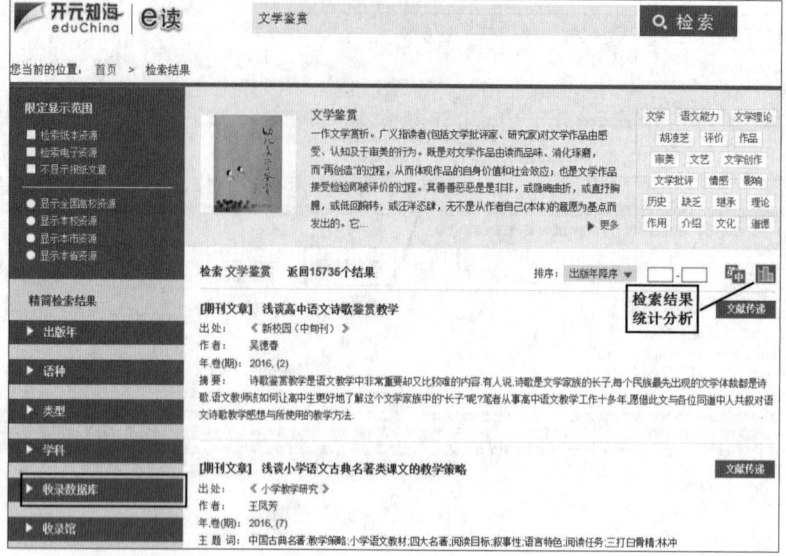

图 4-21　e读学术搜索结果界面

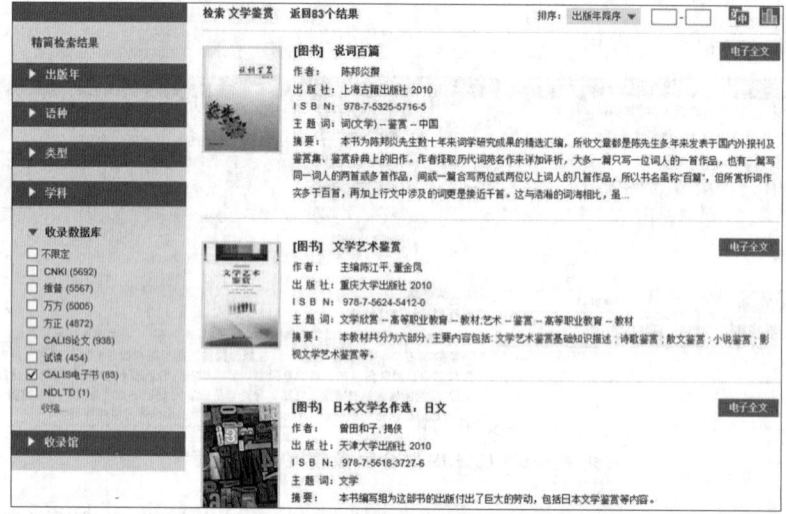

图 4-22　e读学术搜索电子全文结果界面

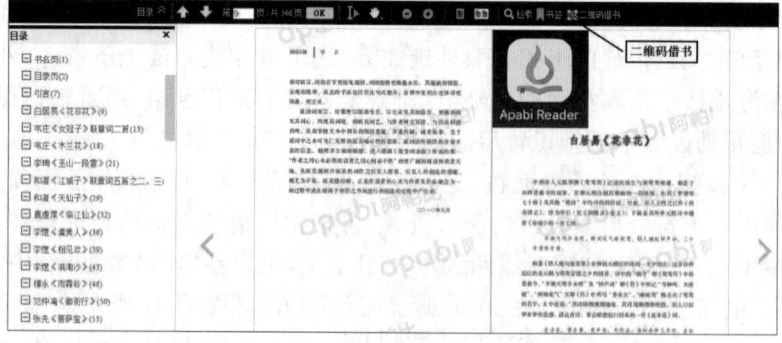

图 4-23　CALIS电子书全文阅读界面

开元知海·e读搜索在检索结束后，可以对全部的结果进行整体的统计分析（参见图 4-21），生成多张图片，直观地反映出各类型文献分布情况、学术发展趋势以及学科分布情况（参见图 4-24）。

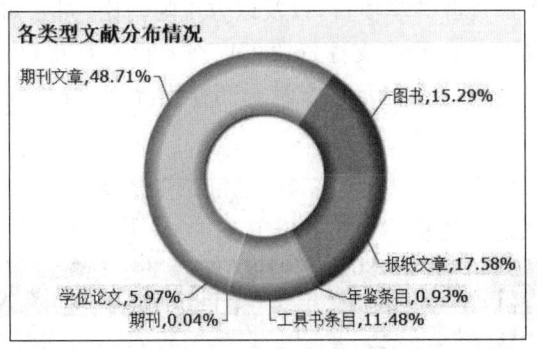

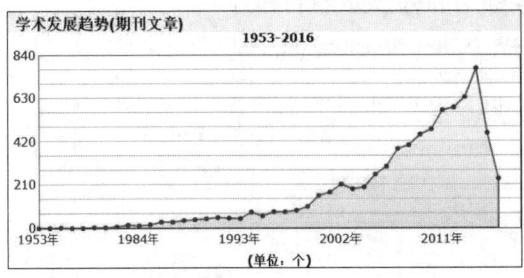
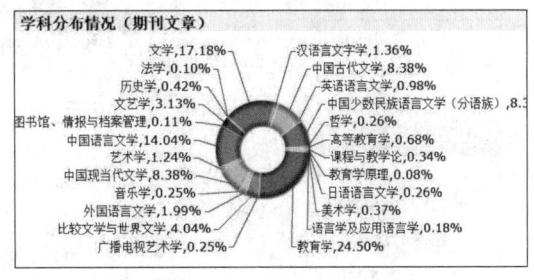
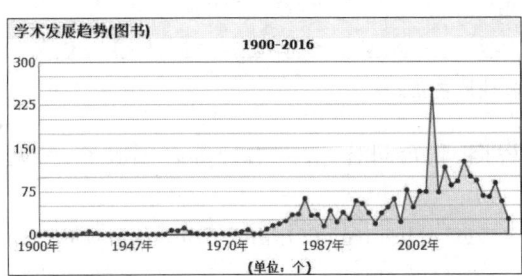
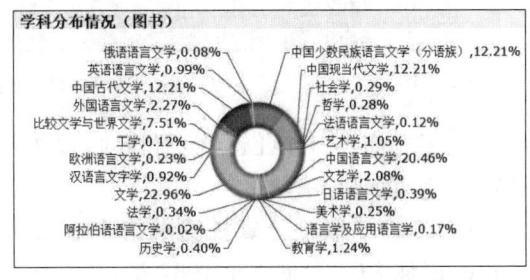
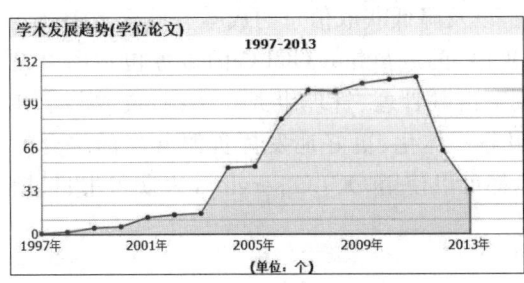
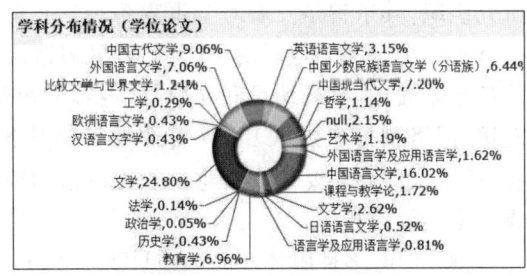

图 4-24 CALIS 检索结果统计分析图谱

③ e 得文献获取。e 得（易得）是为读者提供"一个账号、全国获取"、"可查可得、一查即得"一站式服务的原文文献获取门户。e 得门户集成了电子原文下载、文献传递、馆际借书、单篇订购、电子书租借等多种原文获取服务。结合专业馆员提供的代查代检服务，可在 CALIS 各类检索工具覆盖的文献资源之外，帮助读者在全国乃至全世界范围查找并索取中外文的图

书、期刊、学位论文、会议论文、专利标准等各种类型的电子或纸本资源全文。支撑 e 得全文服务的不仅有 800 多家 CALIS 高校成员馆，还有以国家图书馆、上海图书馆为代表的众多公共图书馆，以 NSTL、科学院图书馆为代表的各类科技情报所，以 CASHL、外国教材中心、CADAL 等为代表的教育部资源共享项目，以及以方正阿帕比、同方知网、维普资讯、万方数据等为代表的国内资源数据库商。众多支撑资源可以在 e 得文献获取首页根据用户需求，灵活选择，选择不同的文献源，系统也会显示该文献源的检索界面，按相应的文献传递服务说明操作即可（参见图 4-25）。

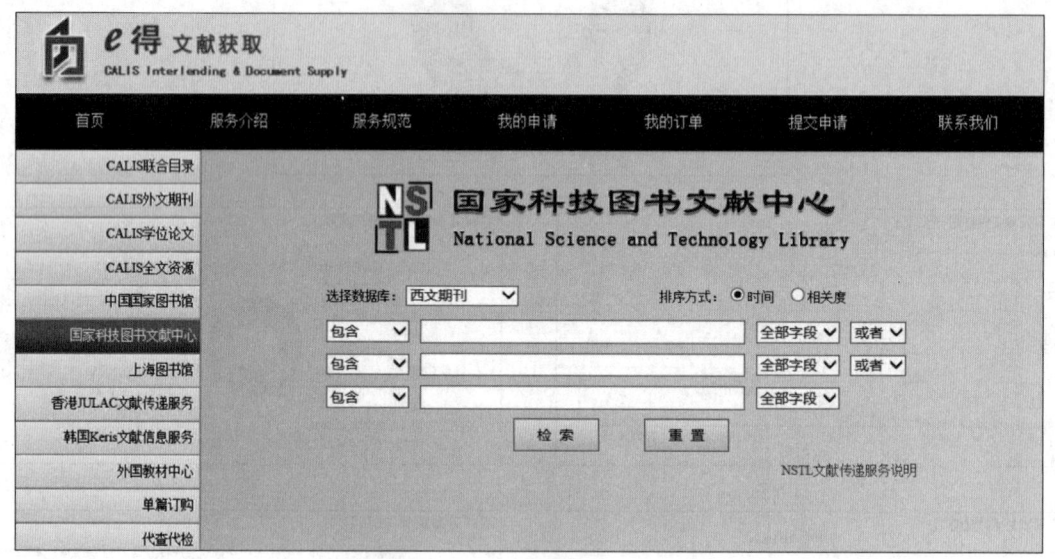

图 4-25 e 得文献获取主页

④ 其他服务。CALIS 还提供科技查新、课题咨询、联合问答、收录引证等多项服务，参见 CALIS 主页的服务导航。

(2) OCLC 联机计算机图书馆中心（http://www.oclc.org）（Online Computer Library Center 简称 OCLC）创立于 1967 年，是一个不以营利为目的、提供计算机图书馆服务的会员制研究组织，其宗旨是发展对全世界各种信息的应用，以及降低获取信息的成本。截至 2016 年，已有 122 个国家和地区的 16 964 个图书馆成为 OCLC 的成员馆。OCLC 的服务包括图书馆的各个方面，主要有编目和元数据、内容和馆藏、数字馆藏管理、管理服务和系统、资源共享和发送、网络服务等。OCLC 一直致力于使其各项服务一体化，更好地发挥资源共享的综合效益，使得全世界需要查询信息的人无论在何时何地都可以使用 OCLC services 来获得书目、摘要与全文的信息。

OCLC 有多种服务产品（参见图 4-26）。

① WorldShare 是基于云计算技术研发的整套图书馆管理应用程序和平台。2016 年投入使用，该平台提供了一个高度集成的图书馆服务平台，用于管理活动、服务交付和工作流程，同时拥有合作技术基础架构，WorldCat 数据和 WorldShare 应用程序可以在其上协同工作。

② WorldCat 是一个合作维护的数据资源集，组成了最全面的全球性图书馆馆藏和服务数据网络。各图书馆通过 WorldCat 贡献、改进和共享数据，WorldCat 将信息嵌入到现代研究过程中，让人们能够检索到全球图书馆中各种格式的资源，而且深度远胜于通过基本的网络搜

图 4-26　OCLC 中文主页界面及产品标签

索得到的信息。从 1971 年建库到目前为止,总计达 23 亿多条的馆藏记录、3.5 亿条独一无二的书目记录。

③ FirstSearch,从 1996 年开始推出,是一个综合性在线参考咨询服务系统。该系统将 13 个子数据库整合在一起,涵盖多种文献类型,包括图书、硕博士论文、学术期刊、会议论文、百科全书、年鉴等;同时涵盖所有学科,所有信息来源于全世界知名图书馆和知名信息提供商。通过 FirstSearch 可获得 WorldCat 和其他高质量、知名数据库中的优质内容。

此外,各地区、各行业、各学科都有相关的联合目录,不一一介绍,请注意利用。

4.2　检索图书全文

在线阅读图书或查询书中的某些内容,利用电子版图书比较便捷。随着信息传播技术的发展,网民人数的迅速增加,电子图书网站也发展迅速,其中大多是转载类,内容以休闲为主。检索学术类图书,应利用学术型或综合型数字图书馆。

4.2.1　综合型数字图书馆

数字图书馆将其有组织的信息以数字化形式存储,并通过网络提供相关服务。目前,网上数字图书馆多由收录单一类型文献向收录多种类型文献发展,本章主要介绍以收录图书为主的综合型数字图书馆。规模较大的商业性中文数字图书馆有超星数字图书馆、方正阿帕比、Kindle 电子书等。

1. 超星数字图书馆(http://book.chaoxing.com/)(参见图 4-27)

图 4-27　超星数字图书馆主页

　　超星数字图书馆 2000 年 1 月在互联网上正式开通，由北京世纪超星信息技术发展有限责任公司投资兴建，是国家 863 计划数字图书馆示范工程项目。超星电子图书以各学科的中文电子图书的数字化资源为主要对象，由出版社、图书馆或其他文献资源单位提供书源，由北京超星电子技术有限公司负责提供数字化技术，将纸本图书数字化，向用户提供专用的图书阅读器，与出版社合作进行电子出版，并提供网上服务。已经数字化的图书资源由出版社、图书馆等文献资源提供单位与超星公司共享。至 2017 年 1 月，已收图书 235 万种，500 万篇论文，超 16 万集的学术视频，以及专利文献，标准文献，是综合性的中文在线数字文献资源库。与其他中文电子图书系统相比，超星电子图书在教材、工具书、文史资料类图书方面的收藏较丰富。

　　(1) 服务方式。超星数字图书馆的服务方式主要有两种，一是设置镜像站，如超星数字图书馆教育镜像站(http://edu.sslibrary.com)、网通镜像站(http://pds.sslibrary.com)、电信镜像站(http://hn.sslibrary.com)。在高校里一般使用的是镜像服务，由学校图书馆购买资源，通过 IP 地址段控制访问权限，用户只能在校内使用超星数字图书馆的信息资源(参见图 4-28)。二是购买超星读书卡，成为其注册用户。网络服务方式中，用户可以免费注册，使用部分超星免费资源；也可购买超星读书卡，使用全部数字图书资源。用户注册方式有在线注册、离线注册(机器码注册)、读书卡注册、网络/阅读器注册。

图 4-28　超星数字图书馆镜像站主页

（2）检索方式。超星数字图书馆的检索方式有分类检索（参见图 4-29）、普通查询（参见图 4-30）、高级查询三种。

图 4-29　超星数字图书馆分类检索界面

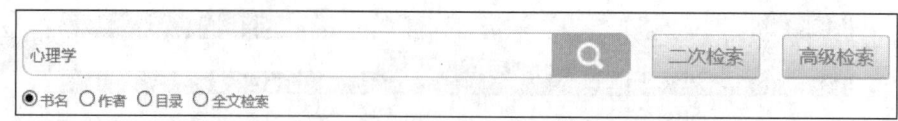

图 4-30　超星数字图书馆普通检索界面

超星的分类体系采用《中图法》,分类法列表一般到四级类目,点击相应的类目,逐级选择,即显示所选类目的图书目录。

普通检索可从分类列表下拉框中选择所需学科,但只能选到大类,再从书名、作者、主题词三种检索项中选择一种,填入检索词,点击"检索"按钮既可。

高级查询的各检索项可以自由组配,通过下拉框选择所需字段,可检字段有书名、作者、主题词、中图分类号等,单击"分类"下拉框,可选择所需大类。可通过"年代"按钮,对所检文献的出版时间做出限定,检索结果的显示可根据需要,选择每页显示 10 条或每页显示 20 条等(参见图 4-31)。

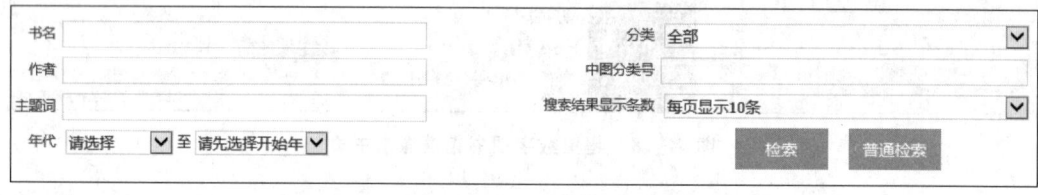

图 4-31　超星数字图书馆高级检索界面

(3) 全文浏览。在线览读全文可用超星阅览器或 IE 浏览器(IE 浏览器阅读界面参见图 4-32)。

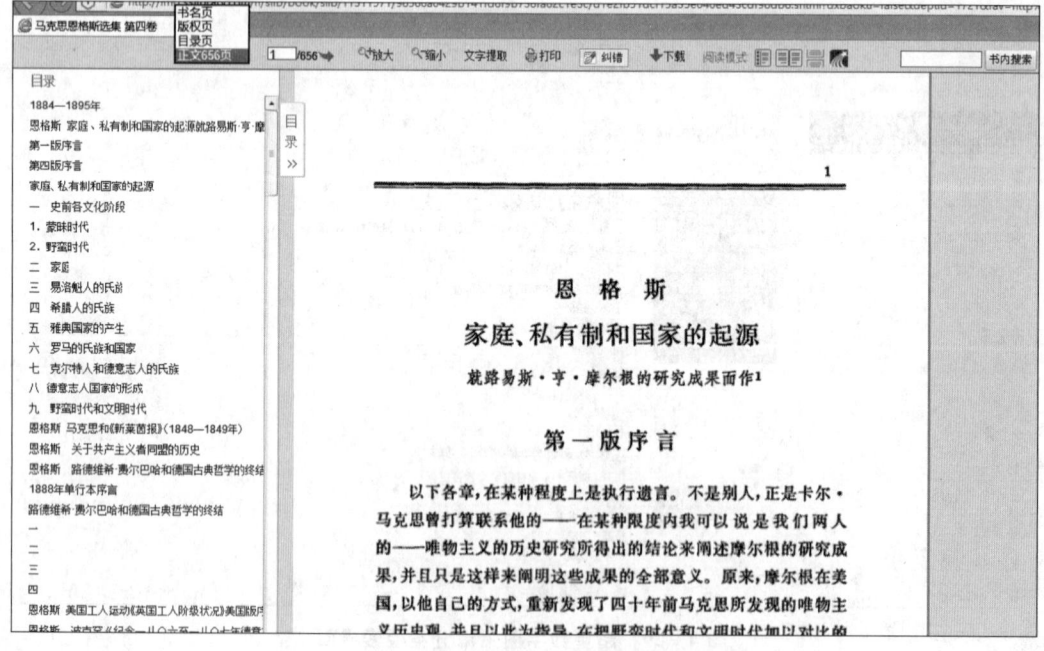

图 4-32　超星数字图书 IE 浏览器阅读界面

超星阅览器的功能如下：

① 阅读。超星阅览器支持多种格式的电子图书，如 PDG、HTML、TXT、RTF 等格式，同时可播放多种媒体文件；还具备资源整理、网页采集、电子图书制作等多种功能。阅读器 SSReader，可分类浏览，其检索入口为书名检索。有章节导航、目录/索引、全文检索等查找功能和页面缩放旋转、文字复制、打印、下载、翻页、书签、圈注等阅读功能。由于嵌入了汉王 OCR 识别系统，还可以将图像格式的图书资料转换成文本文件加以利用。如使用超星浏览器，可从其主页下载。

超星图书的阅读界面与传统纸质型图书非常相似，而且其特殊的功能更加方便读者的阅读。每本书也分为目录与正文，用户可像阅读传统图书一样逐页浏览，还可上下翻页阅读。由于该阅读器有章节导航功能，可以任意选取需阅读的页码阅读特定页的内容；对于某一特定页，还具有缩放和旋转的功能（参见图 4-33）。

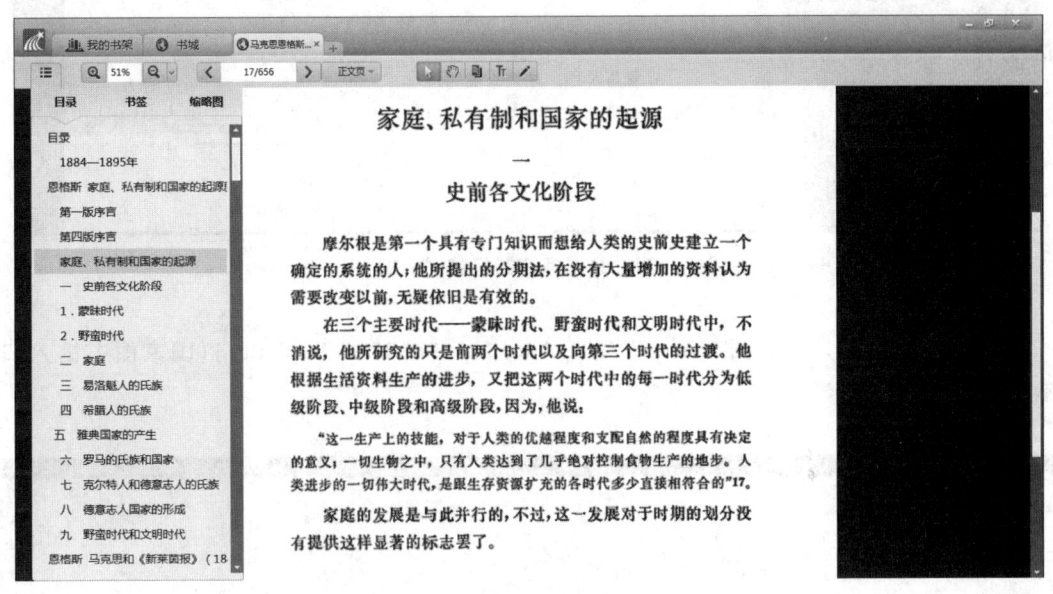

图 4-33 超星阅览器阅读界面

② 标注。在阅读图书时，还可对重点的字、句进行标注，只需点击菜单栏中的标注按钮，并在弹出的标注菜单中选择加批注、直线等标注方式以及设置所需的颜色和直线描边宽度，即可对重点字句进行标注，非常醒目，如图 4-34 所示。

③ 书签。超星图书还可添加网页书签，在书籍阅读窗口点击"添加书签"，根据提示完成添加书签的操作，书签可记录书籍的书名、作者、当前阅读页数及添加时间，还可以选择书签菜单中的"书签管理"，在弹出的提示框中对已经添加的书签进行修改。

④ 文字识别与图像剪贴。超星电子图书由于具有 OCR 识别功能，只要安装了完全版的中文图书阅读器，就可对书中的文字进行识别，方法为点击"选择图像进行文字识别"图标，选中一段文字后，则识别后的文字会出现在一个自动弹出的新文本编辑窗口中，可对其进行编辑和复制。

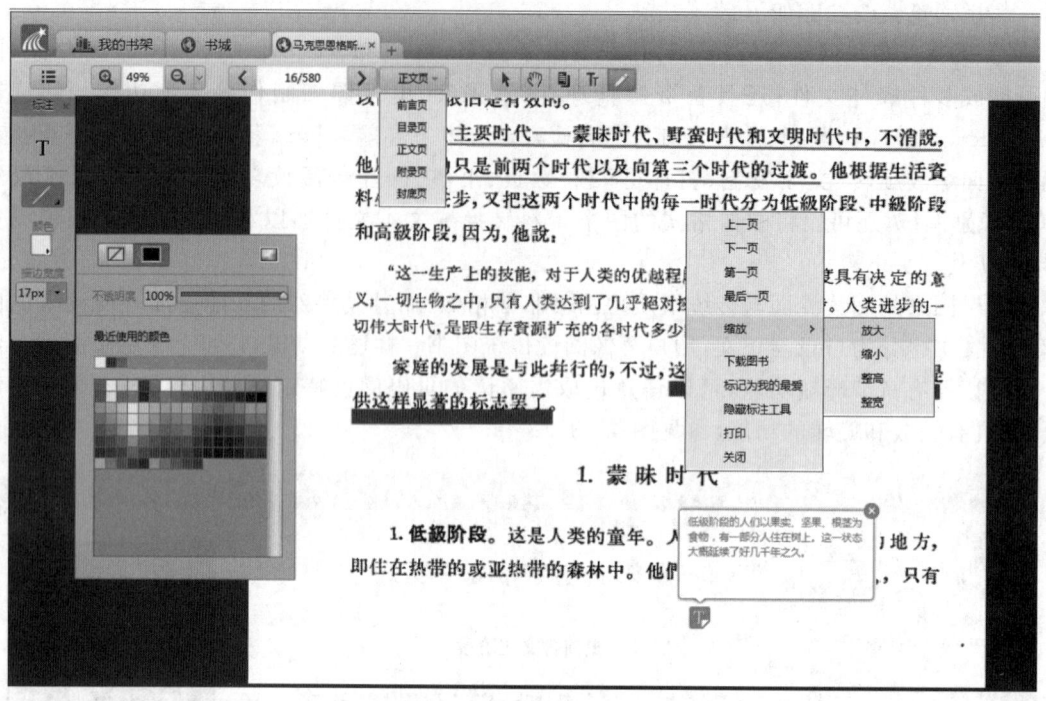

图 4-34 超星阅读器标注、批注示例

2. 方正阿帕比数字图书馆（http://202.106.125.14:8000/Usp/nlc/）（国家图书馆入口）（参见图 4-35）

图 4-35 方正阿帕比数字资源平台主页

方正阿帕比数字图书馆由北京方正网络技术有限公司(其前身是成立于2001年的北京北大方正电子有限公司数字内容事业部)创办。中国90%以上的出版社在应用方正阿帕比(Apabi)技术及平台出版发行电子书,每年新出版电子书超过12万种,并与阿帕比共同打造推出了各类专业数据库产品;中国90%的报业集团、800多种报刊正在采用方正数字报刊系统同步出版数字报纸。此外,全球8 000多家学校、公共图书馆、教育城域网、政府、企事业单位等机构用户应用方正阿帕比数字资源及数字图书馆软件为读者提供网络阅读及专业知识检索服务。其数据采用文本格式,所占存储空间小,检索速度快。方正阿帕比的版权保护技术在目前的中文数字图书馆中是最好的。

(1) 服务方式。

方正阿帕比数字图书馆以镜像站方式为主,由方正网络技术有限公司提供平台和数字化资源,根据图书馆购买的资源建立镜像站,供获得授权的用户使用。方正阿帕比系列产品以数字版权保护(DRM)技术为核心,在保护作者、出版社、发行者、图书馆和读者的共同利益的基础上,为整个e-book运动过程中的各个角色提供服务。利用方正阿帕比数字图书馆的平台,服务提供者可以方便地建立逻辑资源,利用局域网镜像服务的方式建立起规范的数字图书馆,实现网上借阅,向用户提供服务,从而形成可持续、快速发展的数字图书馆电子资源建设发展模式。

方正阿帕比采取先进的数字加密技术,使用阿帕比资源平台首先要下载并安装专用的阅读器"Apabi Reader",可以从其网站主页上点击方正Apabi Reader图标下载,并按照系统提示完成安装。然后进行用户注册,才能正式使用Apabi电子图书。Apabi的用户注册有两种方式,即IP认证和用户名/密码登录,点击Apabi本地服务网站上的用户注册,系统验证用户IP或用户名/密码为合法,就可完成注册。

(2) 检索方式。

方正阿帕比数字资源平台提供分类检索、快速检索、高级检索等检索方式,首页提供了四个大类:电子图书、工具书库、年鉴库、图片库,可以先选择大类,便于快速有效地找到想要查询的内容。下面以检索电子图书为例。

分类体系采用《中图法》,细分至4级类目,从分类列表中逐级点选所要查找的学科类目,即可显示该类目下图书的书名、作者、出版社、出版时间、价格及内容介绍等图书信息,查找到所需要的图书(参见图4-36)。

快速查询提供的检索范围有全部、书名、作者、出版社、ISBN、目录、正文,可供检索的资源库分为全部、全部图书、英文原版、企鹅图书。每次可以选择1种检索途径检索,也可选择"全部"检索提供的所有途径(参见图4-37)。检索结果可以按相关度排序、出版时间递增或递减排序,还可以设置每页显示10或20条记录。

高级检索提供的检索途径有6个:书名、作者、出版社、ISBN、目录、正文。高级检索界面提供5个检索框,可进行同字段或跨字段组配检索,布尔逻辑关系可选"AND"及"OR"(参见图4-38)。此外,还可以对出版时间进行前后设置。

(3) 全文阅读。

通过检索查找的结果,一般会显示图书的书名、著者、出版社、出版时间等信息,点击书名可进入该书的详细结果显示界面,还可进一步查看该书的文摘、书评和其他详细信息;再点击下载按钮即可下载该本图书(参见图4-39)。每本图书也包括封面、目录、正文全文等内容,

图4-36 阿帕比数字资源平台分类检索界面

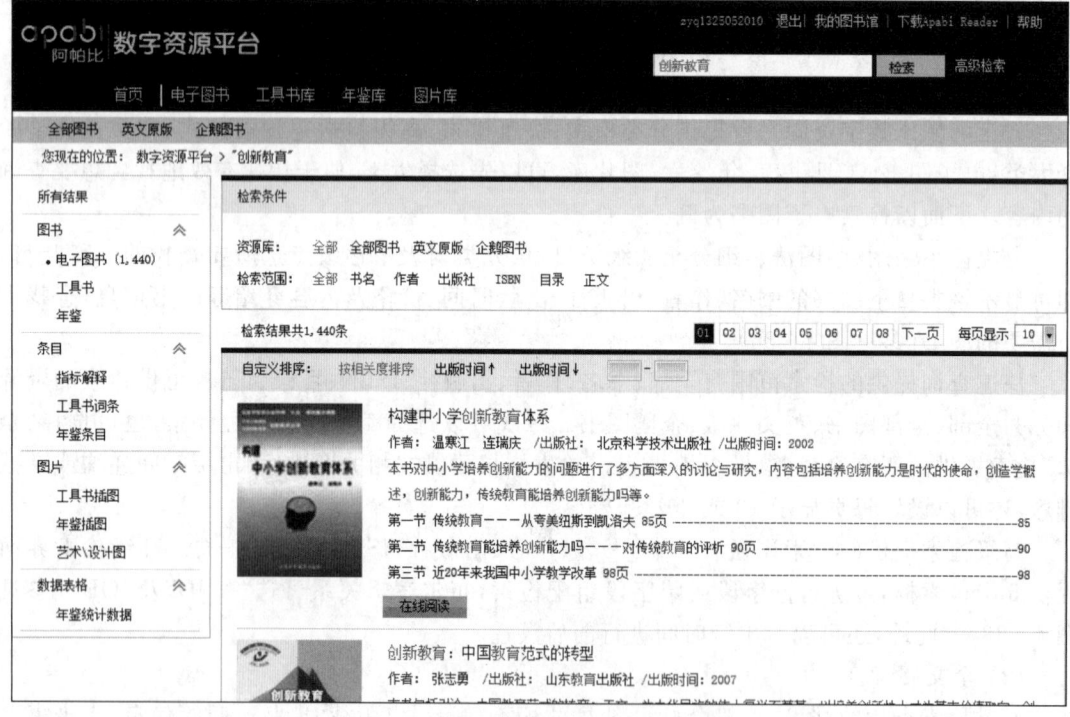

图4-37 阿帕比数字资源平台快速查询界面

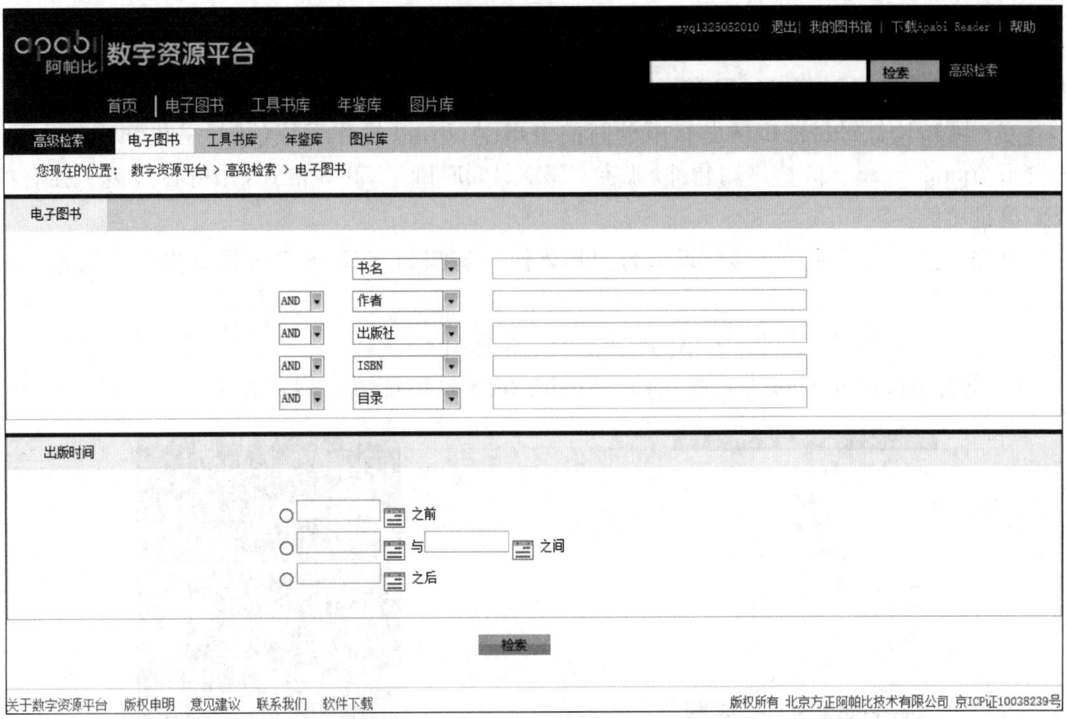

图 4-38 阿帕比数字资源平台高级检索界面

阅读图书时,可像阅读传统图书的版式一样逐页阅读,设置单页模式或双页模式,也可插入书签,检索全文内容,跳转到指定页码,放大缩小等。方正 Apabi 电子图书阅读器还提供章节导航、书内查找、前后翻页、指定页、自动滚屏、全文检索、批注、文字拷贝、加亮、版面放大缩小、页面旋转等功能,可随时添加书签、批注、标注,也可摘录部分文字以供编辑。

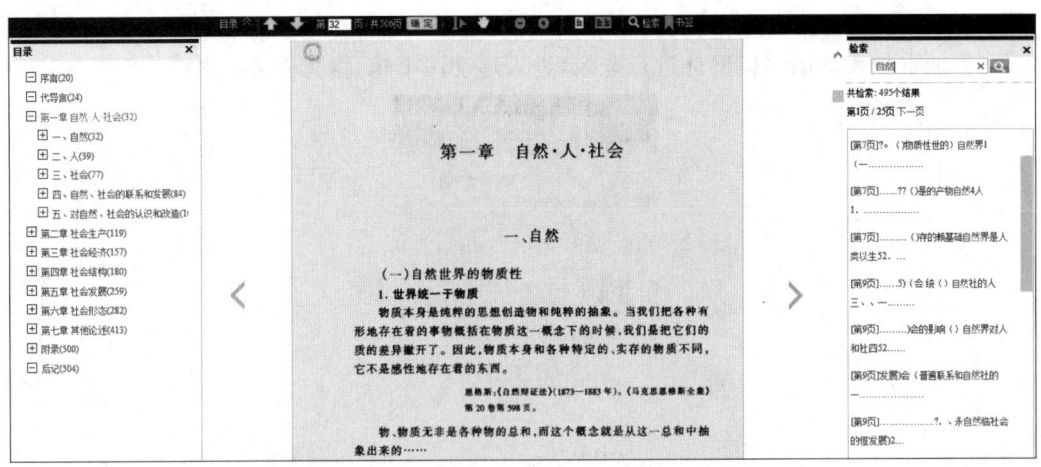

图 4-39 阿帕比数字图书全文阅读检索界面

(4)移动阅读。

移动阅读是以移动设备(手机、平板电脑、手持阅读器等)作为阅读载体,通过无线移动网络(WIFI、4G)、互联网等多种网络信道随时随地获取各种数字资源的一种阅读方式。

方正阿帕比针对目前市场占有率较高的 IOS、Android 操作系统(包括手机和平板电脑)开发了 Apabi Reader 阅读终端软件,兼容 CEBX、PDF 和 TXT 等格式,并精心打造了独有的版面重排功能。

以安卓公司的 Android 操作系统为例具体使用步骤如下(IOS 系统设备操作方法基本一致):

① 打开安卓市场,下载安装 Apabi Reader(参见图 4-40)。

② 点击 Apabi Reader 客户端,进入 Apabi Reader(参见图 4-41)。

图 4-40　下载安装 Apabi Reader

图 4-41　进入 Apabi Reader

③ 添加本校移动图书馆网址进行登录,进入移动图书馆(参见图 4-42)。

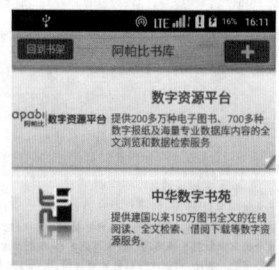

图 4-42　阿帕比数字图书借阅

3. Kindle 电子书——亚马逊

亚马逊公司(https://www.amazon.cn/)是一家总部位于美国西雅图的跨国电子商务企业,业务起始于线上书店,不久之后商品走向多元化(参见图 4-43)。

图 4-43 亚马逊 Kindle 电子书

2007 年 11 月,亚马逊发布了电子书阅读器 Kindle,可通过无线网络购买和下载电子书内容。Kindle 的屏幕应用了电子墨水技术,因此耗电量很低,同时也提供了更适应人眼阅读的展示方式。

Amazon.com 于 2009 年 3 月 3 日在苹果 App Store 发行了一款名为 Kindle for iPhone 的应用程序。这款应用程序可以让 iPhone 和 iPod touch 用户在他们自己的 iPhone 或 iPod touch 上浏览 Kindle 的内容,目前已经支持 iPad。除此之外,用户亦可于 Amazon 网站下载适用于自己设备的 Kindle 应用程序,目前支持的平台有 Android/Windows Phone/BlackBerry/Windows 7、8、10/Mac。

到目前为止,Kindle 阅读器已经更新到了第八代。下面简单介绍一下 Kindle 阅读器的相关内容(参见图 4-44)。

(1) Kindle 导航。

Kindle 配备触屏操作界面,用户只需用手指点击或滑动即可执行许多任务。例如,点击电子书封面或书名即可打开电子书,点击内容封面上的【菜单】可查看可用选项。

图 4-44 Kindle 阅读器界面

Kindle 主页分为三个部分:最近访问的内容、我的书单和为您推荐。"EasyReach"还允许用户点击屏幕顶端以显示工具栏。用户正在查看的内容不同,工具栏的选项也会有所不同(参见 4-45)。用户可以在主页找到 Kindle 中保存的电子书和其他内容的列表;在 Kindle 上点击登录 Goodreads,如果用户在设置 Kindle 时未创建账户可以创建新账户;Kindle 必须有可用 WiFi 连接,方可使用前往 Kindle 商店的功能。除此之外,还有阅读工具栏、阅读导航工具栏、报刊工具栏等,并提供竖屏及横屏模式。阅读报刊文章时,可以选择"剪贴文章"将整篇文章剪贴到"我的剪贴"文件中,该文件用来保存用户的笔记、书签、标注和剪贴的文章。

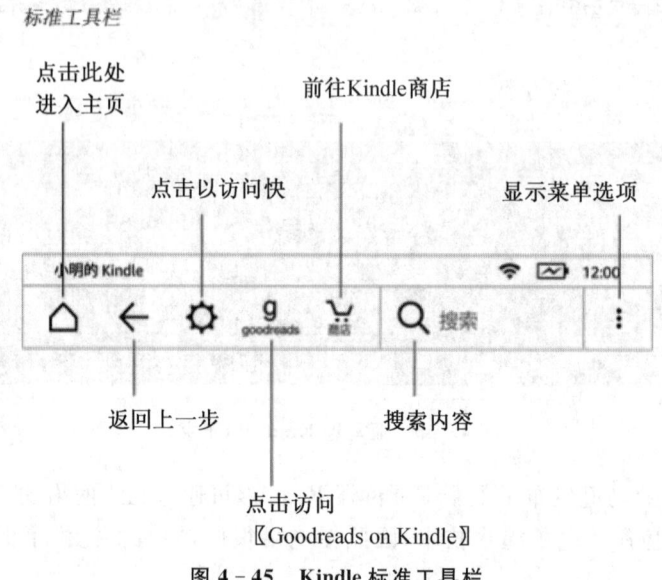

图 4-45 Kindle 标准工具栏

(2) 管理 Kindle 内容。

Kindle 商店提供丰富的 Kindle 电子书、"Kindle Singles"、报纸、杂志和博客。从 Kindle 商店购买的内容安全存储在 Amazon Cloud 上并可从中获取。用户可以使用网页浏览器通过亚马逊网站上的"管理您的内容和设备"页面(www.amazon.com/devicesupport)查看和管理 Kindle 内容、设置及账户信息。如果用户开启了"个人文档存档"功能,通过电子邮件发送到 Kindle 的个人文档也会在云端保存。

报纸和杂志按报刊名称分文件夹存储。超过 8 期以前的报刊会自动从设备上删除,为新内容释放空间。超过 14 期以前的报纸和超过 40 期以前的杂志会自动从云端删除。从 Kindle 中删除收藏夹不会删除本机存储内容,删除收藏夹之后,原收藏夹内容会显示在主页和云端。

(3) 阅读 Kindle 文档。

Kindle 采用名为电纸书的高分辨率屏显技术。显示屏不反光,强光下依然清晰可读。电纸书的用墨和普通图书报刊无异,只是通过电子方式显示油墨粒子。屏幕可能偶尔出现"闪屏"现象,这是电子墨水刷新过程的一部分。

针对电子书和报刊的版式,Kindle 提供快速调整方式。通过弹出的对话框,更改 Kindle 屏幕显示内容的字号、字体、行间距、页边距和方向。字体选项包括专为电子屏幕设计的 Kindle 专用字体 Bookerly。如有新字体可用,系统会出现更新提示。Kindle 还会应用字距调整、优化大字体和自动优化行距为所有字体带来更轻松快捷的阅读体验。用户还可以选择常用的阅读进度跟踪选项。阅读连环画和漫画书时,使用捏放手势可缩小放大画面。用户可以在屏幕上滑动手指或点击屏幕两侧来浏览分格。

Kindle 还为用户提供纸质材料所不具备的功能,例如即时查阅字词释义、轻松查阅脚注和撰文点评。和传统图书一样,用户也可以标注喜欢的段落、添加笔记和创建书签。通过"智能检索"功能,用户可以选择一个或多个字词并查看多种操作,例如标注、笔记、分享和搜索。同时,会有一系列卡片显示可用信息,包括 X-Ray、维基百科、字典释义和翻译选项。

(4) 功能。

① X-Ray。用户点击一下"X-Ray"即可清晰查看全书来龙去脉,还会从书中提取重要剪贴、人物、术语和图片,按时间轴整理为卡片,方便用户快速浏览剪贴内容,一站式查看所有图片。在阅读过程中,按住书中角色名字或地点可以查看相应的 X-Ray 主题。点击时间轴可以查看本书其他部分的重点剪贴。

② 生词提示。"生词提示"功能在许多畅销英语作品中可用,方便英语学习者更快读懂一些有难度的作品。难词上方会自动显示简短的释义,如需了解更多信息或查看同一单词在不同语境下的各种含义,可以点击该词显示卡片,上面有释义、同义词等。

③ 生词本。在字典中检索过的生词会自动添加到生词本,以供后期查看生词列表或使用生词卡来测试掌握程度。

④ 管理用户的亚马逊家庭。用户可以与另一名成年人联合设立家庭资料,双方可以共同管理至多 4 个子女个人资料。通过"家庭共享",成员可以使用亚马逊设备和 Kindle 应用与彼此分享电子书,且不会影响用户的批注、上次阅读页和最远阅读页。

4.2.2 公益性数字图书馆

公益性数字图书馆多由政府机构或学术机构创办,旨在保存和宣传优秀文化遗产,推动学术研究,这些数字资源大多提供给公众免费使用。例如:

1. 中国国家图书馆·中国国家数字图书馆(http://www.nlc.gov.cn)

国家图书馆的简介参见第 4 章第 1 节,国图依托丰富的馆藏资源与互联网上的虚拟数字资源,为读者提供远程服务。通过国家数字图书馆资源统一门户,实现信息检索、服务、推送的一站式服务;开放无版权数字资源,供读者免费使用。国图还将收藏的特色馆藏资源数字化,通过整合各种资源库,实现对多种类型资源的跨库检索。读者可以在线或到馆检索、浏览、阅读这些资源。

以"阅读中国"栏目为例(参见图 4-46),有文津图书奖、民国图书、馆藏中文图书、方正电子图书平台等四个数据库。文津图书奖数据库为每届文津图书奖获奖图书和推荐图书,文津图书奖从 2005 年起每年举办一届,其中得到作者授予版权的可以在线阅读全文(参见图 4-47)。民国图书数据库从国图民国图书资源库首批推出民国图书 8 172 种,8 884 册全文影像资源,提供读者通过互联网进行浏览和研究。该库边建设边服务,不断追加更新。馆藏中文图书数据库包含馆藏的数字化图书 17 多万种,涉及各个学科,可以在线阅读。方正电子图书平台有北大方正电子有限公司制作的电子图书约 23 万种、46 万册和年鉴 1684 种。该库需用国图借书证登录方可阅读全文。

图 4-46 国家图书馆"阅读中国"频道

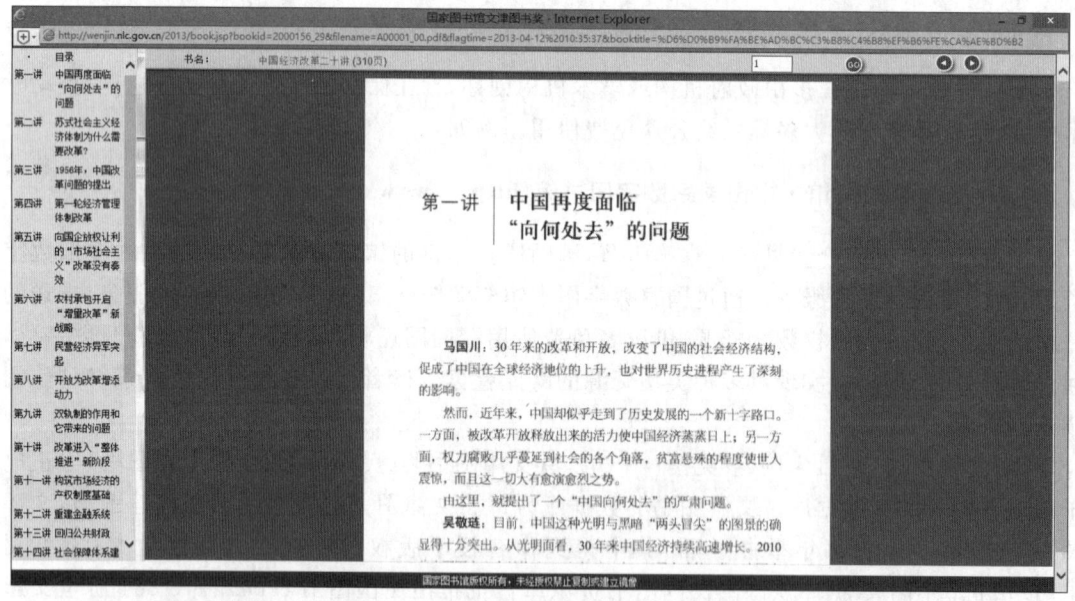

图 4-47 文津图书奖获奖书全文阅读

国图是全国文化信息资源共享工程的全国中心,该工程将中华优秀文化信息资源进行数字化加工整合,通过工程网络体系,以互联网、卫星、移动存储、镜像、光盘、有线电视/数字电视网等方式,实现优秀文化信息资源在全国范围内的共建共享(参见图 4-48)。

图 4-48　全国文化信息资源共享工程

中国国家图书馆的手机门户——掌上国图(http://mobile.nlc.cn/)(参见图 4-49),作为国家图书馆移动服务的重要形式之一,为了能够向更大范围的读者提供服务,设计开发了三个版本,系统自动检测手机适配最优界面。其功能主要包括读者服务、在线服务、读者指南、文津图书奖、新闻公告、资源检索等栏目。

图 4-49　掌上国图

2. 欧洲数字图书馆(http://www.europeana.eu)

由欧盟建设的欧洲数字图书馆办公地点设在海牙的荷兰国家图书馆,由欧洲数字图书馆基金会管理。欧盟数字图书馆提供的来自欧盟 27 个成员国图书馆、博物馆和文化机构的书籍、地图、绘画、档案、照片、录音、电影和报纸等信息和资料已经达到 460 万件。欧洲数字图书馆于 2005 年立项,欧盟希望让全球的人们更好地了解欧洲的智慧、历史以及文化科学遗产,也希望通过它与谷歌的信息资源垄断抗衡。2008 年 11 月 20 日图书馆正式投入使用,并获得了意想不到的欢迎,当日高峰时期每小时点击率为 1 500 万,导致网站 22 日几乎瘫痪,不得不临时关闭。在进行了系统升级并新增了三倍的服务器后,于 12 月重新开放。从 2009 年至 2011 年,欧盟拨款 250 万欧元资助欧盟数字图书馆,占图书馆总预算的 80%,其余的 20% 由成员国及其文化机构资助。欧盟数字图书馆虽然取得了很大的进步,但仍然面临着数字化进程中的许多挑战和问题,数字图书馆现在拥有的书籍基本上都是公开面向大众的书籍,即去世 70 年以上的作者所著的不再受版权保护的书籍。

欧洲数字图书馆最成功的是从门户走向平台的发展路径,2014 年该馆发表了 2015～2020 年战略发展规划,列出四项优先战略:一是从门户到平台;二是数据品质提升;三是共享利益增强;四是协作体系强化。服务重心面向创意产业。由于所有的数据都有权限标识,其中 1 100 万件标有的是自由许可(CC-BY 等)。该馆还和 Google,Wikipedia,Linked Open Data 等机构合作,提供更便捷的数据传播环境。

欧洲数字图书馆网站提供了多国语言支持,以方便各地用户使用(参见图 4-50)。如果要看达·芬奇的名画,只需在主页输入"Leonardo di ser Piero da Vinci"(列奥纳多·迪·瑟皮耶罗·达芬奇),就会显示他的相关资料,在网站上就可以仔细欣赏了(参见图 4-51)。

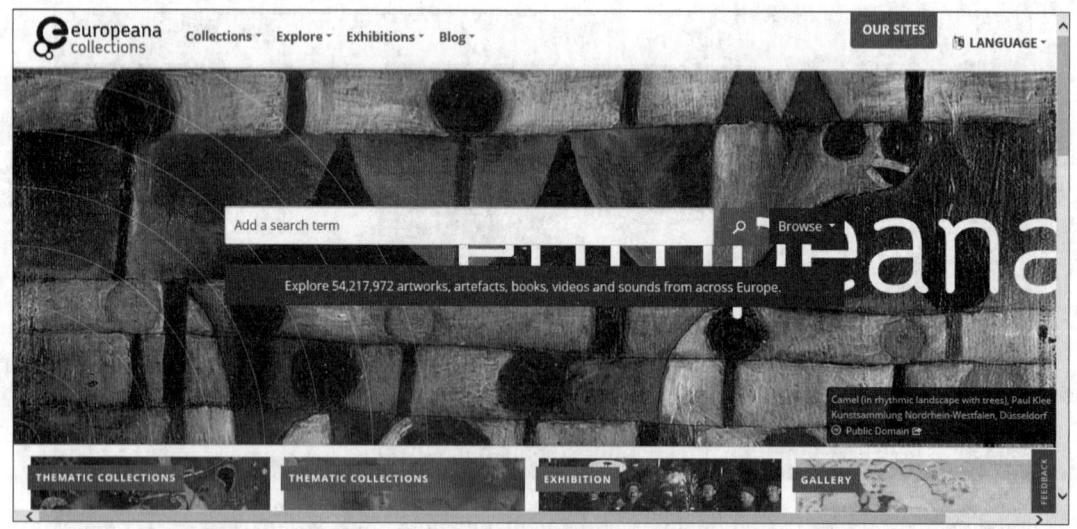

图 4-50 欧洲数字图书馆主页

图 4-51　欧洲数字图书馆检索结果显示

3. 世界数字图书馆(http://www.wdl.org/zh)

世界数字图书馆(The World Digital Library,参见图 4-52)由联合国教科文组织同 32 个公共团体合作建立,由全球规模最大的图书馆美国国会图书馆主导开发,主要目的是促进国际和文化间的相互理解,提高网络文化内容的质量和多样性,为教育工作者、学者和普通观众提供资源。其工作重点之一就是提高发展中国家建立数字图书馆的能力,推动所有的国家和地区都能参与这一全球共享的文化事业。2005 年 6 月,美国国会图书馆长毕灵顿(James Billington)提出创办世界数字图书馆的建议,联合国教科文组织给予了积极支持。2006 年 12 月,联合国教科文组织和美国国会图书馆共同主办了一次由世界各地相关人士参加的专家会议。专家们决定建立工作组,以制定标准和内容选择准则。2007 年 10 月,美国国会图书馆及其五个伙伴机构在联合国教科文组织大会推出未来 WDL 的样板。世界数字图书馆网

图 4-52　世界数字图书馆主页

站于 2009 年 4 月 21 日在联合国教科文组织（UNESCO）总部所在地巴黎正式启用。"世界数字图书馆"的使用完全免费,珍贵的图书、地图、手抄本、档案、录音、图片、影片与照片等资料一应俱全。目前已有 19 个国家的 30 余个合作伙伴参与该网站建设,比如在该图书馆的珍藏品中,人们能够欣赏到中国国家图书馆提供的甲骨文和石碑资料、埃及提供的早期阿拉伯科学读本资料、巴西提供的拉丁美洲老照片以及美国国会图书馆收藏的土耳其书法作品图片等。中国国家图书馆也提供了珍贵文献,目前,关于中国的文献有 137 个条目。

该网站提供阿拉伯文、中文、英文、法文、葡萄牙文、俄文和西班牙文 7 种文字的查询,可按地点、时期、专题、条目类型、语言、典藏单位等内容提供搜索和浏览服务(参见图 4-53)。

图 4-53 世界数字图书馆专题浏览界面

通过学术门户、特色数据库、网络导航等学术网站也可以获得免费资源,参见第 5 章。

4.2.3 其他免费电子图书网站

1. 综合性网站的读书频道

综合性或新闻性网站的读书频道提供部分图书免费阅读,例如：

➢ 读书—人民网(http://book.people.com.cn/GB)。人民网的读书频道是从"人民书城"的基础上发展过来的,设新闻、新书、书评、书摘、连载、作家、领导干部书架、日知录、成长书架、名家荐书、排行榜、书房等栏目。

➢ 新华网读书频道(http://www.xinhuanet.com/book)。新华网是中国主要的重点新闻网站,新华通讯社主办。读书频道含读书沙龙、书人书事、作家坐阵、汉诗江湖和淘书指南等栏目。

➢ 读书—中国网(http://www.china.com.cn)。中国网是国务院新闻办领导,中国外文出版发行事业局(中国国际出版集团)管理的国家重点新闻网站。中国网始建于 1997 年,是用简体中文、繁体中文、英文、法文、德文、日文、西班牙文、阿拉伯文、俄文、韩文和世界语十个语种十一个文版对外发布信息的"超级网络平台",其读者分布在世界 200 多个国家和地区。读书频道有书业广角、新书、书评、书摘、在线阅读、域外文澜、书业时评、走近作家、讲座精选、悦读时光等栏目。

➢ 新浪读书(http://book.sina.com.cn/)。新浪读书是新浪网开发的一款为读者提供小说、电子书、野史、揭秘、传奇、集萃等阅读的网站(参见图4-54)。"新浪读书"有网页版和IOS版两个版本,是全球最大的中文文学网站,为文学爱好者搭建了华文最具影响力的网络原创平台。它致力于传播精品图书,第一时间刊发国内外文化图书资讯,为读者提供集阅读、写作、评书、购书的一站式服务。

图4-54 新浪读书主页

2. 搜索引擎的图书搜索频道

搜索引擎的图书搜索是检索电子图书的一个常用途径。谷歌的数字图书馆是一个较典型也较有争议的代表。

(1) 谷歌数字图书馆(http://books.google.com)。2004年,谷歌推出了数字图书馆计划,打算对全球已经绝版或已退出图书市场的图书进行扫描后建立一个庞大的"谷歌数字图书馆",使全球网络用户通过互联网能重新看到这些人类知识的结晶。作为第一步,谷歌公司先征得美国国会图书馆等几十家知名图书馆的同意,开始对它们的藏书进行扫描,并率先向美国用户推出"谷歌数字图书馆",目前该图书馆收录的图书已经超过了1 000万册。因为版权问题,谷歌公司与美国作家协会以及美国出版商协会曾在2008年达成了一项协议,允许谷歌扫描书籍,然后根据版权的类别,以免费或者付费的方式向公众展示内容摘要或全文。虽然该协议还未获得美国司法部批准,但协议一出,立刻引起了社会各界的关注和争议。一些大学或研究机构则对谷歌表示支持,认为此举使人们有机会接触许多本来无法接触到的孤本和珍贵史料,不仅为研究人员提供了便利,也为发挥史料的科研价值和史料的永久保存做出了重要贡献。但部分作者和出版商认为谷歌不征得作者本人和出版商的同意就将图书扫描,并通过互联网向用户提供,构成了对著作权和版权的侵犯,指责谷歌"盗窃"全球文化成果,想"垄断"数字图书市场。一些作者和出版商将谷歌告上了法庭。在谷歌的数字图书馆中,有许多图书是欧洲出版的。谷歌的做法同样触犯了有关欧洲国家的版权法。德国、法国、奥地利等欧洲国家的作者和出版商群起而攻之,有的要求欧盟出面与谷歌交涉,有的直接将状纸递进美国法院。一些人指出,既然这项计划的初衷是将知识的宝藏提供给全人类免费共享,那么它就不应该由谷歌这样一家商业化的公司来操作运营,而应该交给非营利性团体来负责。还有观点认为,由于谷歌这份协议只适用于美国本土,这对欧洲以及其他地区的读者来说不公平,换言之,美国读者可以看到或下载欧洲的书籍,而欧洲读者却没有这样的条件。中国文字著作权协会也对谷歌侵害中国文字著作权人的利益的行为开展了维权行动。争议的最终解决方案将对数字图书馆的走向产生重大影响。

新版谷歌数字图书馆的中文简体版(http://books.google.com.hk)(参见图4-55)通过Google帐户可创建和管理个人书架,与朋友分享图书,以及查看朋友正在阅读的图书。对检索结果按版权情况提供预览、网上书店购买、图书馆中查找等链接(参见图4-56)。

图4-55 谷歌图书中文版界面

图4-56 谷歌数字图书馆检索结果预览界面

（2）读秀学术搜索（http：//www.duxiu.com）。读秀知识库是海量中文学术资源组成的庞大知识库系统，其以6亿页中文资料为基础，为读者提供深入图书内容的章节和全文、部分文献试读、文献传递等多种功能。读秀学术搜索是超星公司推出的一个学术搜索引擎，搜索范围不局限于超星数字图书，包括知识、图书、期刊、报纸、学位论文、会议论文、标准、专利、视频、人物、词条、词典、政府信息等13个主要搜索频道（参见图4-57），大类还分为中文检索和外文检索。在"服务中心"提供了学习空间、文献互助、RSS订阅等栏目。

图4-57　读秀学术搜索全文检索界面

检索结果中给出包含检索词的图书、相关图书的页面，可以基于浏览器在线阅读。从阅读页面的"本页来源"按钮，可以链接到图书馆的电子全文、图书馆文献传递中心、该书的出版社、网上书店等，并可实现与本馆馆藏书目系统对接，供用户多途径索取原文（参见图4-58及图4-59）。如果检索到的图书本馆未收藏，也没有电子图书，则利用读秀"文献互助"，提供咨询求助表单（参见图4-60）。读秀搜索同时提供检索词在期刊、报纸、学位论文等其他多个频道中的检索结果，以及词语解释、人物介绍，网上的新闻、视频、图片、地图等检索结果。对外文文

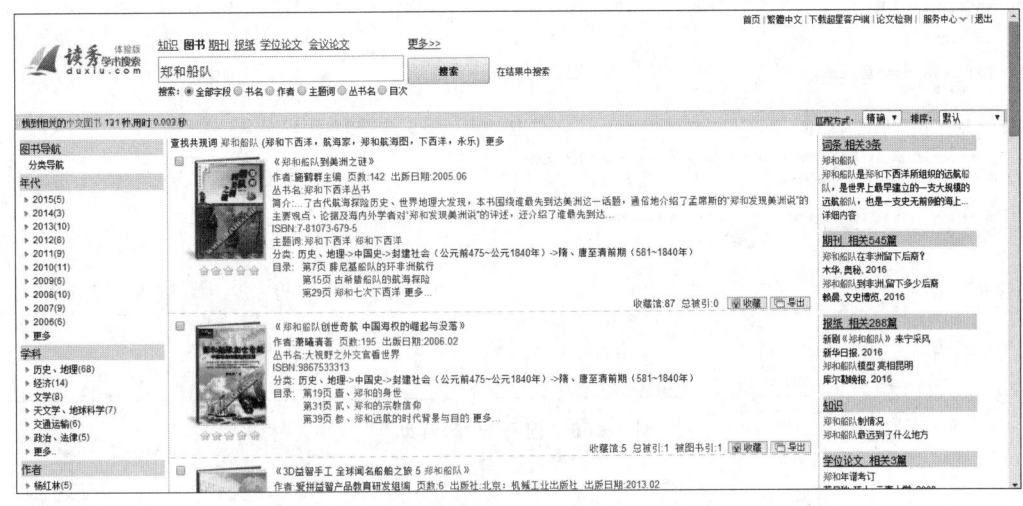

图4-58　读秀学术搜索检索结果界面

献的检索与中文文献类似。

图4-59 独秀学术搜索具体记录

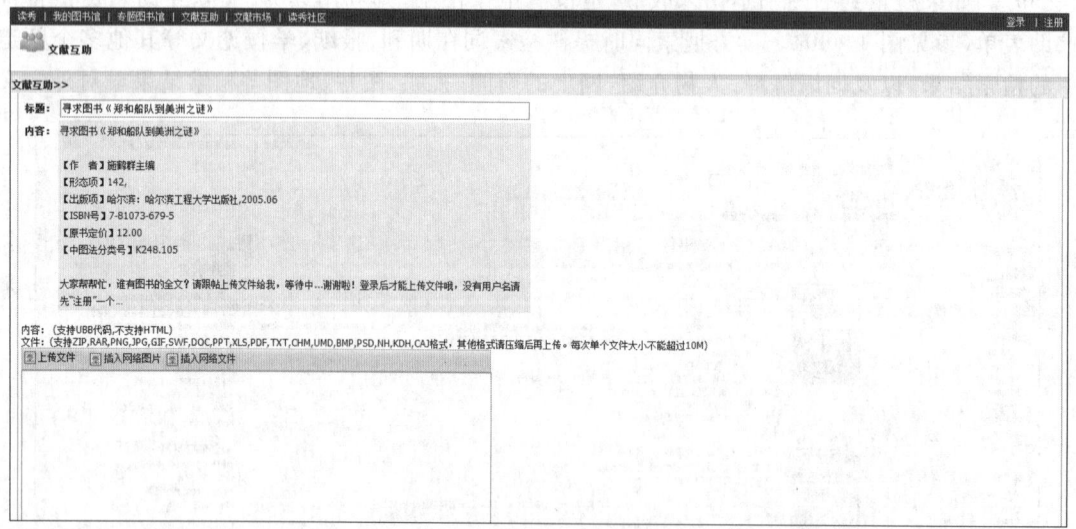

图4-60 读秀"文献互助"

读秀学术搜索有三大特色：① 资源整合。整合各种文献资源于同一平台，实现统一检索管理；② 资源检索。通过读秀的深度检索，可快速、准确地查找学术资源；③ 资源获取。读秀为读者整合学术资料，提供多种阅读、获取资源的途径。

3. 其他免费电子图书网站

网上还有图书情报部门、研究机构制作的一些专业网站，热心网民制作的免费电子图书，以及其他提供免费电子图书的网站。比如台湾华文电子书库 Taiwan eBook：http://taiwanebook.ncl.edu.tw/zh-tw/、中国哲学书电子化计划 Chinese Text Project：http://ctext.org/、书格：https://shuge.org/、汉籍：http://www.kanripo.org/、周读：http://www.ireadweek.com/、书朋网：http://www.shupengwang.com/、豆瓣读书：https://book.douban.com/、多看阅读：http://www.duokan.com/、鸠摩搜索：https://www.jiumodiary.com/、读远论坛：http://readcolor.com/等等。

4.3 古籍检索

古籍指古代文献，本教材中我国的古籍指撰写于 1911 年以前的文献。据统计，流传至今的古籍约有 10 万多种。古籍的内容丰富，版本多样，载体有甲骨、竹木、布帛、纸张等，制作方式有手写本、刻本、活字本、影印本等。随着信息技术的发展，古籍数字化成为古籍保护和传播的重要手段，电子版古籍使广大用户可以方便地利用各种善本。

4.3.1 利用古籍书目

1.《四库全书总目提要》及其相关目录

《四库全书》是清代乾隆年间(1772～1787)编纂的我国古代规模最大的一部丛书，分为经、史、子、集四部，收书 3 400 余种，7 万余卷。1772 年(清乾隆三十七年)下诏在全国征集图书，1773 年成立四库馆。编纂《四库全书》所依据的底本主要有皇宫的内府藏书、清政府的官修书、全国各地征集来的书、从《永乐大典》中辑出来的佚书。纂修官们对每一种书的各种版本进行校勘，然后写出内容提要，对其中被认为有价值、较珍贵的书全文抄录收入《四库全书》，这些书称为"著录书"，共 3 400 种。其中被认为价值不高或内容对清政府不利的书，没有抄录全文，只保留书目提要，称为"存目书"，共有 6 700 余种。

清廷修《四库全书》实行"寓禁于征"的政策，修书的过程也是禁毁图书的过程，修书期间，对不利于清朝统治的图书，进行删改，或抽毁、全毁，大兴文字狱，共禁毁图书 3 100 多种。四库收书也有偏见，轻视科技著作，不收戏曲、小说。

当时《四库全书》手工抄写了七套，分藏七地，其中文源阁本(原藏北京圆明园)、文汇阁本(原藏扬州)、文宗阁本(原藏镇江)已毁于战火。现存 4 套：文渊阁本(现藏中国台湾)、文津阁本(现藏国家图书馆)、文溯阁本(现藏甘肃省图书馆)、文澜阁本(现藏浙江省图书馆——这套书原本半数毁于战乱，后补抄全)。1983～1986 年，台湾商务印书馆将文渊阁本《四库全书》影印出版，16 开精装 1 500 册，1987～1989 年上海古籍出版社将其缩印为 32 开，精装 1 500 册。现有多种电子版，其中上海人民出版社和迪志文化出版有限公司合作出版，北京书同文公司开发制作的《文渊阁四库全书》电子版功能较齐全,2007年推出3.0版,全文有文本文件与原文图像对照功能,检索途径有全文、分类、书名和著者等多种,支持布尔逻辑检索,采用汉字大字库,可检索字符数量八万多。改善了标注、书签功能,附有多种有用的辅助工具,如《四库全书》总目及简明目录、四库大辞典、中华古汉语字典、关联字查询、古今纪年换算、干支/公元年换算、八卦、六十四卦表等。现有光盘版、便携式硬盘版、局域网版、在线版、电子书PDF版、电子书Apabi CEB版。网址 http://www.sikuquanshu.com(参见图4-61)。

1995~1997年,经季羡林等学者的倡议,齐鲁书社影印出版了《四库全书存目丛书》,收书4508种,16开精装1200册,附目录及书名、著者索引。2001年又出版《四库全书存目丛书补编》,收书219种,精装100册。

北京爱如生公司将四库著录书、四库存目书、四库奏毁书(依据清军机处《分次奏进销毁书籍单》,汇辑清修《四库全书》时毁弃之书621种)、四库未收书合编为《全四库》,共收录先秦至乾隆初的书籍9 000种。采用图像版,可以进行分类检索、条目检索,并全文录入《四库全书总目提要》、《四库未收书提要》以及清军机处办理销毁奏折原文。

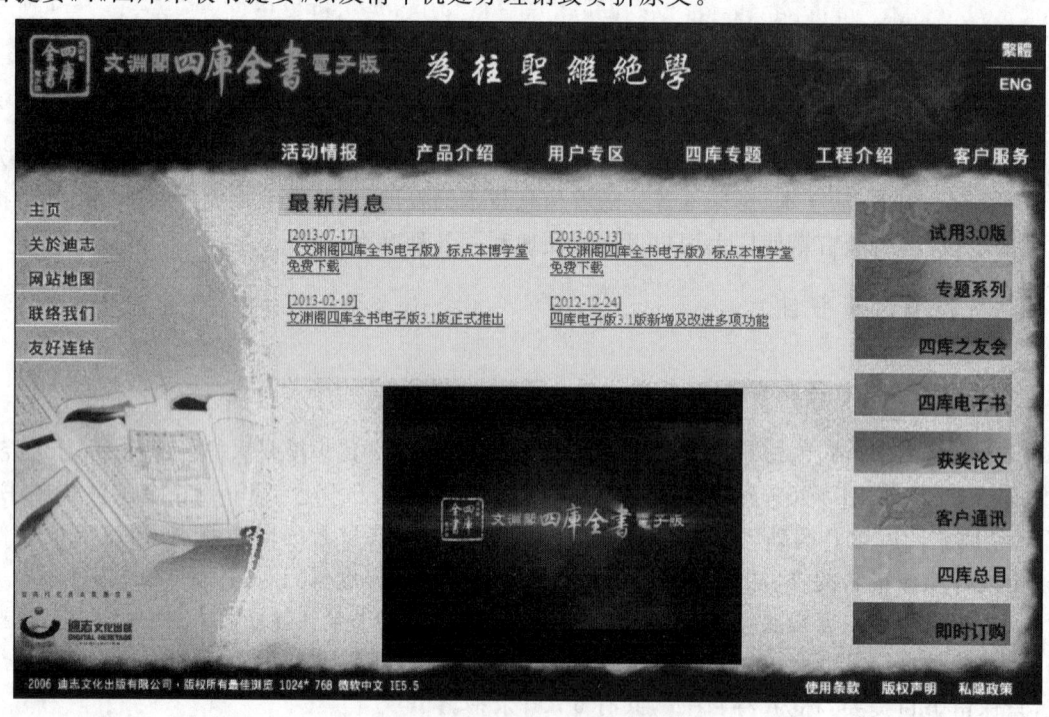

图4-61 文渊阁本四库全书电子版

《四库全书总目提要》(简称《四库总目》),(清)永瑢、纪昀等编纂。在编修《四库全书》时,纂修官要给每种书撰写提要,提要内容包括作者简介、版本来源、学术源流、内容校勘、品评得失等(参见图4-62)。著录书的提要较详,存目书的提要较简。总目共200卷,按经史子集四部排列,每部有总序,部下分类,每类有小序,类下再分属,属后有按语,每书有提要。著录书和存目书皆收入总目,共有提要万余篇。《四库总目》编完后,由于篇幅很大,翻检不便,又将其缩编为20卷的《四库全书简明目录》,简目不收存目书,且简化了各书的提要。

> △《离骚草木疏》 四卷〔安徽巡抚采进本〕
>
> 宋吴仁杰撰。仁杰有《古周易》，已著录。是编末有仁杰庆元丁巳自序，谓梁刘杳有《草木疏》二卷，见於本传。其书已亡。杳疏凡王逸所集者皆在焉，仁杰独取二十五篇疏之。其大旨谓《离骚》之文，多本《山海经》，故书中引用，每以《山海经》为断。若辨 夕揽洲之宿莽句，引《朝歌》之山有莽草焉
>
> 为据，驳王逸旧注之非。其说甚辨。然骚人寄兴，义不一端。琼枝、若木之属，固有寓言。澧兰、沅芷之类，亦多即目。必举其随时抒望，触物兴怀，悉引之於大荒之外，使灵均所赋，悉出伯益所书，是泽畔行吟，主於侈其博赡，非以写其哀怨，是亦好奇之过矣。以其徵引宏富，考辨典核，实能补王逸训诂所未及。以视陆玑之疏《毛诗》、罗愿之翼《尔雅》，可以方轨并驾，争骛后先，故博物者恒资焉。迹其赅洽，固亦考证之林也。此本为影宋旧钞，末有庆元庚申方灿跋。又有校正姓氏三行。盖仁杰官国子学录时，属灿刊於罗田者。旧版散佚，流传颇罕。写本仅存，亦可谓艺林之珍笈矣。

图 4-62 《四库全书总目提要》样页

中华书局 1965 年影印本《四库全书总目提要》附书名和著者索引，有三个重要附录：《四库撤毁书提要》，是乾隆五十二年从《四库全书》中撤毁的书籍的提要；《四库未收书提要》是清代阮元编纂的《四库全书》没有收录的书籍的提要，有 170 多种书；《四库全书总目校记》是中华书局整理出版《四库全书总目提要》时所写的校勘记。中华书局版《四库总目》多次重印。

台湾商务印书馆还陆续出版了昌彼得等编纂的《四库全书索引丛刊》。

为《四库简目》补不同版本的书目主要有：《增订四库全书简明目录标注》清邵懿辰撰，近代邵章续录，邵友诚整理，中华书局 1959 年版，上海古籍出版社 1979 年新 1 版。《藏园订补郘亭知见传本书目》清莫友芝撰，近代傅增湘订补，现代傅熹年整理，中华书局 1993 年版。此目著录图书 4 000 余种，超出《四库全书》的范围。

为《四库全书总目提要》补缺纠谬的著作主要有：《四库提要辩证》余嘉锡著，中华书局 1980 年新 1 版，该书系统考辨《四库全书总目提要》中的错误。《四库全书总目提要补正》胡玉晋，王欣夫辑，中华书局 1964 年版，该书汇编前人著作中关于纠正《四库全书总目提要》中相关错误的文章。《四库全书总目辨误》杨武泉著，上海古籍出版社 2001 年版，此书整理收集了《四库全书总目》中的著录疏误 680 余则。

另外，上海古籍出版社 1995～2000 年出版了《续修四库全书》，这套丛书收录《四库全书》以外的现存中国古籍，即补辑乾隆以前有价值的而《四库全书》未收的著述，以及系统辑集乾隆以后至民国元年（1912）前各类有代表性的著作，共收书 5 千余种，16 开，精装 1 800 册，并附经、史、子、集各部书名、著者总目索引。

《续修四库全书总目提要(稿本)》，中国科学院图书馆整理，齐鲁书社 1996 年影印本。该书是对我国学者在 1931～1945 年为续修《四库总目》所撰写的古籍提要加以整理、编纂而成的一部大型书目。全书共收提要稿 32 960 篇，所收古籍主要包括：清乾隆以前出现而《四库总目》未收的，《四库总目》虽然收录但窜改、删削过甚或版本不佳的古籍；乾隆以后的著作和辑佚书；乾隆以后新发现的古籍和外国人用汉文撰写的书籍。其中对禁毁书、佛道藏中的主要典籍、词曲、小说、方志、敦煌遗书、外国人的汉文著作给予了特别关注。齐鲁书社版附三个索引：① 分类索引，分经、史、子、集、丛书、方志六类；② 书名笔画索引；③ 作者笔画索引。1927 年

"北京人文科学研究所"以日本退还的部分"庚子赔款"为经费,编撰《续修四库总目提要》,共收到70多位学者撰写的3万多篇提要稿,其中1万多篇曾印成油印件。抗日战争胜利后,中国政府接受了这批稿件,1949年以后收藏于中国科学院图书馆。1993年中华书局出版了中科院图书馆标点整理过的《续修四库全书总目提要·经部》。1972年中国台湾商务印书馆曾出版过一套《续修四库全书总目提要》,是根据油印稿整理出版的,收提要稿1万余篇。《续修四库全书总目提要》的点校版,2010年国家图书馆出版社出版由吴格主编的丛书部;2014—1015年上海古籍出版社出版由傅璇琮主编的经部、史部、集部。

2. 利用古籍联合目录

(1)《中国古籍善本书目》,顾廷龙主编,上海古籍出版社1986~1998年出版。该书目的收录范围是"具有历史文物性、学术资料性、艺术代表性而又流传较少的古籍"。中国古籍善本书目编辑委员会从1975年开始,在全国开展了古籍善本书普查、编目工作,历时10多年。该书目共收录全国782个藏书单位的善本古籍约6万种,13万部,分经、史、子、集、丛五大部类。

全国古籍普查登记基本数据库(http://www.nlc.cn/pcab/zhgjsmsjk)。2007年,国家启动了新一轮古籍普查工作,普查登记是"中华古籍保护计划"的首要任务,是全面了解全国古籍存藏情况,建立古籍总台账,开展全国古籍保护的基础性工作。这次对全国古籍保护工作提出了新的标准。要求全国各收藏单位按照文化部制定的《古籍普查规范(WH/T 21—2006)》进行普查,建立古籍普查数据库。该数据库已经正式发布,所公布的古籍普查数据,是全国各古籍收藏单位通过目验原书,首次按照统一的古籍著录规则完成的普查工作成果,有效履行了"中华古籍保护计划"要求的摸清古籍家底的任务,实现了全国古籍的统一检索。至2018年4月,已累计发布159家单位古籍普查数据659 136条6 389 929册,随着古籍普查登记工作的不断推进,将陆续发布更新数据。系统支持用户按照普查编号、索书号、题名、著者、版本、收藏单位等内容进行简单检索和高级检索,支持繁简共检。用户可在检索结果中按照单位进行导航,从而对其在全国的收藏分布情况一目了然。(参见图4-63)

同时按《古籍定级标准(WH/T 20—2006)》对古籍分级,该标准将古籍分为善本和普本,善本又分三级九等。在普查的基础上编纂《国家珍贵古籍名录》,中国古籍保护网(http://www.nlc.cn/pcab)上分批公布《国家珍贵古籍名录》,现已公布五批。

中华古籍善本国际联合书目(nlc.cn/web/guest/zhonghuagujishanbenlianheshumuxiton)。该系统是由中文善本书国际联合目录项目发展而来的新数据库。这一项目由美国研究图书馆组织(Research Libraries Group or RLG)建立。1991年,首批正式参加该项目的图书馆包括普林斯顿大学图书馆、哥伦比亚大学图书馆、中国科学院图书馆及北京大学图书馆。普林斯顿大学东亚系为项目提供了办公场所,并在后来接管了项目的行政管理。最终,约有30余家图书馆参加了中文善本书国际联合目录项目。中国的图书馆除了以上提及的中国科学院图书馆、北京大学图书馆,还增加了天津图书馆、辽宁省图书馆、湖北省图书馆、复旦大学图书馆及中国人民大学图书馆。在北美,除了美国国会图书馆以外,所有主要的有中文古籍善本收藏的图书馆都参加了这一项目。中文善本书国际联合目录数据库著录了北美图书馆的几乎全部中文古籍藏书以及中国图书馆的部分古籍藏书,数据达到2万多条。

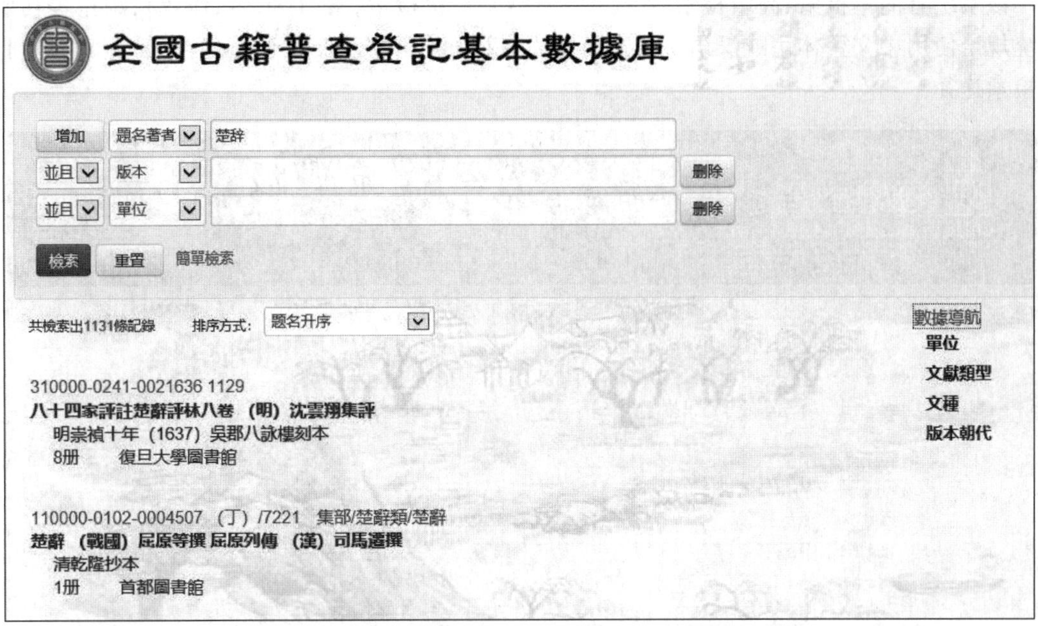

图 4-63　全国古籍普查登记基本数据库高级检索界面

《中国古籍总目》，阳海清主编，中华书局 2009 年 10 月出版。收录古代至民国初的历代汉文书籍，由国家图书馆、北京大学图书馆、上海图书馆、南京图书馆、天津图书馆、湖北省图书馆、复旦大学图书馆及中国科学院图书馆、辽宁省图书馆、山东省图书馆、浙江图书馆等十一家图书馆先后参与编纂。总目汇聚各家馆藏记录，在传统四部分类法的基础上，以经、史、子、集、丛书五部，分类著录各书的书名、卷数、编撰者、时代、撰著方式、出版者、出版时地、版本类型及批校题跋等信息，同时标列各书的主要收藏机构名称。

在普查数据库未完成之前，我们还可以利用各系统的联合目录，专题联合目录，各图书馆、博物馆的馆藏书目，国外图书馆的汉籍书目，了解古籍的收藏情况。

（2）学苑汲古（高校古文献资源库 http://rbsc.cails.edu.cn）。学苑汲古—高校古文献资源库是一个汇集高校古文献资源的数字图书馆，由北京大学、北京师范大学、南京大学、四川大学等高校图书馆先行合力创建。内容包括 25 所参建馆所藏古文献资源的书目记录，还配有部分相应的书影或全文图像。该资源库中的古文献类型有各馆馆藏善本古籍和普通古籍、金石拓片、舆图等多种古文献资源。各馆向读者提供一定范围的文献传递服务。该资源库为中国高等教育文献保障系统（CALIS）的特色库项目之一。

该系统用户分为普通用户、阅览室用户、图书馆员三级：普通用户可以查看古籍书目记录的简要和详细显示结果，以及相应图像的缩略图；阅览室用户可以查看所有书目记录的详细显示结果和中精度图像，可执行"收藏"功能的操作，并下载一定数量的书目数据；图书馆员可以查看书目记录的详细显示结果和高精度图像，并执行打印、下载等系统设置的所有功能，以帮助读者满足其有关需求。普通用户如想获得古文献图像或全文，可以点击详细记录显示接口下方的"文献传递请求"，即会弹出一个表格，填写完成后，点击"提交"，即会将该项请求发送至相应的图书馆，双方商定付款金额和方式，即可应用户要求将所需文献的复制件用某种合适的方法传送给该用户。

该系统有简单检索、高级检索(参见图4-64)、二次检索、索引(书名、作者)、浏览等功能，系统规定使用中文繁体字或汉语拼音进行检索，汉语拼音检索仅限于题名、责任者、主题词三种检索途径。

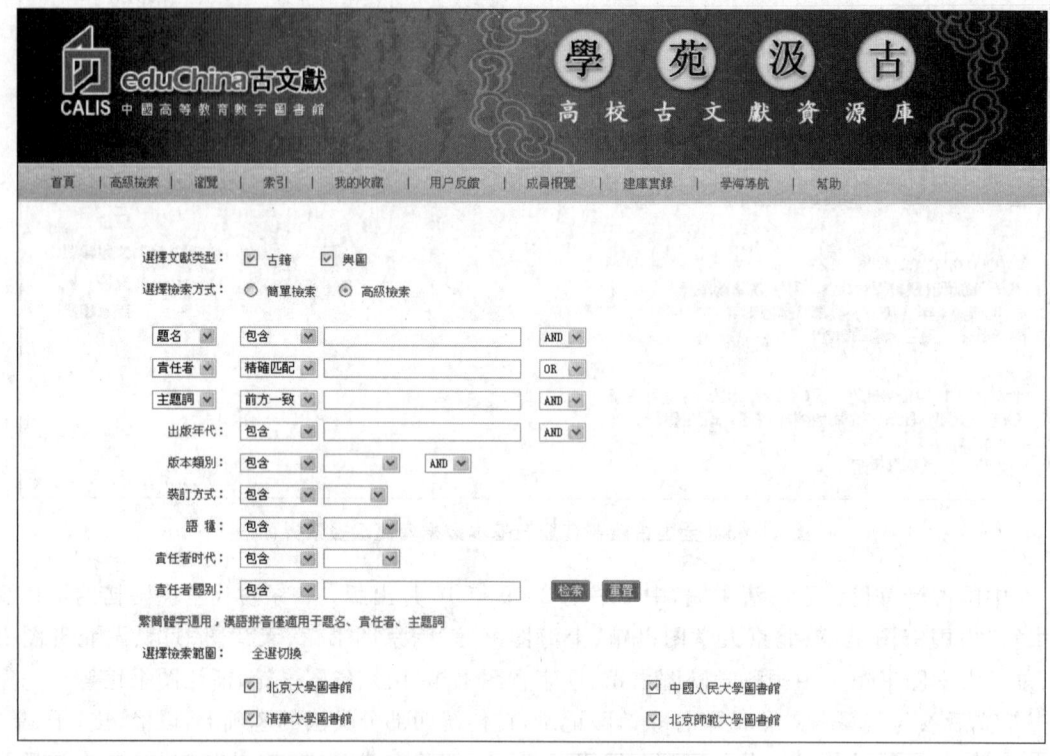

图4-64 学苑汲古高级检索界面

3. 利用古籍丛书目录

我国古代丛书数量庞大，丛书的源头可以追溯到先秦两汉，至宋代成形，明清大发展。丛书中包含的图书很丰富，有些书没有单行本只有丛书本，因此检索古籍，丛书目录是重要信息源。重要的丛书目录如：

➢《中国丛书综录》，上海图书馆编，中华书局上海编译所1959～1962年出版，上海古籍出版社1986年版，2007年再版。这是一部大型古代丛书联合目录，收古代丛书2797种。全书共三册：第一册为《总目分类目录》，包括汇编和类编两部分，附丛书书名索引和全国主要图书馆收藏情况表；第二册为《子目分类目录》，采用四部分类法分类，每条款目著录书名、著者和所属丛书；第三册为《索引》，分《子目书名索引》和《子目著者索引》两种。三册均按四角号码法排序。

➢《丛书集成初编目录》，《丛书集成初编》是商务印书馆1935～1937年出版的一部古籍丛书，收录从宋代到清代较为重要的丛书100种，含子目4 000余种，商务印书馆原计划出版4 000册，因日军侵华，商务印书馆被炸，只出版了3 467册。当时，商务印书馆编有《丛书集成初编目录》，有所收丛书的提要和所收子目。1960年上海古籍书店修订重印《丛书集成初编目录》，附书名索引。1983年中华书局又修订重印此目录。1985年中华书局重印《丛书集成初编》，并将当时未及出版的533册补出，共4 000册全部出齐。

上海古籍书店 1994 年出版《丛书集成续编》，收明、清、民国时期丛书 100 部，共有子目 3 200 余种。台湾新文丰出版公司 20 世纪 80 年代也出版过《丛书集成续编》，收清代和民国时期的丛书 100 多种。

《中国古代著名丛书提要》，潘树广、黄镇伟、涂小马主编，广西师范大学出版社 2015 年出版。该书目收录中国现存的综合性丛书。全国高校和大型公共图书馆的 40 多位学者参与编纂工作，每种书都核对了原书。纠正了《中国丛书综录》、《中国古籍善本书目·丛部》在书名、编纂者、版本、子目著录、丛书分类等方面的若干失误。补充了前人书目中未收录的珍稀文献。

常用的主要古籍丛书有：

➢《四部丛刊初编、续编、三编》，张元济编辑，商务印书馆 1919～1936 年影印出版，上海书店 1984～1989 年重印。这是一部著名的古籍善本丛书，共收书 504 种，按经史子集四部分类编排，以精选的古籍善本为底本影印，并以其他版本校对，各书附校勘记于其后，因而版本价值很高，深得学术界好评。有书同文公司的电子版。国学宝典、基本古籍库、龙语瀚堂等多种古籍全文数据库选用四部丛刊本为底本。

➢《四部备要》，中华书局 1920～1936 年出版。共收书 336 种，选书偏重于实用，以较有代表性的校注本为底本，活字排印。中华书局 1989 年影印再版。

4. 利用古籍出版目录

1949 年以后出版的古籍可以查：

➢《古籍目录(1949.10～1976.12)》，中国出版局版本图书馆编，中华书局 1980 年出版。

➢《古籍整理图书目录(1949～1991)》，国务院古籍整理出版规划小组办公室编，中华书局 1992 年出版。

了解出版动态可以查《古籍整理出版情况简报》，这是全国古籍整理出版规划领导小组办公室编印的内部发行的月刊，其"每月新书要目"栏按月刊登全国专业古籍出版社和其他出版社最新出版的古籍图书。

4.3.2 利用综合型古籍全文数据库

古籍全文数据库按收录范围可以分为专题型和综合型的，收书较多的大型古籍数据库多为商业性的收费数据库，主要有《中国基本古籍库》、《国学宝典》、《龙语瀚堂典籍库》、《四库全书》等。古籍库的文件格式有文本型、图像型、文本图像对照型、综合型等。

1. 中国基本古籍库及爱如生公司的古文献系列数据库

中国基本古籍库由北京大学中国基本古籍库光盘工程工作委员会策划，北京爱如生公司（网址 http://www.er07.com）制作，黄山书社 2001～2006 年出版，有局域网版和在线版。该数据库收先秦至民国的历代典籍 1 万余种，每种提供一个通行版本的全文信息和一至两个重要版本的原文图像，有两个版本图像的书约占总数的 1/4，选用宋、元、明、清及民国各级善本 12 000 种，总计约 17 亿字，影像 1 千万页。基本古籍库有分类、条目、全文等检索方式。

基本古籍库的分类方式结合了我国传统的古籍分类法和当代的图书分类法，分为哲科、史地、艺文、综合四个子库，下设 20 个大类、100 个细目（参见图 4-65）。

图 4-65 中国基本古籍库分类检索界面

条目检索有书名、时代、作者、版本、篇目等途径,并可限定相应的时代。

全文检索可在全库中搜索输入的任意字符串,高级检索有布尔逻辑检索和二次检索两种形式,点击选中的条目,显示包含检索词的段落(参见图4-66),对检索结果可以翻阅文本版,也可与图像版相互参校,如有两个版本的图像,可以同时显示(参见图4-67)。

图 4-66 中国基本古籍库布尔逻辑检索界面

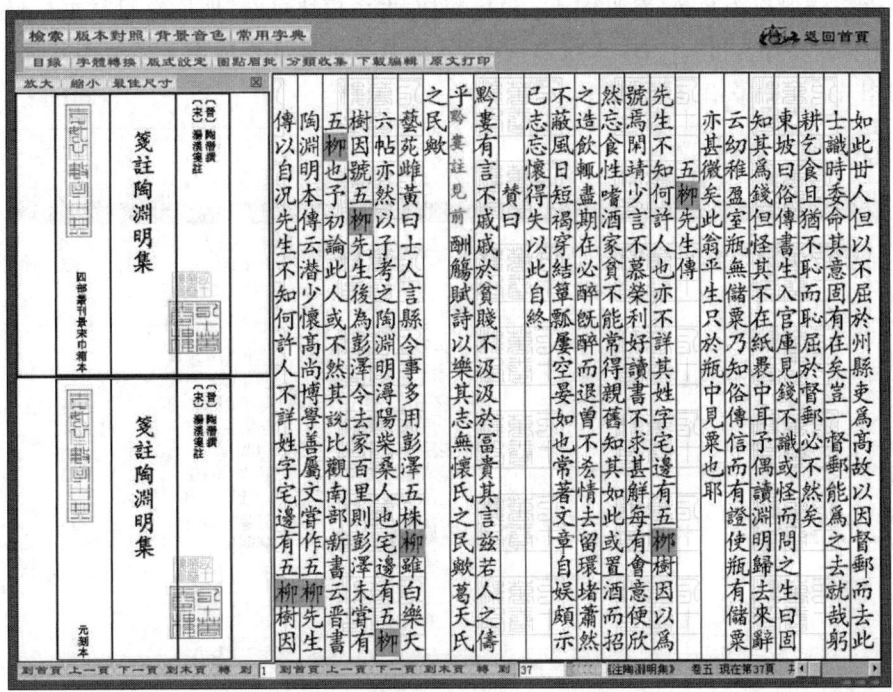

图 4-67 中国基本古籍库版本对照界面

爱如生公司还有一系列数字化古籍产品,如:中国方志库、中国谱牒库等大型数据库,国学要籍等系列数据库,增订丛书集成初编、增订四部备要等古籍丛书系列,以及古籍提要便览等工具。

2. 国学宝典及国学网(http://www.guoxue.com)

国学宝典由北京国学时代文化传播有限公司开发制作,是一套主要面向中文图书馆、中国文化研究机构、专业研究人员和文史爱好者的中华古籍全文资料检索系统。收录文献主要为历代经典名著、各学科的基本文献、经过整理具有一定史料价值和研究价值的文献,并收录一批通俗小说、戏曲。大部分文献附有内容提要,包括作者简介、内容组成、版本等相关信息。分类体系基本采用传统的四分法。附国学字典、人名词典、书名词典、国学字箪、古今纪年换算工具、历代度衡量等辅助工具。

数据格式主要有文本(TXT)、数据库(DBF)、网页(HTM)、Word、北大方正等。国学宝典先后推出了多种版本,有单机版、局域网版、互联网版、手机版、超小型笔记本电脑版等。

国学宝典的网络版有国学网版和中国知网版(CNKI)两种类型。

国学网由北京国学时代文化传播股份有限公司开发建设,有多种古籍专题数据库,有古籍整理出版信息,是一个重要的古文献专业网站。国学宝典是其最主要的产品。

(1)国学网版国学宝典。国学网的"国学搜"有智能检索、高级检索、我的书架、目录浏览、常用工具、四库大系、高清图片等模块。高级检索模式可以选择检索范围(参见图 4-68)。智能检索模式默认对全库检索,可检字段有全文、书名及作者,检索结果显示检索词在各书中出现的次数和包含该词的段落,点击"常用工具"列出的书名或词句,弹出关于该条目的解释,阅读完整段落需注册成为会员(参见图4-69)。四库大系模块可对《四库存目丛书》、《续修四库全书》、《四库禁毁书丛刊》、《四库未收书辑刊》等丛书的目录进行检索。高清图片库已收录古籍和文物图片2 600多幅(参见图4-70)。

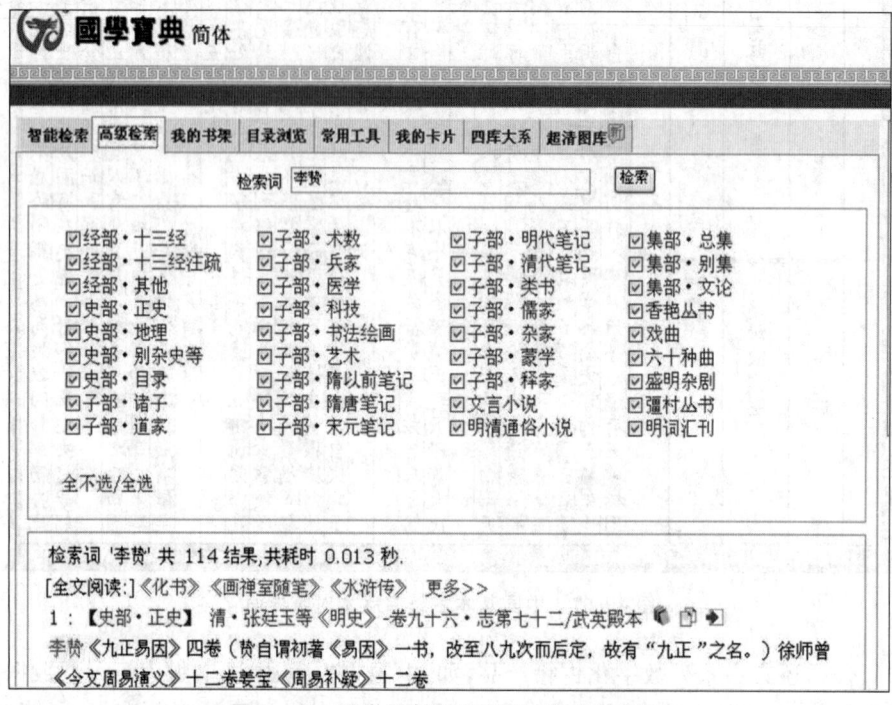

图4-68　国学网版国学宝典高级检索界面

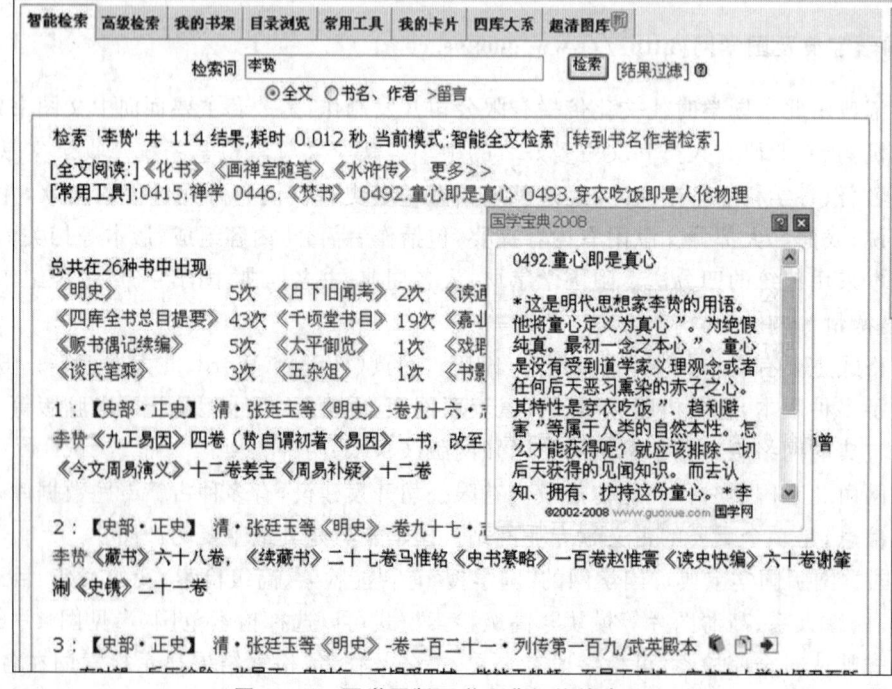

图4-69　国学网版国学宝典智能检索界面

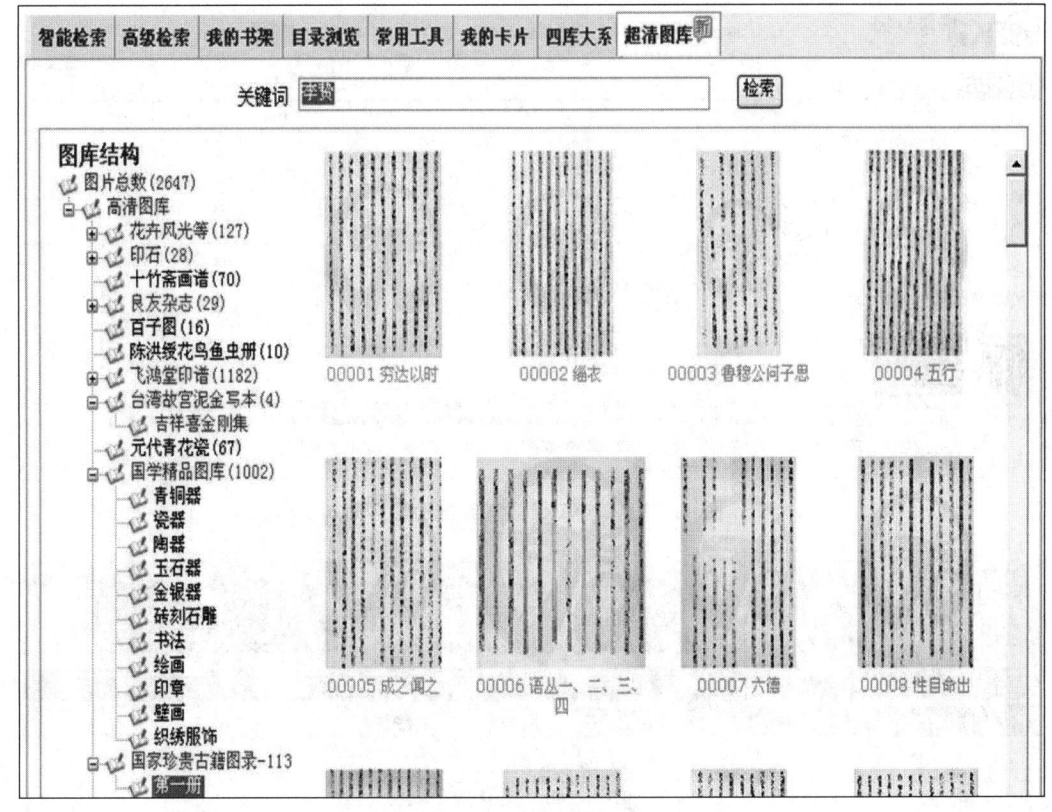

图 4-70 国学网高清图库

（2）CNKI 版国学宝典（http://dbpub.cnki.net）。CNKI 采用 WEB 版（网上包库）、镜像站版、流量计费等服务方式。检索界面与中国知网的其他数据库检索界面一致，在 CNKI 主页选择"古籍"，检索模式有高级检索、专业检索、一框式检索等。高级检索分整书检索和段落检索两种方式，整书检索的可检字段有书名、著者、书目提要、全文，段落检索的可检字段有全文、书名、著者、卷名等。可多条件组合检索（参见图 4-71）。检索结果可浏览题录、摘要和段落全文。如果需要下载全文，通过注册账户收费。

3. 龙语瀚堂典籍数据库

龙语瀚堂典籍数据库（http://www.hytung.cn）由北京时代瀚堂科技有限公司和北京龙戴特信息技术有限公司联合开发，以小学（语言文字）工具类数据和出土文献类数据为核心，出土文献类数据为基础，陆续纳入包括儒、释、道的各类传世文献。龙语瀚堂典籍数据库采用 Unicode 四字节编码技术，可处理 7 万多汉字，全库无造字，所有文字可以自如地在 MS-Office 上进行复制、粘贴。检索途径有出处、标题、全文、书目。标题不仅包括篇名，也包括字书字头、辞书词条、出土文献编号等信息（参见图 4-72）。

4. 书同文公司系列数据库

北京书同文公司（http://www.unihan.com.cn）是一家从事中文信息数字化技术研发的高科技企业，上海人民出版社和香港迪志联合出版的文渊阁本《四库全书》电子版的数字化即

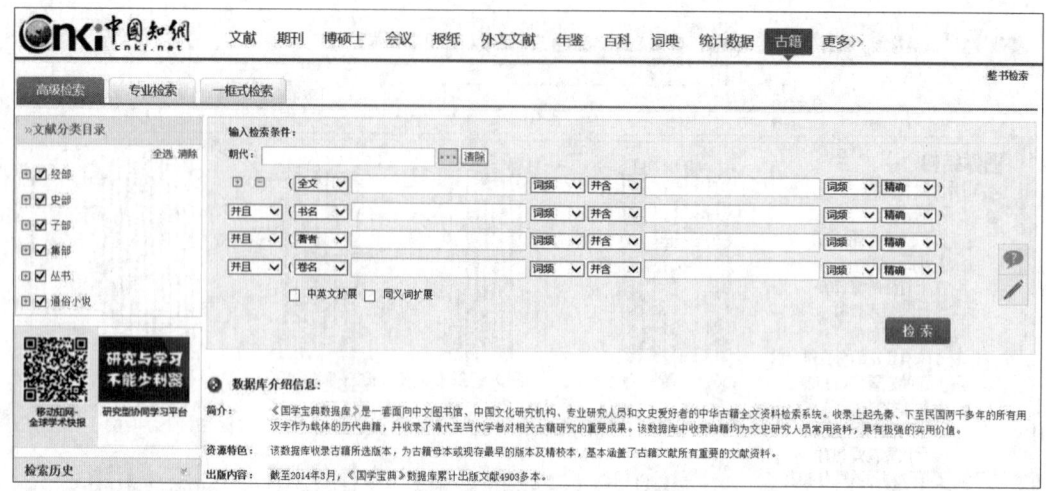

图 4-71 CNKI 版国学宝典检索界面

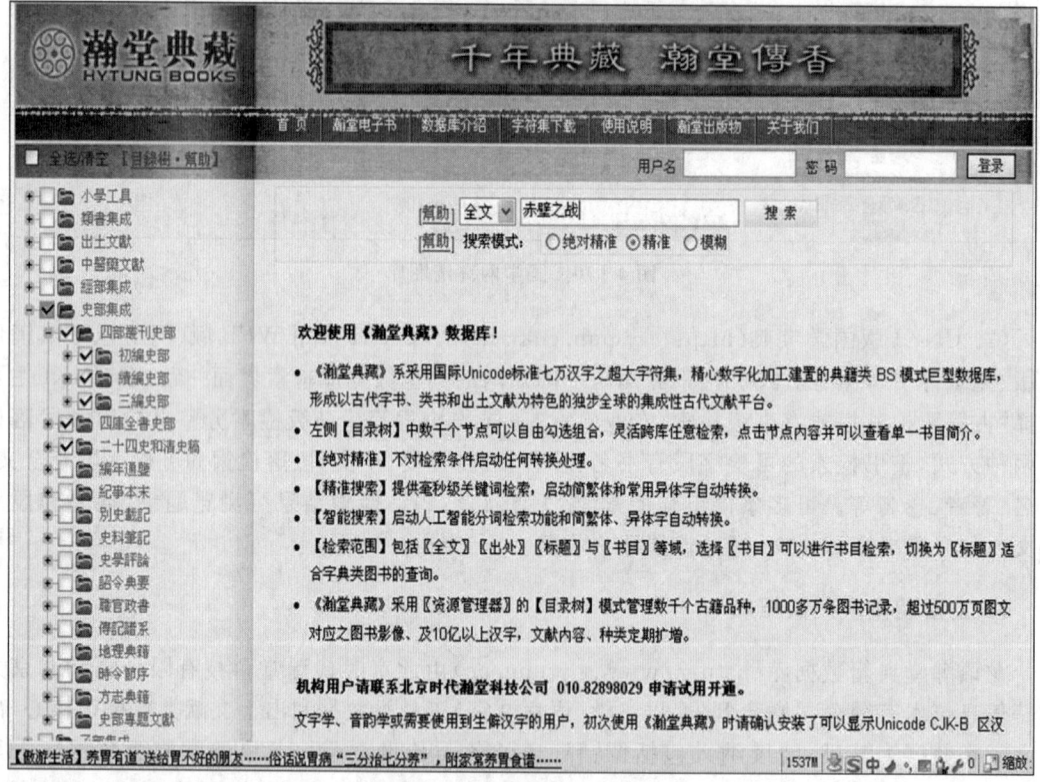

图 4-72 龙语瀚唐典籍库主页

由该公司完成。书同文生产的数字化古籍产品主要有《四部丛刊》、《中国历代石刻史料汇编》、《十通》、《康熙字典》等。2009 年推出了网络版（http://product.unihan.com.cn/Permit），附有中西历转换、干支纪年转换、古代名人、官职、古代地名等工具。

5. 鼎秀古籍全文检索平台

鼎秀古籍全文检索平台(http://103.242.200.9/ancientbook),北京瀚海博雅科技有限公司出品。该系统是收藏国内外各古籍文献收藏单位和个人文献收藏者的古籍文献资源建设而成的大型古籍数据库平台。收录中国大陆及港澳台地区公共机构、私人藏家、研究机构及博物馆所藏历代汉文古籍资源,近三万种、约五十万卷。特色古籍采录海外所藏中国古籍,尤以日本、韩国数量最多。分类标准采用"经、史、子、集、丛"传统分类法。

4.3.3 利用古籍专题数据库

学术研究机构和图书情报机构也制作了一批古籍专题数据库,这些数据库反映其收藏的专业文献、特种文献以及部分文献的全文。常用古籍丛书、总集的电子版在网上也可以找到,如《二十五史》《诗经》《全唐诗》《全宋词》等,可利用 CALIS 及各高校图书馆的特色数据库和网络导航。

较有特色的古籍资源库如:

➢ 台湾"中央研究院"汉籍电子文献(http://hanchi.ihp.sinica.edu.tw),该资料库从1984年开始建设,收录二十五史、十三经、小说戏曲、上古汉语语料、台湾文献、佛经、道藏等文献,以史部文献为主,经、子、集为辅。涉及宗教、医药、文学与文集、政书、类书与史料汇编等,累计收录历代典籍四百六十多种,三亿八千三百万字,内容几乎涵括了所有重要的典籍。其中大部分资源免费开放,用户可以浏览全文;一部分资源只能检索,授权用户方可阅读全文。检索模式有书目浏览、基本检索、进阶检索、专业检索、全库浏览等,提供书名、内文、注释、任意词等检索字段。针对古籍特点,系统提供了异体字和同义词检索功能,勾选"异体字"选项,对同一字的不同写法扩大搜索;勾选"同义词"选项,对检索词的同义词扩大搜索。在树状阶层式的图书部类分类清单中可以用"+""-"任意开合浏览各书的章节,并对检索范围加以限定。检索结果显示部类、书名、作者、笔数(命中的章节笔数)、命中(检索词出现次数)(参见图4-73)。可根据要求,显示书目清单、章节清单、命中段落(参见图4-74)。

➢ 香港中文大学中国古籍研究中心(http://www.chant.org)的"汉达文库"包括甲骨文、金文、竹简帛书、先秦两汉、魏晋南北朝、类书、互见文献、引录经典等子库,是研究古文字的重要参考资源。

➢ 香港中文大学的郭店楚简资料库(http://bamboo.lib.cuhk.edu.hk)。

➢ 南京师范大学文学院和网络中心联合开发的"全唐宋金元词文库及赏析数据库",包括唐宋金元词文库及赏析两部分内容,其中收集了唐圭璋教授编《全宋词》21 085 首(不包括存目词)、《全金元词》7 316 首(包括重复词目 17 首、北曲 52 首、宋晁瑞礼词 1 首),曾昭岷、曹济平、王兆鹏、刘尊明等新编《全唐五代词》(中华书局版)2 849 首,共计 31 250 首词文,可全文检索,并有古代绘画、词曲吟诵、演唱等多媒体资源。

➢ 北京大学文学院的《全唐诗》《全宋词》全文检索系统。

➢ 上海图书馆的"宋元善本全文资源库""名人家谱库""盛宣怀档案库"等。

➢ 台湾"中央研究院历史语言研究所"(http://www.ihp.sinica.edu.tw)的系列"古文献全文影像数据库",包括简帛金石、明清档案等古文献图像,可全文检索。

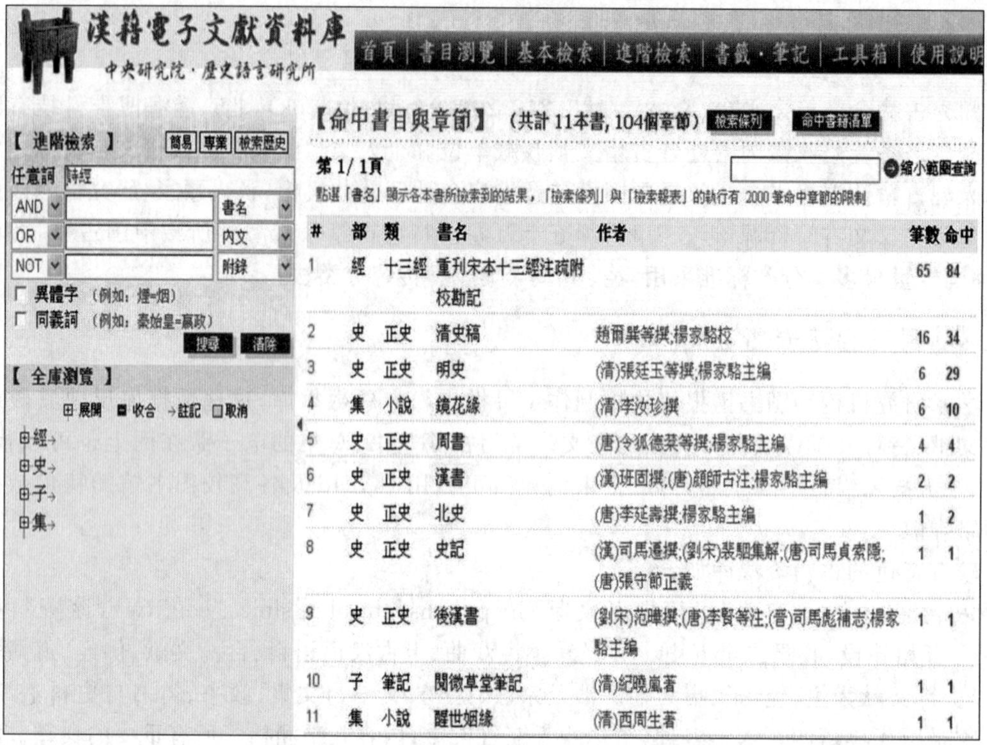

图 4-73　汉籍电子文献资料库检索界面

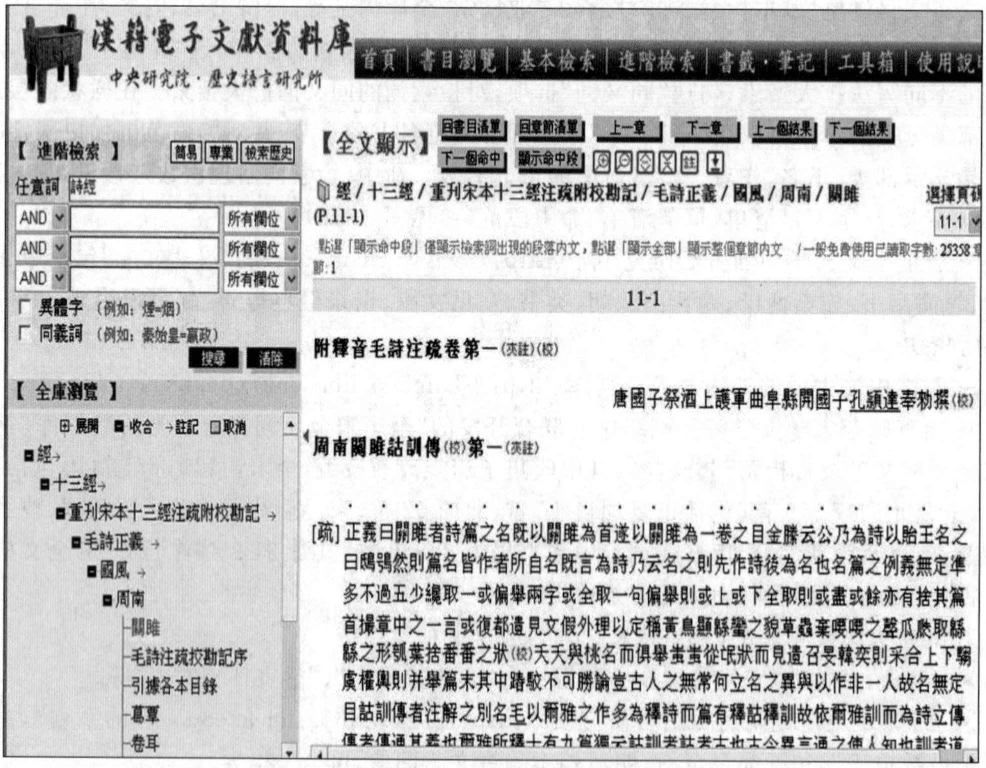

图 4-74　汉籍电子文献资料库结果显示界面

➢ 台湾"中央图书馆"(http://www.ncl.edu.tw)的数字化古文献库有"中文古籍书目资料库"、"古籍影像检索系统"、"特藏线上展览馆"、"台湾地区家谱联合目录资料库"、"金石拓片资料库"等。

利用数字化古籍注意点：

（1）数字化古籍的最大优点是便于检索，但由于古汉语的异体字多，目前的软件还没有能完全解决这个问题，检索时要充分考虑到通假字、联绵词、异体字等问题，减少漏检和误检。还由于全文检索是根据文本文件，而文本文件不可避免出现校对错误，所以由电子版检索的结果最好与图像版对校，能找到其他版本互校则更佳。

（2）古籍因流传时间长，版本复杂，书名中常包含时代、地望、官衔、尊称、版本形式等内容，作者有多个别名等情况，使同一作者的同一著作会有不同题名，即同书异名现象，还有同名异书现象，检索中要注意辨别。

（3）如果系统没有提供同义词、异体字等检索功能，检索者自己要充分列举相应的词语，减少漏检。

练习与思考

1. 利用推荐书目和专题书目，了解本专业的必读书和学术名著。
2. 了解近期出版的图书，可以利用哪些工具？
3. 用本校图书馆的书目查询系统检索与自己专业有关的图书。
4. 电子书有哪些特点？选一个课题，用超星数字图书馆、中华数字书苑检索与该课题有关的图书，熟悉这两个数字图书馆系统的收录范围、检索方法。
5. 了解CALIS的各项服务，用CALIS联合目录公共检索系统查找自己所学专业的图书，了解其收藏情况。
6. 了解国家图书馆的服务项目和特色馆藏。
7. 试述《四库全书总目提要》与《四库全书》、《四库存目丛书》、《续修四库全书》的关系。
8. 选一个词语，检出《全唐诗》、《全宋词》、《全元曲》中包含该词语的所有句子。
9. 电子图书由哪三个要素构成？以哪两种方式传播？
10. 在超星图书馆找一本有关智能材料的书并下载，尝试在超星阅读器里阅读并批注。
11. 薛清录主编的中医古籍书目有哪些？

第 5 章 论文检索

人文社科的单篇文章可以分为非学术性文章与学术论文两大类。非学术性文章主要分为新闻、文学作品、经济、文化信息等类型。学术论文主要分为报刊论文、学位论文、会议论文、论文集论文等类型,这些论文研究一定的学术问题,经过一定的审阅程序,正式发表。互联网上的论坛、个人博客中发布的学术文章,虽非正式出版,但常有一些新颖之处值得参考。

5.1 中文综合型检索系统

5.1.1 中国知网(http://www.cnki.net)

1. 中国知网(CNKI)简介

中国知网即"中国知识基础设施工程"(National Knowledge Infrastructure,简称 CNKI),是一个大型综合性知识整合平台,由教育部主管,清华大学主办,中国学术期刊(光盘版)电子杂志社、同方知网(北京)技术有限公司开发运作。1996 年,由清华大学光盘国家研究中心和北京清华信息系统工程公司联合创办了《中国学术期刊光盘版》,1998 年世界银行提出"国家知识基础设施"的概念,1999 年中国期刊网开通,同时中国知网项目正式启动。其目标一是大规模集成整合知识信息资源,整体提高资源的综合和增值利用价值;二是建设知识资源互联网传播扩散与增值服务平台,为全社会提供资源共享、数字化学习、知识创新信息化条件;三是建设知识资源的深度开发利用平台,为社会各方面提供知识管理与知识服务的信息化手段;四是为知识资源生产出版部门创造互联网出版发行的市场环境与商业机制,大力促进文化出版事业、产业的现代化建设与跨越式发展。经过多年建设,目前中国知网已成为一个具有丰富的知识信息资源的多功能网络平台(参见图 5-1)。

知网的核心资源是"中国知识资源总库",是具有完备知识体系和规范知识管理功能的、由海量知识信息资源构成的学习系统和知识挖掘系统。总库收录文献非常丰富,内容覆盖自然科学、工程技术、人文与社会科学各学科领域。目前,《总库》收录国内 8 200 多种期刊、700 多种报纸、600 多家博士培养单位优秀博硕士学位论文、数百家出版社已出版图书、全国各学会/协会重要会议论文、百科全书、中小学多媒体教学软件、专利、年鉴、标准、科技成果、政府文件、互联网信息汇总以及国内外上千个各类加盟数据库等知识资源。《总库》中数据库的种类不断增加,数据库中的内容每日更新,每日新增数据上万条。

外文文献收录了 40 多家国际著名出版商的期刊文献题录数据,其中包括 Springer, Taylor & Francis, John Wiley & Sons, Wolters Kluwer, Emerald, 剑桥大学出版社,

图 5-1 中国知网(CNKI)主页

ProQuest，PubMed，英国皇家物理学会(Institute of Physics)，美国数学学会(American Mathematical Society)，英国皇家学会(The Royal Society)，Informa Healthcare，J-STAGE，DOAJ 等。可以通过篇名、关键词、作者、DOI、作者单位、刊名、ISSN 等项进行检索，免费浏览题录信息，全文下载由各大出版商平台提供。

知网的数据库主体根据文献类型制作，还有面向行业网络的知识及共享的行业知识服务平台和个性化定制及服务的个人\机构数字图书馆。所收文献出版时间各库不同，最早的为 1912 年，CNKI 的资源每天动态更新，各库即时具体数据请登录 CNKI 主页查看。

知网是一个互联网出版平台，可以二次出版所有传统方式已经出版过的文献，也可以在互联网上直接进行一次出版，出版品的文件类型包括文本、图片、音频、视频、软件、课件等多种。出版合作单位有中国期刊网、中国学术会议网、中国年鉴合作出版平台、中国工具书出版合作网、学术统计评价研究平台、科学文献计量评价平台等。为帮助出版机构检测稿件，还推出了"学术不端文献检测系统"。CNKI 多层次、多维度的复合索引将知网系统中的资源整合，可从不同角度检索信息，为知识发现和管理提供便利。

知网首页主要划分为数据库检索、行业数据库、研究学习平台、教育、大众阅读及软件产品等模块。文献检索按照文献类型重新组织中外文资源，实现了中外文文献的合并检索和统一排序。读者也可以按照自己的需求，在检索结果中切换显示"中文文献"或"外文文献"。文献检索既可跨库检索，也可单库检索。2017 年系统更新了主题标引和检索技术，对同义词和上下位词进行规约，大幅提升了关键词的标引精度；通过组合词对文章进行标引，更加准确地表达了文章的主题；科学的关键词截取以及相关度截断，可以给出检全检准俱佳的检索结果。

知网的服务方式有多种，对集团用户一般采用网上包库、镜像站方式，个人用户一般采用按流量计费方式。

2. 检索方式

中国知网的学术文献总库包含多个数据库,可以根据需要选择多个数据库进行跨库检索或只选一个库进行单库检索。跨库检索的可检字段为各库的共有字段,单库检索则可检索所选数据库的特有字段。因此,我们应根据具体情况选择数据库。

(1)学科导航。中国知网有学科专辑、中国图书分类法、国家学位办学科分类等三种不同分类体系的分类导航。

知网将学科分为基础科学,工程技术Ⅰ辑,工程技术Ⅱ辑,农业科技,医药卫生科技,哲学与人文科学,社会科学Ⅰ辑(包括马克思主义、政治、军事、法律等),社会科学Ⅱ辑(包括社会学、民族学、人才学、统计学、教育、体育等),信息科技,经济与管理科学等10个专辑。每个专辑又分若干专题子库,可逐级选择所需学科专题。通过单击所需分类名称选择其分类,可直接浏览该分类下的文献或者限定在该分类下检索(参见图5-2)。

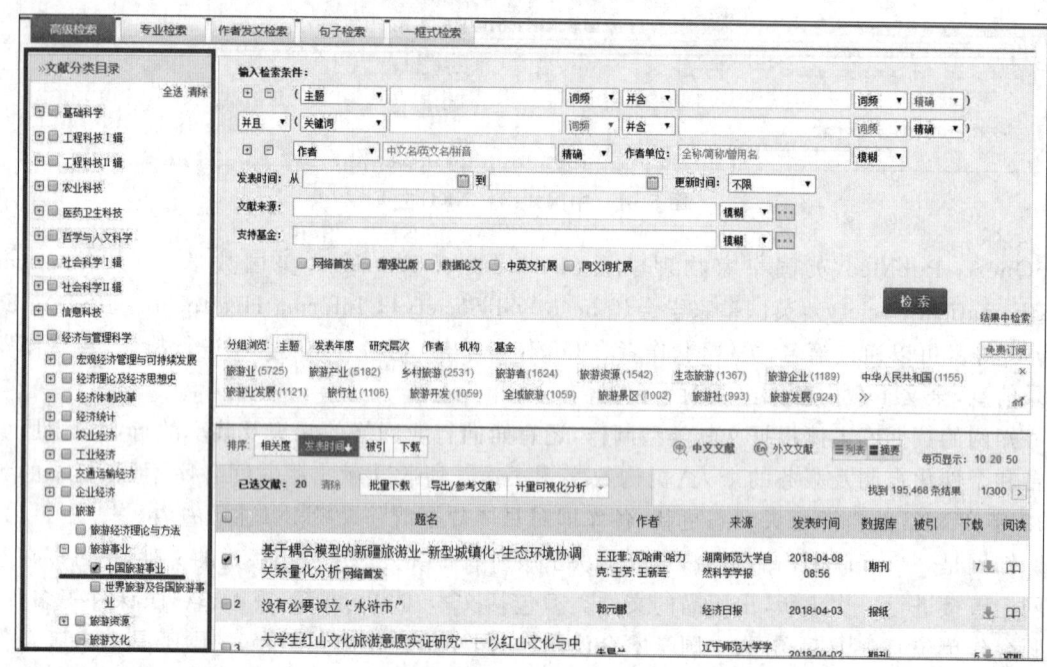

图5-2 CNKI学科专辑导航

知网的多库检索有一框式检索、高级检索、专业检索、作者发文检索、科研基金检索、句子检索、文献来源检索等模块。

(2)快速检索。知网首页提供了快速检索的数据库检索模块,可进行集各类资源于一体的检索。数据库检索模块分文献检索、知识元检索和引文检索三个入口供读者按需选择。

文献检索点击检索词输入框下方的文献数据库名称,即可完成数据库选择,可进行跨库或者单库检索。"文献检索"默认在期刊、博硕士学位论文、会议论文、报纸等数据库中同时检索(参见图5-3)。不同文献类型的数据库有各自的可检字段。跨库检索的可检字段为全文、主题、篇名、作者、单位、关键词、摘要、被引文献、中图分类号、文献来源。

第 5 章 论文检索　　97

> 注意：其中"主题"途径是对题名、关键词、摘要 3 个字段检索，即选择"主题"途径，系统默认所选字段为"题名 or 关键词 or 摘要"，检出篇名、关键词、摘要任意一个字段中包含检索词的文献。

图 5-3　CNKI 快速检索

知识元检索可以选择知识问答、百科、词典、手册、工具书、图片、统计数据或者指数数据库进行检索。

引文检索可以从被引题名、被引作者、被引单位、被引文献来源、被引关键词、被引摘要、被引文献主题等字段检索文献。

(3) 高级检索。高级检索界面可进行多种检索途径的组配检索(参见图 5-4)。

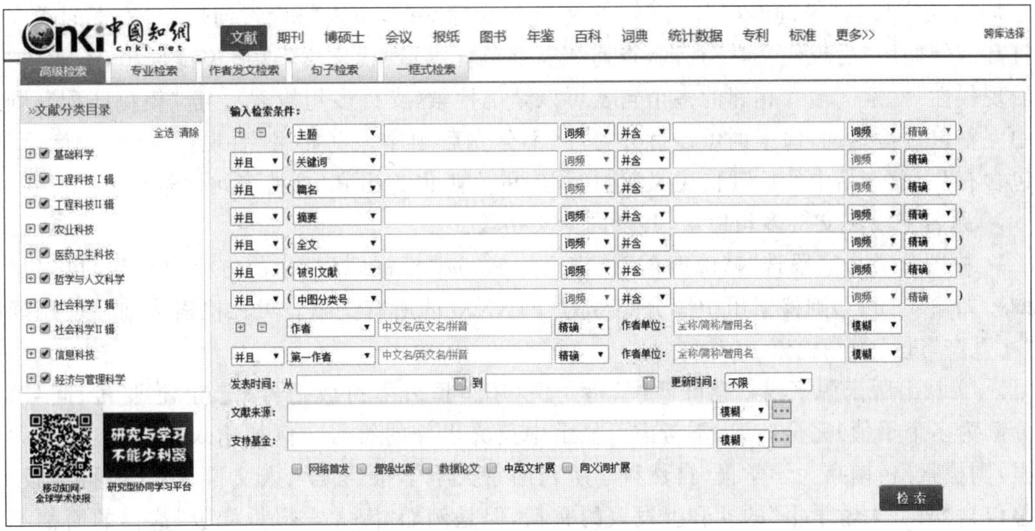

图 5-4　CNKI 高级检索界面

① 内容检索条件输入区。

➤ 检索途径选择：跨库检索可选主题、题名、关键词、摘要、全文、参考文献、中图分类号等 7 个途径。点击检索途径下拉框，选择所需字段。若需选择多个检索项，点击检索项前面的"＋"号或"－"号，增加或减少检索条件输入行，最多有 7 行。

➤ 逻辑关系选择：CNKI 的每个检索行有两个检索词框，每个框中只能输入一个字符串，若一个检索项需要两个关键词，在两个检索框中各输入一个关键词，两个词之间的逻辑关系支持

"并且"、"或者"、"不含"。检索途径(行与行)之间的逻辑关系也支持"并且"、"或者"、"不含"。

➢ 词频控制:词频控制即控制检索词在文中出现的频次,此功能可以提高检索的查准率,尤其是选择全文途径,应控制词频。可点击检索框后的"词频"下拉框,选择所需数字。

➢ 中英文扩展检索:对于内容检索项,输入检索词后,可勾选"中英文扩展检索"功能,系统将自动使用该检索词对应的中文扩展词和英文扩展词进行检索,查找更多更全的中英文文献。

② 检索控制条件输入区。

➢ 发表时间:可以选择具体日期,或某一时间段之内的文献。

➢ 文献出版来源:可在检索框中输入具体来源文献名称,亦可从文献来源列表中查找指定文献。来源列表中包含期刊来源、博士学位授予点、硕士学位授予点、报纸来源、年鉴来源、辑刊来源。

➢ 支持基金:各级科研项目,可在检索框中输入科研基金关键词,亦可从基金列表中查找指定基金。

➢ 文献作者:在检索中可限定文献的作者和作者单位。在下拉框中选择限定"作者"或"第一作者",在检索框中输入作者姓名,在作者单位检索框中输入作者单位名称,可以限定在某单位的作者,以排除不同机构的同名学者。检索多个作者合著的文献,可点击检索项前的"+"号,添加另一个作者。

③ 匹配模式。

知网高级检索有"精确"和"模糊"两种。各字段的规则有所不同,如:

➢ 全文字段选"精确匹配",则全文中完整包含检索词,不能将检索词拆分,检索词顺序不能打乱。例如用"后现代文学"查询,查询结果都包含"后现代文学"这一关键词串,不能按"文学后现代性"检索。输入相邻的多个句子可以精确检索(支持多句检索)。选"模糊匹配",则全文中完整包含检索词,检索词可以拆分,排序不分先后顺序。例如用"后现代文学"查询,可能将包含有"文学作品中的后现代主义"这样词串的文献也查出来(支持多句检索)。

➢ 题名字段不支持多句检索,其余同全文字段。

➢ 中图分类号字段选"精确匹配"指完全一致;选"模糊匹配"指前方完全一致,可以加后缀词。如输入"F1",则检索出中图分类号为"F1XXX"的所有文献。可在检索词前后使用通配符"*"、"?"进行模糊检索。

➢ 文献出版来源字段,"精确匹配"指子值(用多值分隔符或括号、空格、感叹号、问号、点等分割为多个子值)完全一致,不考虑可显示中英文以外的符号。例如输入检索词:南京大学学报,则检索出:南京大学学报(自然科学版)、南京大学学报(哲学、人文科学、社会科学版)等完整包含"南京大学学报"的期刊上发表的文献,但是例如"南大学报哲社版"这样的简称不能检索出。"模糊匹配"指包含检索词的子值,不考虑可显示中英文以外的符号。例如输入检索词"经济管理",则可能检索出"经济管理"、"宏观经济管理"、"经济理论与经济管理"等期刊上发表的文献。如果检索"经济XX管理",需要加通配符:"*"(n个)或"?"(一个)。

➢ 国家及各级科研项目字段规则与文献出版来源字段同。

➢ 作者字段,对英文作者,规则同分类号规则。对检索词不区分大小写,姓名中间的符号作为检索词的一部分,但是需要加引号。"精确匹配"指子值完全一致,"模糊匹配"指作者字段内包含检索词的子值。例如"模糊匹配"检索作者:王鹏,则把"王鹏"、"王鹏飞"、"王鹏鸣"等作者发表的文献都检索出来;如果检索"王鲲鹏",需要加通配符:"*"(n个)或"?"(一个)。作者单位、关键词字段规则与作者字段同。

（4）专业检索。专业检索需要根据系统的检索规则，使用逻辑运算符和关键词构造检索式进行检索(参见图5-5)。

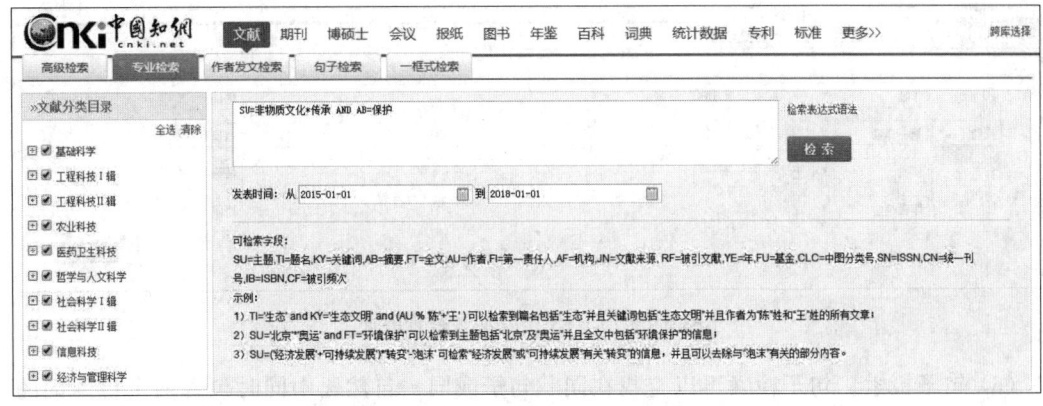

图5-5　CNKI专业检索界面

跨库专业检索的检索项代码为：SU＝主题，TI＝题名，KY＝关键词，AB＝摘要，FT＝全文，AU＝作者，FI＝第一责任人，AF＝机构，JN＝中文刊名＆英文刊名，RF＝引文，YE＝年，FU＝基金，CLC＝中图分类号，SN＝ISSN，CN＝统一刊号，IB＝ISBN，CF＝被引频次。

逻辑运算符除常用的"＊"(AND)、"＋"(OR)、"－"(NOT)之外，还有：

％表示包含检索词或检索词切分的词；

/SUB N 表示第 n 位包含检索词；

/SEN N 表示同段，按次序出现，间隔小于 N 句；

/NEAR N 表示同句，间隔小于 N 个词；

/PREV N 表示同句，按词序出现，间隔小于 N 个词；

/AFT N 表示同句，按词序出现，间隔大于 N 个词；

/PEG N 表示全文，词间隔小于 N 段；

$ N 表示检索词出现 N 次；

BETWEEN 表示年度阶段查询，YE BETWEEN ('2010','2016')。

注意事项：

　　所有符号和英文字母，都必须使用英文半角字符。

　　"AND"、"OR"、"NOT"三种逻辑运算符的优先级相同；如要改变组合的顺序，用英文半角圆括号"()"将条件括起。例如：要求检索易中天在武汉大学或厦门大学时发表的文章，检索式为：AU＝易中天 AND (AF＝武汉大学 OR AF＝厦门大学)。

　　逻辑关系符号"与"(AND)、"或"(OR)、"非"(NOT)前后要空一个字节。

　　使用"同句"、"同段"、"词频"时，需用一组西文单引号将多个检索词及其运算符括起，如：'文化遗产♯保护'。

　　单库检索的专业检索执行各自的检索语法表，专业检索语法表不一一列出，请参见CNKI网站的操作指南。

(5) 作者发文检索。作者发文检索适用于检索某作者发表的文献,作者和作者单位可通过"＋""－"按钮进行增减。多个作者或者多个作者单位之间可以选择逻辑运算"与""或""非"进行组配(参见图5-6)。

图 5-6　CNKI 作者发文检索界面

(6) 句子检索。句子检索可以查找在同一句子或同一自然段中同时包含两个检索词的文献,两个词在句中的前后位置不限(参见图5-7)。句子检索可以提高检索结果的查准率。

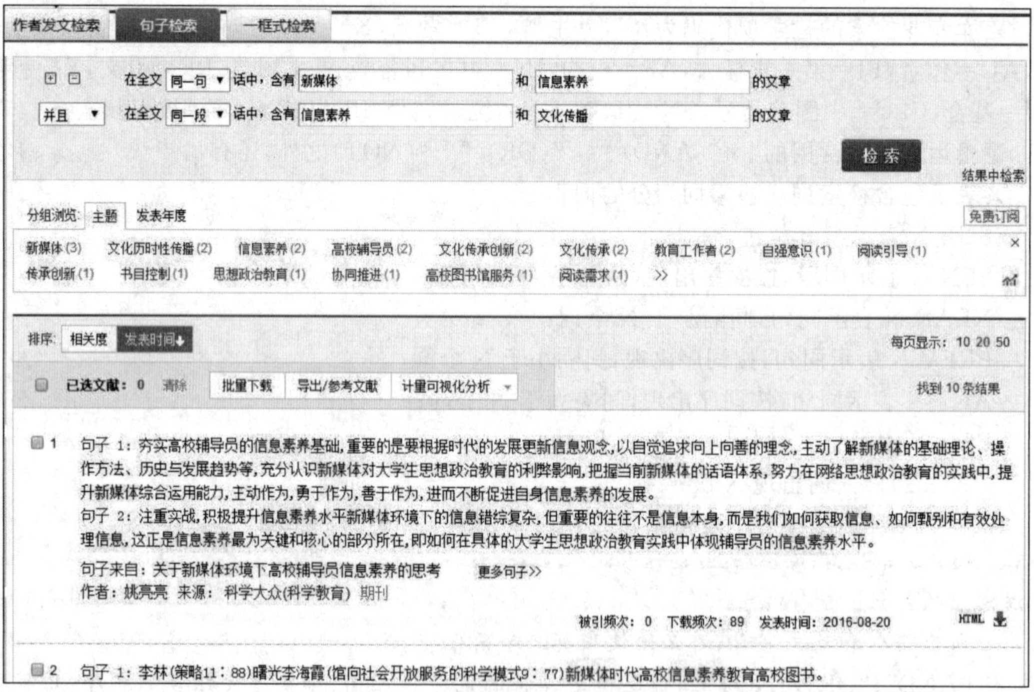

图 5-7　CNKI 句子检索界面

(7) 引文检索。知网的中国引文数据库收录了知网所有源数据库产品的参考文献,涉及被引文献类型有期刊、学位论文、会议论文、图书、专利、标准、报纸等。该库通过揭示各种类型文献之间的相互引证关系,不仅可以为科学研究提供新的交流模式,同时也可以作为一种有效的科学管理及评价工具。引文数据库主要功能包括引文检索、检索结果分析、作者引证报告、文献导出、数据分析器及高被引排序等模块。通过CNKI主页导航,点击引文检索模块中"中国引文数据库"链接访问或者直接访问网址:http://ref.cnki.net。引文数据库的首页列出最新被引文献,高被引的作者、期刊、机构、专题的最新数据(参见图5-8)。引文检索高级检索界面选择学科类别、来源文献范围和检索条件三部分(参见图5-9)。

图5-8 CNKI引文数据库界面

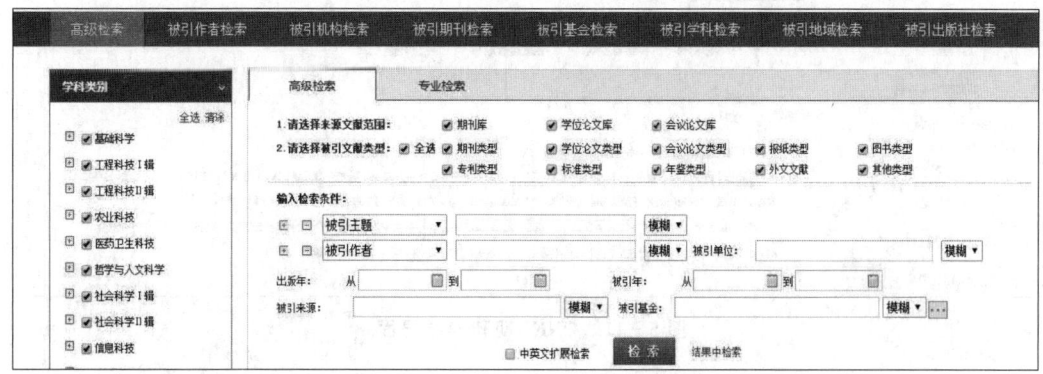

图5-9 CNKI引文数据库高级检索界面

(8)出版物检索。出版来源导航主要包括期刊、学位授予单位、会议、报纸、年鉴和工具书的导航系统。每个产品的导航体系根据各产品独有的特色设置不同的导航系统(参见图5-10)。可利用文献分类目录快速定位所需要的学科专辑。检索字段根据文献类型而异,如选择全部文献类型,可检字段为来源名称、主办单位、出版者、ISSN、CN、ISBN 等。如选择某一种文献类型,则按学科专辑展示热门文献。以期刊为例,可在左侧的导航栏选择学科或期刊的级别、荣誉等类别,亦可按刊名、刊号查找特定期刊(参见图5-11)。检索结果显示有图形、列表、详细三种方式。点击刊名,进入所选期刊单刊检索模块(参见图5-12),可以选择在该刊中检索,也可以选择某一期浏览,点击篇名可以下载全文。

图 5-10 CNKI 出版物检索主页

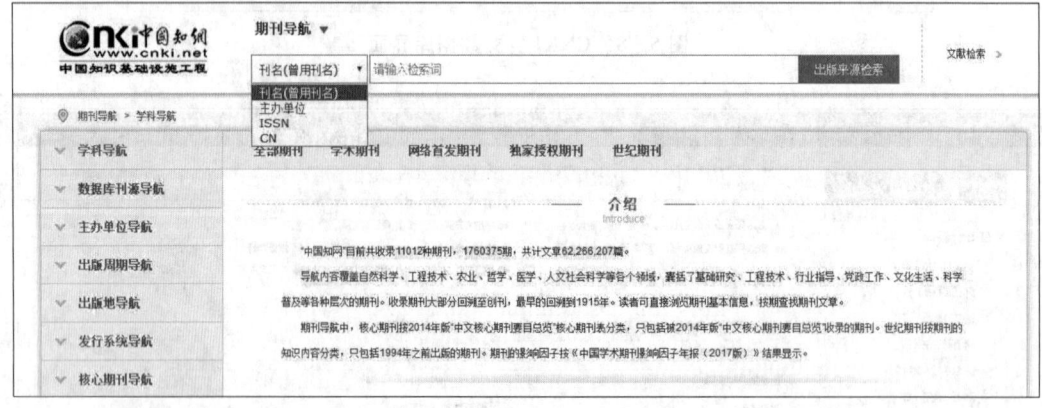

图 5-11 CNKI 期刊导航界面

图 5-12 CNKI 单刊检索界面

(9) 知识元检索。知识元检索包括知识问答、百科、词典、手册、工具书、图片、统计数据、指数等模块,其中工具书模块已收录 9 990 多部工具书的 2 000 余万词条。可以检索出所输入词语在工具书中的定义、解释,在学术文献中的定义、解释,相关文献发表情况,相关的文献总量年度变化规律曲线图,热点年份中的相关高频被引文章,研究相关问题的主要学者,出版相关文献的期刊等信息。每个模块的检索字段和功能根据各自特点制定。

图片搜索模块包括学术知识图片库和外观专利检索分析系统两部分。学术图片可以按学科专辑分类浏览,输入关键词检索(参见图 5-13)。系统对检索结果提供颜色、发表年度、图片类别统计,可以根据这些统计优化检索结果。高级检索提供图片主题、出版日期、图片类别、学科类别、图片大小、来源数据库等检索途径(参见图 5-14)。相似搜索方式可以上传图片搜索与之相似的图片,并对图片作相似度比对(参见图 5-15)。(外观专利检索分析系统参见第 6 章第 2 小节)

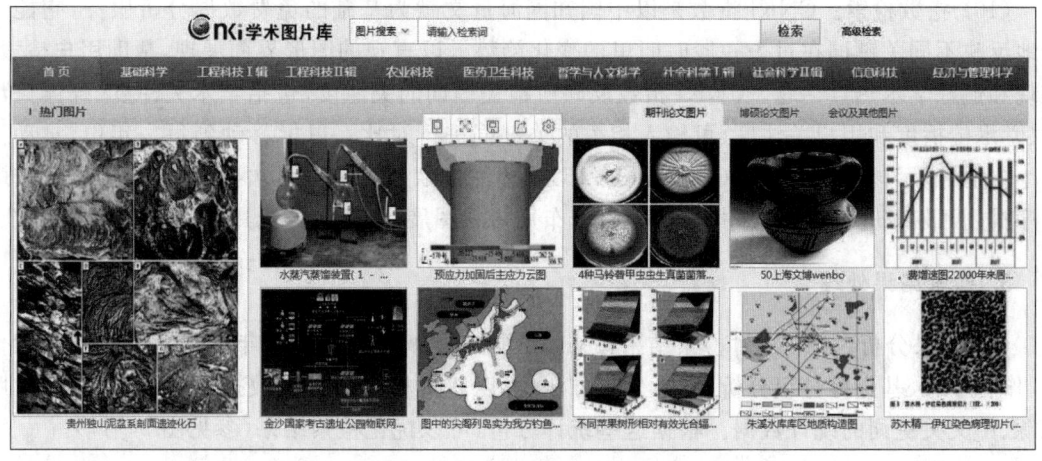

图 5-13 CNKI 学术图片检索

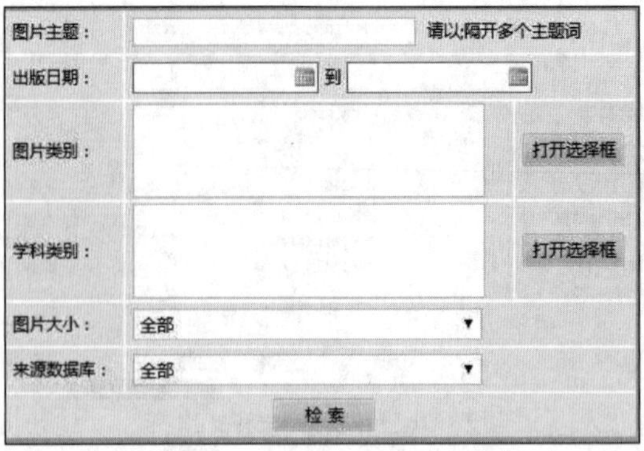

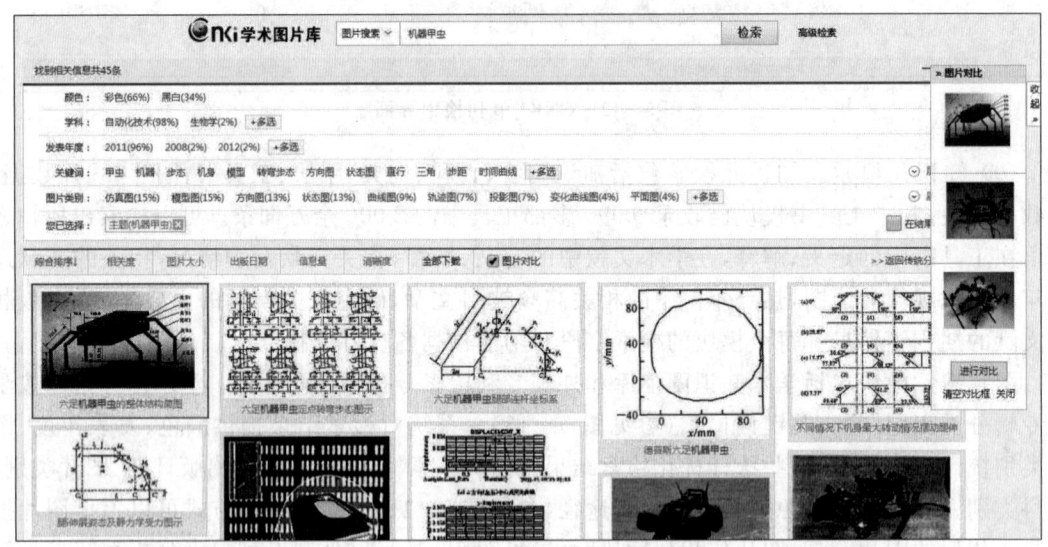

图 5-14　CNKI 图片高级检索

图 5-15　CNKI 图片检索-图片对比

(10) 指数检索。CNKI 指数是以中国知网海量文献为基础的免费数据分析服务,它能形象地反映不同关键词在过去一段时间里的变化趋势。以直观的图形界面展现,帮助用户检索、发现和追踪学术热点话题。CNKI 指数反映所检关键词的关注度,包括学术关注度、媒体关注度、学术传播度和用户关注度,可输入相关的关键词进行对比。鼠标移动到每一年份,自动浮出小方框,显示该年份的数据(参见图 5-16)。关注文献列表按被引次数排序,最早研究按顺时序排列,最新研究按逆时序排列。学科分布用饼状图展示,机构分析用柱状图展示。

3. 检索结果处理

(1) 结果分析。CNKI 对检索结果按来源数据库、学科类别、发表年度、研究层次、文献作者、作者单位、基金等分组分析,选择分组方法,可以获得相应的分析数据;系统提供文献出版来源、中文关键词的统计数据。根据这些统计分析,可以优化检索结果(参见图 5-17)。

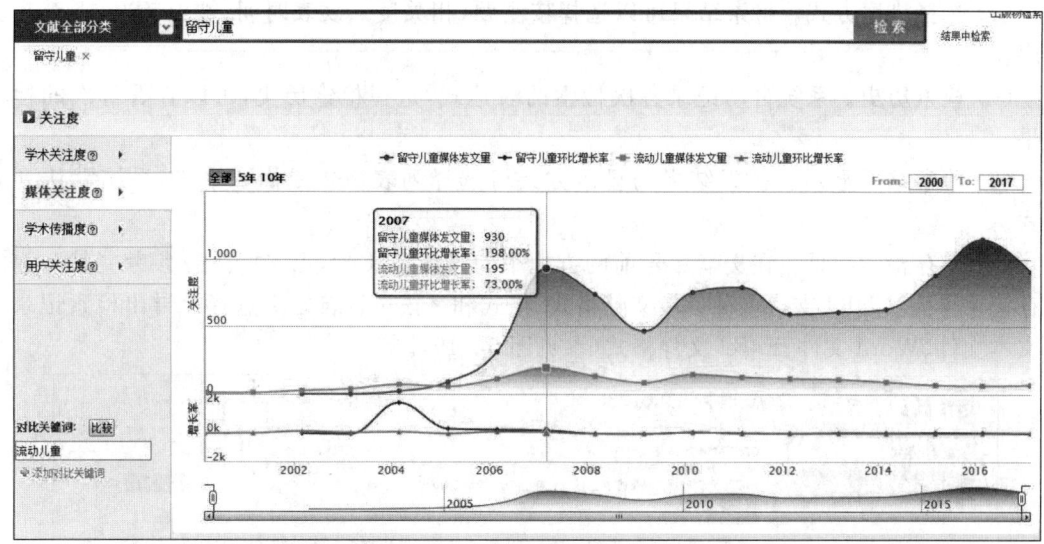

图 5-16　CNKI 指数检索媒体关注度曲线

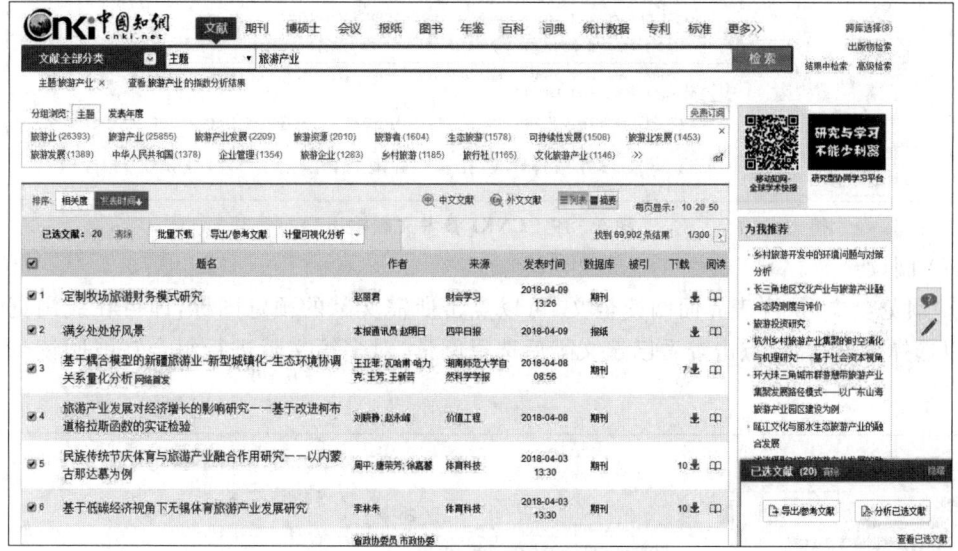

图 5-17　CNKI 检索结果列表显示

（2）二次检索。如果检索结果数量过多，可以添加检索条件，点击在结果中检索对结果进行二次检索。系统会记录用户的检索式，并根据用户每次输入的检索词给出与之相关的词语供参考（参见图 5-18）。

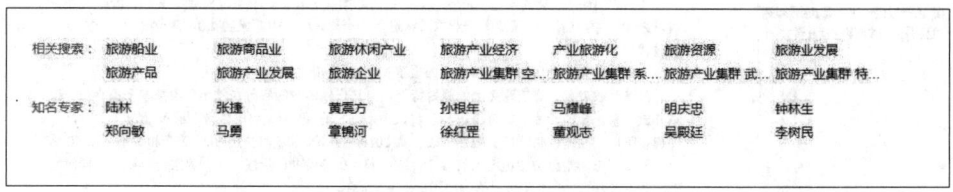

图 5-18　CNKI 检索提示

（3）选择排序方式。检索结果可以选择按主题（相关度）、发表时间、被引频次、下载频次排序。

（4）检索历史。系统自动记录各次检索的表达式，选择检索历史，可以查看每次的检索结果。

（5）检索结果显示。检索结果的显示方式可选择列表格式或摘要格式，系统默认列表格式。

（6）保存检索结果。在文献序号前的方框中勾选所需文献，点击"导出/参考文献"，弹出保存记录界面，CNKI支持多种参考文献格式，格式和字段可以自定义选择。导出检索记录支持文本文件、Word文件、Excel文件格式（参见图5-19）。

图5-19　CNKI参考文献输出

（7）阅读全文。

① 预览全文：从列表界面阅读全文，可以点击所需文献的预览图标，即可在线浏览全文。也可以选择多篇文献，点击查看已选文献后选择阅读，对多篇文献进行组合在线阅读（参见图5-20）。

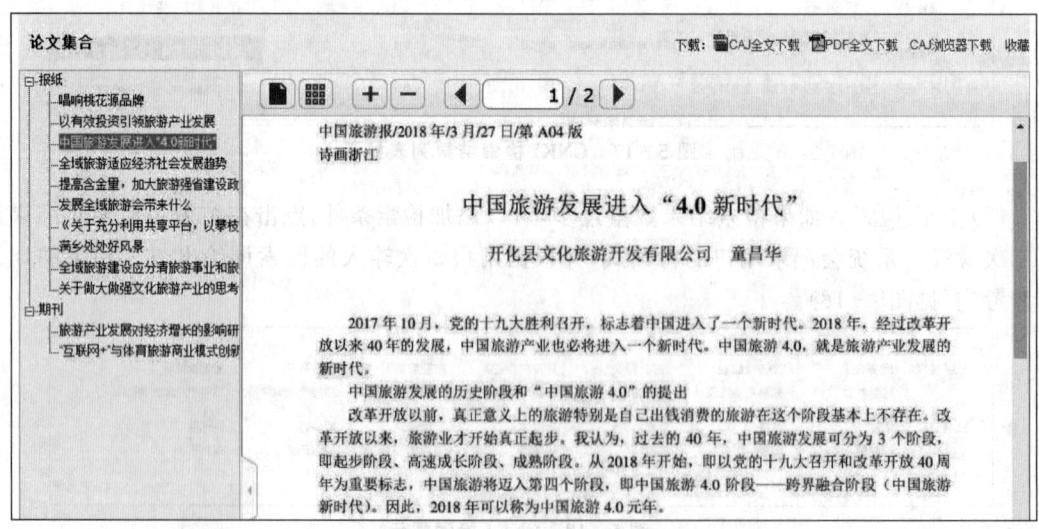

图5-20　CNKI组合在线阅读

② 下载全文：从列表界面下载全文，可以点击所选文献的下载图标，下载全文。从详细显示界面下载全文可以选择 CAJ 格式或 PDF 格式文档（参见图 5-21），这两种格式的文档用 CAJViewer 浏览器都可以阅读，用 AdobeReader 浏览器可以阅读 PDF 文档。这两个浏览器可以从"下载浏览器"链接中下载，安装在本机即可。

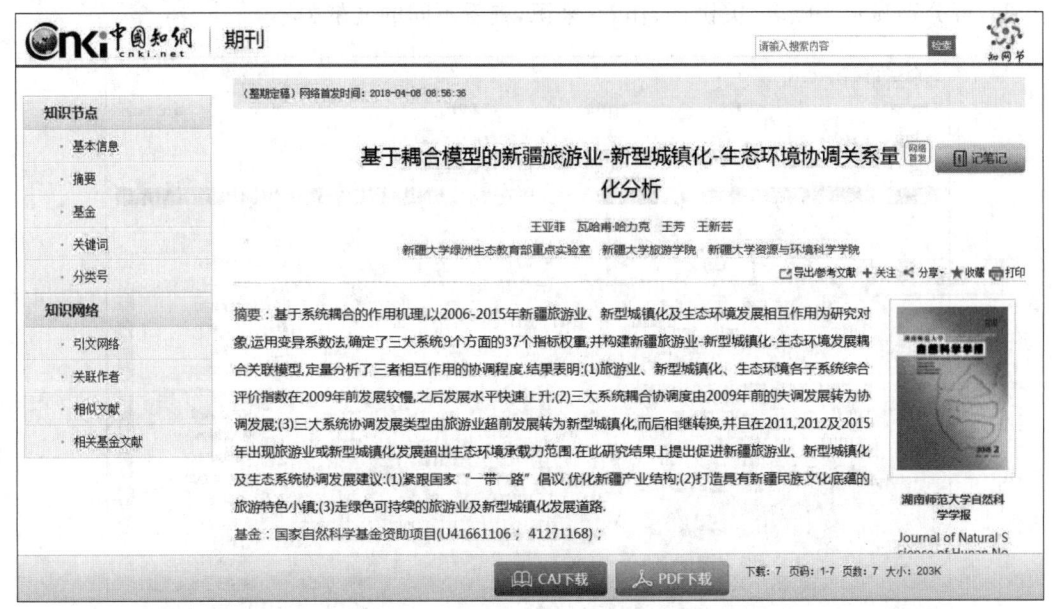

图 5-21　CNKI 检索结果详细显示

（8）知网节文献网络图示。知网节以每一篇文献为节点，反映文献之间的相互引用关系，可以反映学术研究之间相互影响、继承、发展的情况（参见图 5-22）。在本文的引文网络部分包括：参考文献（反映本文研究工作的背景和依据）；二级参考文献（本文参考文献的参考文献）；引证文献（引用本文的文献，体现本文研究工作的继续、应用、发展或评价）；二级引证文献（本文引证文献的引证文献）；共引文献（与本文有相同参考文献的文献，与本文有共同的研究背景或依据）；同被引文献（与本文同时被作为参考文献引用的文献）。每种文献的数量标示在标题后面，用括号括起来，如"参考文献（17）"。点击任意类型文献的名称，该类文献列表在网络图下面显示出来。

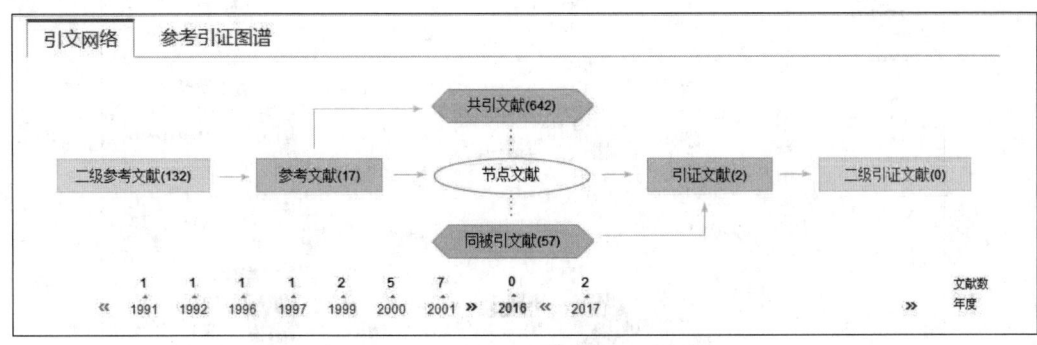

图 5-22　CNKI 知网节文献网络图

(9) 文献分析。在检索结果中勾选所需文献,点击"计量可视化分析"按钮,系统分析所选择文献的参考数、被引数、下载数和下载被引比等指标,并分析文献总体趋势、关系网络和分布情况。

文献分析以球形状表示,球大小表示文献被引频次,箭头指向表示文献引用关系(参见图 5-23),可分别显示文献名、关键词、作者、来源,查看不同的文献关系。

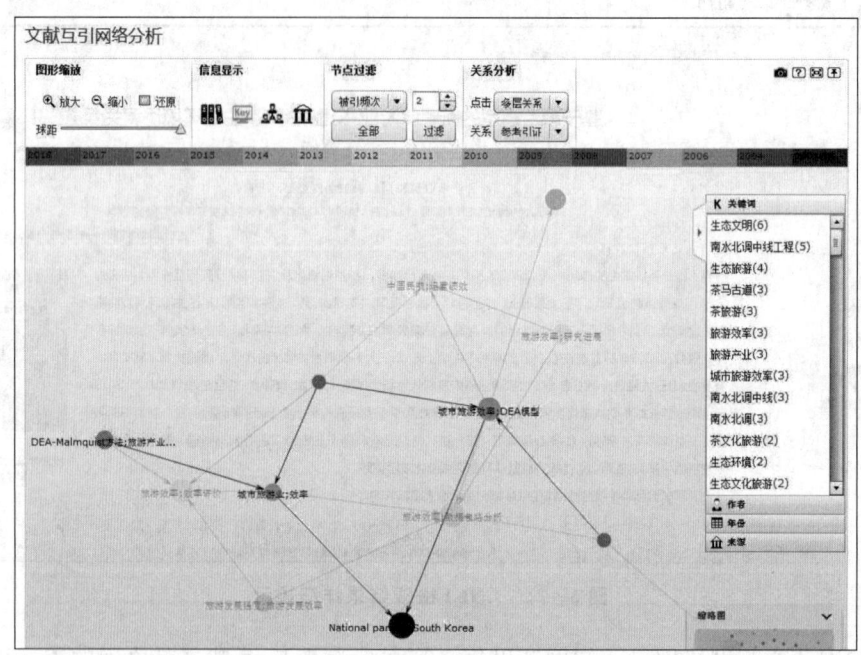

图 5-23　CNKI 可视化分析-文献互引网络图

文献分布分析以饼状图显示,主要分析资源类型分布、学科分布、来源分布、基金分布、作者分布、机构分布等(参见图 5-24)。

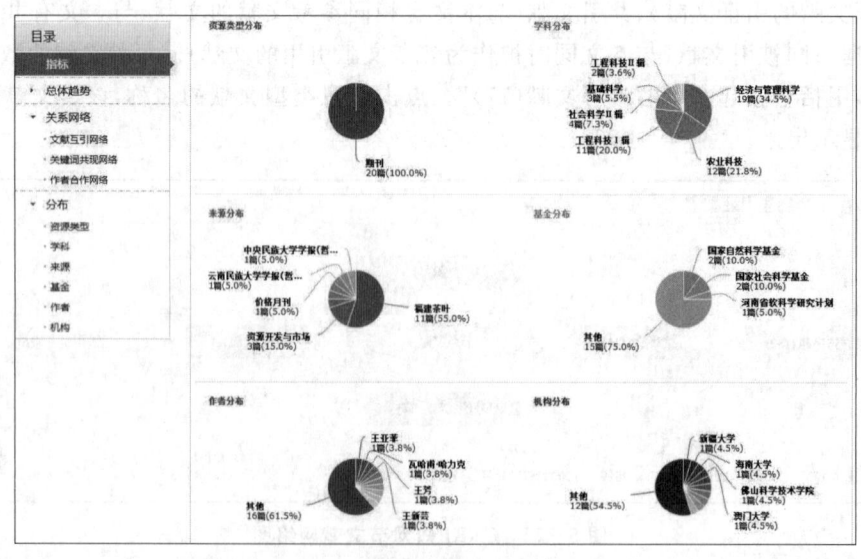

图 5-24　CNKI 可视化分析-分布图

中国知网的镜像站版界面与总站界面不完全一致,只能检索本单位订购的数据库,检索方法基本一致。

5.1.2 万方数据知识服务平台(http://www.wanfangdata.com.cn)

1. 内容简介

万方数据知识服务平台是万方数据股份有限公司开发的综合性信息平台,所收资源包括期刊、学位论文、会议论文、法律法规、科技成果、专利文献、标准文献、报纸文章、新方志、企业名录、产品目录等多种文献类型。文献内容包括所有学科,以科技文献为主,科技成果、企业数据库是其特色产品。万方数据的服务方式:集团用户以镜像站为主,个人用户以个人账户为主。

2. 检索功能

(1) 跨库快速检索。万方数据快速查询模式默认对全部文献所有可检字段的检索(参见图 5-25)。如只选一种文献类型,每个库根据所收文献的特征设置可检字段。对检索结果可以从学术分类导航中选择相关学科,逐级检索。或在检索词输入框输入检索式,在检索结果中

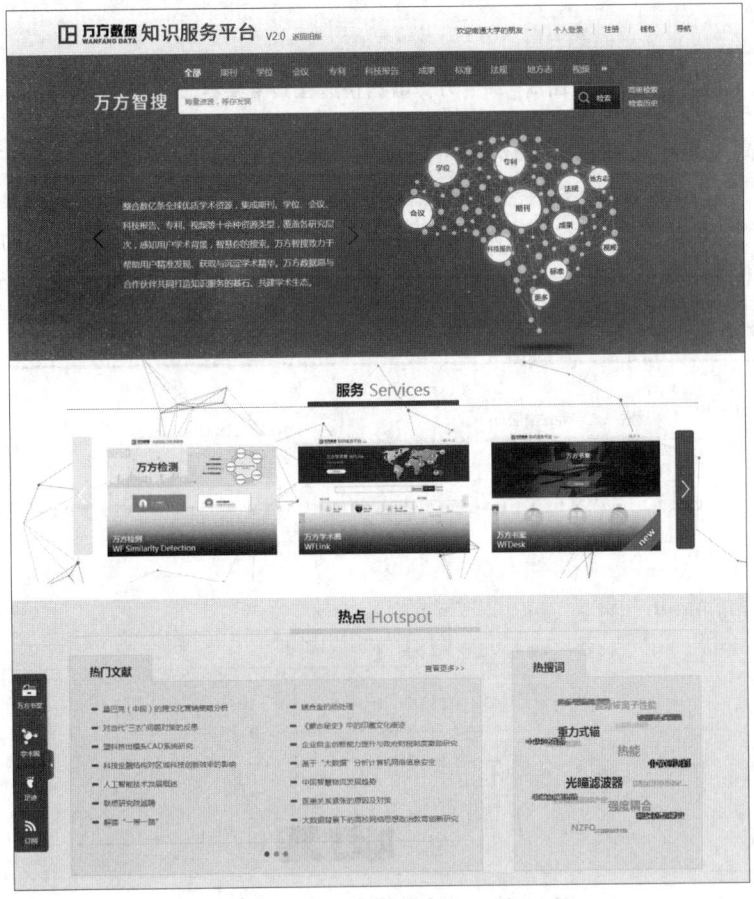

图 5-25 万方数据平台首页

再选择缩小范围二次检索。二次检索的可检字段为标题、作者、关键词、起始时间。检索结果提供按学科、文献类型、发表年份、发表刊物等进行分析后得到的数据,可根据需要进一步缩小检索范围(参见图5-26)。检索结果中列出研究相关课题发文较多的作者,可以点击作者姓名,查看其论文列表。

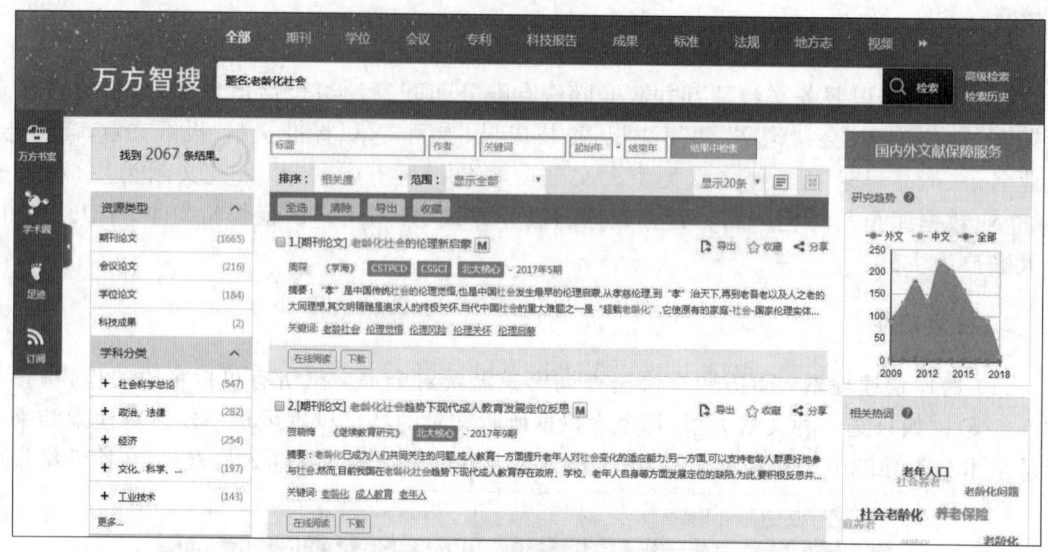

图5-26 万方数据快速检索结果界面

(2)跨库高级检索。跨库高级检索可以限定文献类型,可检字段有主题(主题字段包含标题、关键词、摘要)、标题、创作者、作者单位、关键词、摘要、发表日期,期刊的来源(刊名)、刊期,学位论文的专业、学位授予单位、导师、学位,会议论文的来源、会议名称、主办单位、会议ID等。点击检索框前的"+""-"号可以增加或减少检索行,最多可以有6行。行与行之间的逻辑关系支持"与""或""非"(参见图5-27)。

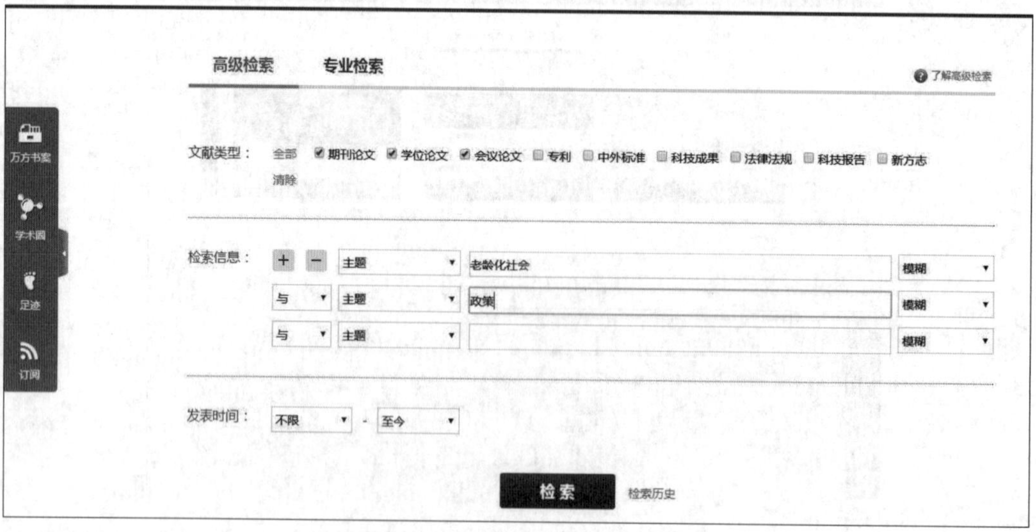

图5-27 万方数据平台高级检索界面

(3) 跨库专业检索。跨库专业检索需编写检索表达式,点击"可检字段",在弹出的可检字段选择页面,选择所需字段和逻辑关系。如果自己对用什么词语做检索词不能确定,可以点击"推荐检索词",输入一段文本,系统给出推荐检索词(参见图 5-28)。

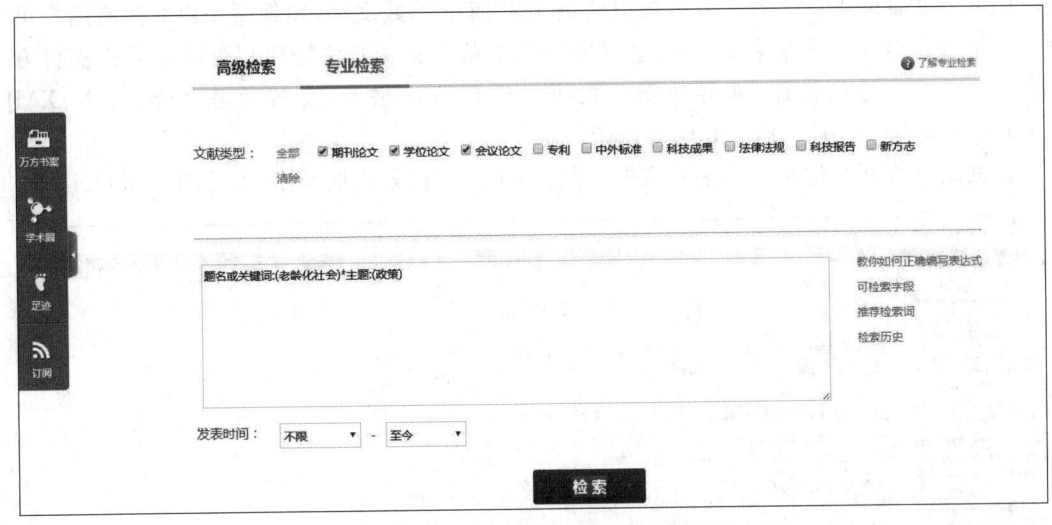

图 5-28　万方数据平台专业检索界面

(4) 单库检索。万方数据按文献类型建构数据库,通过点击首页球形图标可进入对应数据库,单库检索的检索界面与跨库检索相同,只是可检字段不同。如期刊库的分类检索界面按学科、收录地区、核心收录等方式排列所收刊物,可以在线按期阅读,也可检索相关论文(参见图 5-29)。

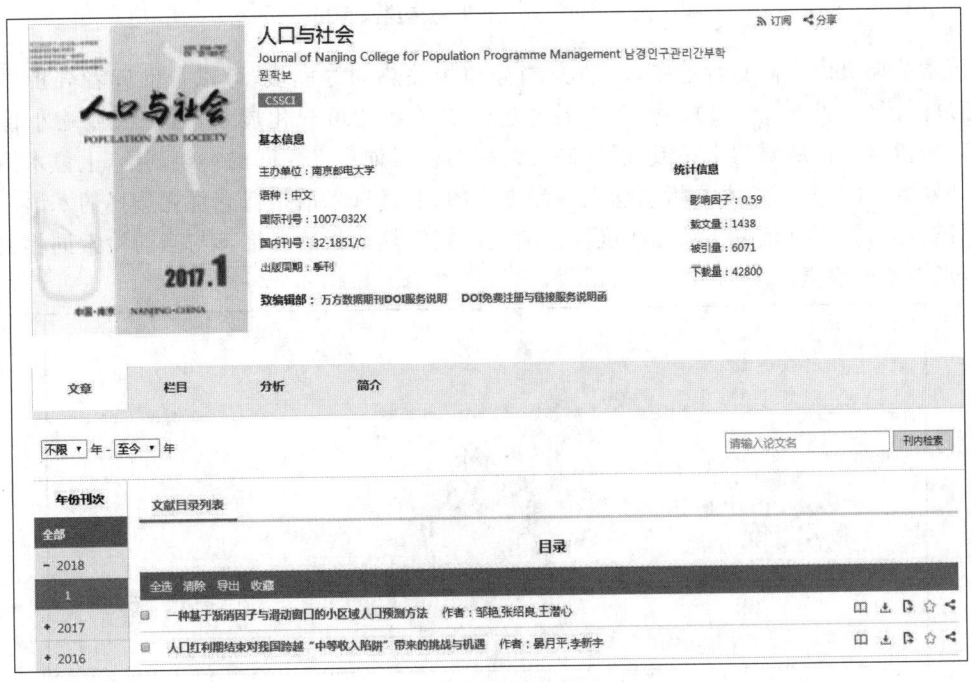

图 5-29　万方数据整刊浏览界面

3. 检索结果处理

万方数据的快速检索结果界面(参见图5-26),点击篇名,查看记录详细显示,并可查看该文的参考文献和引证文献。万方数据的全文为PDF格式文档,镜像站用户和注册用户可以直接点击查看全文或下载全文按钮,在线阅读或下载全文。非注册用户可以用手机支付方式购买全文。点击导出按钮,在导出格式列表中选择所需格式,支持参考文献、文本、XML、NoteExpress、RefWorks、EndNote等格式。

检索结果界面在记录序号前有方框,可以勾选所需记录成批导出(参见图5-30)。

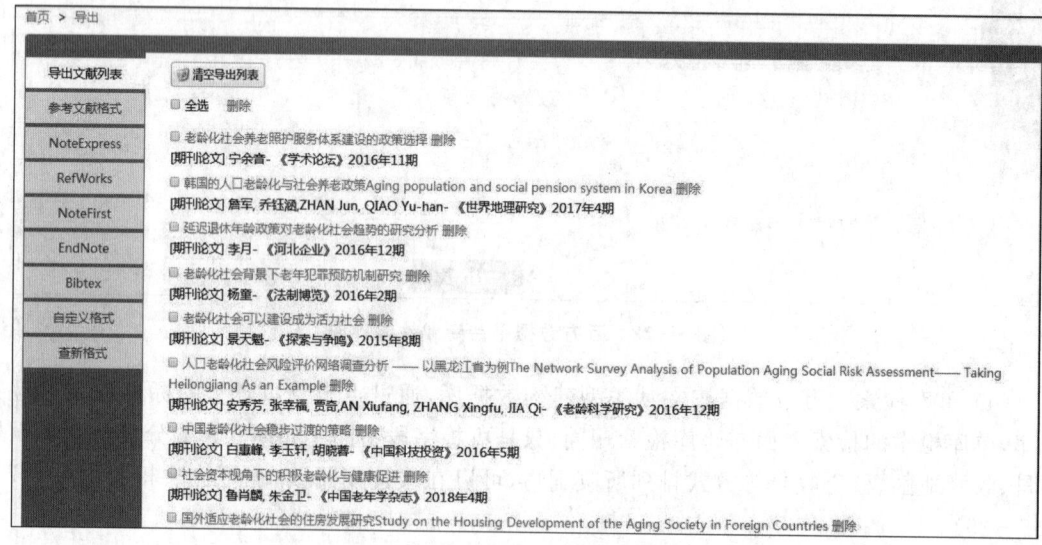

图5-30 万方数据检索结果导出

检索结果页面右侧有智能扩展、研究趋势和相关热词等模块,可以帮助读者分析检索结果、拓展阅读(参见图5-31)。智能扩展通过知识关系的可视化展示,可扩大或缩小检索范围。范畴指检索词所属的学科或领域,同义词指与检索词意义相同的一组词语,上位术语指概念上外延更广的词,下位术语指概念上内涵更窄的词,优选术语指概念优先选择的术语。研究趋势可查看系统所收相关文献的年度发文曲线。相关热词为读者推荐与当前检索词相关的热搜词,点击即可检索。

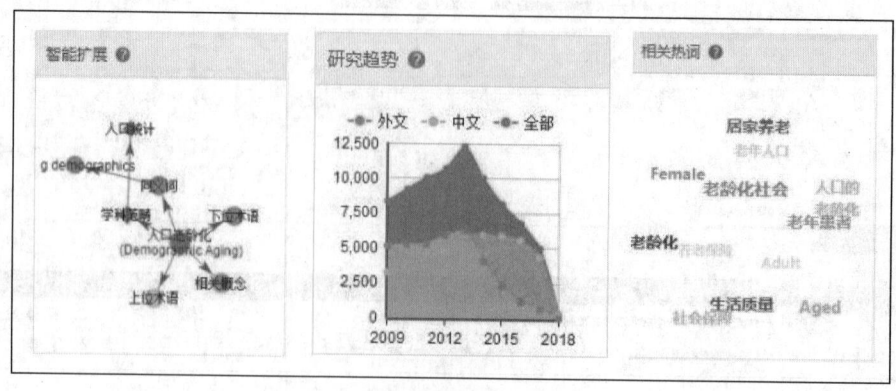

图5-31 万方数据平台结果扩展

5.2 中文报刊检索系统

5.2.1 维普期刊资源整合服务平台(http://www.cqvip.com)

维普期刊资源整合服务平台由重庆维普资讯有限公司开发制作,收录1989年以来的科技期刊论文,2005年开始收入文社科期刊的论文,已回溯至2000年,收录中文报纸、中文期刊、外文期刊,有镜像站和个人注册用户等服务方式。

本资源具有期刊文献检索、文献引证追踪、科学指标分析、搜索引擎服务等模块(参见图5-32)。

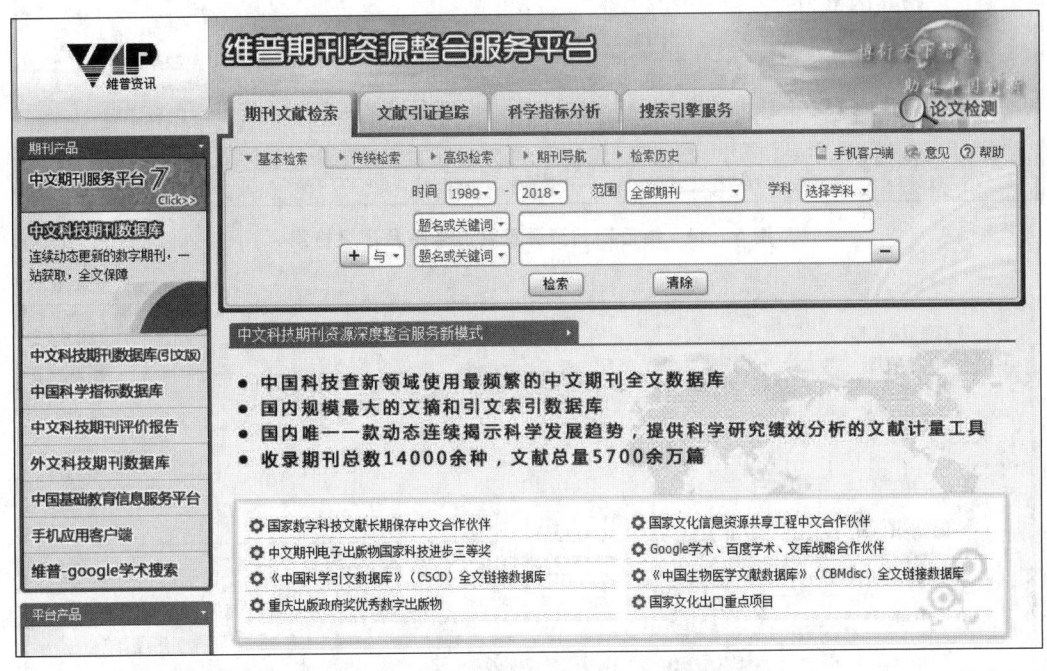

图5-32 维普期刊资源整合服务平台首页

(1) 期刊文献检索方式有基本检索、高级检索、传统检索、期刊检索等。

高级检索的可检字段有题名、关键词、题名或关键词、摘要、作者、第一作者、作者简介、机构、分类号、刊名、基金资助、栏目信息、任意字段等。其扩展功能包括同义词表、同名作者/合著作者表、分类表、机构名录、期刊导航,可从相应的扩展表中选择所需信息。字段间的逻辑关系支持"与"、"或"、"非"。匹配方式有精确和模糊两种。可设定的限制条件有时间、专业、期刊范围(参见图5-33)。也可以选择在检索式输入框中直接输入检索式,逻辑符号"*"代表"与","+"代表"或","-"代表"非",字段名代码从字段选择下拉框中查找。例如图5-33中的检索条件可以表达为检索式:K=流动儿童*M=教育(参见图5-34)。

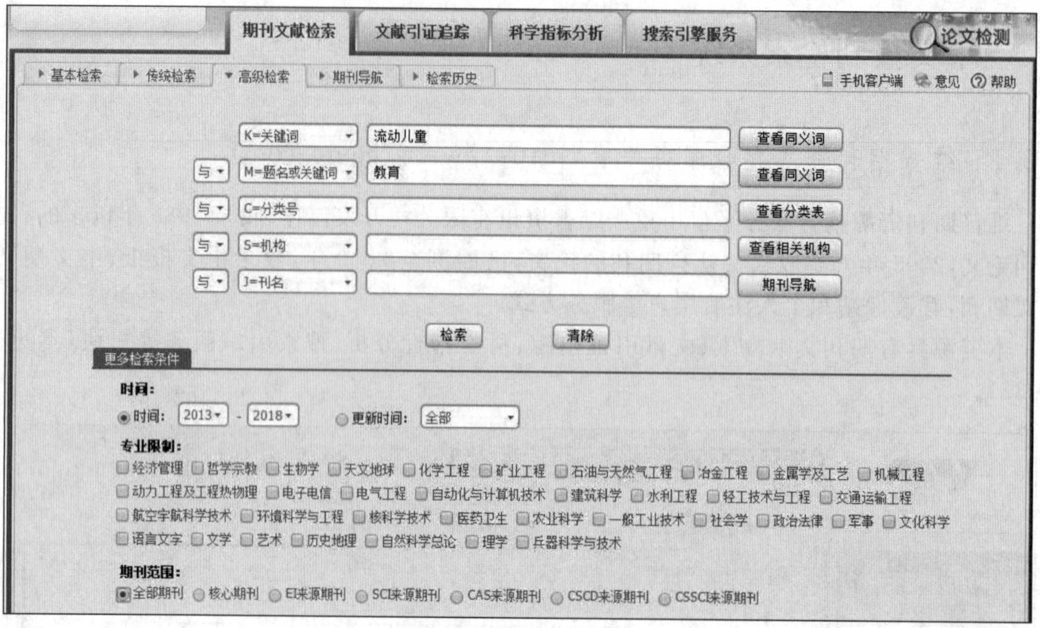

图 5-33 维普期刊资源整合服务平台高级检索

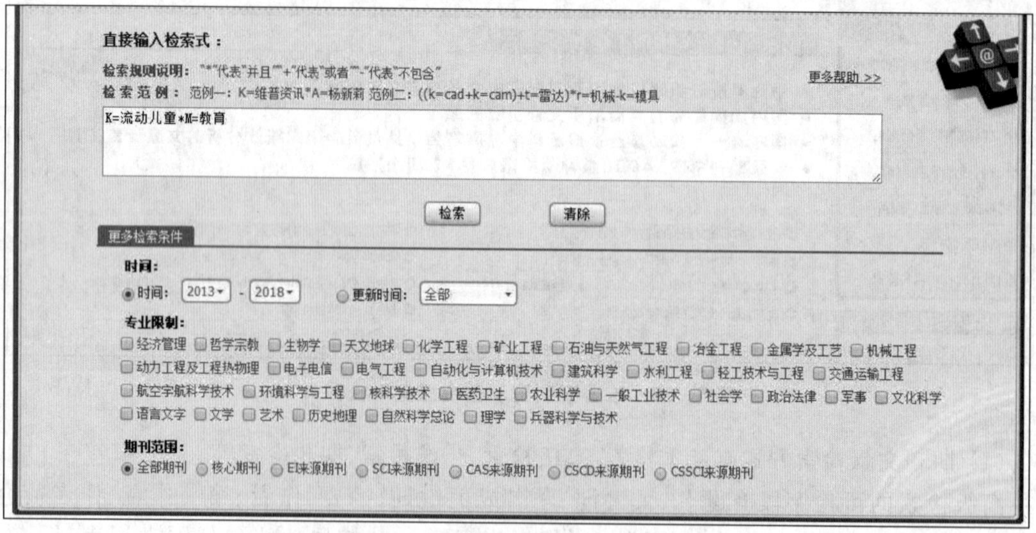

图 5-34 维普高级检索直接输入检索式

传统检索模式的导航区有专辑导航(分社会科学、经济管理、教育科学、图书情报、自然科学、农业科学、医药卫生、工程技术 8 个专辑)、中图法分类导航、中刊库刊名导航 3 种导航方式,可以逐级点选。

在检索式输入框中输入检索式,在检索结果列表中点击所选文章篇名,显示该文的详细记录,点击全文下载按钮,下载并阅读全文(参见图 5-35)。

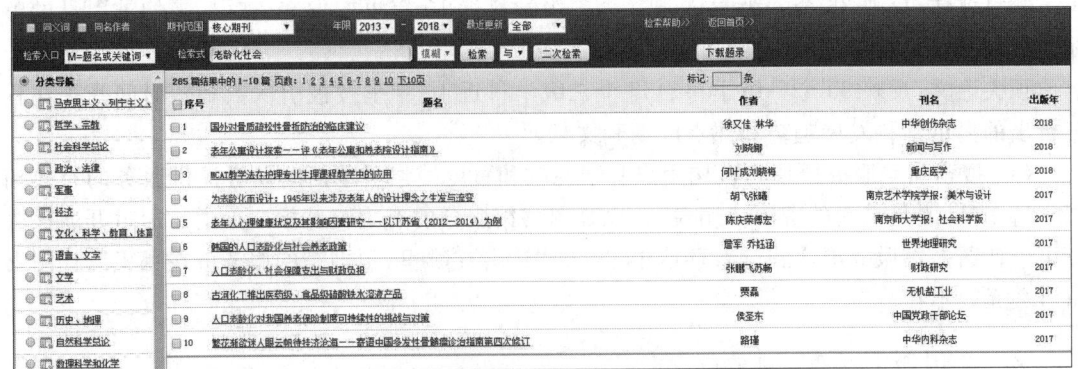

图 5-35　维普传统检索界面

期刊检索模式可以查期刊简介、本刊检索,方法与 CNKI 及万方数据的相同。

(2) 文献引证追踪(参见图 5-36)是维普期刊资源整合服务平台的重要组成部分,该产品采用科学计量学中的引文分析方法,对文献之间的引证关系进行深度数据挖掘,除具备基本的引文检索功能外,还具备基于作者、机构、期刊的引用统计分析功能,可广泛用于课题调研、科技查新、项目评估、成果申报、人才选拔、科研管理、期刊投稿等。

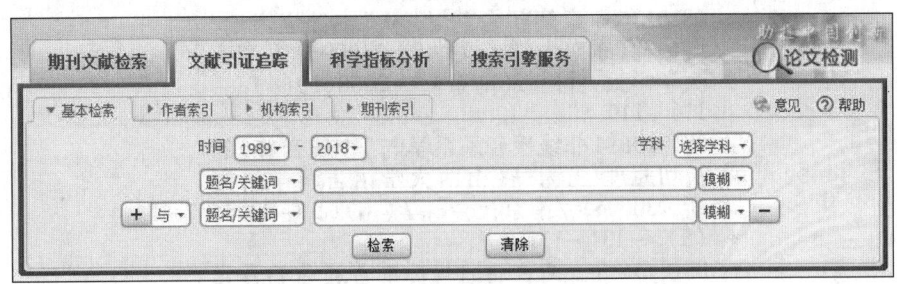

图 5-36　维普文献引证追踪模块

(3) 科学指标分析模块是动态连续分析型事实数据库,提供三次文献情报加工的知识服务,通过引文数据分析揭示国内科学发展趋势、衡量国内科学研究绩效,有助于显著提高用户的学习研究效率(参见图 5-37)。

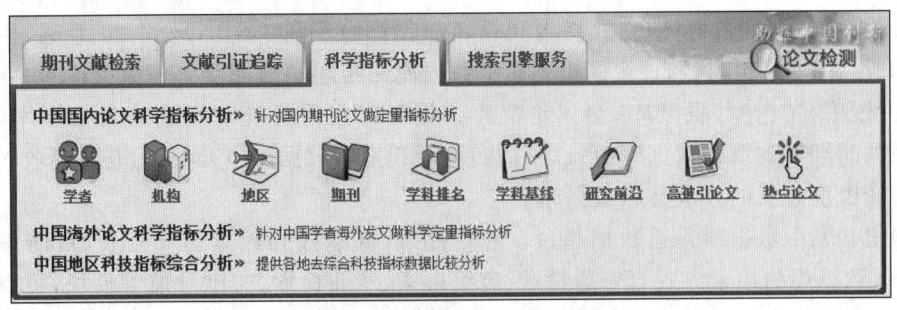

图 5-37　维普科学指标分析模块

排名分析:针对国内各学科发展过程中有影响力的内容做科学指标定量分析,分学者、机构、地区、期刊 4 个维度呈现。

学科评估：反映 35 个一级学科、457 个二级学科近 10 年里按发文、被引、平均被引量的整体排名情况。

顶尖论文：反映 35 个一级学科、457 个二级学科近 10 年里按被引次数和短时间受关注程度析出的揭示学科发展趋势和热点的期刊文献。

(4) 搜索引擎服务模块为机构用户基于谷歌和百度搜索引擎面向读者提供服务的有效拓展支持工具，既是灵活的资源使用模式，也是图书馆服务的有力交互推广渠道。通过开通该服务可以使图书馆服务推广到读者环境中去——"读者在哪里，图书馆的服务就在哪里"，让图书馆服务无处不在。

5.2.2 全国报刊索引

上海图书馆从 20 世纪 50 年代开始编辑出版。现有印刷版和数据库版两种类型。

(1) 印刷版。印刷版为月刊，分哲社版和科技版，收全国（包括港澳台部分报刊）公开出版的 15 000 余种报刊上的论文题录。印刷版的分类体系基本按"中图法"，部分细目有修改。正文按分类编排，每条题录包含题名、著者、著者所属机构、报刊名称、年、卷、期、页码等信息（参见图 5-38）。有著者索引、题中人名索引。每年第 1 期和第 7 期附所收报刊名录。

```
H11    语音
081013683 章炳麟古韵学"队"部独立考论/
刘艳梅(东南大学人文学院,210096)//东南
大学学报:哲社版(南京).-2008,10(4).-
116-119
081013684 非线性音乐系学与《李氏音鉴》的
反切原理/王为民(山西大学语言科学研究
所,030006)//南京社会科学(南京).-2008,
(8).-131-135
081013685 上海普通话与标准普通话卷舌元
音声学特征对比研究/于珏(浙江财经学院);
李爱军;王霞//当代语言学(北京).-2008,
10(3).-211-219
```

图 5-38 全国报刊索引印刷版样条

(2) 数据库版。1992 年起，上海图书馆上海科学技术情报研究所将《全国报刊索引》的哲社版开发为数据库版，名为《中文社科报刊篇名数据库》（简称 SKBK）。2000 年起，科技版也出数据库版，2001 年起改名为《全国报刊索引数据库》，与印刷版同步。该数据库包括全文库、索引库、专题库、特色库、报纸库、会议论文库。篇名库主要有晚清期刊篇名数据库(1833～1911)、民国时期期刊篇名数据库(1911～1949)、现刊索引数据库(1950～)，是目前收录中文报刊文献时间跨度最长的二次文献数据库。

全国报刊索引数据库报道数据超过 5 000 万条，揭示报刊数量达 5 万条，目前每年更新 500 万条。数据库的检索方式有普通检索、高级检索、专业检索、文献导航等模块，可以检索近代期刊、现代期刊、中文报纸、外文报纸、行名录等数据库资源。

普通检索模块直接在检索框中输入检索词，进行检索，可对检索结果进行二次检索（参见图 5-39）。

图 5-39 全国报刊索引简单检索界面

高级检索可同时对多个字段进行组配。支持字段内及字段间的布尔逻辑检索。如检索近代期刊库中研究实业家张謇的所有论文,但排除张謇自己的文章,可以选择"全字段=张謇、作者=张謇",两字段之间的逻辑关系选择"非"(参见图 5-40)。

图 5-40 全国报刊索引高级检索界面

也可直接在检索式输入框中输入检索式,直接输入检索式时字段采用代码(字段代码为:[题名:TI] [作者:AU] [作者单位:AF] [时间:PD] [全字段:ALL] [刊名/报名:JTI])。布尔算符 NOT 代表逻辑非运算,AND 代表逻辑与运算,OR 代表逻辑或运算。如检索上述课题,可在检索式输入框输入检索式"ALL:张謇 NOT AU:张謇"(参见图 5-41)。

注意:在逻辑符号左右各留一个半角的空格。

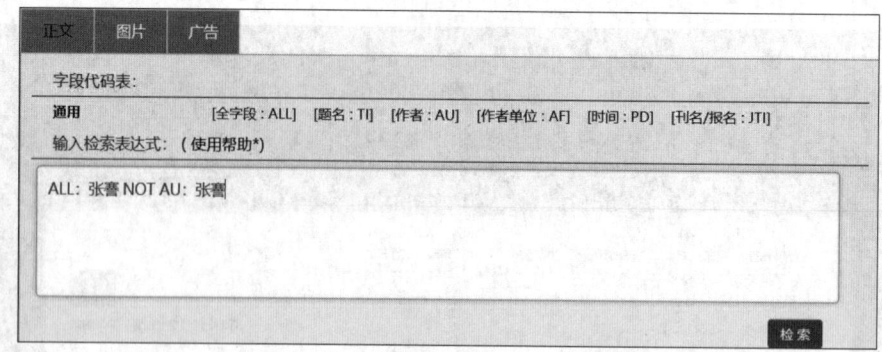

图 5-41　全国报刊索引专业检索界面

检索结果显示默认为列表式(参见图 5-42),可从显示格式下拉框中选择显示模式。点击所需记录题名,显示详细记录(参见图 5-43)。

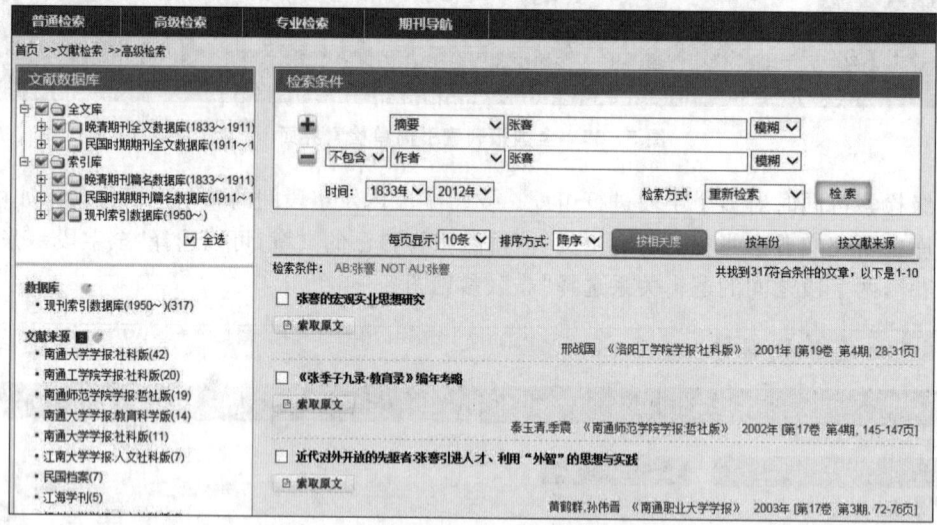

图 5-42　全国报刊索引检索结果列表显示

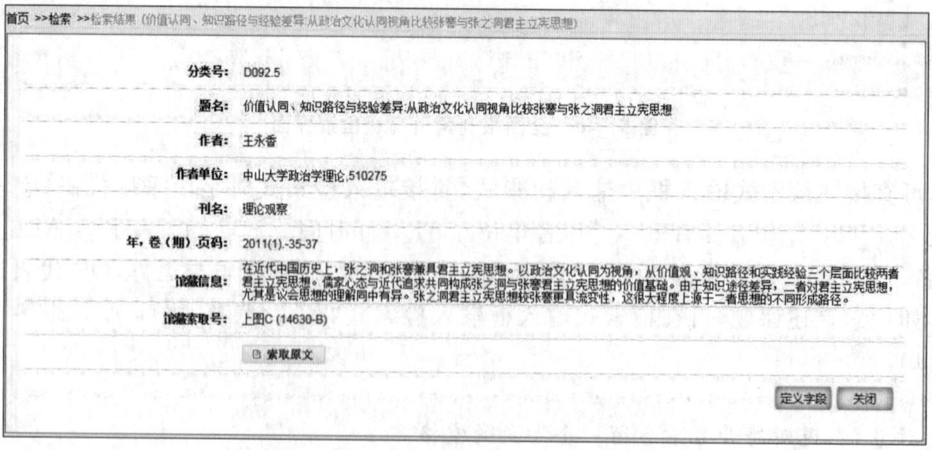

图 5-43　全国报刊索引检索结果详细显示

篇名库的记录为题录和文摘格式,如需全文,可勾选所需记录,点击"原文索取"按钮,在弹出的对话框中选择索取方式,填写邮件地址即可向上海图书馆索取全文(参见图5-44)。

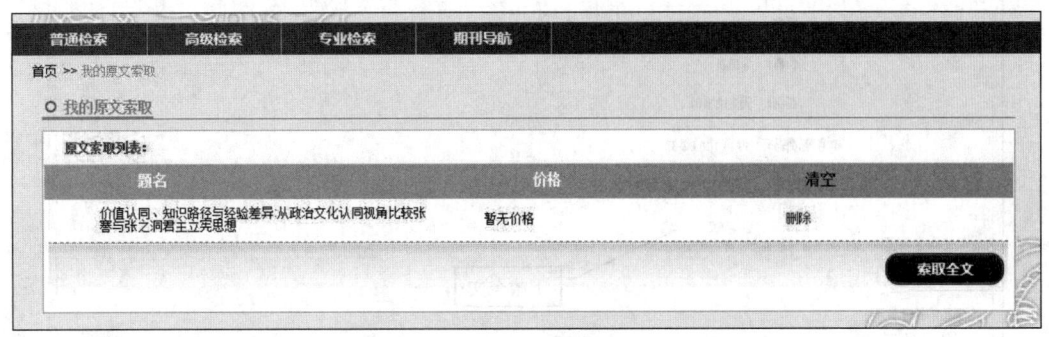

图 5-44　全国报刊索引原文索取界面

(3) 全国报刊索引近现代报刊全文数据库。全国上海图书馆根据其收藏的丰富的近现代报刊,开发制作了一批全文数据库,主要有:

➤《晚清期刊全文数据库(1833～1911)》,共收录了从 1833 年至 1911 年间出版的 302 种期刊,几乎囊括了当时出版的所有期刊,收录 28 万余篇全文。

➤《民国时期期刊全文数据库(1911～1949)》,计划收录民国时期(1911～1949)出版的 25 000 余种期刊,近 1 000 万篇文献。

➤《北华捷报/字林西报全文数据库(1850～1951)》,1850 年,《北华捷报》创刊;1864 年,原《北华捷报》的副刊更名为《字林西报》,《北华捷报》改为副刊继续发行,于 1941 年终刊;1951 年《字林西报》终刊,共历时 101 年。《北华捷报/字林西报》是中国近代出版时间最长、发行量最大、最具影响力的英文报纸。该库采用大幅面扫描设备进行数字化处理,完整收录了《北华捷报/字林西报》,合约 50 万版,清晰完整地再现了报纸本来面目。

这些全文数据库提供简单检索、高级检索、专业检索等检索方式,可以直接下载全文(参见图 5-45 和图 5-46)。

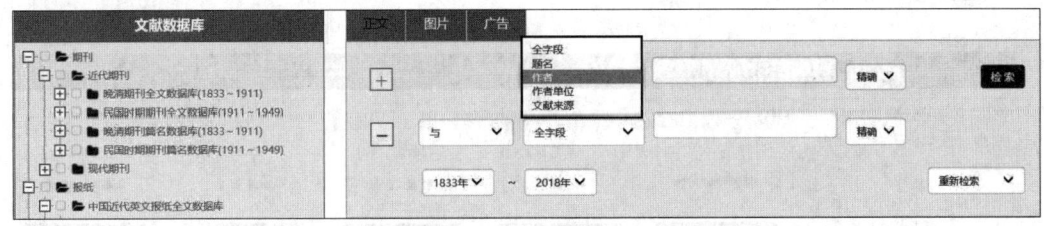

图 5-45　全国报刊索引近现代报刊全文库高级检索界面

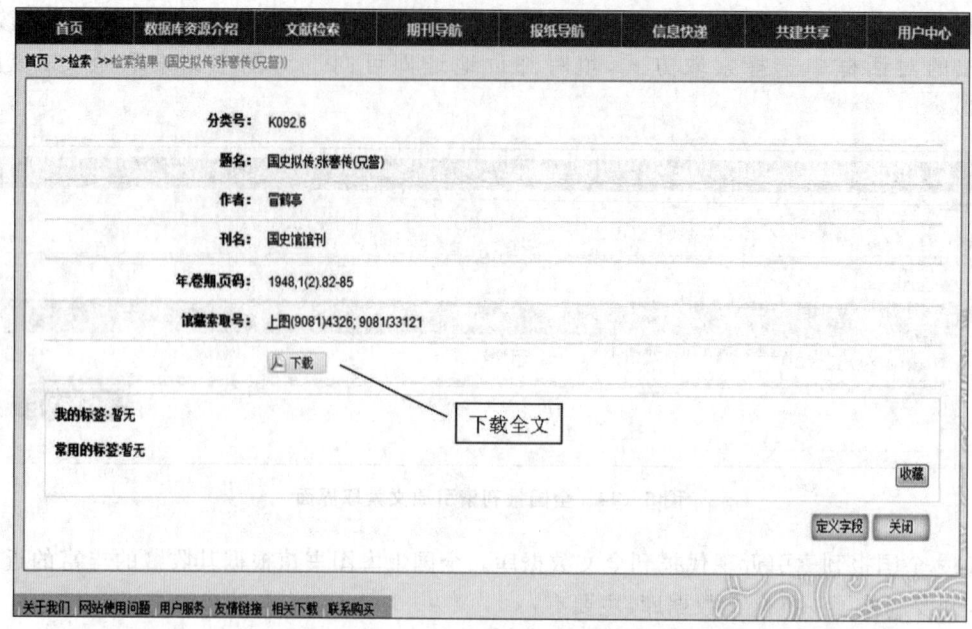

图 5-46 全国报刊索引近现代期刊全文数据库检索结果详细显示

5.2.3 人大复印报刊资料数据库

中国人民大学书报资料中心(http://www.zlzx.org)成立于 1958 年,是国内最早从事人文社会科学信息资料搜集整理、编辑加工、信息发布的学术研究出版单位,目前已发展成为集期刊出版、网络电子出版、信息咨询、广告、发行等为一体的综合性、跨媒体的现代信息资料出版机构。

人大复印报刊资料数据库(http://ipub.exuezhe.com/index.html),由人大"复印报刊资料"全文数据库、人大"复印报刊资料"专题目录索引数据库、中文报刊资料摘要数据库、报刊资料索引数据库、专题研究数据库及数字期刊库等数据库组成(参见图 5-47)。涵盖内容 148

图 5-47 人大复印报刊资料数据库首页

种期刊,包括复印报刊资料、人文社科文摘、报刊资料索引和原发期刊四大系列。数据库按学科分为 118 个专辑,多为月刊或双月刊,每期有全文和部分论文的题录。"文摘"系列期刊 14 种、"报刊资料索引"系列期刊 8 种。数据库版有镜像站、网上包库、注册用户等服务方式。

1. 全文库(http://ipub.zlzx.org/)

(1)"复印报刊资料"全文数据库,收 1995 年以来"复印报刊资料"系列期刊的论文,全文数据库按季度更新,按学科分为政治学与社会科学、法律、哲学、教育、文学与艺术、经济学与经济管理、历史、文化信息传播、其他等 9 个专辑(参见图 5-48)。

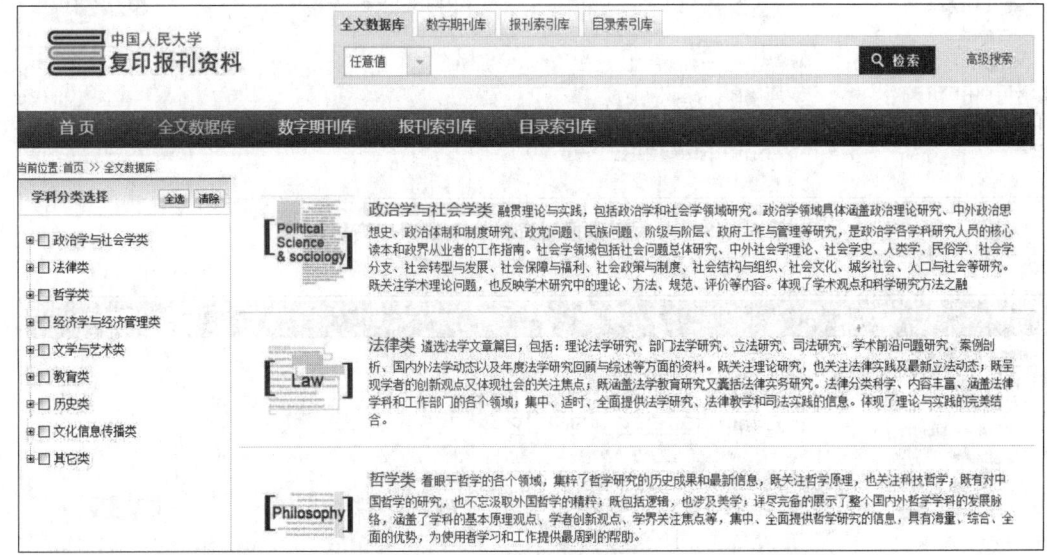

图 5-48 人大复印报刊资料全文数据库

检索方式有专题导航、基本检索、高级检索。

基本检索每次可以选择一个字段,若需多个字段组配,点击"高级检索"按钮,跳转到高级检索界面,点击字段选择下拉框,选择检索字段。字段间的逻辑关系支持"并且"、"或者"、"不含"(参见图 5-49)。

检索实例:检索 2017 年图书馆学与情报学学科下关于信息素养方面的文摘。首先在高级检索页面下学科分类选择中勾选图书馆学与情报学检索,然后时间范围选择 2016 年,检索所需字段(如标题),输入检索词信息素养,点击检索便可获得检索结果。结果系统默认显示题名和作者,可以根据需要自定义显示项目。点击篇名,显示全文(参见图 5-50)。

(2)专题研究数据库,包括在线版专题研究数据库和光盘版专题研究数据库两类。在线包库型专题研究数据库于 2008 年 10 月建成,是根据特色选题,通过分类整理、合理组合,从"复印报刊资料"全文数据库中整理生成各类专题研究资料,从而形成的新的数据库产品。

(3)数字期刊库,包括"复印报刊资料"系列期刊、中文报刊资料摘要以及原发刊等 148 种期刊的数字版。数字期刊为原刊形式,可以查看期刊封面、期号等信息,同时提供按期刊学科、期刊首字母拼音、期刊分类号、期刊属性等不同形式的查询方式以方便进行资源检索。

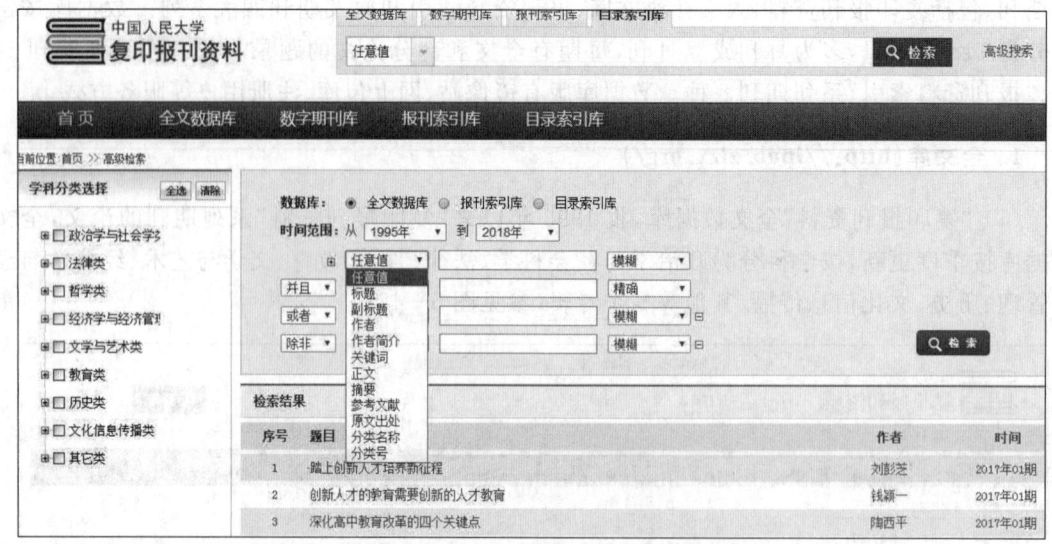

图 5-49 人大复印报刊资料全文数据库高级检索

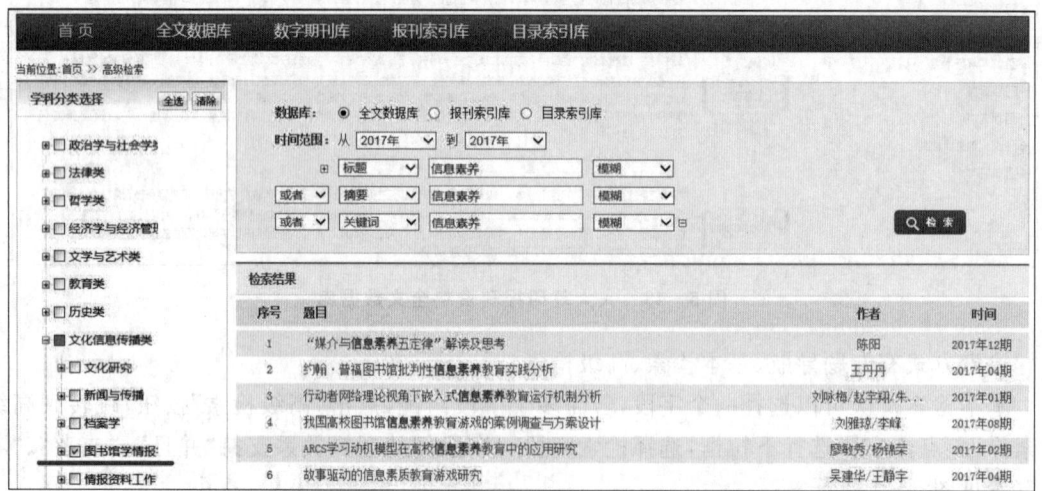

图 5-50 人大复印报刊资料全文数据库检索示例及检索结果列表

2. 二次文献库

(1)"复印报刊资料"专题目录索引数据库,收 1978 年以来"复印报刊资料"系列期刊的全部目录,按专题和学科体系分类编排。每条数据包含专题代号、类目、篇名、著者、原载报刊名称及刊期、选印在"复印报刊资料"上的刊期和页次等多项信息,按年度分库。

(2)中文报刊资料索引数据库,汇集了自 1978 年以来"复印报刊资料"系列刊每年选登的论文目录和未全文选印的文献题录,按专题和学科体系分类。其每条数据包含专题代号、类目、篇名、著者、原载报刊名称及刊期、复印专题名称及刊期等。

(3)中文报刊资料摘要数据库,是人文社科文献要点摘编形式的数据库。该数据库收集了中心出版的哲学、政治、法律、经济、教育、语言、文艺、历史、地理、财会等方面的 14 种专题文摘上刊载的资料。

5.2.4 中文社会科学引文索引(http://cssci.nju.edu.cn)

中文社会科学引文索引(Chinese Social Science Citation Index,简称"CSSCI")(参见图5-51)由南京大学中国社会科学研究评价中心开发制作,它以中文社会科学期刊登载的文献为数据源,通过来源期刊文献的各类重要数据及其相互逻辑关联的统计与分析,反映文献之间的相互影响,提供从文献引用角度检索文献的渠道,也可为文献的学术评价提供定量依据。

图 5-51 中国社会科学研究评价中心主页

CSSCI 遵循文献计量学规律,采取定量与定性评价相结合的方法,从全国 2 700 余种中文人文社会科学学术性期刊中精选出学术性强、编辑规范的期刊作为来源期刊。目前收录包括法学、管理学、经济学、历史学、政治学等在内的 25 大类的 500 多种学术期刊,现已有 1998 年以来的数据,来源文献 100 余万篇,引文文献 1 000 余万篇。

CSSCI 来源期刊遴选的原则和方法是:根据中国社会科学研究评价中心提供的各学科期刊总被引次数、近三年他引影响因子及其加权值数据,对拟入选 CSSCI 来源期刊进行定性评价,删除属于一号多版、自然科学类以及编辑不规范等不符合 CSSCI 选刊标准的期刊,在考虑地区与学科合理布局的基础上遴选新年度来源期刊。2017~2018 年确定了 553 种期刊为 CSSCI 来源期刊。查看各学科的来源期刊,可点击主页的"来源期刊"链接,或从来源文献检索界面的期刊导航选择来源文献的类型及学科(参见图 5-52)。

图 5-52　CSSCI 来源文献检索

来源文献检索提供多个检索入口，包括：篇名、作者、作者所在地区机构、刊名、关键词、文献分类号、学科类别、学位类别、基金类别及项目、期刊年代卷期等，其中篇名、关键词、作者、期刊名可选择精确检索。作者和作者机构可选择第一作者、第一机构。检索词之间的逻辑关系支持"与"、"或"，并可从发文年代、年卷期、文献类型、学科类别、学位类别、基金类别等方面对检索加以限定等（参见图 5-53）。对检索结果可进行二次检索。

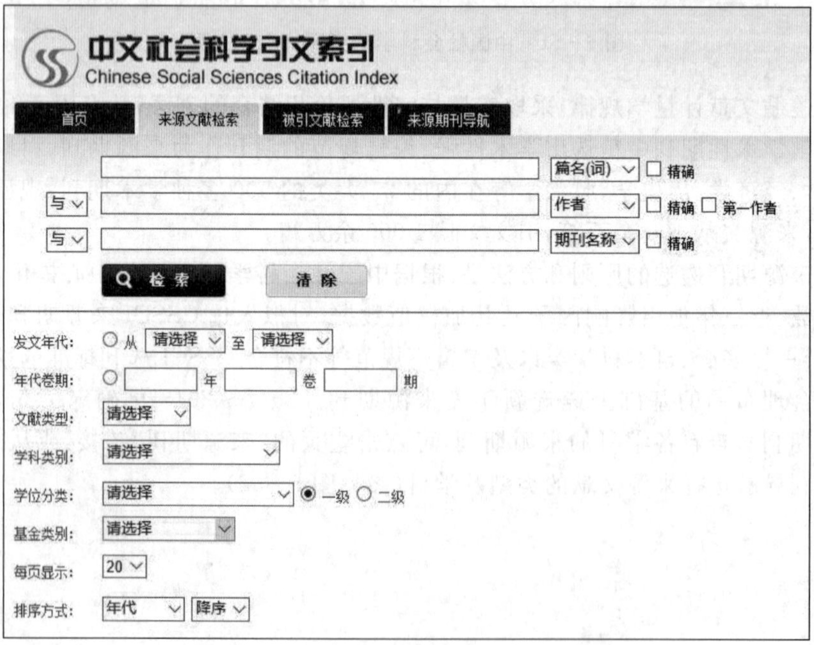

图 5-53　CSSCI 来源文献高级检索界面

被引文献的检索提供的检索入口包括：被引文献、作者、篇名、刊名、出版年代、被引文献细节等（参见图 5-54）。可选择被引年份，从"被引文献类型"下拉框中选择所需文献类型，默认所有类型文献。检索结果默认列表显示（参见图 5-55），点击检索结果中的选中记录，显示引用该文献的来源文献（参见图 5-56）。对授权用户提供原文链接，点击原文图标，跳转到收录该文的全文数据库。

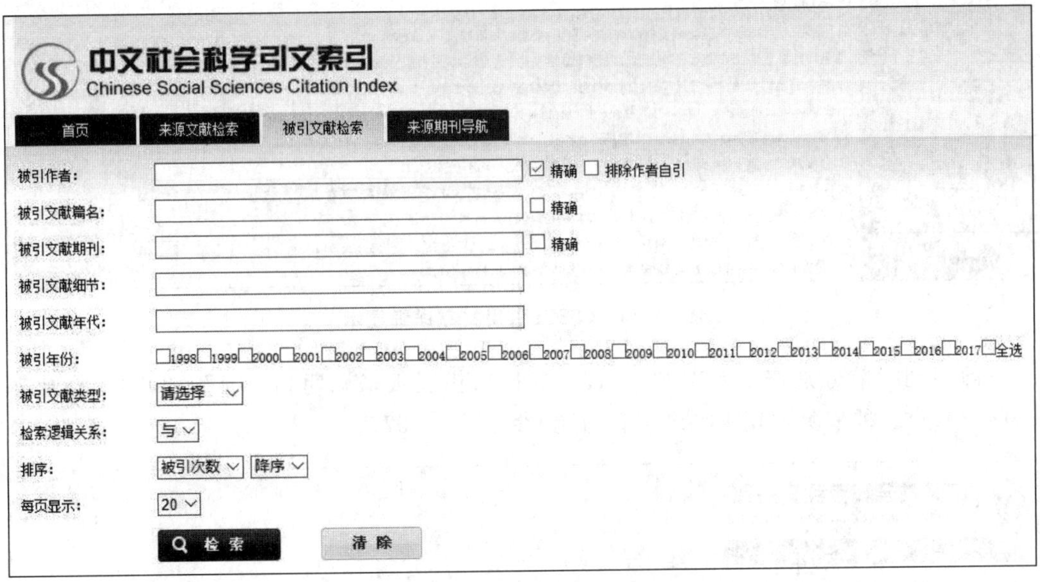

图 5-54　CSSCI 被引文献高级检索界面

图 5-55　CSSCI 被引文献检索结果列表

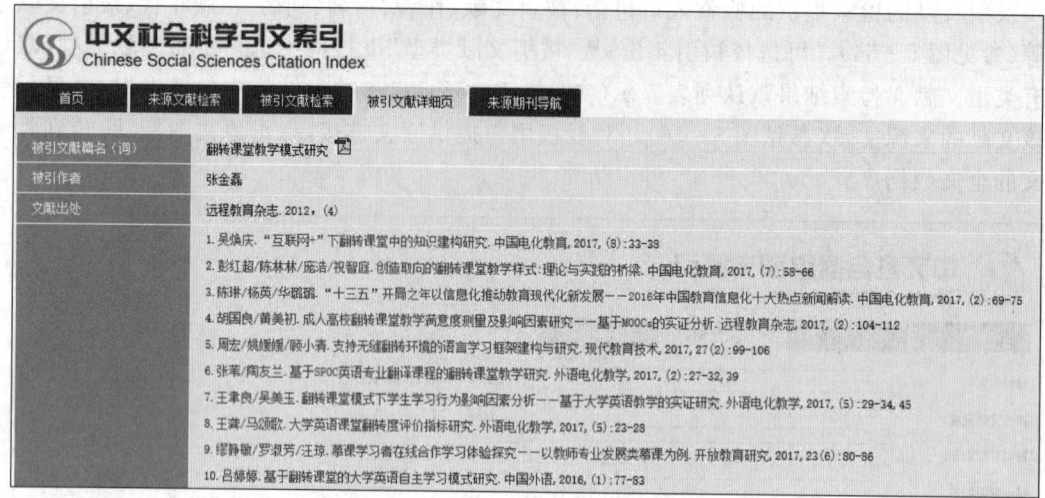

图 5-56 CSSCI 引用文献详细显示

来源期刊导航分别按来源期刊(2017~2018)、扩展版来源期刊(2017~2018)、收录集刊(2017~2018)三种来源对其所收录期刊导航(参见图 5-57)。

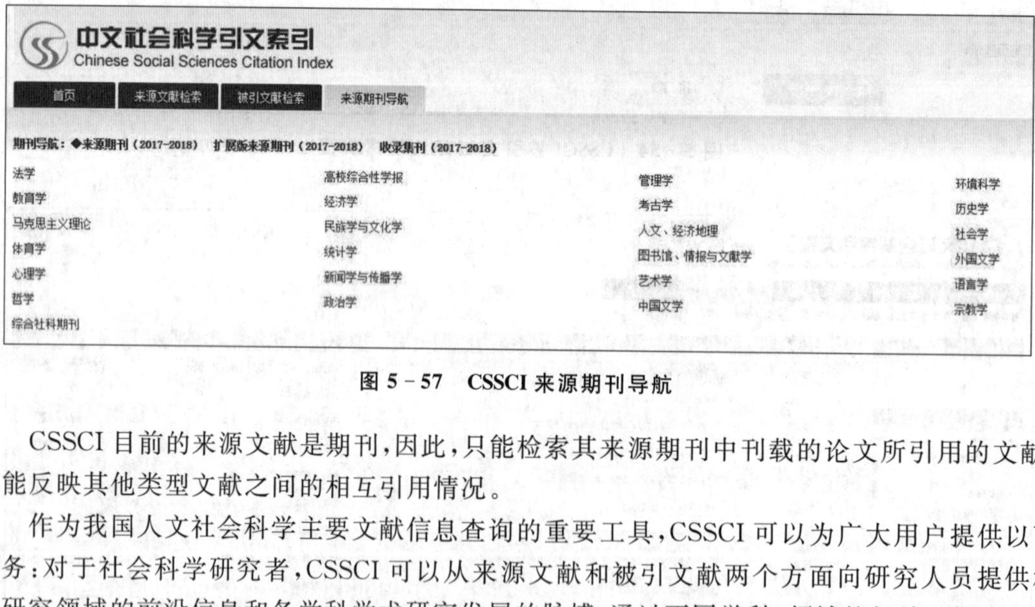

图 5-57 CSSCI 来源期刊导航

CSSCI 目前的来源文献是期刊,因此,只能检索其来源期刊中刊载的论文所引用的文献,不能反映其他类型文献之间的相互引用情况。

作为我国人文社会科学主要文献信息查询的重要工具,CSSCI 可以为广大用户提供以下服务:对于社会科学研究者,CSSCI 可以从来源文献和被引文献两个方面向研究人员提供相关研究领域的前沿信息和各学科学术研究发展的脉搏,通过不同学科、领域的相关逻辑组配检索,挖掘学科新的生长点,展示实现知识创新的途径;对于社会科学管理者,CSSCI 可以提供地区、机构、学科、学者等多种类型的统计分析数据,从而为制定科学研究发展规划、科研政策提供决策参考。

CSSCI 数据库面向高校开展网上包库服务,主要提供账号和 IP 两种方式控制访问权限,其中,账号用户在网页上直接填写账号密码即可登录进入。包库用户采用 IP 地址控制访问权限,可直接点击"包库用户入口"进入。

5.2.5 其他中文学术文献检索工具

1. 国家哲学社会科学学术期刊数据库（http://www.nssd.org/）

由中国社会科学院承建的"国家哲学社会科学学术期刊数据库"旨在建设成为我国国内最大的公益性社会科学精品期刊数据库，公益、开放，不受 IP 限制，简单注册后即可使用。目前收录精品学术期刊数百种，论文百余万篇，收录国家社科基金遴选并重点资助的国内顶级社科类学术期刊 200 种，收录中国社会科学院主办期刊 78 种，收录期刊绝大部分入选中国社会科学院、北京大学、南京大学三大评价体系的核心期刊。数据库提供论文检索、期刊导航、作者聚焦和机构索引四大服务功能（参见图 5-58）。

图 5-58 国家哲学社会科学学术期刊数据库首页

论文检索：支持题名、作者、机构、刊名、关键词、摘要、发表时间等字段的单一和联合检索，提供检索结果的二次筛选、多种排序、聚类显示等功能（参见图 5-59）。结果页面有"全文下载"和"阅读全文"图标的论文，即为可以在线浏览和下载的论文。单击论文标题进入论文详细页面。点击"全文下载"图标后即可将论文下载到本地电脑，也可以把文章分享到 QQ 空间、新浪微博、微信等平台（参见图 5-60）。

期刊导航：提供学科分类导航、核心期刊导航、社科基金资助期刊导航、中国社科院期刊导航、地区导航（参见图 5-61）。点击需要阅读的期刊，打开该期刊主页，可查看期刊信息、期刊评价数据等信息。

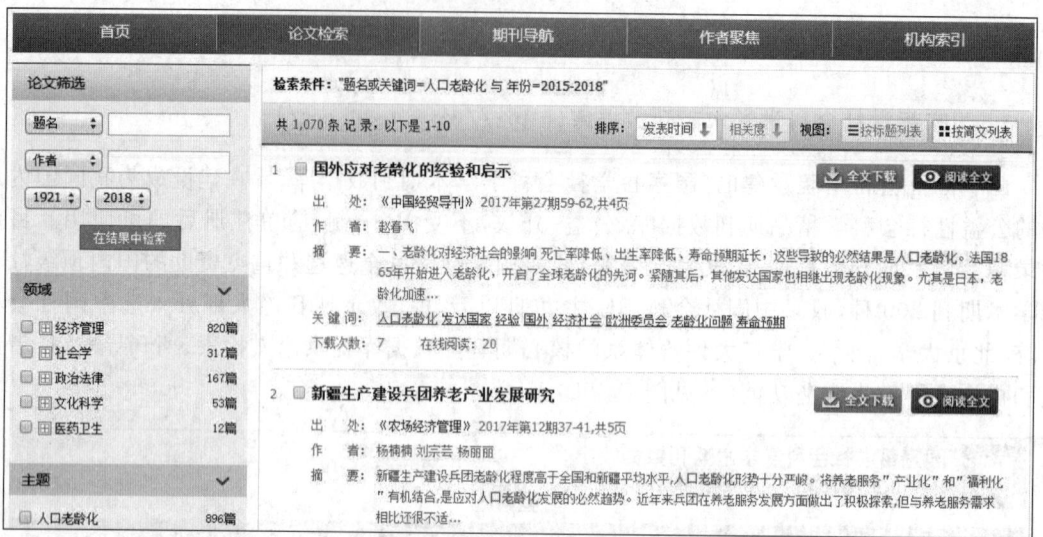

图 5-59　国家哲学社会科学学术期刊数据库论文检索结果

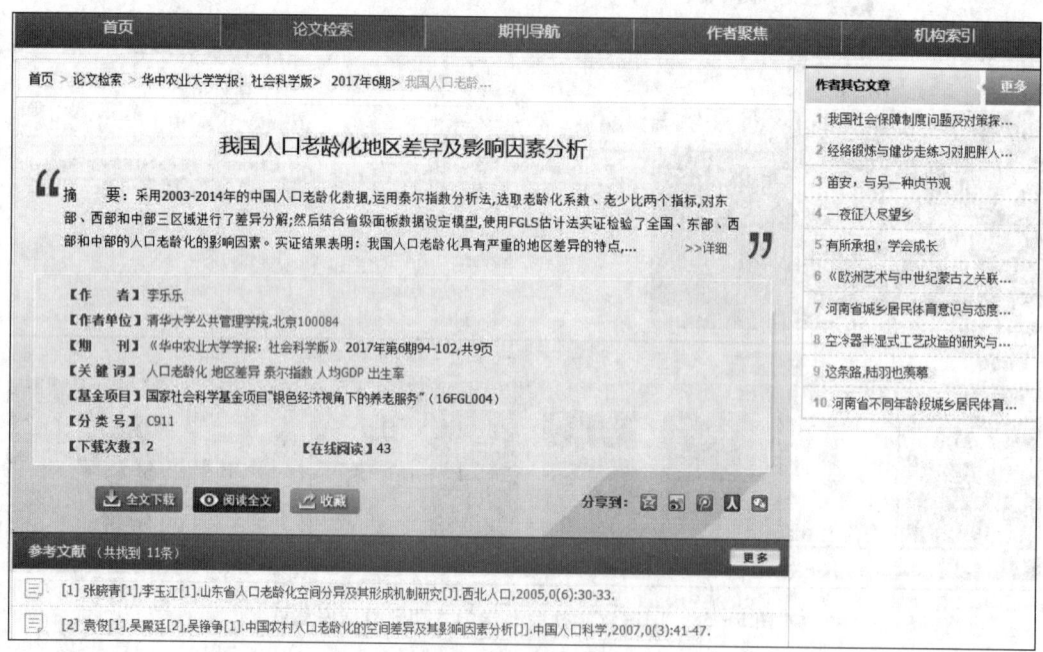

图 5-60　国家哲学社会科学学术期刊数据库单篇文献详细页面

作者聚焦：输入需要检索的作者姓名、机构或直接选择作者姓名首字母、所在地区，可检索到库内符合条件的作者列表(参见图 5-62)。点击某一作者姓名，可打开作者个人主页，查看该作者个人介绍、已发表的作品、发表期刊和学术评价。

图 5-61　国家哲学社会科学学术期刊数据库期刊导航

图 5-62　国家哲学社会科学学术期刊数据库作者聚焦

机构索引：可从机构、人物、领域三方面进行机构筛选，也可以按地区、学科、机构名首字母进行浏览（参见图 5-63）。

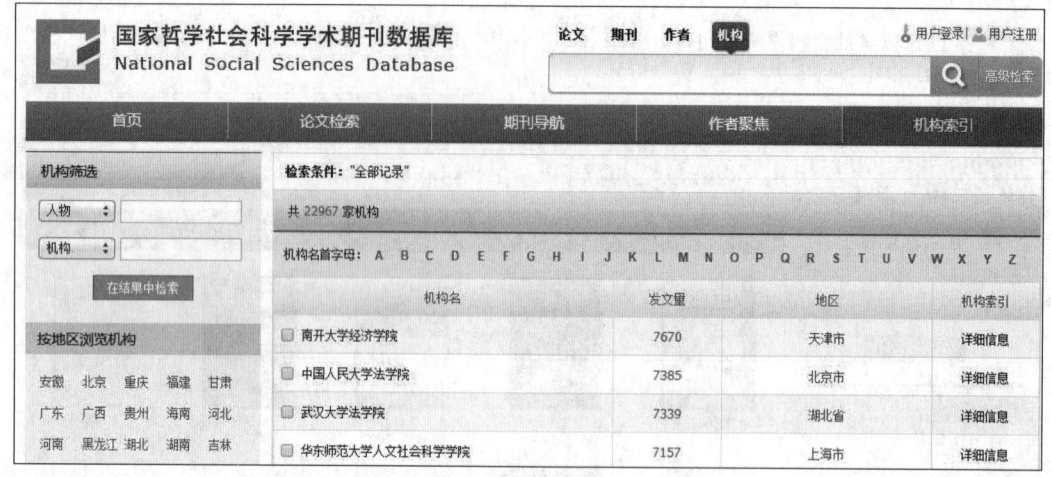

图 5-63　国家哲学社会科学学术期刊数据库机构索引

2. 华艺台湾学术文献数据库(http://www.airitilibrary.cn/)

　　华艺为台湾最大的学术数据库公司,全球图书馆用户有 1 000 家,台湾华艺数位股份有限公司的台湾学术文献数据库(包含台湾科学期刊数据库及台湾科学学位论文数据库)收录台湾优质科学类学术文献,学科领域包括:自然科学、应用科学、医学与生命科学。截至 2018 年 4 月,数据库收录期刊文献 525 628 篇,博硕士论文 113 322 篇。

　　台湾科学期刊数据库以台湾地区出版的 SCI、SSCI、EI、Medline、CA 等国际权威期刊索引为收录基础,收录科学类期刊共 442 种,其中自然科学(理)期刊计 55 种、应用科学(工)期刊 165 种、医学与生命科学(医农)期刊 292 种。

　　台湾科学学位论文全文数据库为全台最大科学学位论文库,收录 31 所重点大学学位论文全文(台湾大学为独家收录),提供快速检索、高级检索、文献类型导航等模块(参见图 5-64),支持简繁体中文检索,PDF 直接下载(参见图 5-65)。是了解台湾地区学术研究资源最重要的电子全文数据库。

　　快速检索可以通过点击更多选项实现所有字段,题名、关键词、摘要字段,作者字段,文献来源字段及出版地区等检索条件的逻辑与组配(参见图 5-66)。

　　高级检索模块可以通过高级检索编辑指令功能,组合出较复杂的查询条件,方便精确查询范围。例如:从题名、关键词、摘要字段检索"老龄化社会",可输入命令"[ALL3]:老龄化社会",从关键词字段检索"健康促进",可输入"[KW]:健康促进"。逻辑运算符用 AND、OR、NOT 分别表示逻辑与、逻辑或和逻辑非(参见图 5-67)。

第 5 章 论文检索

图 5-64 台湾学术文献数据库主页

图 5-65 台湾学术文献数据库检索结果页面

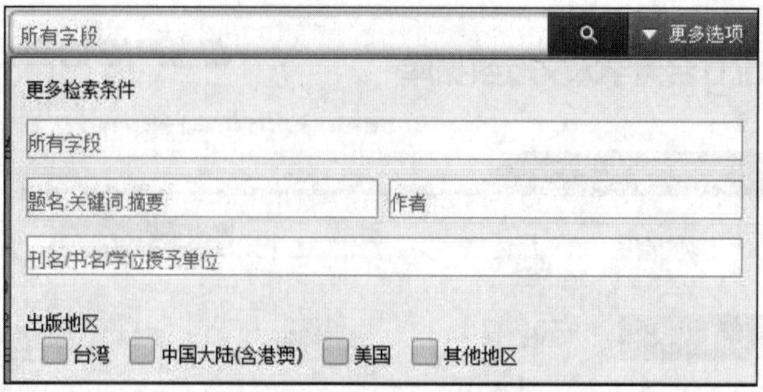

图 5-66 台湾学术文献数据库快速检索更多选项

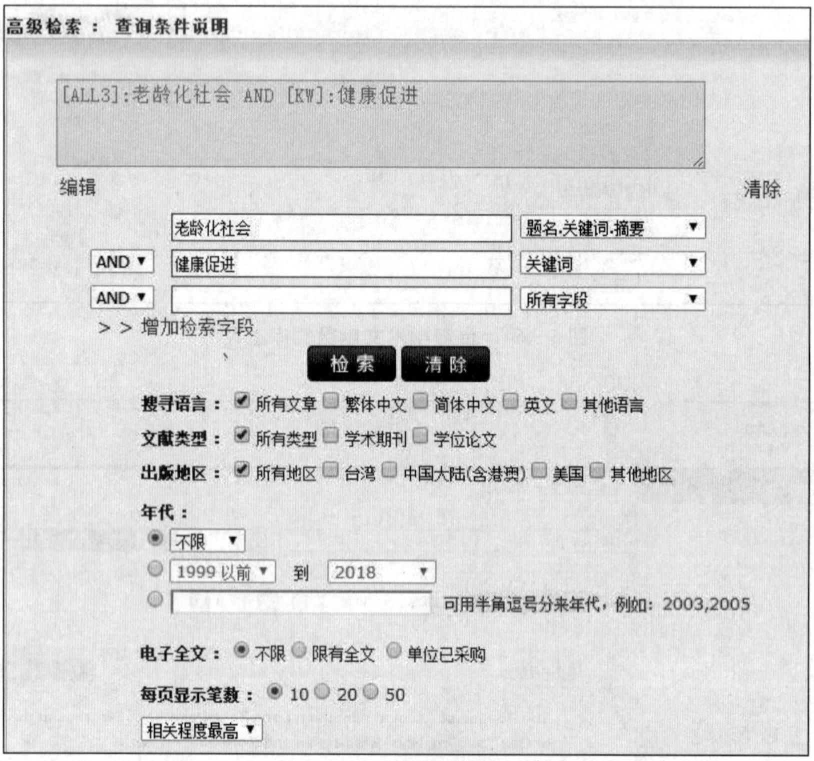

图 5-67 台湾学术文献数据库高级检索

3. TWS 台湾学术期刊在线数据库(http://www.twscholar.com/)

TWS 台湾学术期刊在线数据库为国家新闻出版广电总局(原国家新闻出版总署)批准引进的台湾电子期刊库,是目前收录台湾指标期刊最多最完整的数据库,汇聚台湾地区所出版学术期刊数量的 90% 以上。收录期刊以国际重要期刊指标,如 A&HCI、SCI、SSCI、EI、TSSCI、CSSCI、CA、Medline 为依据,TWS 收录刊种的学科分布,涵盖人文学、社会科学、应用科学、自然科学及生物医学等五大领域,包括:政治、经济、社会、教育、心理、法学、管理、区域研究、医学、自然、文学、物理、化学、天文、语言、图书信息、电机工程等 76 门学科,其中人文社科占54%,理工类占 39%,综合类占 7%。TWS 是一个偏重人文社科领域的台湾学术文献数据库。

TWS 台湾学术期刊在线数据库提供浏览、快速检索、高级检索等模块,高级检索和快速检索同时在首页提供(参见图 5-68)。浏览模式可分别按学科、机构、指标、拼音等对期刊进行分类浏览(参见图 5-69)。数据库支持简繁体中文检索,提供全文下载(参见图 5-70)。

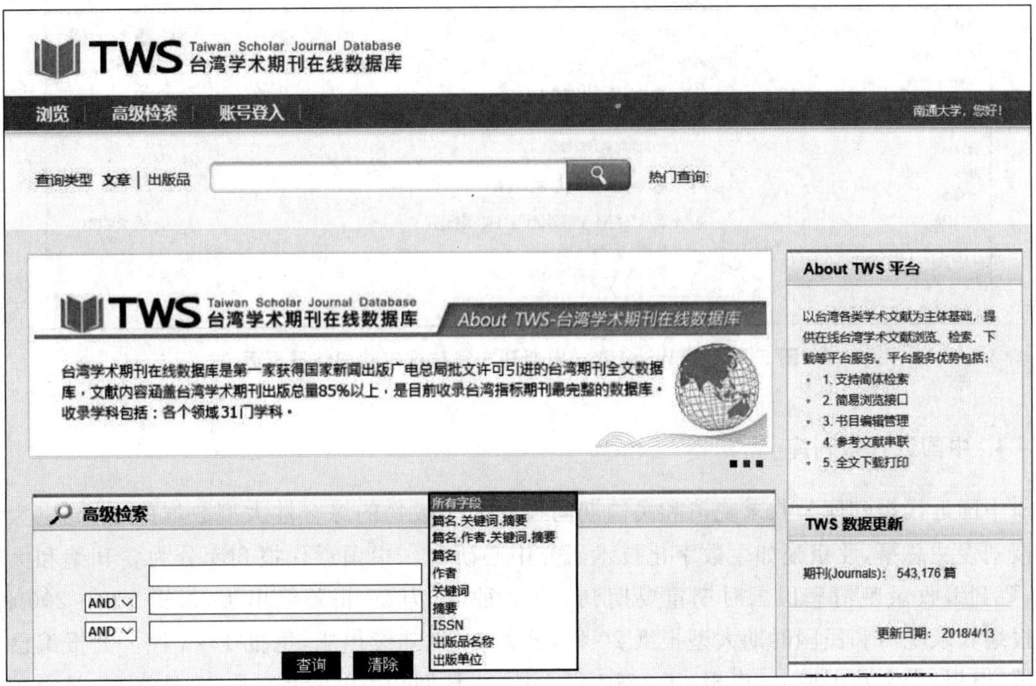

图 5-68　TWS 台湾学术期刊在线数据库首页

图 5-69　TWS 台湾学术期刊在线数据库分类浏览页面

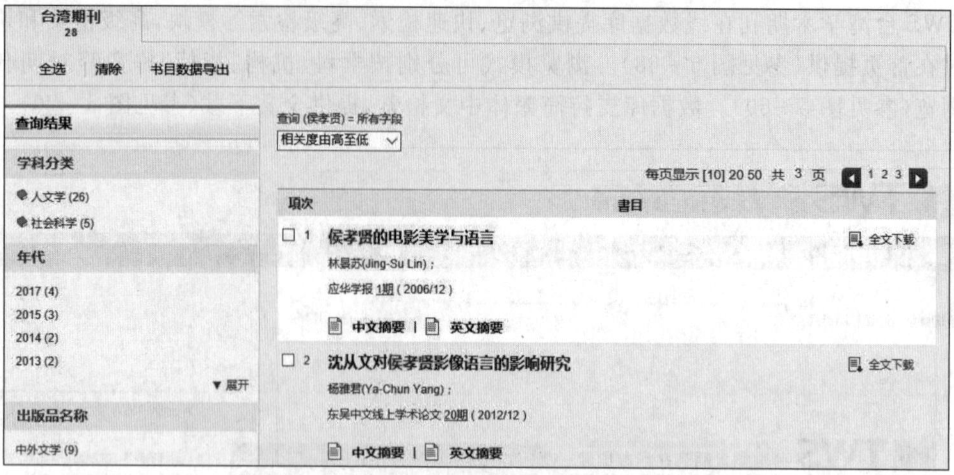

图 5-70　TWS 台湾学术期刊在线数据库检索结果页面

4. 中国近代报刊库

中国近代报刊库是收录晚清和民国期间报刊类出版物的综合性大型数据库，由北京大学教授刘俊文总纂，北京爱如生数字化技术研究中心研制。中国近代报刊库分为要刊编和大报编，要刊编收录晚清和民国时期重要期刊 3 000 种，分为 20 辑陆续出版，每辑 100～200 种。大报编收录晚清和民国时期大型报纸 20 种，分为 10 批陆续出版，每批 1～3 种。大报编已经出版《申报》全文数据库。《申报》于 1872 年 4 月 30 日创刊，1949 年 5 月 27 日终刊，是中国近代创办最早、存续时间最长和最具影响力的中文日报。《申报》全文数据库收录了该报上海版、汉口版、香港版总计 3 个版本 27 534 号的全部内容。

中国近代报刊全文库有镜像站和在线两种服务方式。

中国近代报刊库提供分类检索、条目检索、全文检索等检索模式。在分类检索中点击所选的类目，显示该类目的期刊名、卷期、责任人、出版时间。单击所选记录，显示该刊简介（参见图 5-71），双击该记录，进入整刊阅读界面。

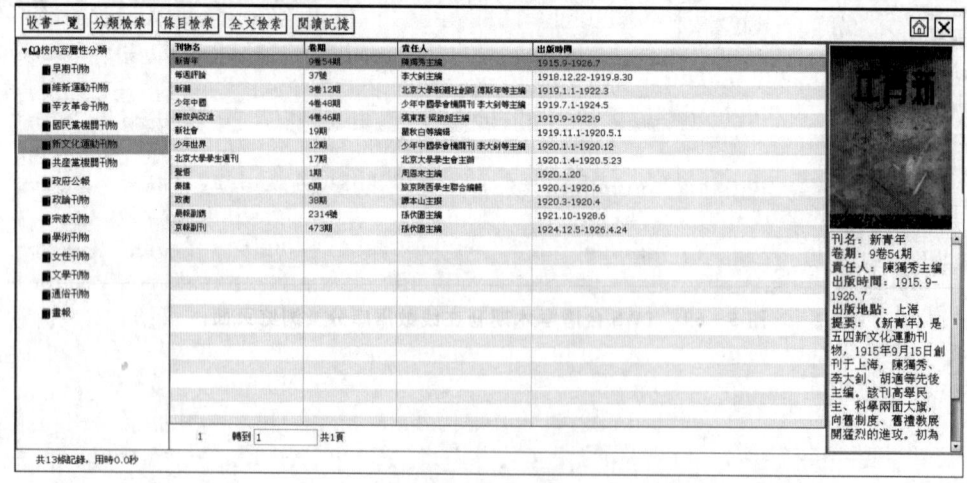

图 5-71　中国近代报刊库分类检索界面

条目检索的可检字段有刊物名、责任人、出版时间、出版地点、篇章名、作者名。全文检索支持布尔逻辑组配(参见图5-72)。点击所选记录,进入全文阅读界面。

中国近代报刊库全文库的阅读界面采用双窗点选式页面,原报(刊)影像和录入全文逐页对照(参见图5-73),可编辑、下载和打印。

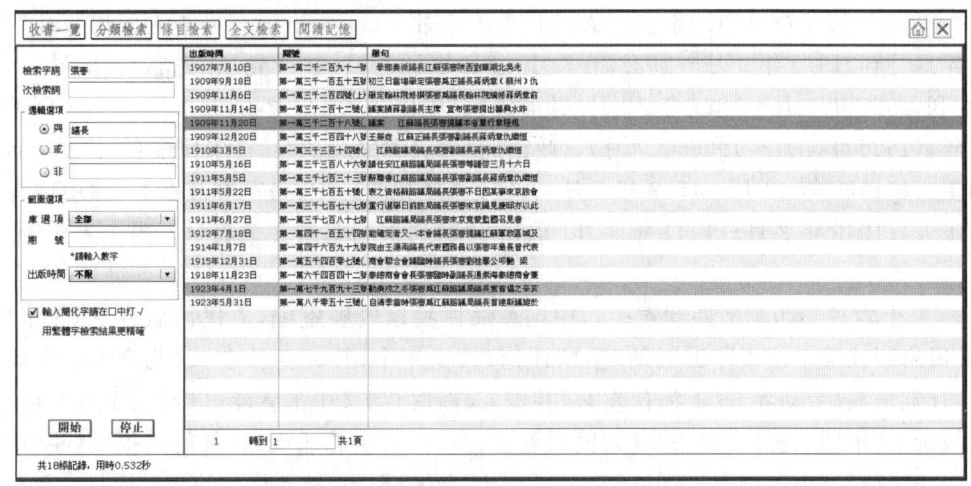

图5-72　中国近代报刊库全文检索界面

图5-73　中国近代报刊库全文阅读界面

5．专题索引

(1) 单种报刊或特种报刊索引。查1949年以前的报刊资料,还应注意利用出版较早、时间跨度长、影响较大的单种报刊或特种报刊的索引。如：

➢《申报索引》,申报索引编委会编,上海书店1987年起分册陆续出版,至2008年已出版1919～1947年的索引30册。《申报》创刊于1872年(清同治十一年)4月,终于1947年5月,出版时间长达78年,是中国近代出版最早、历史最悠久、影响最大的一份报纸。它全面记录了晚清、民国时期政治、经济、军事、外交、文化、社会生活等各方面的重要资料,是中国近代史研究的资料宝库。《申报索引》以年为单位,逐年编制。该索引按分类编排,根据《中国图书资料分类法》和《申报》的特点设计了专用的《申报索引分类表》,类以下有二至三级子目。对史料研究十分重要或数量较多的资料又细分专题。每条资料出处注明著者、《申报》影印本编号、页码、版区,附有人名索引。另编有《申报》的主要副刊《自由谈》的篇名目录和作者索引。

北京爱如生公司 2012 年推出了《申报》全文数据库(参见第 5 章第 2 节 5.2.5)。

➢《十九种影印革命期刊索引》,人民日报出版社 1959 年出版。可查人民出版社影印的《新青年》(月刊,1915 年 9 月~1922 年 7 月)、《每周评论》、《共产党》、《先驱》、《向导》、《新青年》(季刊,1923 年 6 月~1924 年 12 月)、《前锋》、《中国工人》(1924 年 10 月~1926 年 7 月)、《新青年》(1925 年 4 月~1926 年 7 月)、《政治周报》、《农民运动》、《布尔什维克》、《无产青年》、《中国工人》(1928 年 12 月~1929 年 5 月)、《实话》、《群众》、《八路军军政杂志》、《中国青年》、《中国工人》(1940 年 2 月~1941 年 3 月)等 19 种期刊上刊载的文章篇目。附个人作者、译者索引。

➢《二十六种影印革命期刊索引》,中国革命博物馆资料室编,人民出版社 1988 年出版。可查人民出版社等单位影印出版的《星期评论》、《少年中国》、《新社会》、《北京大学生周刊》、《秦钟》、《觉悟》、《劳动界》、《上海伙友》、《共进》、《新时代》、《中国青年》、《政治生活》、《中国军人》、《战士》、《中国农民》、《犁头》、《人民周刊》、《劳动》、《全总通讯》、《红旗周报》、《斗争》、《苏区工人》、《解放》、《中国妇女》、《共产党人》、《中国文化》等 26 种刊物上的全部篇目。有篇目分类索引和著者译者姓氏笔画查字表。

➢《东方杂志总目》,三联书店 1957 年出版。《东方杂志》1904 年 3 月创刊于上海,1948 年 12 月终刊。

➢《国闻周报总目》,三联书店 1959 年出版。《国闻周报》1924 年 8 月创刊,1937 年 12 月停刊。

➢《新中华总目》,三联书店 1957 年出版。《新中华》1933 年 1 月创刊,1949 年 5 月停刊。

(2) 专科或专题文献索引。专题论文索引多为累积型的,时间跨度较长,收录多种文献,且多为印刷版,可以补充综合型检索工具的不足。各学科的专题索引很多,此处仅举几例:

➢《法学论文目录集(1949~1984)》,童兆洪等编,浙江人民出版社 1986 年出版。

➢《法学论文目录集(1985~1987)》,吕雪梅等编,浙江人民出版社 1993 年出版。

➢《世界经济论文篇目分类索引(1978~1983.4)》,复旦大学世界经济资料室编,复旦大学出版社 1985 年出版。

➢《经济论文分类索引(1945~1965)》,袁坤祥、马景贤编,台北成文出版社 1967 年出版。

➢《中国语言学论文索引》,中国科学院语言研究所编,商务印书馆出版,甲编收 1900~1949 年发表的论文,1978 年新一版;乙编收 1950~1980 年发表的论文,1983 年增订版。

➢《中国语言学论文索引(1981~1985)》,杨秀君等编,吉林省图书馆学会 1986 年印行。

➢《中国语言学论文索引(1991~2000)》,中国社会科学院语言研究所编,商务印书馆 2003 年出版。

➢《中国古典文学研究论文索引(1949~1966.7)》,北京师院中文系资料室、中国社会科学院文学所资料室编,中华书局 1979 年出版增订本。

➢《中国古典文学研究论文索引(1966.7~1979.12)》,中国社会科学院文学所资料室编,中华书局 1982 年出版,其后约两年出版一册续编。

➢《中国现代当代文学研究论文索引(1949～1982)》,田慧贞主编,南开大学出版社 1984 年出版。
➢《日本研究中国现当代文学论著索引(1919～1989)》,孙立川、王顺洪编,北京大学出版社 1991 年出版。
➢《外国文学研究论文资料索引(1919～1978)》,河南师范大学中文系 1979 年编印。
➢《外国文学研究论文资料索引(1978～1985)》,河北教育学院图书馆、上海教育学院图书馆编,上海社会科学院出版社 1986 年出版。
➢《中国史学论文索引(第一编、第二编、第三编)》,中国社会科学院历史研究所编,中华书局 1979～1995 年出版,收 1900～1976 年国内(包括港澳台地区)发表的论文。
➢《世界通史论文资料索引》,复旦大学历史系资料室等编,复旦大学出版社 1987～1988 年出版,全三册。
➢《1 522 种学术论文集史学论文分类索引》,周迅等主编,书目文献出版社 1990 年出版,收 1911～1986 年我国出版的 1 522 种论文集中的史学论文。

5.3 国内的外文学术论文检索工具

国内开发的外文学术论文检索工具多为资源共建共享平台,收录多语种、多类型文献,以题录、文摘为主,包括部分全文库,同时通过对参建单位文献资源的集成整合,部分全文可以直接获得,大多全文可以通过文献传递方式获得。

5.3.1 开世览文(http://cashl.edu.cn/portal/homepage.html)

开世览文(CASHL)是中国高校人文社会科学文献中心(China Academic Social Sciences and Humanities Library)的简称,是在教育部的统一领导下,本着"共建、共知、共享"的原则、"整体建设、分布服务"的方针,为高校哲学社会科学教学和研究建设的文献保障服务体系,是教育部高校哲学社会科学"繁荣计划"的重要组成部分,也是全国性的唯一的人文社会科学文献收藏和服务中心,其最终目标是成为"国家哲学社会科学资源平台"。CASHL 于 2004 年 3 月 15 日正式启动并开始提供服务,已收藏有 26 490 种国外人文社会科学领域的核心期刊和重要期刊;2 739 种电子期刊以及 73 万多种电子图书;200 余万种外文图书;以及"高校人文社科外文期刊目次库"和"高校人文社科外文图书联合目录"等数据库,提供数据库检索和浏览、书刊馆际互借与原文传递、相关咨询服务等。任何一所高校,只要与 CASHL 签订协议,即可享受服务和相关补贴(参见图 5-74)。

1. 期刊检索

开世览文的期刊检索有刊名检索与浏览、核心期刊检索两个模块。前者包括开世览文收录的所有期刊,后者只包括核心期刊。两个模块检索界面相同,都包括按刊名首字母浏览、按学科分类浏览、刊名检索 3 种检索方式。刊名检索的可检字段有刊名和 ISSN 号,匹配方式有前方一致、包含、精确匹配,可以选择馆藏地和期刊类型(参见图 5-75)。检出所需期刊后,选择所需卷期,浏览该期目次。图书浏览及检索界面与期刊基本相同,图书简单检索和高级检索界面与文章检索界面基本相同。

图5-74 开世览文主页

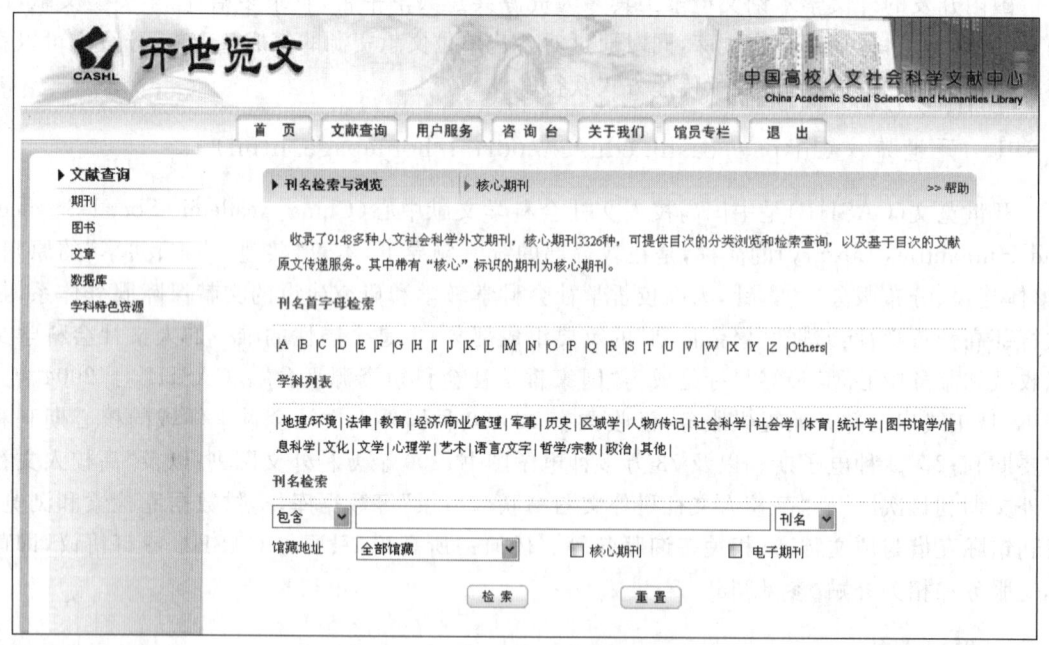

图5-75 开世览文期刊检索

2. 文章检索

开世览文的文章检索分篇目简单检索和篇目高级检索两种模式,高级检索的可检字段有全面、篇名、作者、刊名、ISSN 号等(参见图5-76),检索结果列表中在核心期刊刊名后标出"核心",在检索结果详细内容界面显示馆藏单位(参见图5-77)。对选中的文献发送文献传递请求,可获取原文。

图 5-76 开世览文文章检索

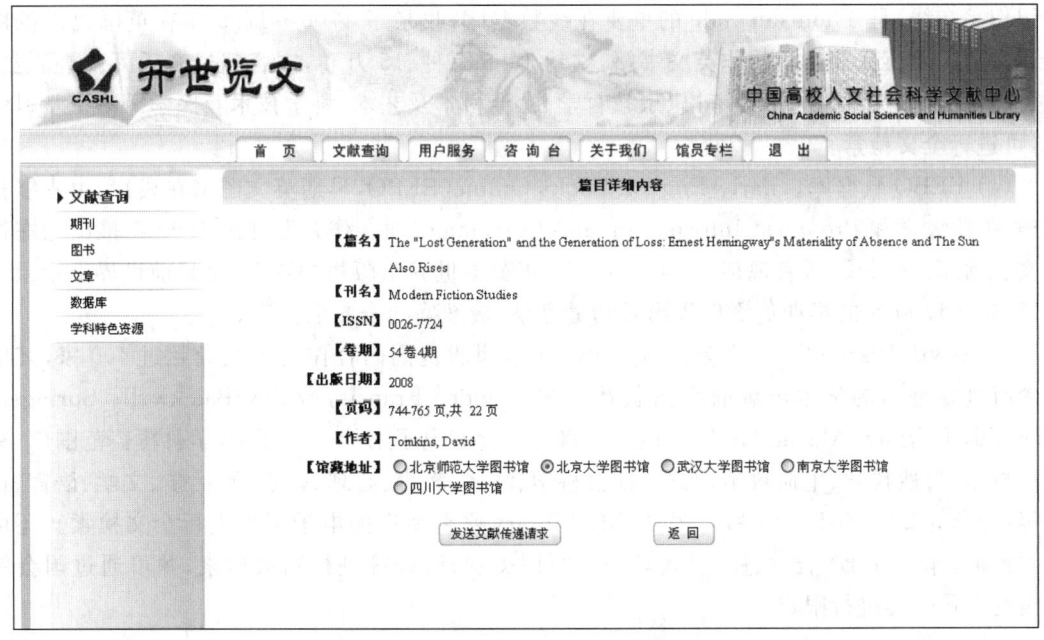

图 5-77 开世览文检索结果详细显示

3. 数据库检索

自 2007 年起,中国高校人文社会科学文献中心(CASHL)出资购买了多种电子资源,采用 IP 地址控制访问权限,不需要账号和口令,并且这些数据库通过国际专线访问,CASHL 中心馆用户都可直接访问、检索与下载信息,不需支付国际网络通信费。非中心馆用户检索到文献后,可以通过文献传递服务获取全文。例如:

(1) JSTOR 全文电子期刊。JSTOR 是 Journal STORage 的缩写,重点收录有影响的学术性期刊的过刊(即不包括近年的数据),侧重于政治、经济、哲学、历史等人文社会学科,兼有一般自然科学主题,且绝大多数是从创刊号开始收录。包括英国皇家学会 1665 年创刊的 *Philosophical Transaction* 以及 1880 年创刊的 *Science* 等。截至目前共有来自全球 351 家出版商的 564 种期刊可以访问。

(2) PAO 社科全文电子期刊。Periodicals Archive Online(PAO,典藏学术期刊全文数据库)提供人文社科类高品质期刊全文,是一个过刊在线图书馆。收录 435 种期刊,回溯时间从 1802 年至 2000 年,可以访问超过 140 万篇文章,总计超过 890 万页的期刊内容,其中超过 20% 为非英文期刊。覆盖学科领域包括经济、文学、法律、教育、社会学、心理学及艺术等。其中较著名的期刊如 *Current History*,*Philosophy Today*,*American Musicological Society Journal*,*Sight and Sound*,*Foreign Affairs*,*Management Review* 等几乎全部回溯至创刊号。

(3) ECCO 十八世纪作品电子在线。Eighteenth Century Collections Online(ECCO,十八世纪作品在线)是 Thomson Gale 的重要在线数据库,收录了 1700~1799 年在英国出版的图书和在美国及英联邦出版的非英文书籍,共约 13.8 万种、15 万卷,内容超过 3 千万页,涵盖历史、地理、法律、文学、语言、参考书、宗教哲学、社会科学及艺术、科学技术及医学等多个学科领域,可进行全文检索。

(4) EEBO 数据库。Early English Books Online(EEBO,早期英文图书在线)是由密歇根大学、牛津大学和 ProQuest Information and Learning 公司合作开发并于 1999 年推出的在线全文数据库。收录了所有现存的 1473~1700 年英语世界出版物的资料,是目前世界上记录从 1473 年到 1700 年的早期英语世界出版物最完整、最准确的全文数据库。

(5) MyiLibrary 电子书平台。MyiLibrary 在世界范围内合作的出版商超过 400 家,其中包含有世界著名的学术出版商和出版社。如 Taylor&Francis,Wiley Balckwell,Springer,Emerald,Palgrave Macmillan 等。该平台目前包含有电子书约 2.5 万册,学科覆盖范围广,有工程技术、自然科学、生命科学、医药、社会科学、法律、教育、心理、哲学、政治学、文学、语言、音乐等,全部为 2004 年以后出版。另外,MyiLibrary 平台所有的电子书可进行全文检索。还可按关键词、作者、ISBN、出版社、出版日期、学科、类别、语种等进行高级检索;并可通过国会图书馆的学科分类进行限定。

4. 特色资源检索

CASHL 的特色资源服务体系主要有 2 个全国中心、5 个区域中心以及 10 个学科中心组成。各中心根据分工建设特色资源库,提供目录的免费检索和文献传递服务。

5.3.2 CALIS外文期刊网(http://ccc.calis.edu.cn)

CALIS外文期刊网原名"CALIS西文期刊目次数据库",现已发展为全国高校图书馆外文期刊的集成系统(简称CCC系统)。该系统收录3万多种西文期刊的篇名目次数据,其中有2.2万种现刊的篇名目次,每星期更新一次。系统标注了CALIS高校图书馆的纸本馆藏和电子资源馆藏;系统把各图书馆馆藏纸本期刊和图书馆购买的全文数据库(包含电子期刊与篇名目次)有机地集成到一起,使读者可以直接通过系统的资源调度获得电子全文;并且系统连接了CALIS馆际互借系统,读者可以按照查找到的文章信息直接发送文献传递请求获取全文。本系统还为成员馆提供用户使用查询统计报告、成员馆馆藏导航数据下载、成员馆电子资源维护等服务。

1. 篇目检索

篇目检索的高级检索模式(参见图5-78)可检索字段有篇名、作者、刊名、全面、ISSN号。每个检索框中可以输入多个检索词,不区分词序和大小写以及标点符号,词与词之间默认的逻辑关系是"AND"。允许使用*作为截词符,如micro*可以检索microscope,microcomputer等一系列以micro开始的词。检索框之间的逻辑关系支持"AND"、"OR"、"NOT"。匹配方式支持包含、完全匹配和前方一致。"包含"方式忽视检索词的位置和顺序,如果要检索一个词组或短语(phrase),就需使用"完全匹配"。篇目检索中单字母和部分虚词不能用作检索词,请参看禁用词表(表5-1)。

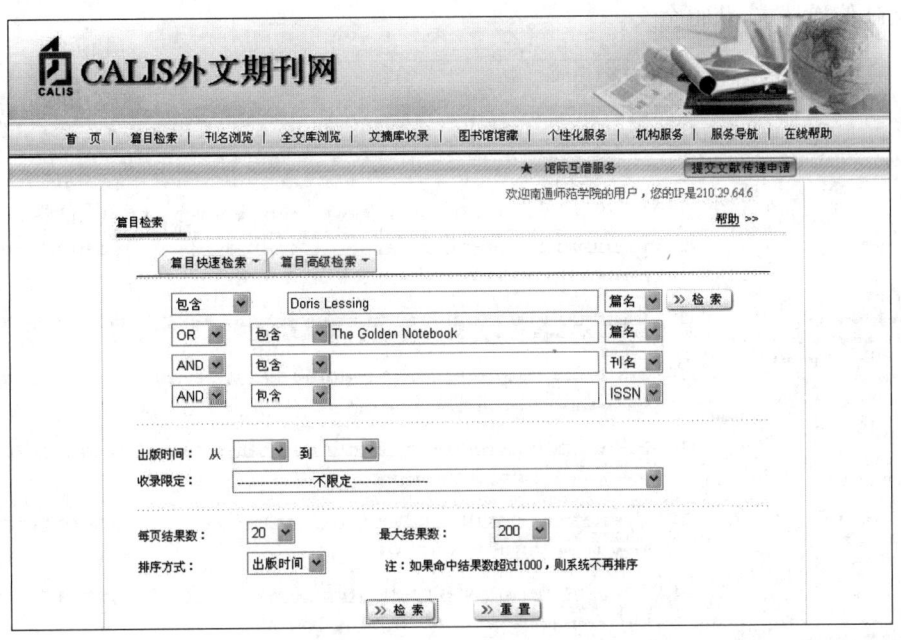

图5-78 CCC篇目高级检索

表 5-1　CALIS 外文期刊网禁用词表

0	1	2	3	4	5	6	7	8	9	A
ABOUT	AFTER	ALL	ALSO	AN	AND	ANY	ARE	AS	AT	B
BE	BECAUSE	BEEN	BETWEEN	BOTH	BUT	BY	C	CAN	COULD	D
DO	E	EACH	EVEN	F	FIRST	FOR	FROM	G	H	HAD
HAS	HAVE	HE	HER	HIS	HOW	I	IF	IN	INTO	IS
IT	ITS	J	JUST	K	L	LAST	LIKE	M	MANY	MAY
MORE	MOST	MUCH	N	NEW	NO	NOT	NOW	O	OF	ON
ONE	ONLY	OR	OTHER	OUR	OUT	OVER	P	Q	R	S
SAID	SAYS	SHE	SHOULD	SO	SOME	SUCH	T	THAN	THAT	THE
THEIR	THEM	THERE	THESE	THEY	THIS	THOSE	THREE	THROUGH	TO	TWO
U	UNDER	UNLESS	UNTIL	UP	UPON	USE	USED	USES	USING	V
VERY	W	WAS	WE	WELL	WERE	WHAT	WHEN	WHICH	WHILE	WHO
WILL	WITH	WOULD	YOU	X	Y	YES	YET	YOU	YOU'D	YOU'LL
YOU'RE	YOURS	YOURSELF	Z							

在检索结果中可以进行二次检索,也可以按刊名或年代浏览。在篇目列表中,每条记录后有文献传递、收藏情况两个按钮(参见图5-79)。点击"收藏情况"按钮,可知收录该文的全文数据库在全国高校的收藏情况以及纸本期刊的收藏情况(参见图5-80)。点击"文献传递"按钮发送文献传递请求,获得全文。

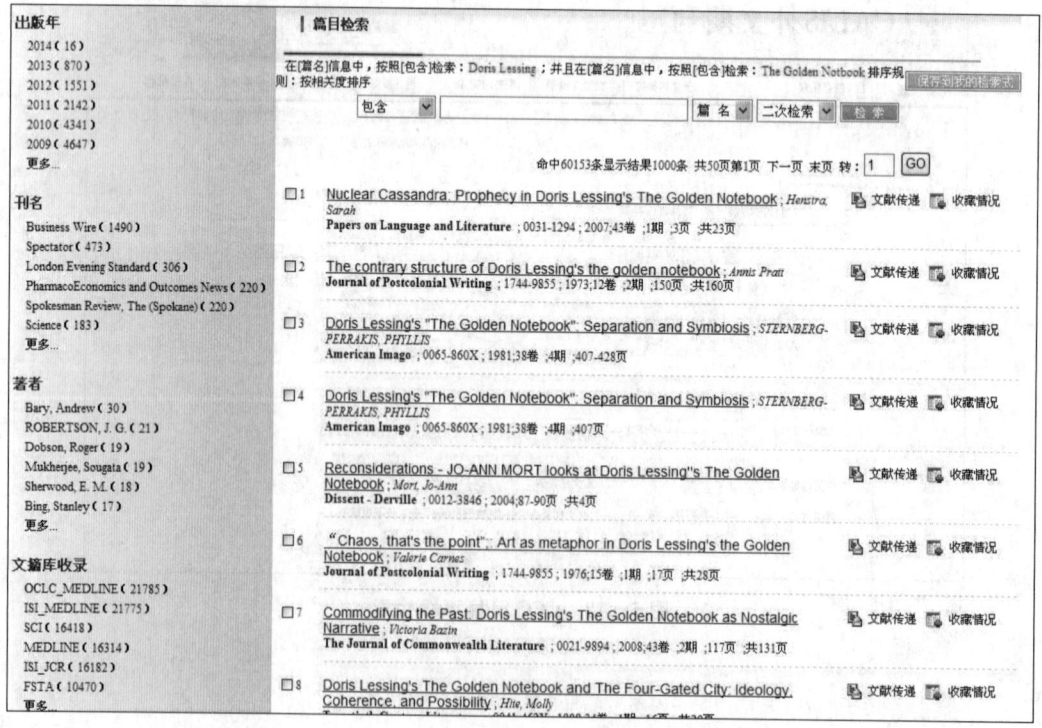

图 5-79　CCC 外文期刊网篇目检索结果列表界面

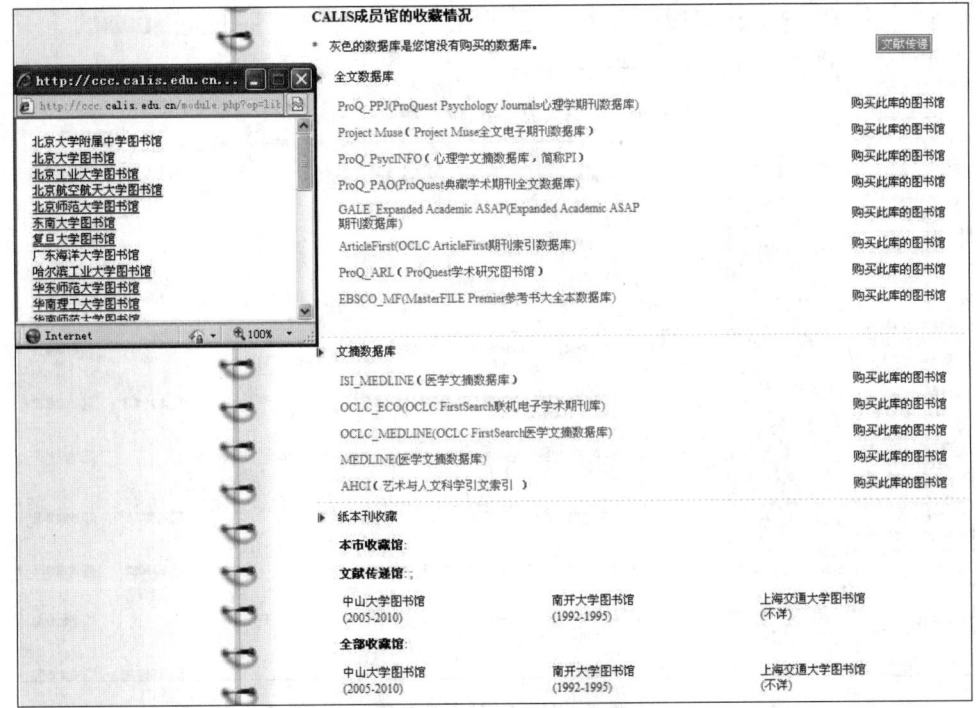

图 5-80　CCC 收藏情况

2. 期刊浏览

期刊浏览可以按刊名首字母和学科浏览，学科分类按教育部学位设置分类，共 12 个大类、89 个 1 级学科、385 个 2 级学科，可以查看每种期刊的卷期信息和收藏情况（参见图 5-81）。点击刊名进入整刊检索，可以浏览每期的题录。

3. 全文库浏览和文摘库浏览

全文库浏览目前提供的全文数据库和文摘数据库列表均为 CALIS 组团购买的数据库，所有信息均来自 CALIS 引进数据库资源组。

通过全文库浏览和文摘库浏览可以查看 CCC 系统收录了多少个全文数据库和文摘数据库，用户可以浏览数据库并且点击某一数据库的期刊种数，查看指定数据库的所有期刊信息。期刊列表中全文库链接和全文库检索、文摘库链接和文摘库检索功能都与刊名浏览和检索中的功能相同。

4. 定题服务

任何一个合法 IP 的读者都可以注册一个账户，登录后可以定制个人的检索式，将文章清单或期刊清单保存到个人收藏夹。在"我的检索式"和期刊收藏夹，可以设置定题服务，系统会根据用户的设备自动定期推送定题服务的内容到用户的 E-mail 信箱。

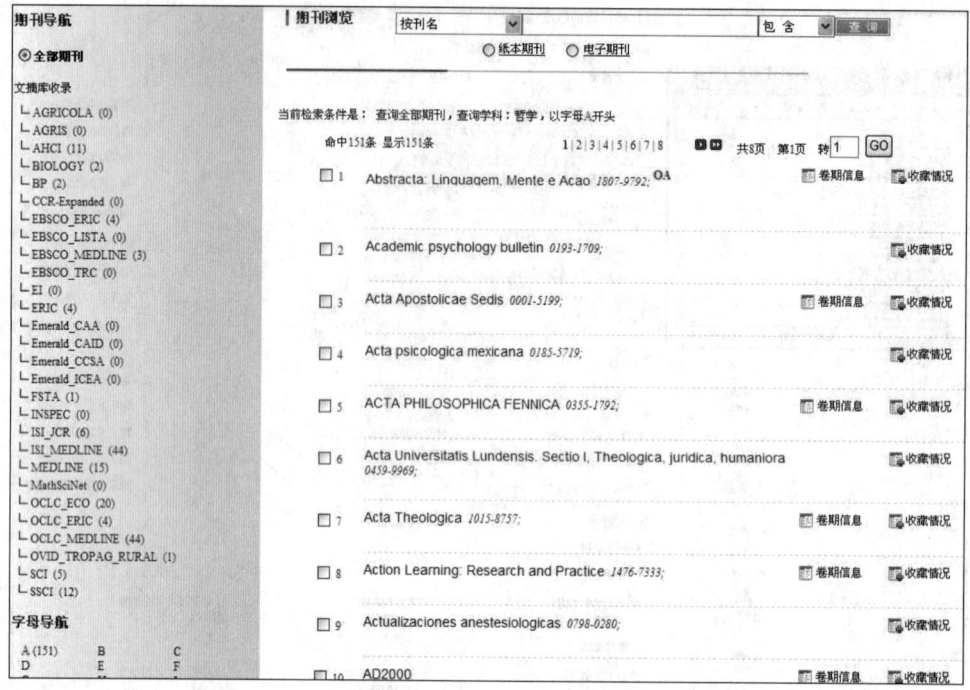

图 5-81　CCC 期刊浏览

5.3.3　国家科技图书文献中心的外文文献（http://www.nstl.gov.cn）

国家科技图书文献中心（National Science and Technology Library，简称 NSTL）是一个虚拟的负责科技文献信息资源共建共享的服务机构，成员为科学院系统各院所的图书馆和文献中心，网上共建单位包括中国标准化研究院和中国计量科学研究院。所收文献以科技文献为主，也包括部分人文社科文献；语种有中文、西文、日文、俄文；文献类型包括期刊论文、会议论文、学位论文、科技报告、外文文集汇编、外文科技丛书、专利文献、标准文献。资源共享是 NSTL 的主要目标，有较多免费全文资源（参见图 5-82）。

1. 检索方式

NSTL 的文献检索包括普通检索、高级检索、期刊检索、分类检索等模块。其普通检索界面相当于其他检索系统的高级检索界面，该系统的资源丰富，检索时应首先选择资源类型，资源库可以多选。可检字段根据不同类型资源库的特征设置，检索词输入框最多可以有 4 行，各检索词之间可进行 and，or，not 运算，可以跨字段组配检索式（参见图 5-83），可以限制馆藏范围、记录的类型、收录或出版时间。

高级检索模式相当于其他检索系统的专业检索，适合专业人员使用（参见图 5-84），编写检索式可选择检索字段，输入检索词，并且将组合词间的关系添加到检索文本框中，也可以直接在文本框中输入检索表达式。若不选择字段而直接输入查询内容，表示在全部字段中查询。使用小括号"()"限定运算的顺序。使用截词符"$"进行右边截词检索（"$"代表零个或任意一个字母）。注意：运算符前后一定要有半角的空格，字段名称和运算符不区分大小写。例如，查

图 5-82 NSTL 国家科技图书文献中心主页

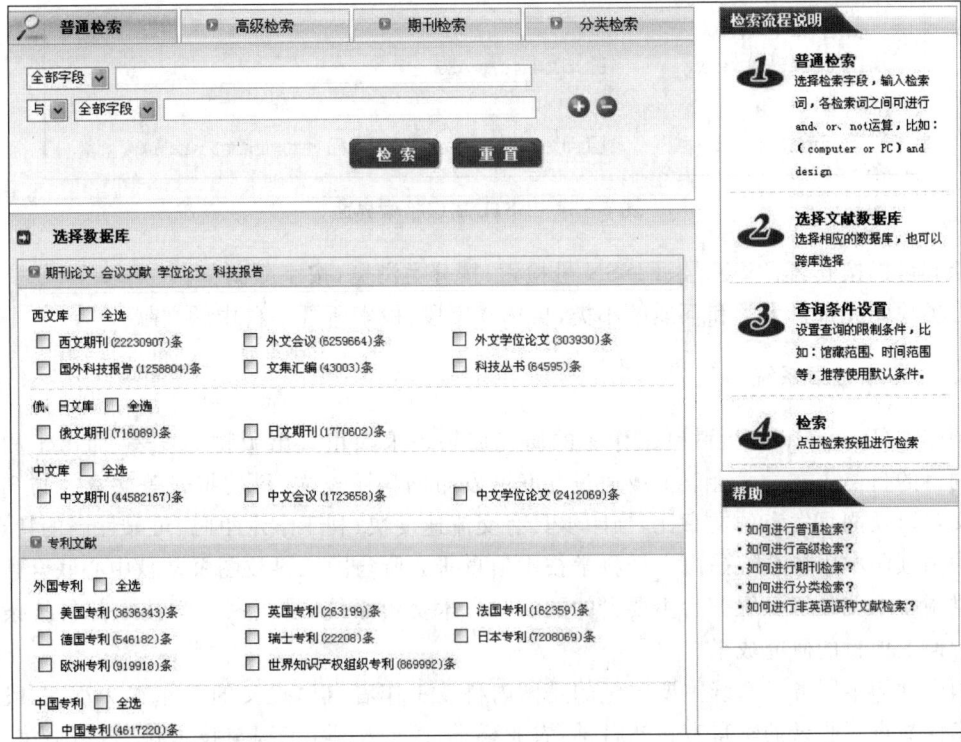

图 5-83 NSTL 普通检索界面

询题名包含"计算机",关键词是"审计"或"会计"的文献,则表达式应为:(TITLE=计算机) and (KEYWORD=(审计 or 会计))。对检索结果中所需要的文献可以通过文献传递服务获取。

图 5-84 NSTL 高级检索界面

期刊可以按刊名、ISSN 号、EISSN 号检索,按分类浏览,按字顺浏览。

分类检索先选择大类和下属的小类,再选择字段,检索所选学科中的文献。

2. 预印本检索系统

预印本(Preprint)是指科研工作者的研究成果还未在正式出版物上发表,而出于和同行交流的目的自愿先在学术会议上或通过互联网发布的科研论文、科技报告等文章。与刊物发表的文章以及网页发布的文章比,预印本具有交流速度快、利于学术争鸣、可靠性高的特点。

中国预印本服务系统是由中国科学技术信息研究所与国家科技图书文献中心联合建设的以提供预印本文献资源服务为主要目的的实时学术交流系统,是国家科学技术部科技条件基础平台面上项目的研究成果。

国内预印本服务子系统主要收藏的是国内科技工作者自由提交的预印本文章,一般只限于学术性文章。收录的学科有自然科学,农业科学,医药科学,工程与技术科学,图书馆、情报与文献学,经济学,体育学,统计学等。可以实现论文提交、文献检索、浏览全文、发表评论等功能(参见图 5-85)。

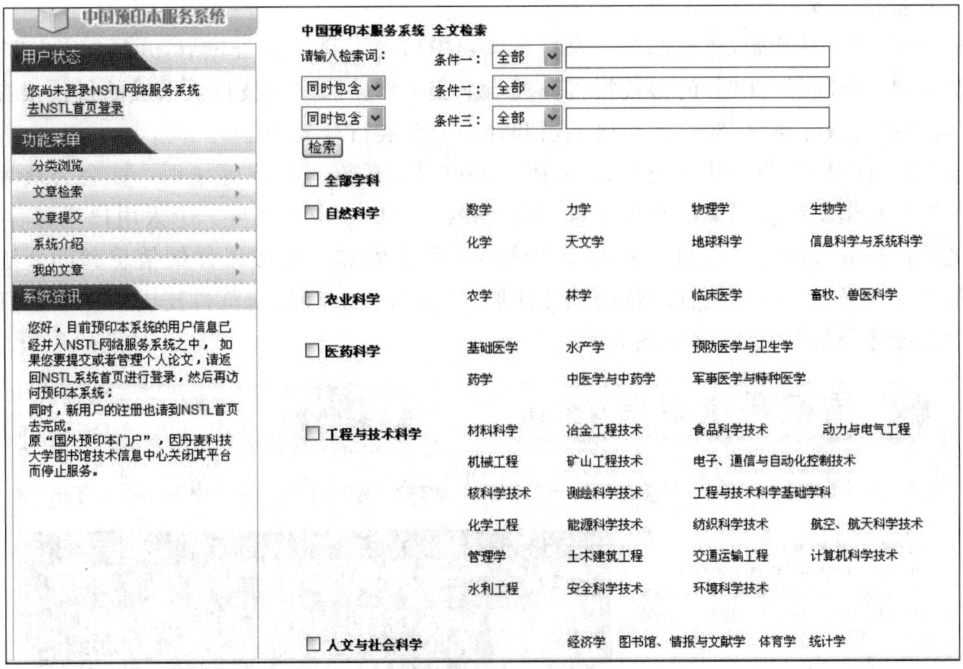

图 5-85　NSTL 国内预印本检索界面

3. 引文索引和参考文献检索

引文库收录文献范围为国际科学引文数据库中收录的来源期刊的文献。参考文献检索的范围为国际科学引文数据库中收录的来源期刊的文献的参考文献。

4. 全文文献和网络导航

NSTL 的全文数据库包括全国开通文献、部分单位开通文献、开放获取期刊、试用期刊、NSTL 研究报告。NSTL 组织开发了大量互联网免费获取的全文文献，提供了开放获取期刊指南（Directory of Open Access Journals）、网上免费全文期刊（Free Full Text）等栏目，从中可以获得大量免费全文。

网络导航包括资源导航、学科导航、机构导航三部分，广泛搜集、整理了国内外有代表性的研究机构、大学、学会、协会以及公司的网站资源，并对这些网站进行了有组织的揭示。

5. 科技报告

科技报告是描述科研活动的过程、进展和结果，并按照规定格式编写的科技文献，其目的是实现科技知识的积累、传播和交流，其类型包括专题报告、进展报告、最终报告和组织管理报告。科研人员依据科技报告中的描述能重复实验过程或了解科研结果。建立国家科技报告制度，对财政科技投入形成的科技信息资源进行全面保存和共享，将为科研人员提供科研基础信息，为科技管理者提供决策支持，为社会公众了解和利用国家科研成果提供服务平台，对于提升国家科技实力和创新能力具有重要意义。欧美等国家都有系统的科技报告制度，美国政府的科技报告工作始于 1945 年，近年来每年产生约 60 万份科技报告，其中公开发行约 6 万份。

从 2013 年 4 月开始,科技部在国家科技计划中启动了科技报告试点,开展"十一五"以来的科技计划立项项目(课题)的科技报告回溯与呈交工作。国家科技投入形成的科技报告通过"国家科技报告服务系统"对广大科研人员和社会公众实行开放共享。

该系统有的用户分为社会公众、个人用户、机构用户、管理用户等级别。社会公众无需注册即可查询和浏览科技成果的基本信息,浏览科技报告的中英文摘要。个人用户注册后,可检索和浏览科技成果的详细信息。机构用户注册后可检索和浏览成果详细信息和部分统计信息。管理用户通过政府科技管理部门批准注册,享有检索、查询、浏览科技成果详细信息以及成果信息统计分析等服务(参见图 5-86)。

图 5-86 国家科技报告服务系统

报告导航模块提供按成果来源、学科、地域、类型、部门、地方等分类导航,以及按拼音、编号、报告名称、作者、第一作者单位、立项年查询的快速导航。

系统的高级检索提供的可检字段有所有字段、成果名称、关键词、成果完成人、摘要、成果持有机构、应用行业领域、成果来源、成果状态、成果形式、成果完成年份等,字段之间支持布尔逻辑"与"、"或"、"非"运算(参见图 5-87)。

图 5‐87　UNICAT 联合目录集成系统

5.3.4　中国教图公司 OA(开放式获取)一站式检索平台(http://www.socolar.com/)

"OA"(Open Access)指开放获取。OA 期刊和 OA 仓贮为研究人员获取学术资源提供了一条崭新的途径。但是,许多 OA 资源是分散存放在世界各地不同的服务器和网站上的,因此用户很难直接全面地检索到这些资源。目前在 OA 资源揭示方面,主要有 DOAJ 和 OpenDOAR 两个项目,分别在进行 OA 期刊和 OA 仓贮的整理工作。除此之外,国际国内一些高等院校、机构和个人也对 OA 期刊和 OA 仓贮在不同层面上做了类似的整理和揭示工作。基于用户的信息需求和信息检索角度考虑,中国教育图书进出口公司启动了 Socolar 项目,对世界上重要的 OA 期刊和 OA 仓贮资源进行全面的收集和整理,为用户提供 OA 资源的一站式检索服务(参见图 5‐88)。

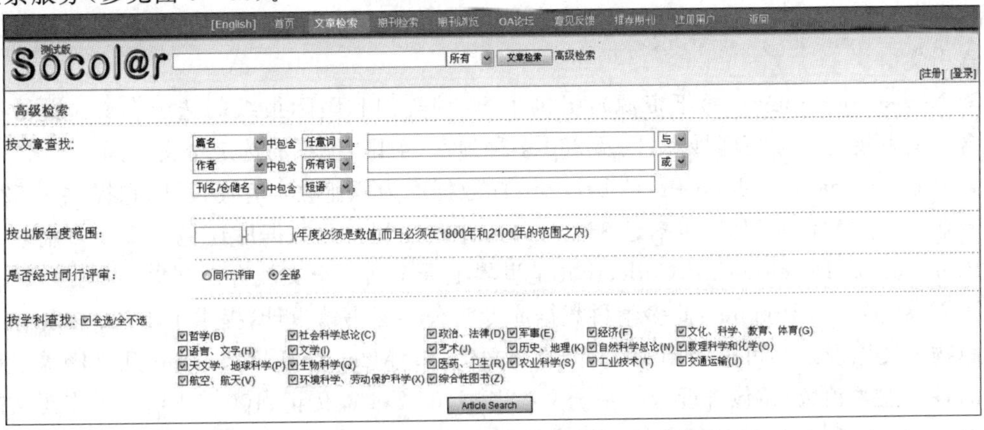

图 5‐88　教图公司 OA(开放式获取)一站式检索平台

此外,各学科的门户网站、专题数据库、专题导航请注意使用。

5.4 外文综合型检索系统

本节介绍的国外检索系统,为收录多语种、多学科、多种文献类型,时间跨度较长、规模较大的检索系统。

5.4.1 EBSCOhost(http://www.ebscohost.com)

1. 简介

EBSCOhost 是美国 EBSCO 公司的产品,该公司是专营期刊、文献订购和出版服务的集团公司,该公司开发出版的检索平台 EBSCOhost,提供了 60 多个电子文献数据库,学科范围包括自然科学、社会科学、人文与艺术等各领域。学术期刊文摘及全文数据库(简称 ASP)和商业资源集成全文数据库(简称 BSP)是其最重要的两个数据库。目前国内可以使用的数据库主要有:

➢ Academic Search Premier(学术期刊文摘及全文数据库,简称 ASP),是综合性数据库,覆盖学科领域包括:社会科学、人文科学、教育学、计算机科学、工程学、物理学、化学、语言学、艺术、文学、医学、种族研究等。它提供了近 4 700 种出版物全文,其中包括 3 600 多种同行评审期刊的全文。100 多种期刊追溯至 1975 年或更早年代。

➢ Business Source Premier(商业资源集成全文数据库,简称 BSP),是行业中使用最多的商业研究数据库。它提供 4 400 多种期刊的索引和摘要,其中 3 600 多种为全文期刊,包括 1 100 多种同行评审期刊的全文。有 350 种期刊回溯到 1965 以前或期刊创刊年。Business Source Premier 和同等数据库相比,优势在于它对所有商业学科(包括市场营销、管理、MIS、POM、会计、金融和经济)都进行了全文收录。

➢ ERIC(Educational Resource Information Center,教育资源信息中心):包含 2 200 多篇文摘和附加信息参考文献以及 1 000 多种教育或与教育相关的期刊引文和摘要。

➢ MEDLINE:提供了有关医学、护理、牙科、兽医、医疗保健制度、临床前科学及其他方面的权威医学信息。MEDLINE 由 National Library of Medicine 创建,采用了包含树、树层次结构、副标题及层级功能的 MeSH(医学主题词表)索引方法,可从 4 800 多种当前生物医学期刊中检索引文。

➢ Newspaper Source(报纸资源):提供了 25 种美国和国际报纸的选定全文。此数据库还包含全文电视与广播新闻抄本,以及 260 多种地区(美国)报纸的选定全文。

➢ Professional Development Collection:此数据库为职业教育者而设计,它提供了 520 种非常专业的优质教育期刊集,包括近 350 个同行评审期刊。此数据库还包含 200 多篇教育报告。Professional Development Collection 是世界上最全面的全文教育期刊集。

➢ MasterFILE Premier:此多学科数据库专为公共图书馆设计,提供了 1 730 多种综合参考出版物全文以及最早可追溯到 1975 年的全文信息。MasterFILE Premier 几乎涵盖了综合学科的各个主题领域,还包含近 500 种全文参考书、84 774 篇传记、100 554 篇主要来源文献以及一个由 235 186 幅照片、地图和标志组成的图片集。

➤ History Reference Center：提供了 2 000 多本历史参考书、百科全书和非小说性书籍的全文，还完整收录了 120 多种历史杂志、59 600 多份历史资料、49 600 篇历史人物传记和 110 200 多幅历史照片与地图以及 80 多个小时的历史影像资料。

➤ Vocational & Career Collection：为高等院校、社区大学、贸易机构和公众的专业技术图书馆而设计。该文集提供了 350 多种与贸易和工业相关的期刊的全文收录。

➤ Library，Information Science & Technology Abstract(LISTA)收录了 600 多种期刊及书籍、研究报告和学报的索引。主题包括图书馆学、分类学、编写目录、书籍装订术、在线信息检索及信息管理等内容。数据库中的文章可追溯至二十世纪六十年代中期。

➤ GreenFILE 提供人类对环境所产生的各方面影响的深入研究信息。其学术、政府及关系到公众利益的标题包括全球变暖、绿色建筑、污染、可持续农业、再生能源、资源回收等。本数据库提供近 384 000 条记录的索引与摘要，以及 4 700 多条记录的 Open Access 全文。

➤ Teacher Reference Center 为 270 多种最受欢迎的教师和行政人员期刊提供了索引和摘要，以帮助职业教育者。

➤ Regional Business News 提供综合型地区商务出版物的全文信息。

2. 检索方法

(1) 选择数据库。进入 EBSCOhost 检索界面，点击选择数据库按钮，在列表中勾选所需数据库。将鼠标移到数据库名称后的内容简介图标(放大镜)，浮出该数据库的简介。注意：同时对多个数据库进行检索可能会影响某些检索功能或数据库的使用。比如：如果所选的数据库使用了不同的主题词表，则无法使用主题检索功能，单独检索 Business Source Premier 数据库时可以使用 Company Profiles 数据库，而同时对 Business Source Premier 和其他数据库进行检索时则无法使用。

(2) 检索技术。EBSCOhost 数据库采用的检索技术主要有：

➤ 布尔逻辑检索：适用于关键词检索和高级检索，算符为"and"、"or"、"not"。

➤ 截词检索：没有前截断，使用"＊"符号代表后截断，如 comput＊，使用"?"代表中截断(也称通配符)，如 defen? e。

➤ 位置检索：共两个算符，"N"表示两词相邻，顺序可以颠倒，例如"information N retrieval"的检索结果同时包括 information retrieval 和 retrieval information，"W"表示两词相邻，但顺序不能改变。N 和 W 都可以用数字表示两词中间相隔的词的数量，如"information W2 management"的检索结果可以包括 information management，information technologies and management 等。

(3) 基本检索。基本检索(参见图 5-89)默认检索所有数据库，只有一个检索词输入框，默认对全文进行检索。点击"检索选项"，显示出所选数据库的限制条件。允许使用布尔逻辑检索、截词检索、字段限制检索、位置算符检索，可用全文、出版日期、出版物等进行检索限定，并可利用检索相关词来扩大检索。其智能文本检索是对全文字段进行检索。

(4) 高级检索。高级检索可以选择多个字段组配检索，如选择多个数据库，可检字段为这些数据库的共有字段，字段代码主要有：TX(All Text 全文)，AU(Author 作者)，TI(Title 题名)，SU(Subject Terms 主题词)，SO(Source 来源)，AB(Abstract 摘要)，IS(ISSN 国际标准刊

图 5-89 EBSCO 基本检索

号)。选择单个数据库,显示该库的所有可检字段。如检索词或字段超过 3 个,可以添加检索行(参见图 5-90)。限制条件与基本检索相同。

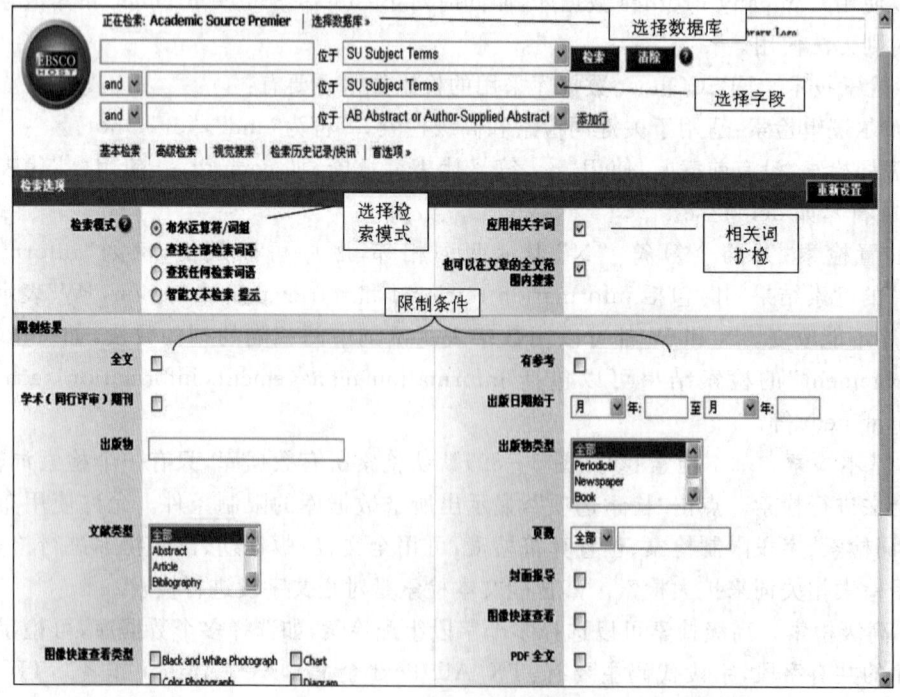

图 5-90 EBSCO 高级检索界面

(5) 词典检索。词典检索（也称科目术语）是叙词检索，用户可以从系统提供的叙词表中查找所需要的叙词。例如在 ASP 数据库中，选择科目术语，输入"electronic music"，选择"词语的开始字母"，点击"浏览"，系统显示以"electronic music"开头的叙词。词表中带链接的是正式叙词。例如：ELECTRONIC navigation Use ELECTRONIC in navigation。勾选所需要的叙词，选择添加时的逻辑关系，点击"添加"按钮，所选词和逻辑关系自动组成检索式添加到检索框中，即可执行检索（参见图 5-91）。

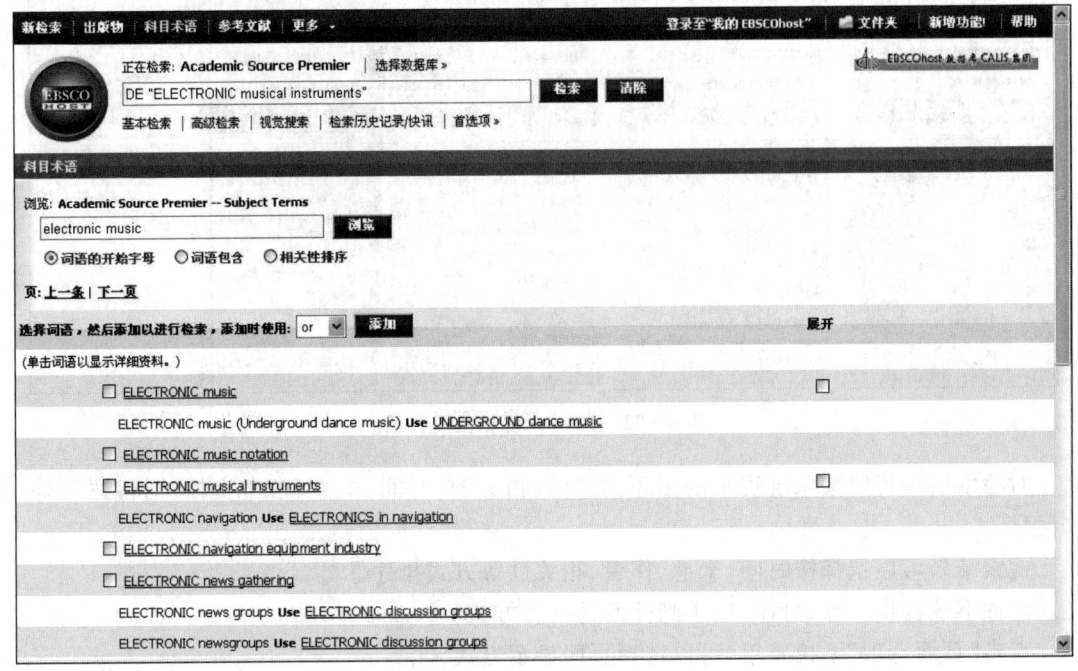

图 5-91 EBSCO 词典检索界面

(6) 视觉检索

视觉检索是一种可视化检索方式，对检索结果用分类分组显示（参见图 5-92），给用户较强的动态感。使用视觉检索需安装 Adobe Flash Player 8.0 以上版本。

(7) 其他检索功能。

① 索引检索。根据各数据库的可检字段，提供题名、作者、刊名、主题词、机构、出版时间、出版类型等多种索引浏览和检索。

② 图像检索。EBSCO 数据库中有地图、历史参考图、人物图、自然科学图片等大量图像，通过图像检索界面，选择所需图像类型，检索图像。

③ 引文检索。从文章的引文检索引用与被引用情况。

(8) 结果处理。检索结果列表（参见图 5-93）显示每一个记录的文章篇名、作者、刊名、卷期、页数，并用图标显示是否有全文、图像或多媒体文件，全文有 PDF 格式与 HTML 格式。将鼠标放到文献篇名后的查看图标，浮出详细记录；点击篇目或图标，显示完整的详细记录，包括文章篇名、刊名、作者、出版者、出版地、出版日期、卷期、页数、国际标准刊号、主题词、文摘、全文、附注、参考文献、收录数据库及数据库识别号等。

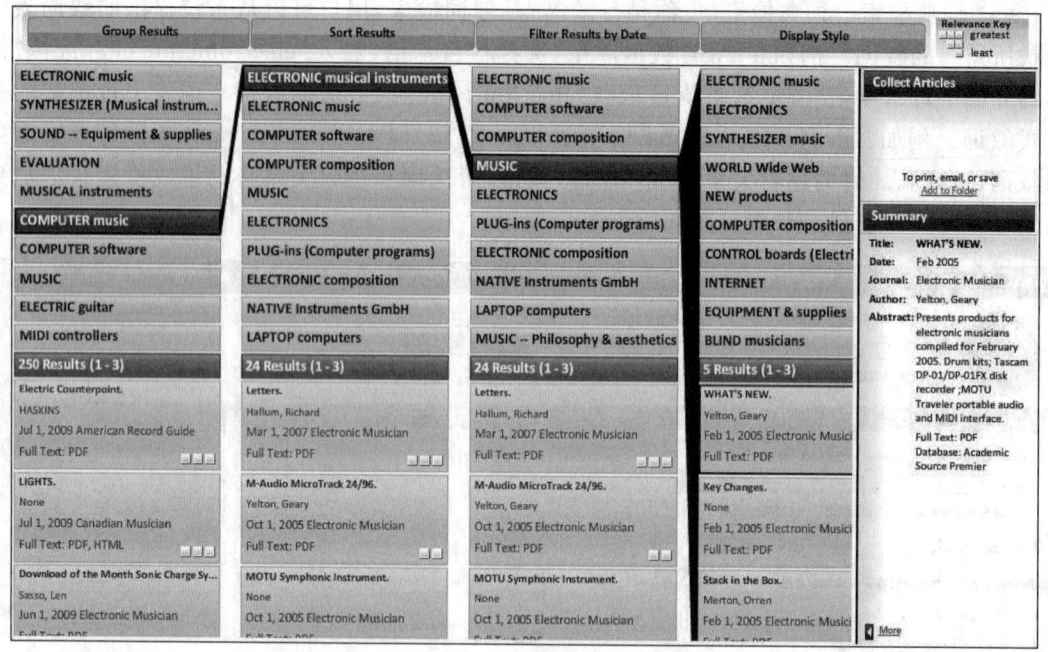

图 5-92 EBSCO 视觉检索界面

对检索结果可以按系统提示的主题词、出版物类型、时间、全文、参考文献、同行评价等加以优化。

检索结果可以选择按时间、来源、作者、相关性等方式排序。

文件下载提供存盘、打印、电子邮件发送三种方法。

点击"页面选项"下拉菜单,可以选择页面显示方式。

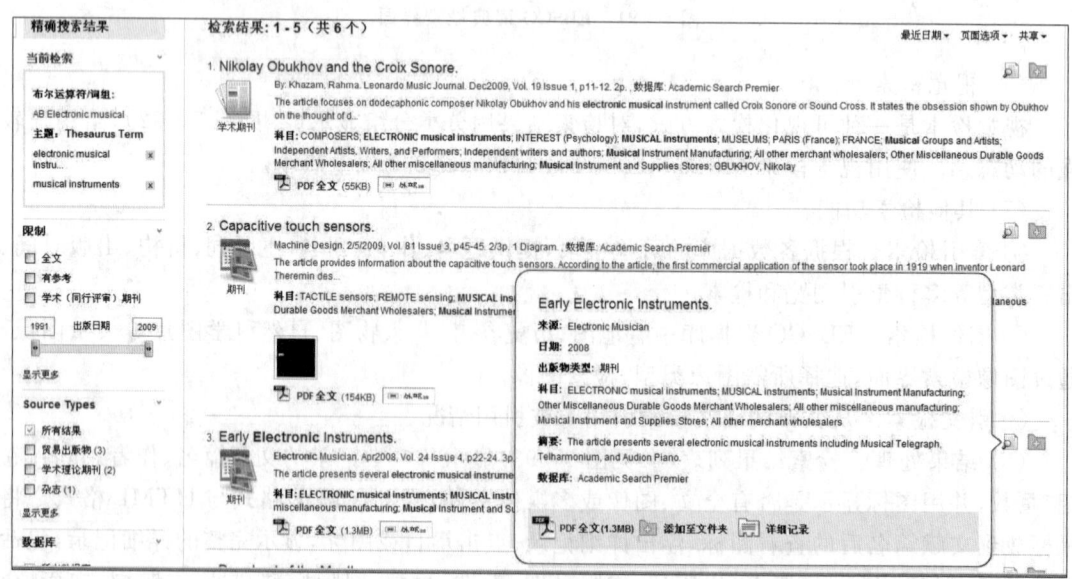

图 5-93 EBSCO 检索结果

5.4.2 SpringerLink 数据库(http://link.springer.com)

1. 数据库概况

德国施普林格公司(Springer-Verlag)是世界上著名的科技出版集团。该公司的 SpringerLink 系统(参见图 5-94)是综合性的信息资源平台,收录了全文电子期刊 2 700 余种,图书、参考工具书和科技丛书(包括 Lecture Notes in Computer Science,简称 LNCS)50 000 种以上,超过 200 万条期刊文章的回溯记录,还提供最新期刊论文出版印刷前的在线浏览(Online First)服务,每年加入超过 100 000 项科技研究新成果。

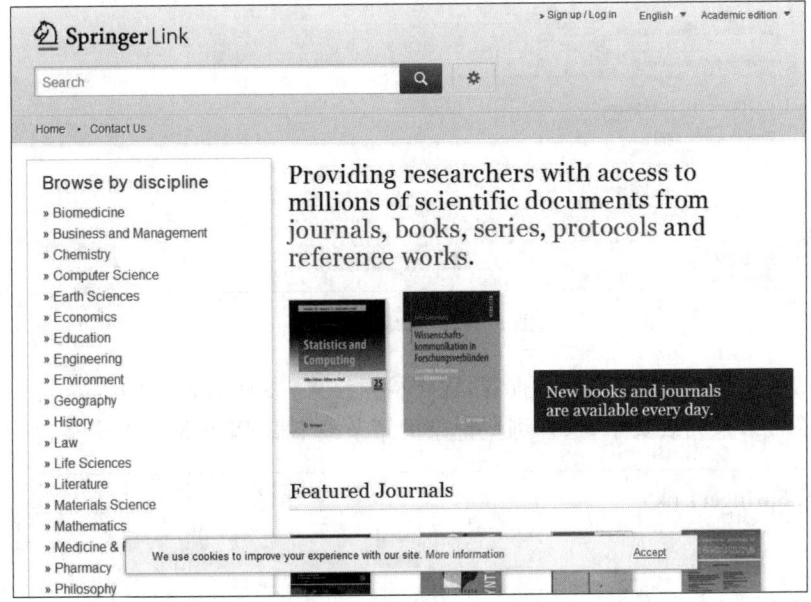

图 5-94　SpringerLink 主页

2. SpringerLink 的使用

(1) 浏览。进入 SpringerLink 主页,即可浏览期刊、丛书、图书、参考工具书、Protocols。如浏览期刊,在检索界面中可以进行检索,也可以通过期刊首字母、期刊上传日期、期刊语种、期刊学科等来浏览。

SpringerLink 的学科分为建筑和设计、行为科学、生物医学和生命科学、商业和经济、化学和材料科学、计算机科学、地球和环境科学、工程学、人文、社科和法律、数学和统计学、医学、物理和天文学、计算机职业技术与专业计算机应用。

(2) 普通检索。普通检索默认按关键词全文检索,此外可限制作者,出版社,期刊的卷、期、页码(参见图 5-94)。

(3) 高级检索。高级检索采用菜单检索的方式检索,检索字段有检索词的逻辑关系(逻辑与、逻辑或、逻辑非)、精确检索、标题、作者等(参见图 5-95)。

(4) 检索结果。可以对检索结果输入新条件进行二次检索,系统按文献类型、学科、语种

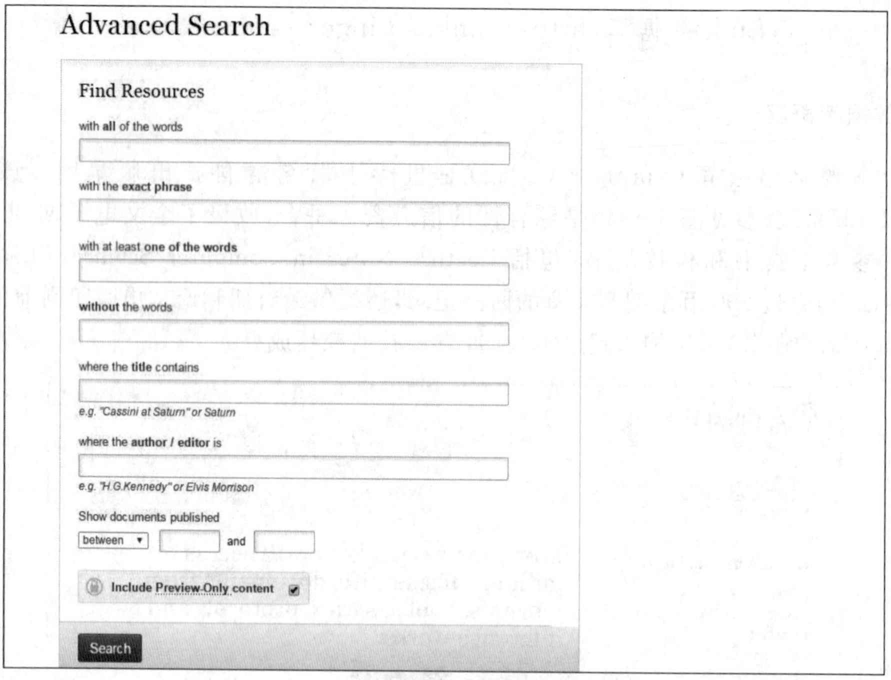

图 5-95　高级检索界面

等列出检索结果的统计数据,可点击查看,优化检索结果(参见图 5-96)。

可以在检索结果列表页中,选择浏览记录的章节或下载 PDF 格式的全文。

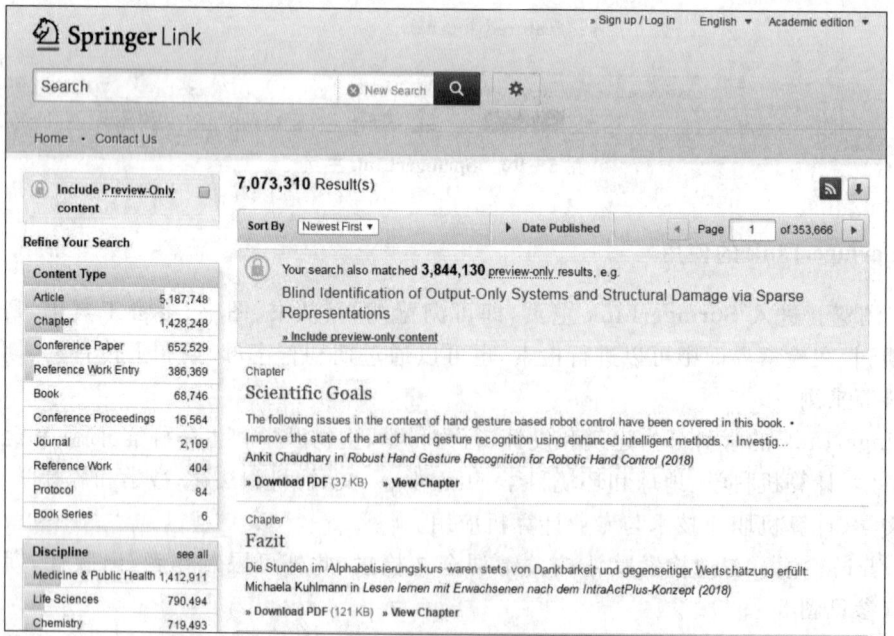

图 5-96　检索结果界面

5.4.3 SciVerse ScienceDirect 全文数据库(http://www.sciencedirect.com)

1. 概述

2010 年 8 月 ScienceDirect(简称 SD)升级为 SciVerse ScienceDirect,SciVerse 平台包括 ScienceDirect 全文数据库、Scopus 索引数据库和 Applications 应用程序。

其中 SD 是荷兰 Elsevier 公司 1997 年推出的核心产品,是全学科的全文数据库,汇集世界领先的经同行评审的科技信息,得到 70 多个国家认可。该公司每年出版 2 000 多种期刊,1 900 多种新书以及系列电子产品。SD 收录的文献包含 24 个学科领域;图书 2 000 多种,包括常用参考书、系列丛书、手册等;期刊 2 200 多种,50 多万篇全文,包括在编文章,期刊数据回溯最早的为 1823 年。

2. SD 检索特色

ScienceDirect 提供人性化的个人账号服务,只要一个邮箱地址就可以注册一个账号,注册登录后可以享受以下功能:最热门文章推荐、站内外快速链接、收藏喜欢的期刊、保存重要的检索、设置 E-mail 提示(检索提示、期刊提示、主题提示)、历史追踪(检索历史与操作历史)等。

3. SD 检索方式

在 ScienceDirect 主界面上有期刊浏览、快速检索、期刊收藏、站内链接、站外链接等模块(参见图 5-97)。SD 一共有四种检索方式:浏览检索、快速检索、高级检索、专家检索。

(1) 浏览检索。进入主界面后用户可以通过字顺或者学科分类选择自己所需的书刊,检索结果有购买订阅、开放获取期刊、部分开放获取期刊、无阅读权限四种类型(参见图 5-98)。点击刊名链接便进入该刊的所有卷期列表,进而浏览该刊,登录账号后还可以进行期刊收藏,设置期刊提示。

(2) 快速检索。用户可以直接通过期刊浏览界面或主界面进行快速检索(参见图 5-97)。检索字段有:所有字段(All Fields)、作者(Author)、书/期刊题名(Journal/Book Title)、卷期页码(Volume,Issue,Page)。在检索框中输入检索词,点击"Search"即可实现快速检索。

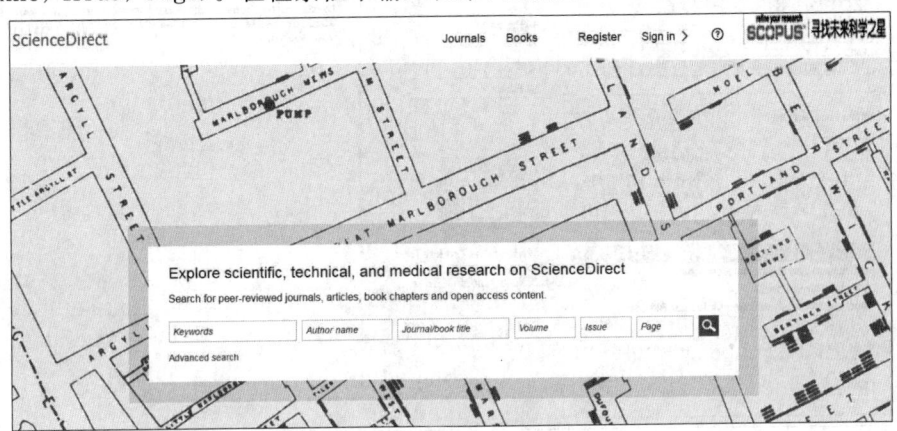

图 5-97 SD 主界面

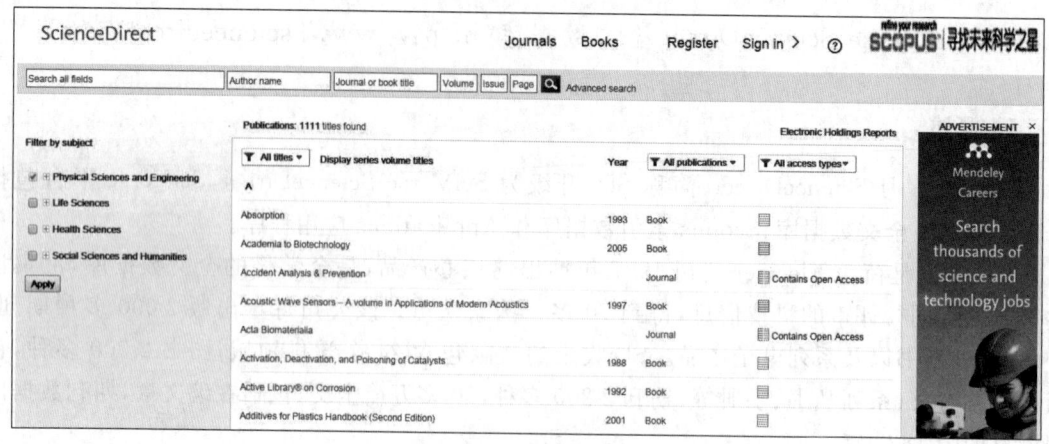

图 5-98 SD 浏览检索结果

（3）高级检索。在 SD 主界面上点击"Advanced Search"即可进入高级检索界面（参见图 5-99）。高级检索可以实现多词逻辑组配检索，检索字段有：题名摘要关键词（Title，Abstract，Keywords）、作者（Author）、特定作者（Specific Author）、来源题名（Source Title）、标题（Title）、关键词（Keywords）、摘要（Abstract）、参考文献（References）、国际标准刊号（ISSN）、机构（Affiliation）、全文（Full Text），此外还可以限制学科和发表时间。检索后显示结果数量，可以按照发表时间和相关度来排序，可以实现二次检索，登录后的用户还可以保存检索，设置检索提示。

（4）专家检索。在高级检索界面（参见图 5-99）中点击"Expert Search"即可进入专家检索界面（参见图 5-100），在检索框中直接输入检索式检索，如：Title-Abstr-Key（Literary

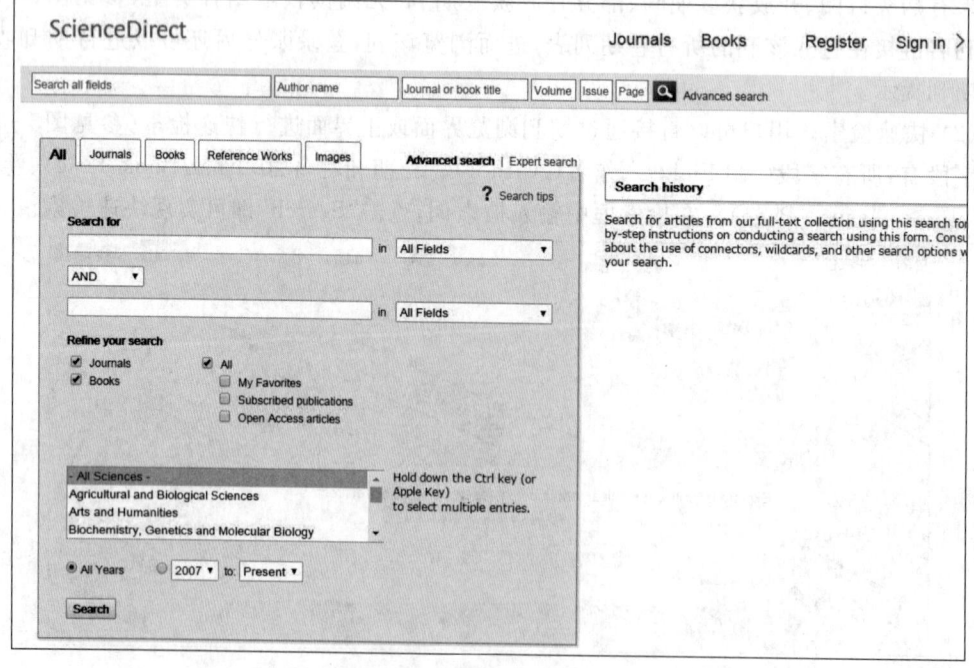

图 5-99 SD 高级检索界面

works) AND Abstract（"Appreciation"）AND Affiliation（Nanjing University）。

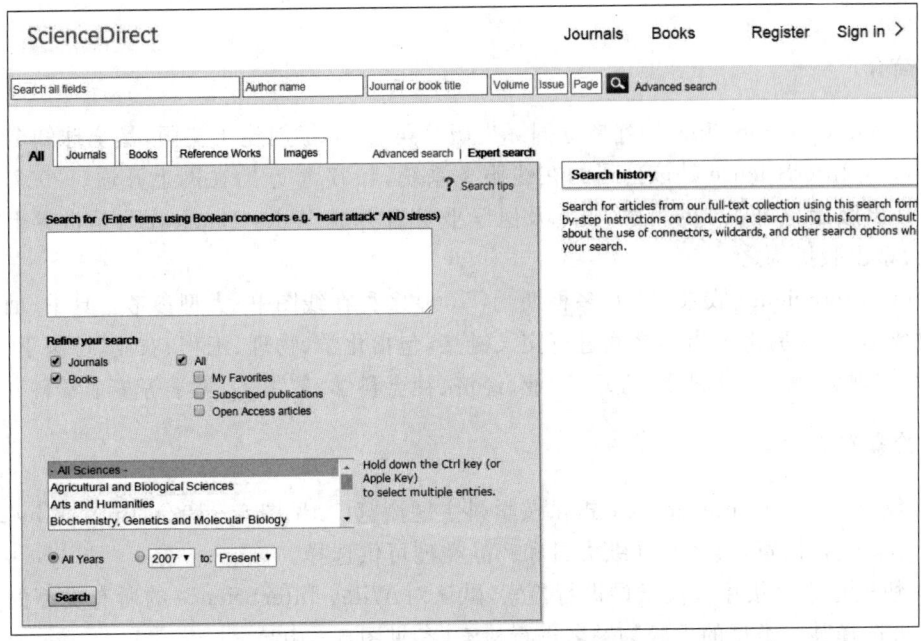

图 5-100　SD 专家检索界面

4. 检索结果

执行检索后出现检索结果界面，可以查看文章的题录、摘要、论文框架、图表以及参考文献；点击"PDF"图标后可以看到 PDF 格式的全文。可以根据左侧的文献类型、刊名、主题、年代列表缩小检索范围。可以根据左侧的文献类型、刊名、主题、年代列表缩小检索范围（参见图 5-101）。

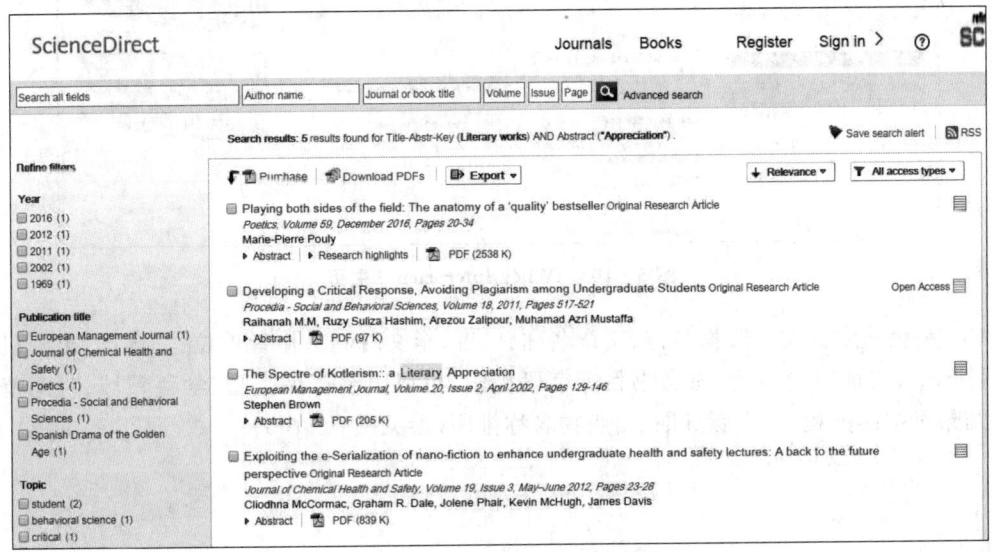

图 5-101　SD 检索结果界面

5.4.4 Wiley InterScience(https://onlinelibrary.wiley.com)

1. 简介

John Wiley & Sons Inc. 约翰威立国际出版公司1807年创建于美国,是全球知名的出版机构。Wiley InterScience是该公司的在线服务系统,1997年开始在网上开通。2007年2月Blackwell出版社与Wiley的科学、技术及医学业务合并成Wiley-Blackwell,是世界上最重要的专业大型出版机构之一。

Wiley InterScience 收录1 400多种期刊,7 000多种在线图书、大型参考工具书、回溯的过刊,并对数据库、实验室及指南之间进行交叉链接,包括化学、物理、工程、农业、兽医学、食品科学、医学、护理、口腔、生命科学、心理、商业、经济、社会科学、艺术、人类学等多个学科。

2. 检索方法

(1) 浏览。Wiley InterScience提供按学科主题浏览(参见图5-102):Browse by Subject 按17个学科进行浏览,其下有详细类目和产品类型可供选择。

(2) 快速检索直接输入检索词进行检索,默认对Wiley InterScience的所有类型的文献进行检索,可选择某一类型的出版物题名进行检索(参见图5-102)。

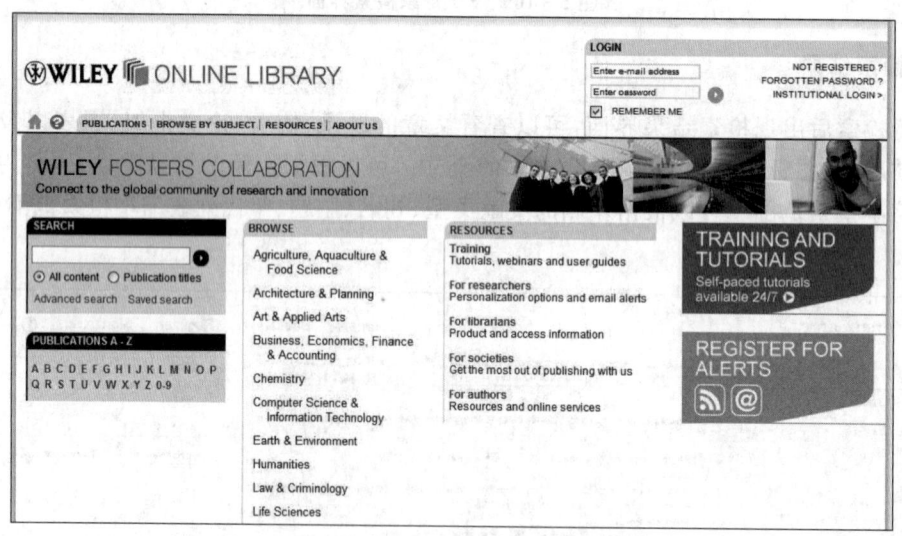

图 5-102 Wiley InterScience 主页

(3) 高级检索提供出版物名称、文章名称、作者、全文/摘要、作者单位、关键词、出资机构、ISBN、ISSN、文章的DOI号、参考书目等字段检索,可以限制产品类型、学科领域、时间范围。检索结果可按匹配程度、出版日期、出版物名称排序(参见图5-103)。

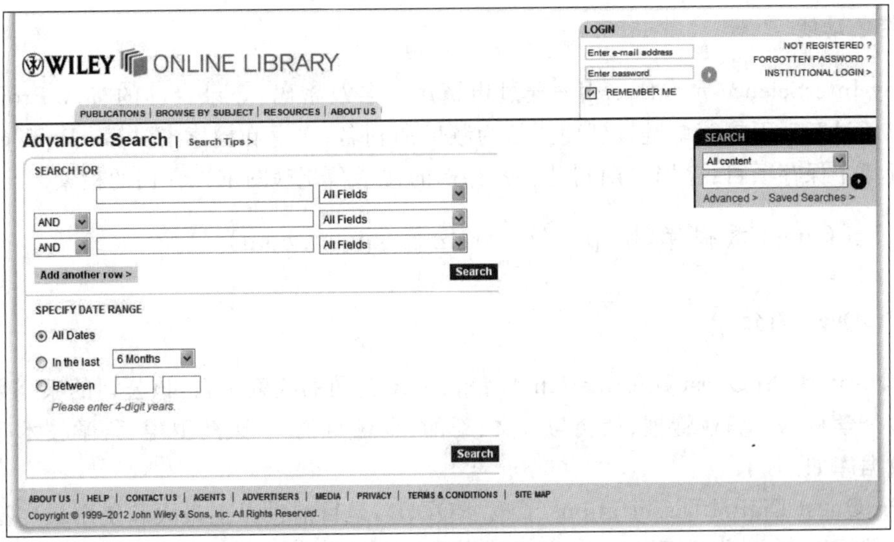

图 5-103 Wiley InterScience 高级检索界面

此外,查缩略语,可用缩略词检索(Acronym Finder)。Wiley InterScience 还与 Google 链接,提供公共检索(CrossRef/Google Search)。

(4) 对检索结果(参见图 5-104)可以进行二次检索,可以选择的字段与高级检索相同。结果中可以查看文摘、参考文献和全文,也可以同时查看多篇文章的摘要。

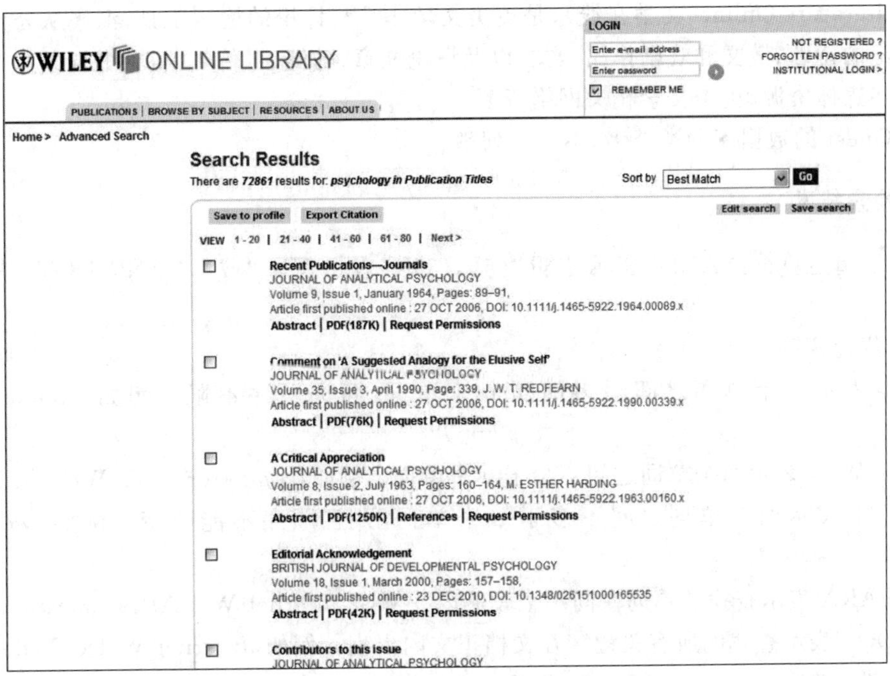

图 5-104 Wiley InterScience 检索结果界面

3. 特色功能

Wiley InterScience 允许任一用户通过申请用户名及密码,登录自己的"My Profile"。登录后可以通过互动下拉菜单链接到使用最为频繁的刊名、文章和检索,在"My Profile"中可以查看最近 7 个保存项目:存档的期刊/图书、存档的文章/章节(图书)、存档的检索。

5.4.5 ProQuest 数据库(https://search.proquest.com)

1. ProQuest 简介

ProQuest 是 ProQuest Information & Learning 公司的检索平台,该公司的系列数据库内容涉及多个学科,如:商业管理、社会与人文、新闻、金融与税务、医药卫生、科学技术等。其中著名的数据库如:

➢ ProQuest Digital Dissertations(简称 PQDD),是目前世界上最大和使用最广泛的西文学位论文数据库之一,收录了从 1861 年起欧美 2 000 多所大学的文、理、工、农、医各学科的博硕士学位论文 160 多万篇。

➢ ProQuest Science Journals(ProQuest 科学期刊全文数据库)收录 1997 年以来的科技期刊全文信息。

➢ ABI/INFORM Complete(商业信息全文数据库),是世界著名的商业、经济管理期刊全文数据库。

➢ Literature Online(文学在线),是英美文学作品与评论的检索工具,汇集从公元 8 世纪到 21 世纪的诗歌、散文和戏剧作品全文,以及评论文章、随笔、自传、百科全书词条和 213 种全文期刊、多媒体资源、英美文学相关网络资源。

ProQuest 的数据库种类繁多,不一一列举。

2. 检索技术

(1) 逻辑运算符:"AND"表示逻辑"与","OR"表示逻辑"或","AND NOT"表示逻辑"非"。

(2) 位置算符:

W/♯表示两个单词之间最多间隔 n 个单词,两词顺序不限。例如,computer W/3 careers。

NOT W/♯表示两个单词之间不少于 n 个单词。例如,computer NOT W/2 careers。

PRE/♯表示两个单词之间不多于 n 个单词,并且顺序不能改变。例如,world pre/3 web。

W/PARA 表示查找的单词在同一个段落内。例如,internet W/PARA education。

W/DOC 表示查找的所有关键字在文档正文内出现。例如,Internet W/DOC education。

(3) 截词符。

* 号仅用作右截词符,用于替换任意个字符。例如,检索 econom* 将查找"economy"、"economics"、"economical"等。

? 号用于替换单词内部或末尾的单个字符,不能用于单词的开头。例如,检索"wom? n"

将查找"woman"和"women";检索"t? re"将查找"tire"、"tyre"、"tore"等。

(4) 禁用词(stop word):不能用作检索词的一些常用单词,主要是虚词。如果要将它们用作检索短语的一部分,需用引号引起来,例如"the sound and the fury"。点击"检索技巧"可以查看系统列出的禁用词。

3. 检索方法

ProQuest 提供基本检索、高级检索、浏览检索等检索方式。

(1) 基本检索。ProQuest 默认的检索界面是基本检索(参见图 5-105),首先选择所需数据库,如果不选择,系统默认对用户有权限的所有数据库进行检索。在检索框内输入检索式,系统默认将 2 个单词的查询视为 1 个正确的短语进行检索,将 3 个单词的查询视为这些单词彼此接近但顺序不限的短语进行检索。如需精确检索,需加上""号。可以从时间和文献类型限定范围,点击"更多检索选项"按钮,显示隐藏的检索选项,对检索范围作进一步限定。如选择的数据库不同,检索选项也不相同,选择多个数据库时为共有选项,选择单个数据库时为该库特有选项(参见图 5-105 和图 5-106)。

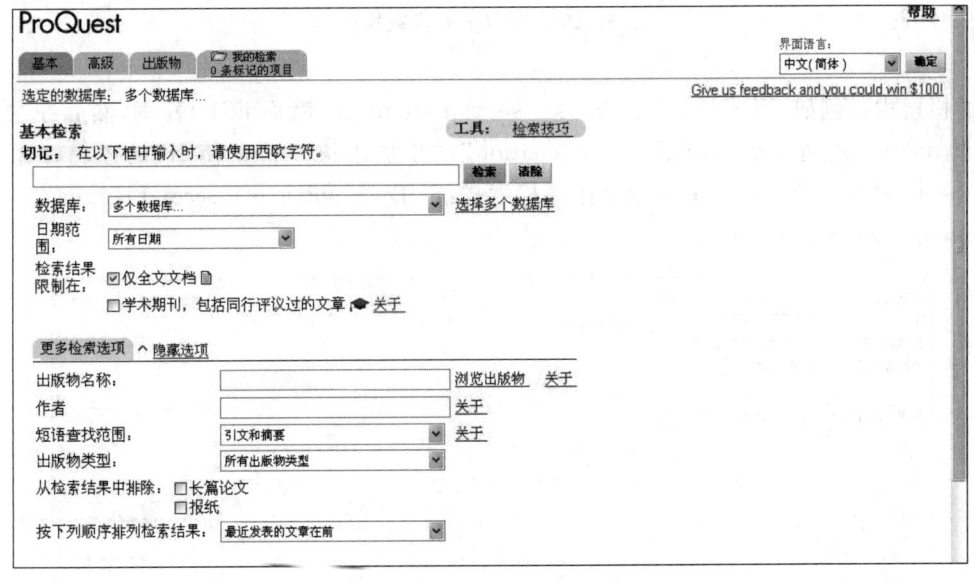

图 5-105 ProQuest 基本检索

(2) 高级检索。高级检索可以选择检索途径,选择检索框之间的逻辑关系,最多可以添加到 7 行检索框。如果选择"引文和摘要"途径,系统默认对作者、人名、摘要、产品名称、文档标题、学科短语、公司名称、出处(出版物名称)、地理名称等字段进行检索。在更多检索选项中,点击字段右侧的"浏览……"链接,可以浏览该字段的详细列表,从中选择所需条件,添加到检索框中,增加限制(参见图 5-106)。

(3) 浏览检索。ProQuest 的浏览检索提供学科、公司/组织、人名、位置四种浏览检索(参见图 5-107),可以输入词语,按建议主题查找主题词;也可以按字母顺序浏览,按相关主题缩小范围,逐层点选,找到所需的恰当的短语,查看文档。在学科或所有主题状态,可以选择"词库",在词库中选择相关词语,点击"添加至检索条"按钮,所选短语自动与前一次的检索条件组

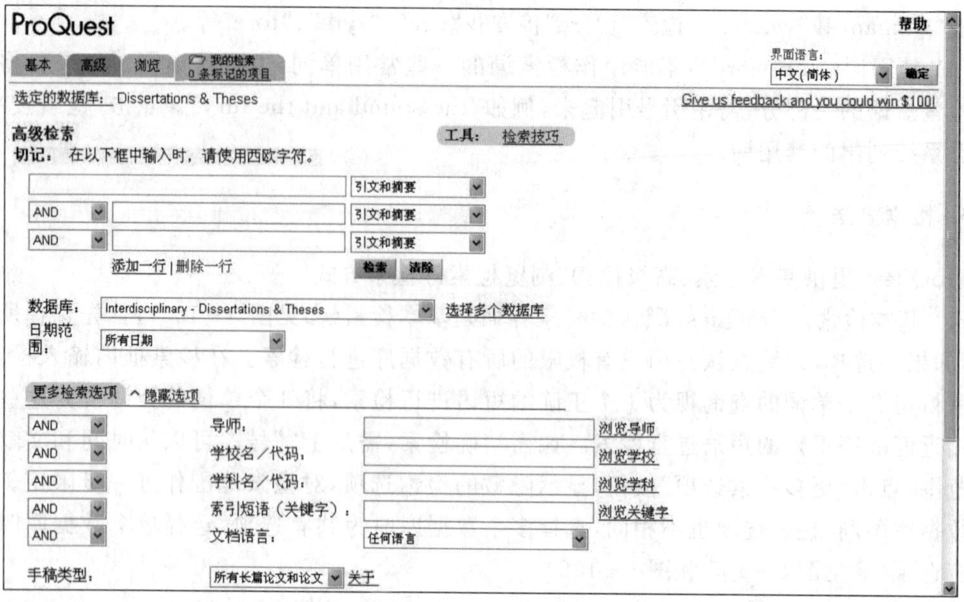

图 5－106　ProQuest 高级检索

成新的检索式。例如：用 SUB(English as a second language,简称 ESL)检索,然后在主题浏览中选择词库,找到短语"Language acquisition","添加术语至检索使用"的逻辑关系选择 AND,点击"添加到检索条",系统自动生成检索式：SUB (English as a second language) AND SUB(Language acquisition)。

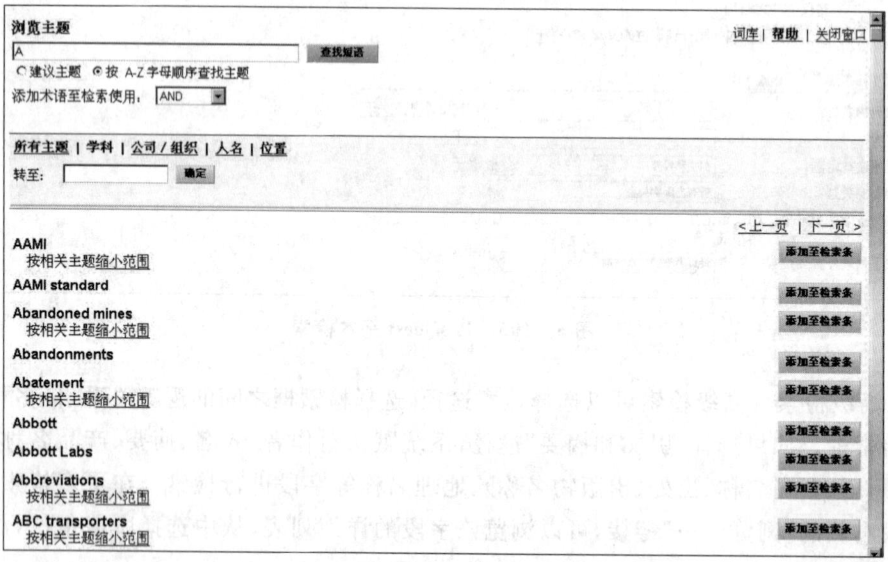

图 5－107　ProQuest 主题浏览

(4) 出版物检索。出版物检索可以按字顺浏览出版物名称,也可以用所需检索的出版物名称中所包含的词语检索出版物,再选择卷期,查看文章。

ProQuest 的帮助系统非常完善,请注意使用。

4. 结果处理

对检索结果的进一步优化有多种方式:可以点击"进一步限定检索条件"按钮,缩小范围再检索;可以选择建议的主题,再次组配检索式检索;可以选择特定文献来源进行检索。结果排序可以选择按时间或按关联度。可以显示摘要和参考文献,全文有文本格式、图像格式、PDF格式。通过创建 RSS 荟萃,可以保存检索策略(参见图 5-108)。

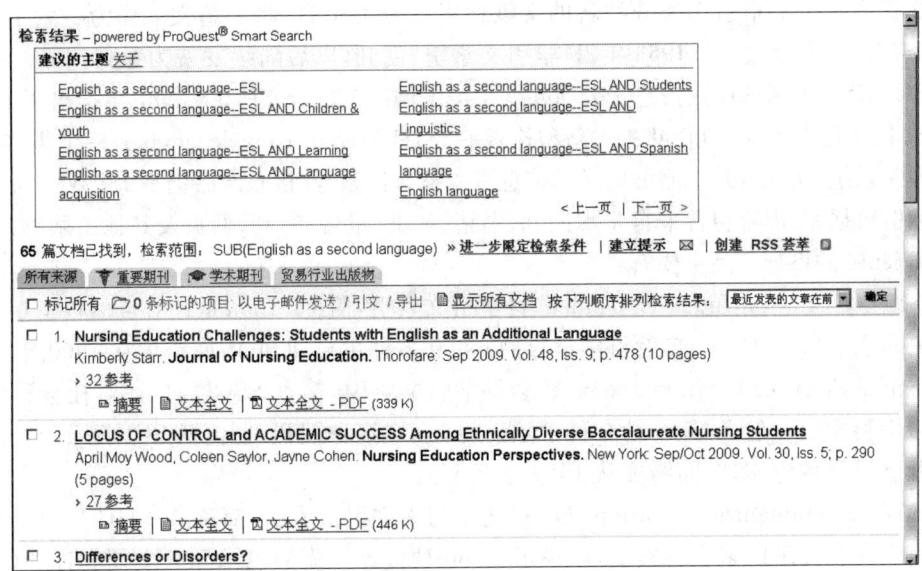

图 5-108　ProQuest 检索结果

5. 学位论文

ProQuest 的学位论文检索平台的汉化版(http://pqdt.calis.edu.cn)支持中文简体、中文繁体和英文界面(参见图5-109)。检索界面易于掌握,检索结果可以直接下载 PDF 格式文档,或勾选所需论文进行订购。

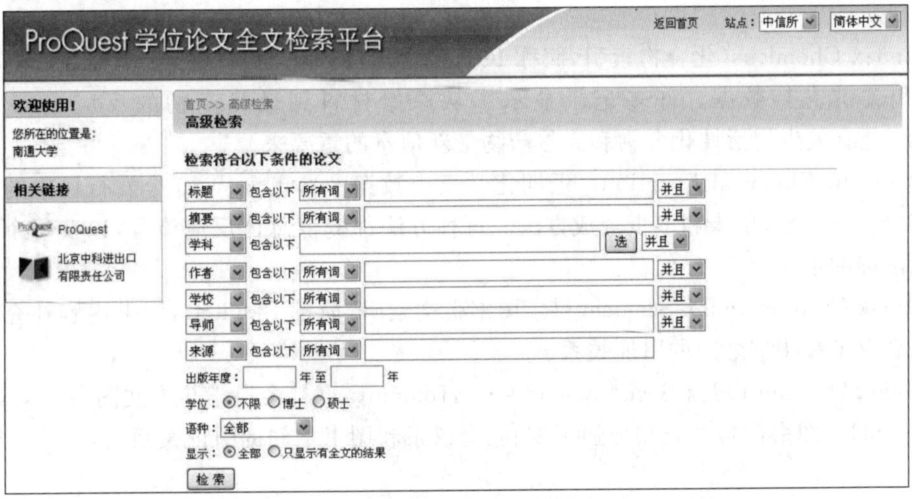

图 5-109　ProQuest 学位论文检索平台-高级检索

5.4.6 Web of Science(http://apps.webofknowledge.com)

1. 简介

ISI 是美国科技信息研究所(Institute of Science Information)的简称,该所编辑出版的三大引文索引是著名的信息检索工具。科学引文索引的创始人 Dr. Garfield 1955 年在 *Science* 发表论文提出将引文索引作为一种新的文献检索与分类工具,将一篇文献作为检索字段从而跟踪一个 Idea 的发展过程。1963 年《科学引文索引》创刊,以后陆续发展为系列产品。1992 年 THOMSON 公司下属的商业信息子公司并购了美国科技信息研究所,于 1997 年推出了 ISI Web of Science 信息检索系统,2001 年推出新型检索平台 ISI Web of Knowledge,这是一个集多种类型信息于同一系统,实现一站式服务的学术信息资源整合体系,其核心产品仍是 ISI Web of Science 的引文索引数据库,内容包含来自学术期刊、书籍、丛书、报告、专利、网页及其他出版物的信息。Web of Science 的系列产品主要有:

➢ Science Citation Index Expanded(科学引文索引,简称 SCI),是针对自然科学期刊文献的多学科索引。收录 150 个自然科学学科的 6 650 多种主要期刊,时间跨度从 1900 年至今。

➢ Social Sciences Citation Index(社会科学引文索引,简称 SSCI),是针对社会科学期刊文献的多学科索引。包含 50 个社会科学学科的 1 950 多种期刊,也包括 SCI 收录的科技期刊中涉及社会科学的论文,时间跨度从 1956 年至今。

➢ Arts & Humanities Citation Index(艺术与人文引文索引,简称 A&HCI),是针对艺术和人文科学期刊文献的多学科索引,收录了 1 160 种世界一流的艺术和人文期刊,同时还为从 6 800 多种主要自然科学和社会科学期刊中单独挑选的相关项目编制了索引。时间跨度从 1975 年至今。

➢ Conference Proceedings Citation Index-Science(科学会议论文引文索引,简称 CPCI-S),涵盖了 1990 年至今科技领域的会议录文献。

➢ Conference Proceedings Citation Index-Social Sciences & Humanities(社会科学和人文会议论文引文索引,简称 CPCI-SSH),涵盖了社会科学、艺术及人文科学的所有领域的会议录文献。

➢ Index Chemicus(化合物索引,简称 IC),包含国际一流期刊所报告的最新有机化合物的结构和关键支持数据。许多记录显示了从原始材料到最终产物的反应流程。Index Chemicus 是有关生物活性化合物和天然产物最新信息的重要来源。

➢ Current Chemical Reactions(近期化学反应数据库),包含从 39 个发行机构的一流期刊和专利摘录的全新单步和多步合成方法。每种方法都提供总体反应流程,以及每个反应步骤详细、准确的示意图。

➢ Book Citation Index-Science(科学图书引文索引,简称 BkCI-S),图书内容补充和加强了期刊、会议录和图书之间的引证关系。

➢ Book Citation Index-Social Sciences & Humanities(社会科学与人文图书引文索引,简称 BkCI-SSH),图书内容补充和加强了期刊、会议录和图书之间的引证关系。

2. 检索方法

进入 Web of Science 数据库主页(参见图 5 – 110),系统提供基本检索、被引参考文献检索、化学结构检索、高级检索、作者检索等检索方式。

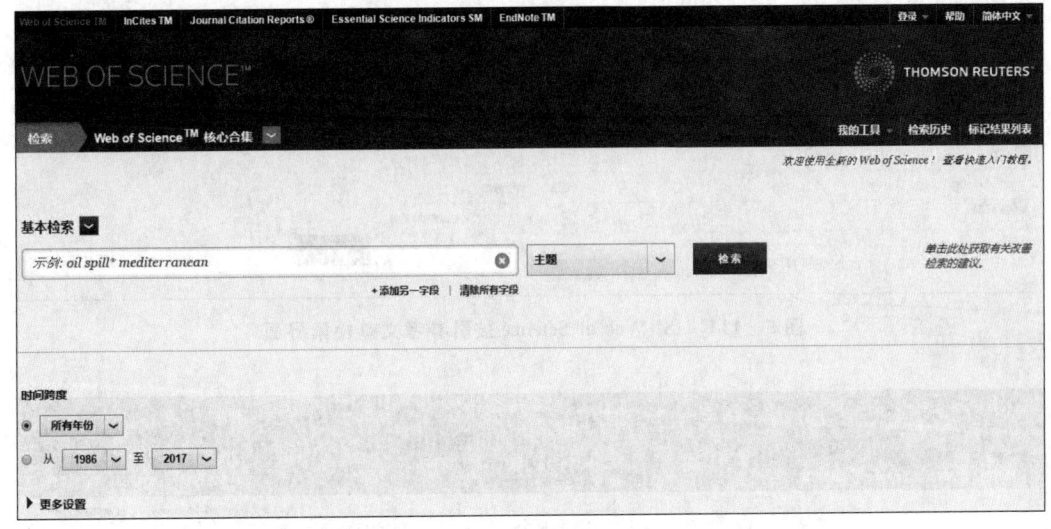

图 5 – 110　ISI Web of Science 数据库主页

(1) 基本检索。基本检索界面(参见图 5 – 110),是系统默认的检索模式,可检字段有主题、标题、作者、作者识别号、团体作者、编者、出版物名称、出版年、地址、DOI、机构扩展、会议、语种、文献类型、基金资助机构、授权号、入藏号、PubMed ID 等。每选择一种字段,系统都会显示该字段的规则示例。其中作者、团体作者、出版物名称字段,可以使用系统提供的辅助工具浏览或检索相关名称。

如果需要选择多个检索字段组配检索式,可以点击"添加另一字段"增加检索框。

(2) 被引参考文献检索。通过被引参考文献检索,可以了解某个已知理念或创新获得确认、应用、改进、扩展或纠正的过程。在 Arts & Humanities Citation Index 中,被引参考文献检索能够查找被引用的图书、艺术作品、音乐乐谱、示意图。

该界面提供被引作者、被引著作、被引年份、被引卷、被引期、被引页、被引标题 7 个检索字段,字段之间的逻辑关系默认为逻辑"与"(AND)。在同一个字段中可以输入多个检索词,检索词之间可以使用布尔逻辑算符、位置算符、截词符进行组配(参见图 5 – 111)。

(3) 高级检索。高级检索模式在检索框直接输入检索式,字段标识、布尔逻辑运算符在右侧的列表中显示(参见图 5 – 112)。检索式允许使用布尔逻辑运算符和通配符,例如:

TI＝(sanit * AND (fruit * OR vegetable *))表示查找在文献标题中包含检索词 sanitary、sanitize 或 sanitizing 以及检索词 fruit(或 fruits)或 vegetable(或 vegetables)的记录。

TS＝(fish AND batter * AND chip *)表示查找在记录的"摘要"、"标题"或"关键字"字段中包含检索词 fish 和 batter(或者 batters 和 battered)以及 chip(或 chips)的记录。

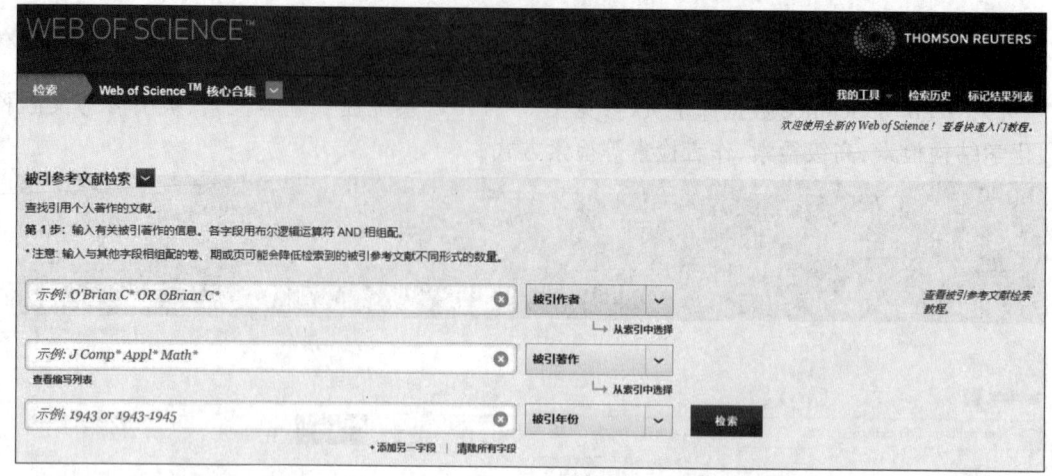

图 5-111　ISI Web of Science 被引参考文献检索界面

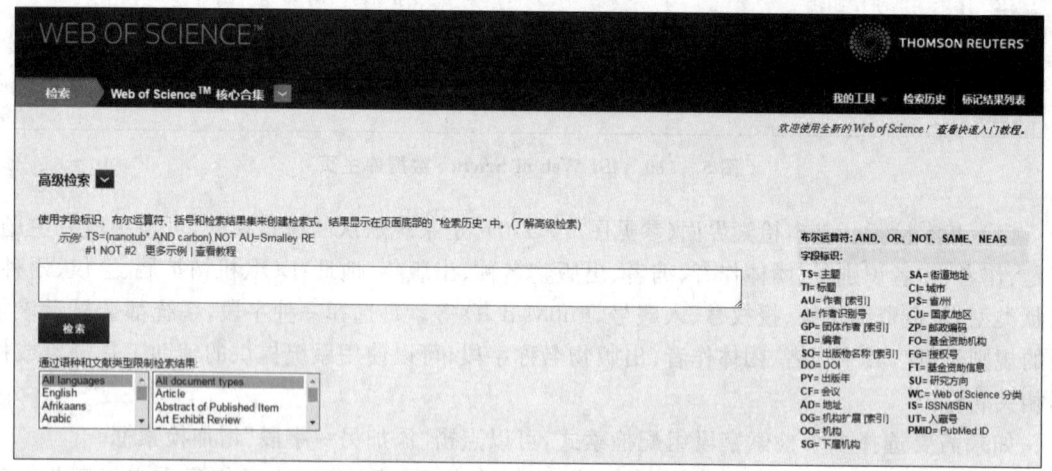

图 5-112　ISI Web of Science 高级检索界面

可以调用自动保存在检索历史中的检索式，组配新的检索式，例如：

TS=(quark*AND lepton*) AND #1 NOT #3

查找包含检索词 quark(或 quarks)和 lepton(或 leptons 和 leptonic)，同时包含检索式#1中的检索词的记录，但排除包含检索式#3中的检索词的所有记录。

3. 检索结果处理的主要功能

(1) 优化检索结果。在检索结果列表界面(参见图 5-113)，可以按左侧精炼检索结果栏的提示，从学科类别、文献类型、作者、来源出版物、会议标题、机构、语种、国家/地区等字段进行二次检索，优化检索结果。

(2) 分析检索结果。系统可以按精炼检索结果栏提供的字段分析检索结果，给出按所选字段分析的统计数据。

(3) 引文分析报告。点击引文分析报告，系统给出按年度的文献出版统计数和引文统计数，普通检索模块的检索结果分析报告引文均来源于 Web of Science 收录的期刊。执行"被引

第 5 章 论文检索 169

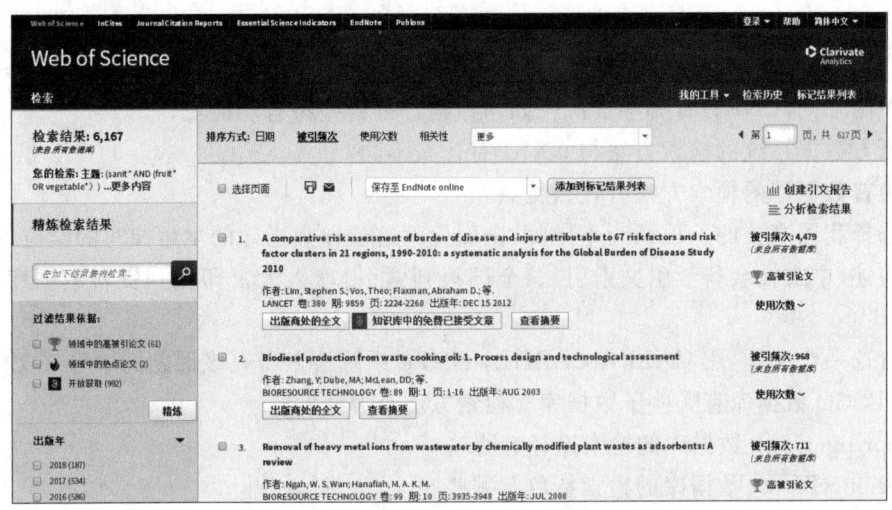

图 5-113 ISI Web of Science 检索结果列表

参考文献检索",可查看未收录在 Web of Science 中的引文。

（4）排序方式。可以选择按更新日期、被引频次、相关性、第一作者、来源出版物、出版年、会议标题等方式进行排序。

（5）全文获取。Web of Science 与多个学术出版商合作,提供与原始文献电子版的链接,已实现与 Elsevier Science,Springer,Kluwar Academic 等全文数据库的链接,凡检索结果中的记录包含于图书馆订购的全文数据库中的,在相关记录下显示"全文"链接按钮,可以查看全文。

（6）保存检索结果。可以选择打印或电子邮件,保存到 EndNoteWeb,RefMan,ProCite 等题录管理工具。

（7）查看引用文献、被引文献、引证关系图。在检索结果详细显示界面（参见图 5-114）,点击"被引频次"后的数字,显示施引文献列表。点击"参考文献"后的数字,显示参考文献列表。

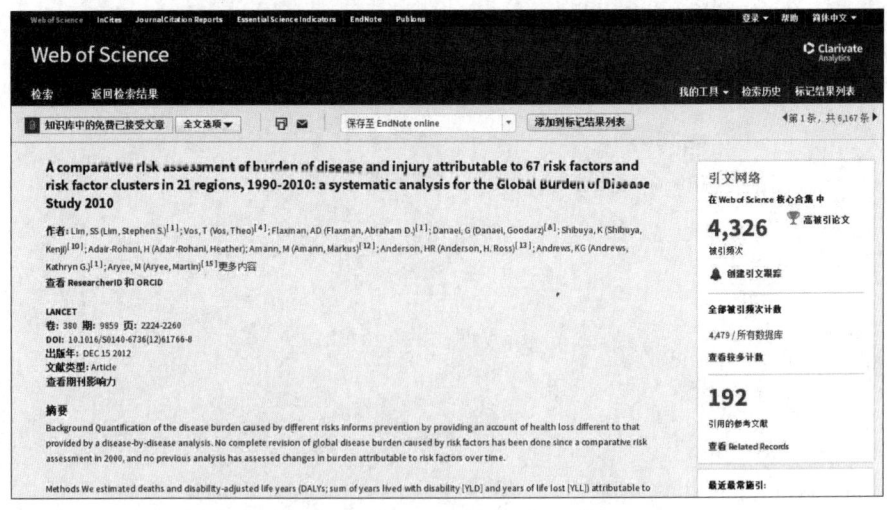

图 5-114 ISI Web of Science 检索结果详细显示

练习与思考

1. 中国知网(CNKI)有哪些资源？如何检索？有哪些特有功能？
2. 万方数据系统的检索方法与 CNKI 有什么不同？
3. 维普数据库的检索方法有什么特点？
4. 选择我国高校的一位硕士生导师，全面检索这位导师指导的学生撰写的学位论文。
5. 简述《中文社会科学引文索引》、《全国报刊索引》、《人大复印报刊资料数据库》各自的特点。
6. 自选一个课题，用 CALIS，CASHL，NSTL 系统检索研究该课题的中外文文献。
7. EBSCO 数据库有哪些子数据库？检索方法有哪些？
8. SpringerLink 数据库的检索途径有哪些？
9. ScienceDirect 数据库的检索特色有哪些？
10. Wiley 数据库的检索方法有哪些？
11. PQDD 数据库中如何使用高级检索？什么情况下使用制定检索式的辅助表格？
12. 查找本校老师发表的文献被 Web of Science 数据库收录的情况。

第6章　法律文献、专利文献、标准文献检索

本章主要介绍法律法规条约、标准文献、专利文献的检索，这些文献与学术性文献的区别在于此类文献都具有一定的强制性、时间性和地域性，即在其生效的时间段之内，在其规定的区域内具有法律约束力，需要按照其规定执行。

6.1　法律法规条约检索

6.1.1　法律文献概述

法律文献信息是一种重要的信息类型，是人类社会信息重要的有机组成部分。随着我国依法治国方略的确立，法制建设的日益加强，法学研究的日益深入，法律文献信息的生成数量越来越大，社会对法律文献信息的需求也越来越强烈。

1. 法律文献信息的概念

法律文献信息是一切有关法和法学文化知识的总和。它从立法、司法、执法的理论与实践活动中产生，又是指导法律实践与法律研究活动的依据。它是人类社会共同的精神财富，是人类文明的结晶。在不同的社会和历史时期，法律文献信息要受到历史条件的制约，并在一定程度上反映社会的进步程度。因此，在法律文献信息的鉴别、吸收、利用和继承上，既不能否认因历史及社会发展的必然联系而决定的法律文献信息的共同性与继承性，也不能否认因历史及社会条件的不同而决定的法律文献信息的差异性和特殊性。

2. 法律文献信息的特点

法律文献信息除了具有与一般信息相同的特点之外，还有下面几个不同于其他信息的特点：

（1）规范性。法律文献信息中大量存在的是国家颁布的法律法规、司法解释等规范性文献。这些文献在形式和内容方面，都有一定的格式和严格的内容规范，同时它们又是公民和法人的行为规范。

（2）时效性。法律法规及其他规范性文件具有极强的时效性，它既有严格的生效时间，也有失效和被新法律法规取代或废止的情况。因此，在使用法律文献信息时不可忽视其时效性的特点。

（3）地域性。法律有明确的适用范围，包括国际法、各国的国家法，一个国家之中不同的省份、城市也有自己不同的法律法规。比如美国联邦有联邦的法律，每个州又都有各自的法

律,而且相互间的差异很大。因此,法律文献信息有极强的地域性。

(4) 分散性。由于法律与政治、经济、文化、教育以及社会生活的各个层面均有十分密切的联系,因而与其他学科和专业互相交叉渗透,造成法律文献信息的分散性,这种分散性又造成法律文献信息的检索和利用存在一定困难。

3. 法律文献信息的作用

在现代社会中,法律文献信息的作用极大。国家机器的运转、政府职能的发挥、经济活动的进行,都离不开法律文献信息;公民要保护自身的财产权、人身权、受教育权、劳动权、政治权利以及著作权、专利权等各种权益不受侵害,需要法律文献信息;企业法人商标被抢注、合同被毁约、产品被假冒更需要法律文献信息,通过仲裁或诉讼挽回损失;政法机关要依法打击违法犯罪,国家行政机关要依法进行行政管理,企业要依法经营,个人要遵纪守法,等等,如果这一切没有法律文献信息或者法律文献信息不准确,其结果将是无法想象的。

法律文献信息与政治经济、文化教育等一切社会领域的所有活动,与每个人的关系都极为密切。在知识经济条件下,与其他类型信息如经济信息、科技信息一样,法律文献信息也是一种极为重要的战略性资源,可以直接转化为生产力,可以创造社会财富。例如,一项发明创造性成果,如果得不到法律的保护被他人无偿占有,可能会造成很大的损失;防止一个著名商标被他人抢注,就争得了无形资产。商场如战场,法律文献信息是商场上竞争取胜的重要武器,这一点将会被越来越多的事实所证明。

4. 法律文献信息的类型

法律法规按不同的标准可以划分成多种类型,按层级可以分为宪法法律、行政法规、部委规章、地方法规、行业规范等;按地域可以分为国际法、地区法、国家法等;按学科可以分为行政法、刑法、民法、经济法、社会法、军事法等;按法律效力可以分为有效法、失效法等。

法律文献按出版类型可分为法律图书、法律期刊、法律报纸、政府法律出版物、法律档案、法律会议文献、法律学位论文等。学术性法律文献检索参见第 4 章、第 5 章,本章主要讲述法律法规条约的检索。

法律电子出版物是电子出版物大家族的重要组成部分,并且是出现较早的电子出版物。早在 1959 年,美国匹兹堡大学卫生法律中心就建立了一个法律全文检索系统。之后不久,美国俄亥俄州律师协会也建立了名为 OBAN 的法律条文与案例检索系统。成立于 20 世纪 60 年代的 MEAD(米德)公司,提供两大系统的全文数据库服务,其中之一就是被称为 LEXIS 的法律文献及案例全文数据库,至今仍是世界上规模最大的法律全文数据库之一。

在国内,法律电子出版物也是较早出现的电子出版物。如北京大学与中天软件技术开发公司 1986 年就开发出《中国法律之星》。从整体上看,法律电子出版物已形成相当的规模,在人们的工作学习与社会的政治、经济、文化活动中发挥着日益重要的作用。

6.1.2 国内的法律法规检索系统

1. 北大法宝(http://www.pkulaw.cn)

北大法宝 1985 年诞生于北大法律系,是由北大英华公司和北京大学法制信息中心共同开发和维护的法律数据库产品,经过 20 多年的不断创新,在内容和功能上全面领先,已成为法律信息服务领导品牌,是法律工作者的必备工具。

该系统分为中国法律检索系统、司法案例、法学期刊、中国法律英文译文、分类导航等模块(参见图 6-1),每个模块根据所收信息的特点设置检索方式。

图 6-1 北大法宝主页

(1) 中国法律检索系统检索。这个模块由 13 个子库构成,其快速检索方式可以选择一个或多个子库,输入关键词,在标题或全文中检索(参见图 6-1)。点击子库名称,进入单库检索界面(参见图 6-2,以中华人民共和国条约库为例),每个子库的字段设置不完全相同。带下拉框的字段,从下拉框中选择要查询的选项。具有下拉框类型的字段有:国家与国际组织、批准机关、条约分类、条约种类、广泛熟知的条约等。在带图标的字段,点击图标,在弹出的对话框中选择所需选项。

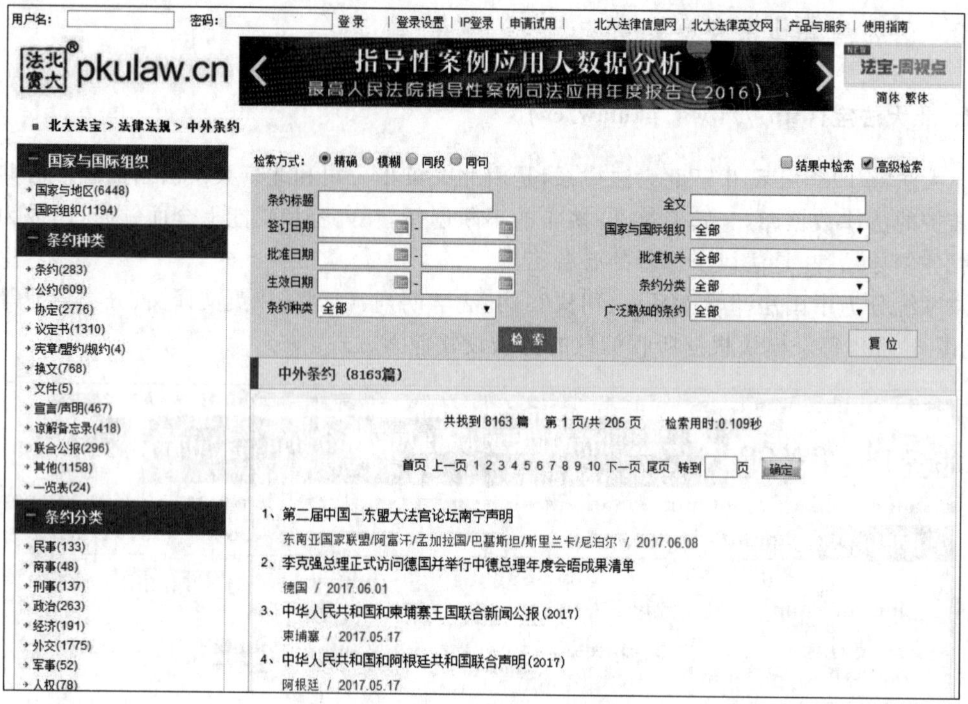

图6-2 北大法宝单库检索

系统的各模块之间实现了内容整合,例如在法律法规的条文下,列出相关法律、行政法规、部门规章、法学期刊、律所实务等的链接(参见图6-3)。

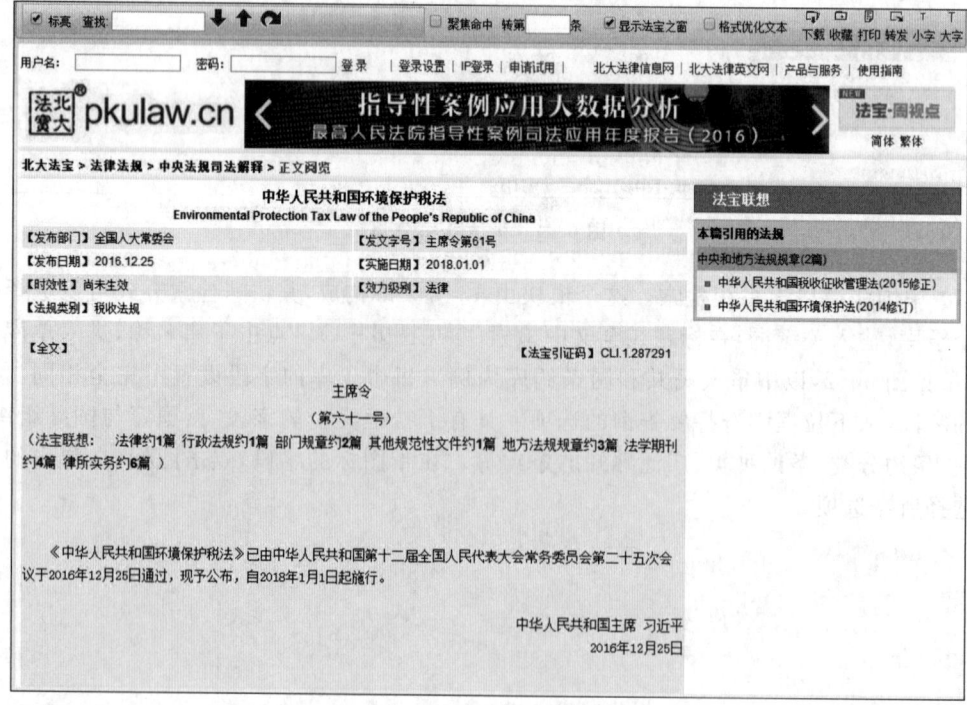

图6-3 北大法宝结果全文显示

(2) 司法案例检索。司法案例检索模块可以检索案例与裁判文书、公报案例、案例要旨、案例报道、仲裁裁决与案例。根据案由类别、参考级别、审理法院、法院级别、审理程序、文书类型等分别点选,输入关键词检索(参见图 6-4)。

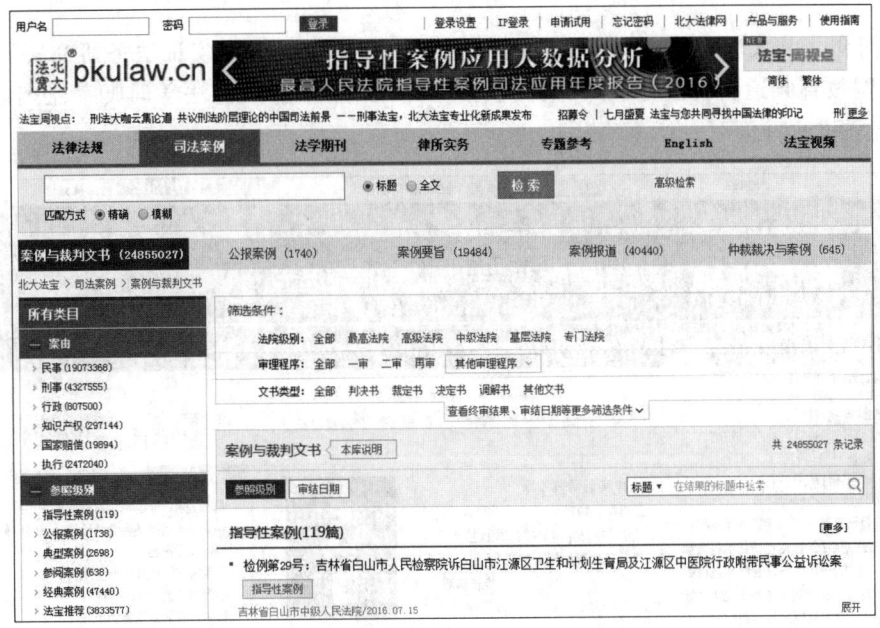

图 6-4 北大法宝司法案例检索

(3) 法学期刊模块。北大法宝以法学期刊数据库为基础,其内容主要是新出版的法学期刊目录,及时而全面地提供法学期刊更新目录(参见图 6-5)。

图 6-5 北大法宝法学期刊模块

(4) 中国法律英文译本。这个模块提供中国法律的英文译本，WTO 文件全文的英文版和中文版，以及案例和法律新闻。

2. 北大法意网(http://www.lawyee.org/)

(1) 简介。北大法意网由北京法意网科技有限公司、北京大学实证法务研究所研发制作。北大法意网教育频道由司法考试库、案例数据库群、法规数据库群、法学词典库、法学文献库等组成(参见图6-6)。

图6-6　北大法意网教育频道主页

法院案例库包括中国裁判文书、精品案例、精选案例、中国媒体案例、教学参考案例、行政执法案例、中国古代案例、中国香港地区法院案例、中国澳门地区法院案例、中国台湾地区法院案例、国际法院案例、外国法院案例等。

法规数据库群包括中国法律法规库、中英文本对照库、新旧版本对照库、香港地区法规库、澳门地区法规库、台湾地区法规库、外国法规库、国际条约库、法规解读库、古代近代法规库、配套规定等。

(2) 检索方法。

① 快速检索方式。从法意网主页选择文献类型，输入关键词，即对所选数据库进行全文检索(参见图6-6)。

② 高级检索有分类引导、数据库引导、集成引导，可从法规名称、法规全文、法规文号、颁布机构、颁布时间、法规层级等多途径进行检索(参见图6-7)。检索结果可以按颁布时间或法规层级排序，可以选择检索结果显示的内容。

图6-7　北大法意网法律法规库检索界面

3. 国信中国法律网(http://www.chinalaw.net)

国信中国法律网由国家信息中心法规信息处主办,有新法规联机查询、国家法规数据库、法律理论专刊、人民法院报特辑、律师事务所名录等模块,提供浏览检索和标题词检索(参见图6-8)。以新法规联机查询为例,如果选择标题词检索,可以输入两个以上的词,中间用％隔开。选择浏览检索则点击目录期号,按期查看。该系统为收费服务,会员方可下载全文。

图6-8　国信中国法律网

4. 国道数据的"资治法典"（http://www.guodao.cn/zzfdsite/a_search.aspx）

该库是国道数据公司的产品，收录1949年至今的法律法规，按法律法规的颁布部门分库导航，依次分为：中国法律库、行政法规库、部委规章库、地方法规规章库、司法解释库、港澳台法律库、国际条约库、中共中央政策库、其他机构文件库，共9个子库。为了法律咨询、研究、使用便利，又辅以判例案例库、论文库、法律文书样本库、合同范本库等4个子库。

该系统提供初级检索和高级检索（参见图6-9）。初级检索可以对全库或某个、某些子库的标题或全文的关键词、法规颁布年份、论文发表年份、年份区间、法规的有效性进行检索查询。高级检索可以对全库或某个、某些子库进行全部字段、部分字段、单个字段的复杂组合型检索，检索条件个数由用户设定；对法规和论文案例等异构数据库实现了跨库检索，还可以按照法律法规的颁布部门分库导航，按照法律学科分库导航。

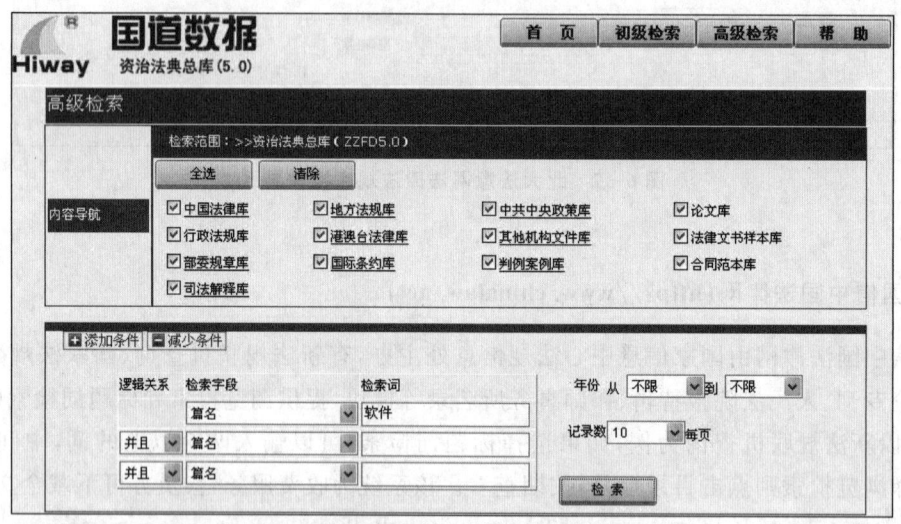

图6-9 国道数据资治法典高级检索界面

6.1.3 国外的法律法规检索系统

1. Westlaw International 法律在线数据库（http://west.thomson.com/westlaw）

（1）内容简介。

Westlaw是汤姆森法律法规集团的一个法律专业信息平台，1975年开始建设发布，目前提供约32 000个即时检索数据源，其中包含判例法、法律报告、法律法规、法律期刊、法院文档、法律专著以及法律格式文书范本，覆盖几乎所有的法律学科。其中：

① 判例部分：汤姆森法律法规集团作为诸多国家法律报告官方授权出版者，收录了美国联邦和州判例（1658年至今）、英国（1865年至今）、欧盟（1952年至今）、澳大利亚（1903年至今）、香港地区（1905年至今）和加拿大（1825年至今）的所有判例。除此之外，还提供其他形式的判例报告，包含国际法院、国际刑事法院（包含前南斯拉夫法院和前卢旺达法院）、世贸组织等判例报告。

② 法学期刊：1 200余种法学期刊，覆盖了当今80%以上的英文核心期刊。汤姆森法律法

规集团在自己出版的诸多法律期刊的基础上,还刊载了大量知名的国际法律期刊,如 *Harvard Law Review*(1949 年至今)、*Yale Law Journal*、*Columbia Law Review*、*Criminal Law Review*、*Hong Kong Law Journal* 等超过 1 500 种法律专业全文期刊,帮助法律研究者获取更多学界最新动态。从 2006 年起,该集团同 ALM(American Lawyer Media)合作,独家获取其出版的包括 *New York Law Journal* 在内的美国实务界权威期刊,了解司法界最新变化。

③ 法律法规:除了出版大量的法律法规,还收录了各国的法律条文,其中主要包括英国成文法(1267 年至今)、美国联邦和州法(1789 年至今)、欧盟法规(1952 年至今)、香港地区(1997 年至今)和加拿大的法律法规,除此之外提供环境立法等专门立法。

④ 相关新闻方面,除了提供法律信息之外,还提供包括 *New York Times*、*Financial Times*、*Economist* 在内的新闻报道以及新闻频道的报告底稿。

(2) 检索方法。

选择需要检索的信息类型,快速检索模式从下拉框中选择,高级检索模式则从界面点选(参见图 6-10)。快速检索模式从关键词或题名中检索输入的检索词,高级检索模式从题名、作者、关键词、ISBN 号等字段中进行检索。

时间限定,勾选"仅搜索新产品",只检索最近 60 天中的新记录。

类型限定,系统提供 Practice Areas, Law School Subjects, Jurisdictions (including Federal & International), Product Types, Brands, User Guides 等选择,点击相关链接,显示选项列表,勾选所需选项即可。

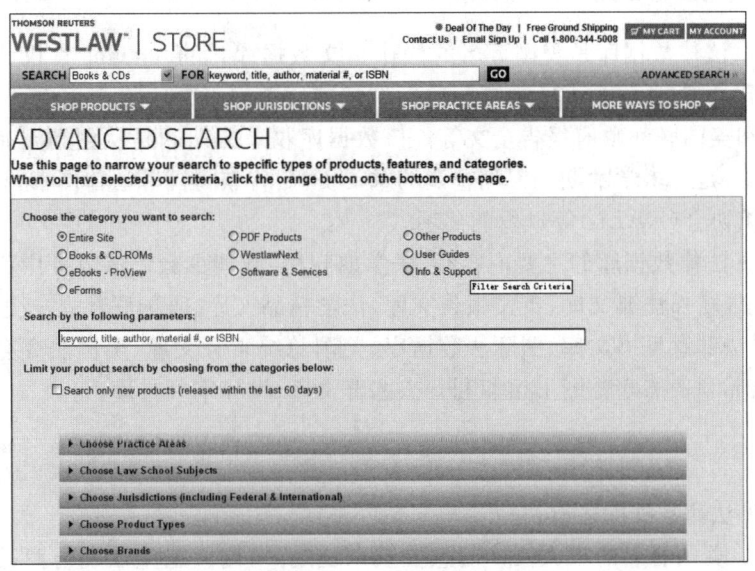

图 6-10 Westlaw 检索界面

2. Lexis.com 法律数据库(http://www.lexisnexis.com/us/lnacademic/)

(1) 简介。美国 LEXIS-NEXIS 公司创始于 1973 年,其数据库内容涉及新闻、法律、政府出版物、商业信息及社会信息等,其中法律法规方面的数据库是 LEXIS-NEXIS 的特色信息源,在法律业界具有很高知名度。Lexis.com 是面向大学法学院、律师、法律专业人员设计的数据库产品,主要内容包括:美国联邦和各州的判例法——收录近300年美国联邦和各州的判例法案例;美国联邦和各州的立法和法律法规——包括著名的USCS美国联邦立法信息服务;英美立法和政治制度材料;全球28个国家的法律信息,包括立法和判例;多个国际组织的条约和相关判例;约850种全球法律期刊、杂志和报告,可以回溯到1980年;法律专业书籍;法律综述资料;美国法律考试相关资料;法律新闻等。

(2) 检索方式。分为基本检索(Basic Quick)、指南检索(Guided Search)和出版物浏览(Source List)。

① 基本检索:主要是关键词检索,检索入口为标题、首段或全文,可以按时间或行业、审理法院等对检索词加以限制,可使用布尔逻辑、截词等算符。需要注意的是,由于数据库收录的文献类型不同,系统默认的检索字段也不同。

② 指南检索:主要是字段检索,增加了检索入口以及位置算符的匹配运算、出版物名称、时间等检索限定,其中时间可以限定到具体的日期。

③ 出版物浏览:点击检索界面上方的"Sources",即可按字母浏览所有的出版物。在每一个出版物名称后面,都有两个栏目,一是"出版物介绍"(about this title),可以查看该出版物在数据库中的收录范围、更新频率、上网时间(何时可获取网络版内容)、内容描述、是否有全文等信息,堪称出版物的小"档案";二是"检索该出版物"(search this title),点击后即到指南检索界面,没有提供直接按日期浏览的功能,只能在检索时用日期加以限定。

3. HeinOnline法律数据库(http://www.heinonline.org)

HeinOnline法律数据库是美国著名的法律全文数据库,涵盖全球最具权威性的近1 300种法律研究期刊,同时还包含675卷国际法领域权威巨著,100 000多个案例,1 000多部精品法学学术专著和美国联邦政府报告全文等。该数据库收录的期刊是从创刊开始,大多数资源已更新到前一年,是许多学术期刊回溯查询的重要资源,曾获得国际法图书馆协会(IALL)、美国法律图书馆协会(AALL)等颁发的奖项。

HeinOnline法律数据库的主要内容有:法学期刊库、欧洲少数民族事务中心文库、美国联邦纪事文库、美国联邦法典文库、英文报告文库、法学精品文库、美国联邦立法史文库、条约/协定文库、美国司法部意见书文库、国际法数据库、美国总统事务文库、美国法令全书文库、美国最高法院文库、菲利普杰塞普图书馆菲利普杰塞普文库、世界审判文库。

4. 其他

著名的国外法律数据库还有:

➢ LURIS。美国著名的三大法律信息检索系统之一,侧重卫生法和与商品有关的法律、法规是其特点。美国100名律师以上的事务所基本都是该系统的长期订户,它可帮助用户打官司。

➢ EUROLEX。伦敦欧洲法律中心制作的法律数据库。其信息全部都是英文的,内容有欧洲司法法庭、欧洲共同体委员会和欧洲人权法庭的判决,欧洲共同体的官方公报(立法丛书)和欧洲专利局的官方公报,欧洲理事会成员国之间所订立的公约、协定的全文,还有欧洲各国法院有关商业案件的判决全文和其他主题范围案件的判决概要。

➢ DIALOG。洛克希德公司的数据库,也是历史最久的数据库之一。其学科门类齐全、文献种类广泛、内容无所不包。其中有《国会情报服务》、《法律渊源索引》、《联邦索引》(包括《国会记录》和《联邦注册》)、《公共事务情报服务》、《社会科学院检索》、《刑事审判期刊索引》等等。

➢ JURIS法律检索系统。它是JURIS公司的数据库,目前该系统共有30个子库,150万条信息,其中判例占数据库的71%,法律、法规占12%,资料占17%。此系统可查询到德国几乎所有州的高等法院及州法院的重要判例。判例中已去掉真实姓名、地点和与当事人有关的内容,主要介绍案件的情况并做出说明。可以查询到各州法院的最新判决及德国500多种报纸和200多种法律杂志的主要目录和部分法学文章,还可以查到各种法律、法规条款。信息来源于司法部、各州高等法院及州法院和公开出版机构提供的判例、法规、资料。

6.2 专利文献检索

6.2.1 专利基础知识

1. 专利的一般概念

世界知识产权组织对知识产权的解释:知识产权是基于智力的创造性活动所产生的权利。知识产权制度是用法律形式对创造性的劳动成果给予保护的制度。传统的知识产权包括著作权、专利权、商标权。随着科学技术和社会的发展,知识产权的范围有所扩大,增加了原产地名、货源标记、商业秘密权、植物新品种权等。我国的知识产权局管辖专利权,著作权由新闻出版广电总局管辖,商标权属国家工商行政管理总局管辖。

专利权是对产品的保护,是专利权人对发明创造享有独占性的生产、经营、制造、使用、销售的权利。

专利权的特点有三:一是专有性,也称独占性,专利权人对发明创造享有独占性的生产、经营、制造、使用、销售的权利。二是地域性,地域性是指一个国家或地区依照本国或本地区的专利法授予专利权,对其专利权承担保护的义务。三是时间性,时间性是指专利权人对其发明创造所拥有的法律赋予的专有权只在法律规定的时间内有效。对专利的保护期限,各国的法律规定不同,我国专利法规定发明专利权的期限为二十年,实用新型专利权和外观设计专利权的期限为十年。

2. 专利的种类

(1) 发明专利:是指对产品、方法或者其改进所提出的新的技术方案。

(2) 实用新型专利:是指对产品的形状、构造或者其结合所提出的适于实用的新的技术方案。

(3) 外观设计专利:是指对产品的形状、图案或者其结合以及色彩与形状、图案的结合所做出的富有美感并适于工业应用的新设计。

3. 授予专利的条件

(1) 新颖性是指申请专利的发明必须是前所未有的。我国专利法规定:"新颖性,是指该发明或者实用新型不属于现有技术；也没有任何单位或者个人就同样的发明或者实用新型在申请日以前向国务院专利行政部门提出过申请，并记载在申请日以后公布的专利申请文件或者公告的专利文件中。"

（2）创造性也称非显而易见性。我国专利法规定："创造性，是指与现有技术相比，该发明具有突出的实质性特点和显著的进步，该实用新型具有实质性特点和进步。"

（3）实用性要求发明或实用新型必须具有多次再现的可能性。我国专利法规定："实用性，是指该发明或者实用新型能够制造或者使用，并且能够产生积极效果。"

6.2.2 专利文献

1. 专利文献的类型

专利文献是指与专利有关的所有文件，包括专利申请文件、专利公报、专利主题词表、专利文摘、专利法规定及专利诉讼文件等。但我们通常提到的专利文献主要是指专利说明书，它是专利的主体，是科技人员关心的焦点，因而也是专利检索的主要对象。

我国目前出版的专利说明书有：发明专利申请公开说明书、发明专利说明书、实用新型专利说明书、外观设计授权公告。

专利说明书由扉页和正文两部分组成。正文包括序言、发明细节描述和权项三部分。在序言中通常指出发明和实用新型的名称、所属技术领域、发明的背景和目的。权项是专利申请人要求法律保护的范围，在专利诉讼中是判断侵权的依据。

2. 专利文献编号方法

中国专利说明书的编号体系包括以下六种：

① 申请号——在提交专利申请时给出的编号；

② 专利号——在授予专利权时给出的编号；

③ 公开号——对发明专利申请公开说明书的编号；

④ 审定号——对发明专利申请审定说明书的编号；

⑤ 公告号——对实用新型专利申请说明书的编号以及对公告的外观设计专利申请的编号；

⑥ 授权公告号——对发明专利说明书的编号、对实用新型说明书的编号以及对公告的外观设计专利的编号。

中国专利说明书编号体系分为 4 个阶段：1985~1988 年为第一阶段，1989~1992 年为第二阶段，1993~2003 年 9 月 30 日为第三阶段，2003 年 10 月 1 日以后为第四阶段。

1985~1988 年间，专利申请号都是 8 位数字组成，前两位表示申请年份，88 指 1988 年，第三位数字表示专利种类，"1"代表发明，"2"代表实用新型，"3"代表外观设计。后五位数字代表当年该类专利的序号。专利号在申请号前加字母 ZL。公开号、审定号、公告号是在申请号前面冠以字母 CN，后面标注大写英文字母 A,B,U,S。CN 是国别代码，表示中国。A 是第一次出版的发明专利申请公开说明书，B 是第二次出版的发明专利审定说明书，U 是实用新型专利申请说明书，S 是外观设计公告。

1989~1992 年编号体系有两个变化，一是增加了计算机校验码，就是把专利申请号由 8

位变为9位。前8位数字含义不变,小数点后面是计算机校验码(可以是一位数字或英文字母X,使用时可不予考虑)。二是公开号、审定号、公告号分别采用了7位数字的流水号编排方式,取消了其中的年份。

1993年后的编号体系变化有二:一是改变了后注字母,发明专利授权公告号后面标示字母改为C,实用新型和外观设计授权公告号后面的标注字母分别改为Y和D;二是改变了编号名称,发明专利的审定号、实用新型专利和外观设计专利的公告号都改为授予权公告号。

2003年10月1日起,按照ZC0006—2003《专利申请号标准》的规定,专利申请号用12位阿拉伯数字表示,包括申请年号、申请种类号和申请流水号三个部分。按照由左向右的次序,专利申请号中的第1~4位数字表示受理专利申请的年号,第5位数字表示专利申请的种类(1表示发明专利申请,2表示实用新型专利申请,3表示外观设计专利申请,8表示进入中国国家阶段的PCT发明专利申请,9表示进入中国国家阶段的PCT实用新型专利申请),第6~12位数字(共7位)为申请流水号,表示受理专利申请的相对顺序。

专利编号体系的变化参见表6-1。

表6-1 中国专利编号体系

专利种类	编号名称	1985~1988	1989~1992	1993~2003年9月30日	2003年10月1日~
发明专利	申请号	88100001	89100002.X	93100001.7	200310102344.5
实用新型		88210369	89200001.5	93200001.0	200320100001.1
外观设计		88300457	98300001.9	93300001.4	200330100001.6
发明专利	公开号	CN88100001A	CN1044155A	CN1089067A	CN100378905A
	审定号	CN88100001B	CN1014821B		
	授权公告号			CN1033297C	CN100378905B
	专利号	ZL88100001	ZL8910002.X	ZL93100001.7	ZL200310102344.5
实用新型	公告号	CN88210369U	CN2043111U		
	授权公告号			CN2144896Y	CN200364512U
	专利号	ZL88210369	ZL89200001.5	ZL93200001.0	ZL200320100001.1
外观设计	公告号	CN88300457S	CN3005104S		
	授权公告号			CN3021827D	CN300123456S
	专利号	ZL88300457	ZL89300001.9	ZL93300001.4	ZL200330100001.6

3. 专利分类法

我国的专利文献分类使用国际专利分类法(International Patent Classification,简称IPC),该分类法1971年开始使用,每5年修订1次,2006年1月起使用第8版。IPC采用功能和应用相结合,以功能为主的分类原则,按部、分部、大类、小类、主组、分组逐级划分。

IPC 共分 8 个部：

A	生活需要	B	作业；运输
C	化学；冶金	D	纺织；造纸
E	固定建筑物	F	机械工程；照明；加热；武器；爆破
G	物理	H	电学

各个部下面设分部，但分部不设类号。

大类号：部类号+2 位数字；

小类号：大类号+1 个字母；

大组号：小类号+1～3 位数字、斜线"/"和数字 00；

小组号：大组号+至少 2 位数字（除 00 以外）。

例如：

> G 物理
> G09 教育；密码术；显示；广告；印鉴
> G09F 显示；广告；标记，标签或名牌；印鉴
> G09F19/00 其他类组未包括的杂项广告或显示装置
> G09F19/10 表演广告动作的装置

国际专利分类号的完整书写形式如"Int. Cl.^{8} G09F19/10"，其中"Int. Cl.^{8}"表示国际专利分类表第 8 版。

6.2.3 专利文献检索

1. 中国专利检索

检索专利文献，可以利用国家知识产权局的专利文献检索系统（http://www.sipo.gov.cn）。中华人民共和国国家知识产权局是国务院主管专利工作和统筹协调涉外知识产权事宜的直属机构。国家知识产权局的网站信息丰富，有政务、服务、互动、咨询等栏目，每个栏目又分若干小类，提供专利申请和专利检索、咨询等多项服务。

国家知识产权局的检索系统有专利检索、专利分析、药物检索、专利服务四个模块。

（1）专利检索。专利检索系统提供专利检索、专利分析服务。收录了 103 个国家、地区和组织的专利数据，其中涵盖了中国、美国、日本、韩国、英国、法国、德国、瑞士、俄罗斯、欧洲专利局和世界知识产权组织。专利数据每周更新，专利统计快报随时公布各国专利的新数据。检索功能包括常规检索、高级检索、导航检索、命令行检索、概要浏览、详细浏览、批量下载等（参见图 6-11）。

① 常规检索模式每次可以选择一个字段检索，可检字段有检索要素（在标题、摘要、权利要求、分类号中同时检索）、申请号、公开（公告）号、申请（专利权）人、发明人、发明名称（参见图 6-12）。

图 6-11　国家知识产权局专利检索系统

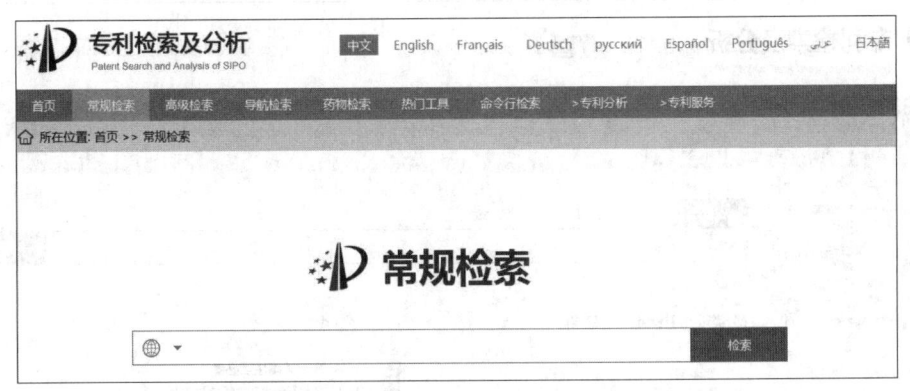

图 6-12　国家知识产权局专利检索系统-常规检索

② 高级检索方式提供了中国、主要国家和地区、其他国家和地区的专利。可检字段有申请号、申请日、公开(公告)号、公开(公告)日、发明名称、IPC 分类号、申请(专利权)人、发明(设计)人、优先权号、优先权日、摘要、权利要求、说明书、关键词等,并且在多个字段支持模糊检索。名称、摘要、说明书等字段支持字段内的布尔逻辑检索,不支持所有临近同在运算符:F,P,S,D,NOTF,NOTP,nW,nD。系统提供使用说明,介绍检索方法,并为每个字段提供漂浮式检索提示。如需多字段组配检索,可以在字段栏填入检索内容,添加到命令编辑区,生成检索式(参见图 6-13)。

③ 导航检索提供以 IPC 分类号查询(参见图 6-14),点击左侧各部,在中间显示大类号,点击类号逐级展示其下属类目,同时在右侧显示其中英文含义。在检索框中输入 IPC 分类号可查询中英文含义,输入中英文词语可查询 IPC 分类号。

④ 检索结果显示。检索结果列表中每条记录下方有"详览"链接,点击此链接,可以浏览记录的摘要信息,查看专利申请书的图像版(参见图 6-15、图 6-16)。

图 6-13 国家知识产权局专利检索系统-高级检索

图 6-14 国家知识产权局专利检索系统-导航检索

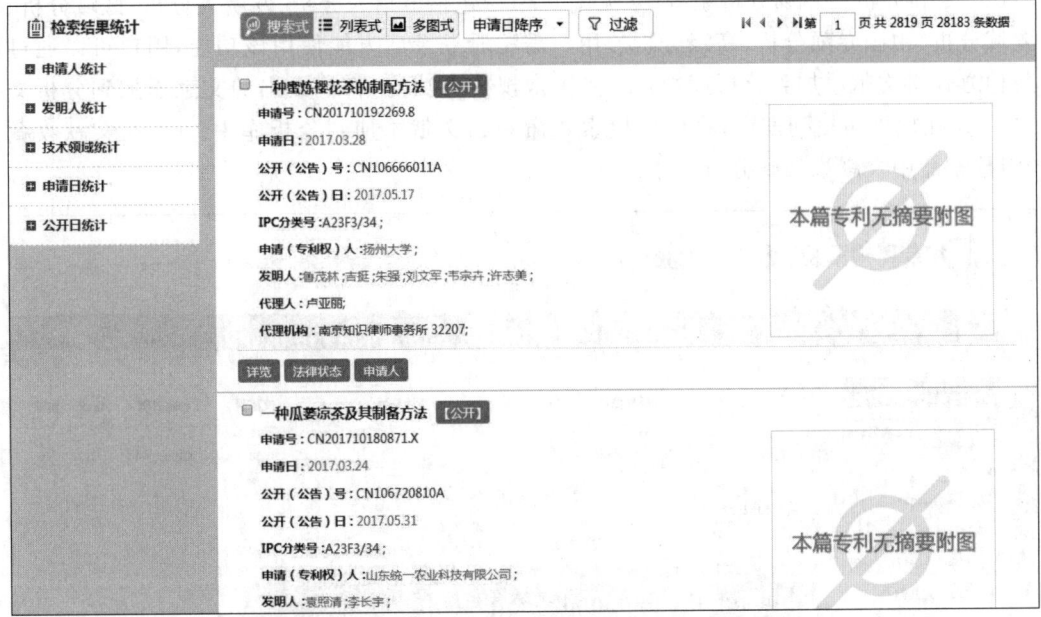

图 6-15　国家知识产权局专利检索系统-检索结果列表

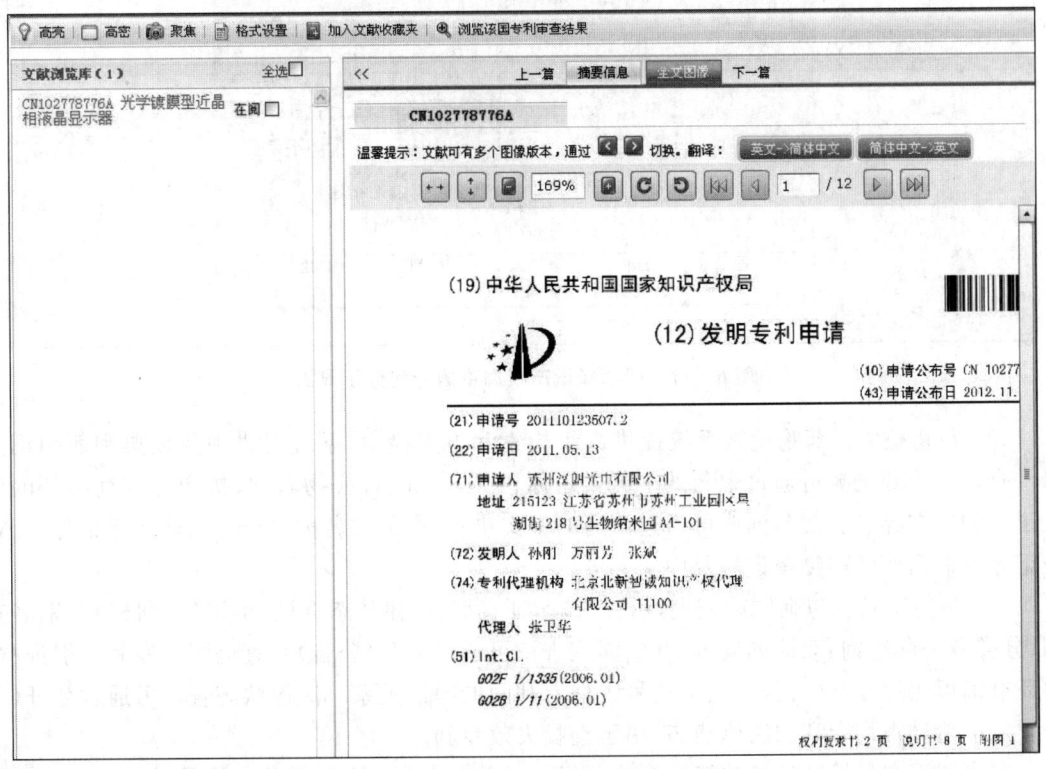

图 6-16　国家知识产权局专利检索-专利说明书

(2) 专利分析。专利分析系统(参见图 6-17)包括申请人分析、发明人分析、区域分析、技术领域分析、中国专项分析、高级分析。用户需注册登录后方能使用该功能,用户可以通过以下几种方式将文献添加到分析库中:① 使用常规检索功能,将检索出的文献添加到分析文献库中。② 在检索历史列表中,将历史检索式命中的文献添加到分析库中。③ 在文献收藏夹中,将检索命中文献添加到分析库中。

图 6-17 国家知识产权局中国专利分析界面

(3) 药物检索。药物检索系统提供高级检索和方剂检索,系统提供中药词典和西药词典以供查询。中药词典可通过中药的中英文名称、拉丁名称、替代物名称、拼音等查询中药的中文正名和中文异名。西药词典可通过西药的中文拼音、中英文名称、分子式、药物登记号、CAS登记号查询西药的药物登记号及中文异名。

(4) 热门工具。包括同族查询、引证/被印证查询、法律状态查询、申请(专利权)人别名查询、分类号关联查询、双语词典等,其中同族查询可通过公开(公告)号查询同族专利。引证/被印证查询可通过公开(公告)号、申请号查询专利间的印证关系。法律状态查询可通过公开(公告)号、申请号查询专利的法律状态,用于查找失效专利。

国家知识产权局网站的政策法规部分提供了关于专利、商标、著作权以及其他与知识产权有关的国内外法律法规和国际条约。

2. 国外及港澳台专利检索

国家知识产权局的专利检索系统提供了国外主要知识产权网站的链接，通过这些链接，可以方便地检索相关国家或地区的专利文献。仅以美国专利商标局、欧洲专利局、香港知识产权署的专利检索系统为例：

（1）美国专利商标局的专利数据库（http://patft.uspto.gov）。美国专利商标局（USPTO）的专利数据库分为两部分（参见图 6-18）：授权专利（Issued Patents）、申请专利（Patent Application）。授权专利部分收 1790 年以来出版的所有授权的美国专利说明书，其中 1976 年以后的是全文文本说明书（附图像链接）；申请专利部分收 2001 年 3 月以来所有公开的未授权的美国专利说明书，全文为扫描图像。

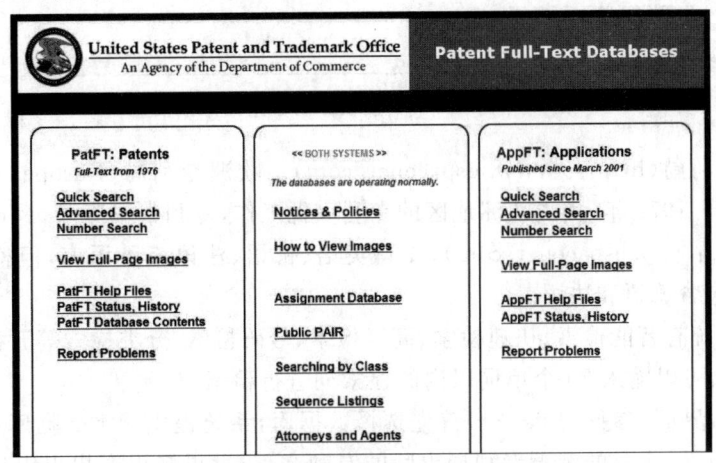

图 6-18　USPTO 专利数据库

两部分的检索方式相同，都有快速检索、高级检索、号码检索（专利号/公告号）等方式。快速检索方式有两个输入框，从下拉框中选择检索字段，可检字段有题名、摘要、授权日期、专利号等 31 个。检索框之间的逻辑关系支持 AND,OR,AND NOT（参见图 6-19）。高级检索适合专业人员使用，需根据字段代码编写检索式。号码检索最简便，只要知道申请号或公告号即可。例如，用授权数据库快速检索查找题名中包含"移动广告"（mobile advertising）的专利，在检索结果列表中找到符合检索要求的专利，点击题名，显示该专利的摘要和权利要求书等内容，点击 Images 图标，可以下载全文（参见图 6-20）。USPTO 专利数据库有详细的使用说明和在线帮助，请注意使用。

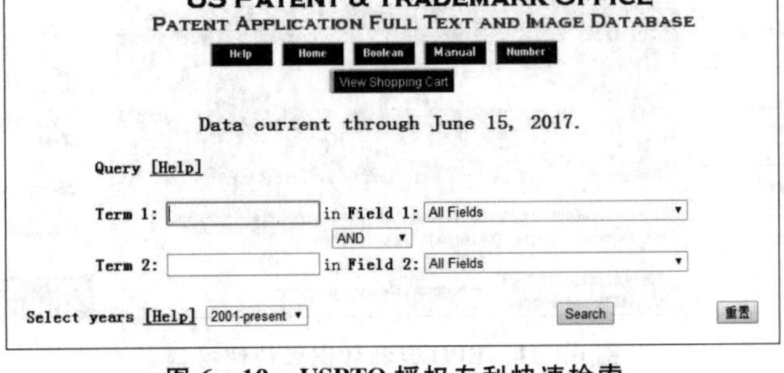

图 6-19　USPTO 授权专利快速检索

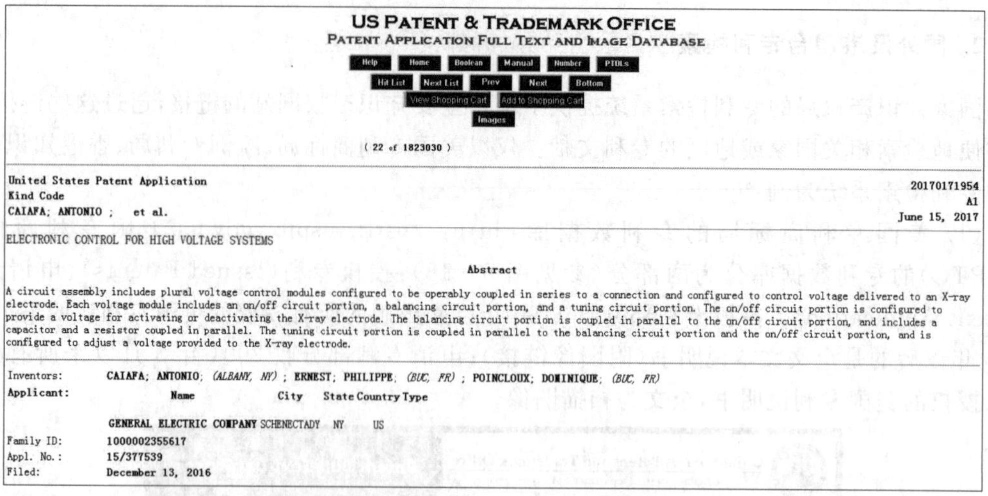

图 6-20 USPTO 授权专利检索结果摘要

（2）欧洲专利局（http://www.espacenet.com）。欧洲专利局（European Patent Office，简称 EPO）成立于 1972 年，负责欧洲地区的专利审批工作，专利数据库 esp@cenet 于 1998 年在网上开通（http://ep.espacenet.com），支持英语、德语、法语三种语言，但检索语言只能用英语，结果显示包含德语和法语。

该数据库系统有智能检索、快速检索、高级检索、号码检索、分类检索等五种检索方式。

① 智能检索可以输入 20 个单词以内的检索词进行检索。

② 快速检索界面（参见图 6-21）首先选择数据库，系统提供三类数据库：欧洲专利（EP）数据库，收录最近 24 个月的欧洲专利局出版的专利文献；世界知识产权组织（WTPO）专利数据库，收录最近 24 个月世界知识产权组织出版的专利文献；世界各国（World Wide）专利数据库，由欧洲专利局收集的世界上 90 多个国家和地区的专利文献，时间不一，最早的从 1836 年

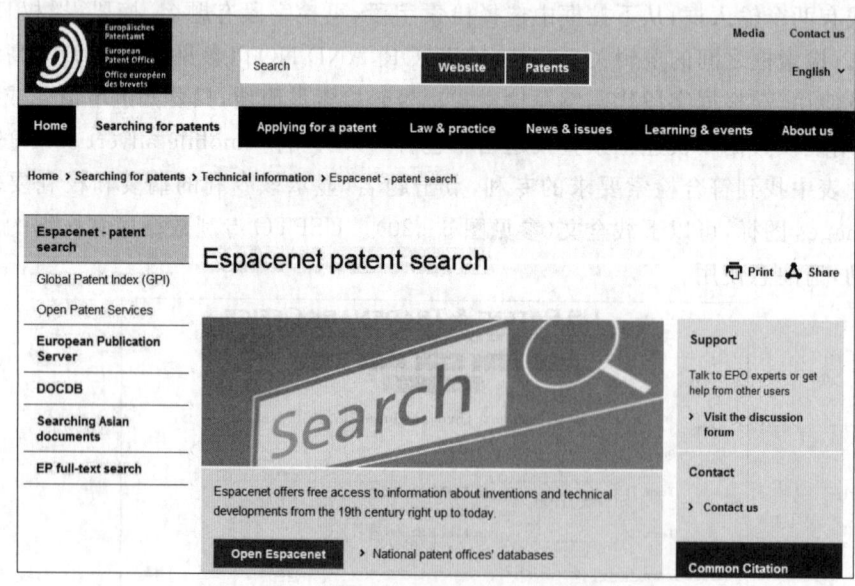

图 6-21 EPO 专利数据库快速检索

起。选择其中一种,再选择检索字段,输入检索词,执行检索。输入检索词不区分大小写,但如果输入词组且要求精确匹配,必须给词组加上引号""。

③ 高级检索界面(参见图6-22)的检索途径有标题、标题或摘要、公告号、申请号、优先号、公告日期、申请人、发明人、欧洲专利分类号、国际专利分类号等。

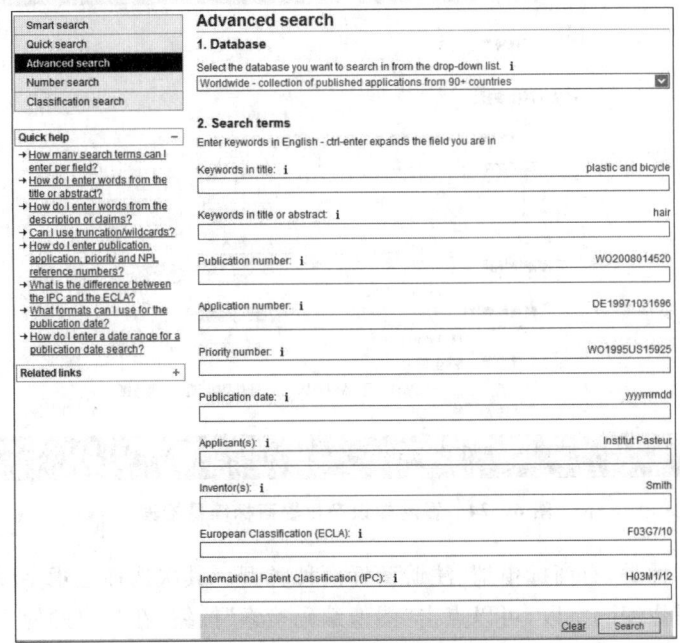

图 6-22　EPO 专利数据库高级检索

④ 号码检索可选择专利号、公告号、优先号。

⑤ 分类检索可选择欧洲专利分类号或国际专利分类号。

在检索结果列表点击所需专利的标题,查看文摘,下载全文。

(3) 香港知识产权署。香港知识产权署的网上检索系统(http://ipsearch.ipd.gov.hk)的检索内容包括商标、专利、外观设计(参见图6-23)。每类都有简易检索和进阶检索两种检索方式,检索字段根据各类文献的特点制定。以商标检索为例:

图 6-23　香港知识产权署网上检索系统

① 简易检索(参见图6-24)。

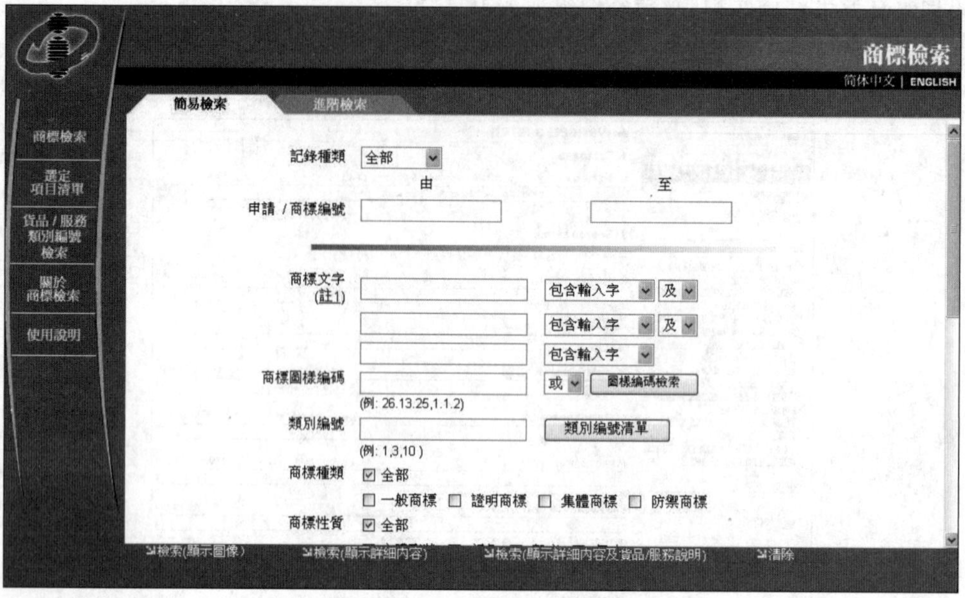

图6-24 香港知识产权署商标简易检索

首先选择商标种类,有商标申请、注册商标两种类型。其次选择检索字段。

如选用商标图像编码字段,可以点击"图像编码检索"按钮,在弹出的检索界面检索所需图像的编号,图像的编号根据世界知识产权组织"商标象形元素国际分类法"编制。在检索结果中勾选相应的类别,将编号加入检索框。

如选用类别编号字段,可以点击"类别编号清单"按钮,在弹出的类别编号列表中勾选,该表是世界知识产权组织按《尼斯国际商品及服务分类》第9版编制而成的。

香港知识产权署的网上检索和电子提交系统采用明体字型(ISO10646国际编码标准),已支持下列字样:英文字、繁体中文字、简体中文字、《香港增补字符集》、日文字、部分欧洲字、部分拉丁字。

该界面字段较多,界面较长,检索时注意将界面下拉,以便选择申请/拥有人姓名、日期等检索字段。

商标检索的进阶检索界面与简易检索界面大体相同,而专利检索和注册外观设计的进阶检索界面字段多于简易检索,如专利检索的可检字段有:记录种类(包括全部、只限于已发表的标准专利申请、只限于已批准的标准专利、只限于短期专利)、香港申请号、香港专利/发表编号、国际专利分类号、摘要、申请人/专利所有人姓名或名称、发明名称、送达地址(姓名或名称)、香港提交日期、优先权日期、香港记录请求发表日期、香港批准专利日期、指定专利提交日期等。人名、机构名、发明名称、地址等的匹配模式有包含输入字、部分符合、全部符合。

② 结果显示。

商标检索结果显示有三种类型:

➢ 显示图像,只显示申请/商标编号和商标,点击编号,显示该商标的全部信息。如需对检索结果进一步检索或缩小检索范围,可在界面下方列出的按钮中选择,对结果进行处理(参见图6-25)。

图 6-25　香港知识产权署商标检索结果显示图像

➢ 显示详细内容,包括:申请/商标编号、商标文字、商标图像、类别编号、申请/拥有人姓名或名称、商标种类、法律状况(参见图 6-26)。

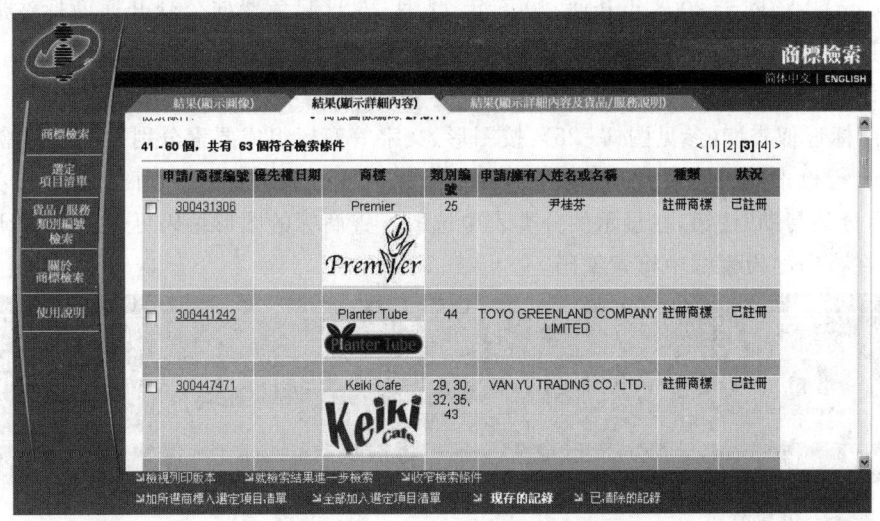

图 6-26　香港知识产权署商标检索结果显示详细内容

➢ 显示详细内容及货品/服务说明,包括:申请/商标编号、优先权日期、商标、类别编号、申请/拥有人姓名或名称、货品/服务说明(参见图 6-27)。

图6-27 香港知识产权署商标检索结果显示详细内容及货品/服务说明

3. 中国商标检索

中华人民共和国国家知识产权局只管理专利事务,商标注册管理由国家工商行政管理总局商标局负责,检索商标可登录该局的中国商标网(http://sbj.saic.gov.cn 或 http://www.ctmo.gov.cn)。该网于2003年开通,2005年12月26日起免费向公众开通商标注册信息网上查询,任何人均可登录该网在线查询商标注册信息。

该系统提供四种检索方式:

(1)商标近似查询(参见图6-28):按图形、文字等商标组成要素分别提供近似检索功能,用户可以自行检索在相同或类似商品上是否已有相同或近似的商标。查商标国际分类号可以点击"商品分类帮助"按钮,在显示的分类表中选取。查商标的图形编码可以点击"图形编码帮助"按钮,在弹出的检索框中检索编码。

图6-28 中国商标网商标近似检索

(2) 商标综合查询(参见图 6－29):用户可以按国际分类号、注册/申请号、商标名称、申请人名称等方式,查询某一商标的有关信息。匹配模式有包含、精确、前包含(前方一致)三种。综合查询方式不能只输入分类号,其他字段也应输入检索内容,组合检索。

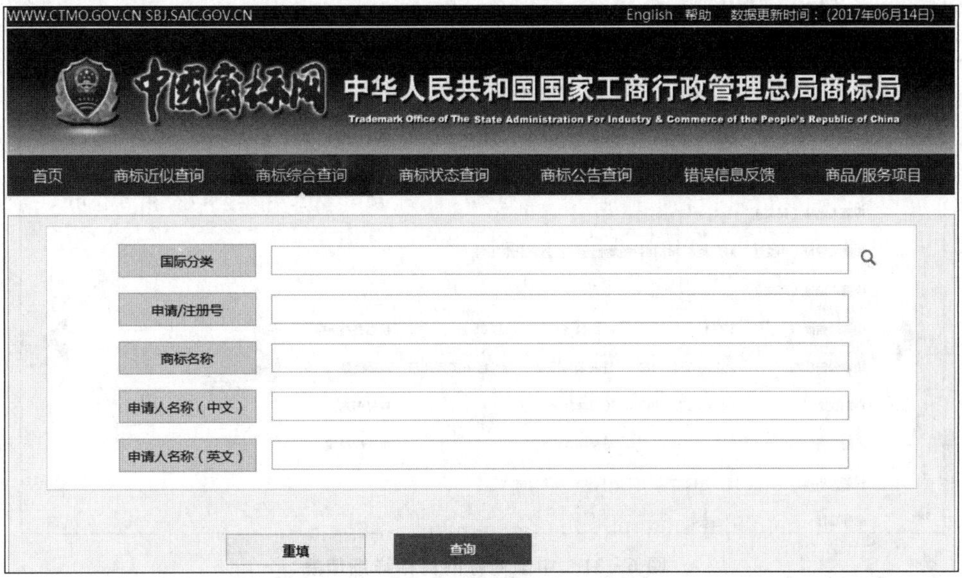

图 6－29　中国商标网商标综合检索

(3) 商标状态查询:用户可以通过商标申请号或注册号查询有关商标在业务流程中的状态。

(4) 错误信息反馈:用户可以向商标局反馈有关错误信息。

在检索结果列表界面可以打印检索结果,点击商标名称显示详细信息(参见图 6－30、图6－31)。

检索到936件商标　　仅供参考，不具有法律效力

序号	申请/注册号	国际分类	申请日期	商标名称	申请人名称
1	23553066	16	2017年04月13日	斑马印品	广州品白信息科技有限公司
2	23553064	20	2017年04月13日	斑马居家	广州品白信息科技有限公司
3	23414355	33	2017年04月06日	斑马庄	深圳市盛世立业商贸有限公司
4	23402406	31	2017年04月05日	斑马时光 ZEBRAS HOURS	郑州悦舜斋商贸有限公司
5	23402156	29	2017年04月05日	斑马时光 ZEBRAS HOURS	郑州悦舜斋商贸有限公司
6	23401734	30	2017年04月05日	斑马时光 ZEBRAS HOURS	郑州悦舜斋商贸有限公司
7	23355891	39	2017年04月01日	斑马鱼 ZFS	武汉市畅薇科技有限公司
8	23355891	41	2017年04月01日	斑马鱼 ZFS	武汉市畅薇科技有限公司
9	23327894	41	2017年03月30日	斑马学车	深圳市方向盘网络科技有限公司
10	23208149	41	2017年03月20日	斑马教育	北京小班课科技有限公司
11	23208120	41	2017年03月20日	斑马小班课	北京小班课科技有限公司
12	23103466	9	2017年03月10日	斑马云街	杭州和于道资产管理有限公司
13	23100107	35	2017年03月10日	斑马果园	杭州帮马实业有限公司
14	23095297	41	2017年03月10日	斑马麻麻 OFFICE MAMA	林昕怡
15	23086161	35	2017年03月09日	斑马好车	宁波明玥汽车服务有限公司
16	23074060	20	2017年03月08日	斑马木	云和县智多星玩具厂
17	23073573	28	2017年03月08日	斑马木	云和县智多星玩具厂
18	23043992	39	2017年03月07日	斑马单车	悦行（北京）汽车租赁有限公司
19	23043992	12	2017年03月07日	斑马单车	悦行（北京）汽车租赁有限公司
20	23043992	42	2017年03月07日	斑马单车	悦行（北京）汽车租赁有限公司
21	23043992	9	2017年03月07日	斑马单车	悦行（北京）汽车租赁有限公司

图 6－30　中国商标网检索结果列表

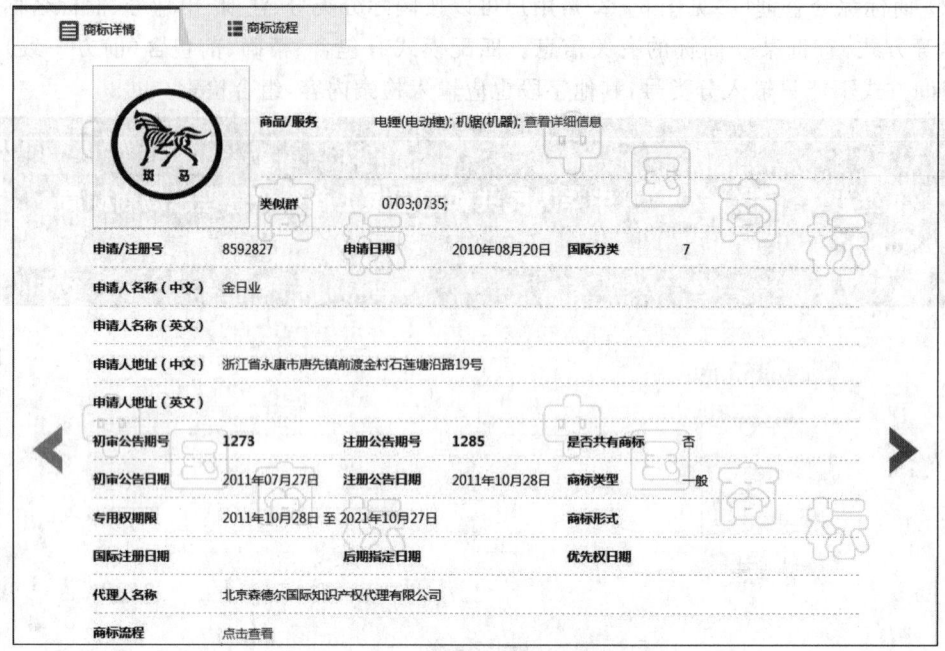

图 6-31 中国商标网商标详细信息

6.3 标准文献检索

6.3.1 标准基础知识

1. 标准的基本概念

标准是对重复性事物和概念所做的同一规定,它以科学、技术和实践经验的综合成果为基础,经有关方面协商一致,由主管机构批准,以特定形式发布,作为共同遵守的准则和依据。我国标准化主管机构是中华人民共和国标准化管理委员会。国际性的标准化组织有国际标准化组织(ISO)和国际电工委员会(IEC),这两大组织所制定颁布的标准具有很强的权威性、指导性和通用性。标准具有技术性和法律约束力,不仅规范产品的生产,也规范管理行为和日常生活。如《汉语拼音方案》就已成为国际标准,拼写中国人名、地名都应按此标准。

2. 标准的种类

(1) 按使用范围,可划分为:国际标准,指国际通用的标准,如 ISO,IEC 等;区域标准,指世界某一地区通过的标准,如"欧盟标准"等;国家标准,由国家标准化机构批准颁布的标准,我国的国家标准号是 GB;行业标准,根据某行业范围统一的需要,由行业主管机构和行业标准化机构批准发布的标准;企业标准,由某个部门和企业单位等制定的适用于本部门或企业的标准,如"部门标准"、"企业标准"等;基础标准,在一定范围内,普遍使用或具有指导意义的标准。

(2) 按标准化对象,可划分为:技术标准和管理标准。技术标准包括基础标准、产品标准、方法标准、安全与环境保护标准；管理标准包括技术管理标准、生产组织标准、经济管理标准、行政管理标准、业务管理标准、工作标准。

(3) 按选用方式，可划分为：强制性标准、推荐性标准、指导性标准。

3．标准文献的编号和分类方法

(1) 我国标准文献的编号方法。

我国的标准编号由标准代号＋顺序号＋批准年代组成。国家标准代号用汉语拼音大写字母表示，GB 表示强制性国标，GB/T 表示推荐性国标，GB/Z 表示指导性国标。行业标准代号用该行业主管部门名称的汉语拼音首字母表示，如化工行业标准用 HG 表示，服装行业标准用 FZ 表示。地方标准代号由 DB＋省/市代码组成。各部委发布的规范用 GF 表示。

例如：《GB 17733—2008 地名标志》是强制性国家标准（中华人民共和国国家质量监督检验检疫总局、中国国家标准化管理委员会 2008 年 4 月 23 日发布，2008 年 8 月 1 日实施）；《GF 0011—2009 汉字部首表》、《GF 0012—2009〈GB 13000.1 字符集汉字〉部首归部规范》为部门规范（中华人民共和国教育部、国家语言文字工作委员会 2009 年 1 月 12 日发布，2009 年 5 月 1 日实施）。

(2) 我国的标准文献分类体系。

国内标准采用《中国标准文献分类法》(CCS)用于除军工标准外的各级标准和有关标准文献的分类，其体系按专业分为 24 个大类，大类用一个字母表示，二级类目用数字表示（从 00～99 最多可有 100 个二级类目）。如：M 通讯、广播，M75 卫星广播设备。大类表见表 6-2 所示。

表 6-2　中国标准分类大类表

A	综合	N	仪器、仪表
B	农业、林业	P	土木、建筑
C	医药、卫生、劳动保护	Q	建材
D	矿业	R	公路、水路运输
E	石油	S	铁路
F	能源、核技术	T	车辆
G	化工	U	船舶
H	冶金	V	航空、航天
J	机械	W	纺织
K	电工	X	食品
L	电子元器件与信息技术	Y	轻工、文化与生活用品
M	通信、广播	Z	环境保护

(3) 国际标准化委员会(ISO)的编号方法和分类体系。

国际标准化组织是由多国联合组成的非政府性机构，负责除电子和电气领域以外的一切标准化工作。国际标准化组织负责制定和批准的标准简称 ISO 标准，其编号由标准代号＋顺序号＋制定（修订）年份组成。代号主要有：ISO 正式标准、ISO/R 推荐标准、DIS 国际标准草案、ISO/TR ISO 技术报告、ISO/IEC 联合委员会。

ISO 国际标准的分类采用《国际标准分类法》(ICS)，大类用两位数表示，二级类目用三位数表示，例如：13 环保、保健和安全，13.060 水质。大类表见表 6-3 所示。

表 6-3 国际标准分类大类表

01	综合、术语学、标准化、文献	49	航空器和航天器工程
03	社会学、服务、公司(企业)的组织和管理、行政、运输	53	材料储运设备
07	数学、自然科学	55	货物的包装和调运
11	医药卫生技术	59	纺织和皮革技术
13	环保、保健和安全	61	服装工业
17	计量学和测量、物理现象	65	农业
19	试验	67	食品技术
21	机械系统和通用件	71	化工技术
23	流体系统和通用件	73	采矿和矿产品
25	机械制造	75	石油及相关技术
27	能源和热传导工程	77	冶金
29	电气工程	79	木材技术
31	电子学	81	玻璃和陶瓷工业
33	电信、音频和视频工程	83	橡胶和塑料工业
35	信息技术、办公机械	85	造纸技术
37	成像技术	87	涂料和颜料工业
39	精密机械、珠宝	91	建筑材料和建筑物
43	道路车辆工程	93	土木工程
45	铁路工程	95	军事工程
47	造船和海上构筑物	97	家用和商用设备、文娱、体育

国际电工委员会(IEC)是国际上成立最早的非政府性国际电工标准化机构,主要负责电子和电气领域的标准化协调工作,制定电子和电气领域的国际标准。IEC标准的编号由IEC+顺序号+制定(修订)年份组成。

6.3.2 标准文献检索

1. 国家标准化管理委员会的检索系统(http://www.sac.gov.cn)

国家标准化管理委员会是国务院授权的履行行政管理职能、统一管理全国标准化工作的主管机构。在国标委的网站上,有丰富的标准信息(参见图6-32)。如标准公告栏随时公布新发布的国家标准,强制性标准全文阅读栏目可以免费阅读全文,国家标准目录栏可以检索国家标准。国标委的网站还链接了国际标准化组织、国际电工委员会、国际电信联盟、世界贸易组织等国际组织,可以查询相关国际标准。

进入国标委网站主页上的国家标准目录查询(参见图6-33),有标准号、标准名称、标准属性、国际标准分类号、中国标准分类号、采用国际标准号、被替代标准号、发布日期、实施日期、主管部门等多项检索入口。系统默认对全部标准检索,如只检索现行标准,应勾选。

标准属性字段有三个选择下拉框,分别为:标准性质(强制性、推荐性、指导性),制/修订(制定、修订),标准类别(分为安全、卫生、环保、基础、方法、管理、产品、其他等类)。采用国际标准号字段有两个选择下拉框,分别为:采用国际标准(ISO、IEC、ISO/IEC、ITU、ISO确认的国际标准、国外先进标准),采用程度(等同、修改采用、非等效)。

图 6-32　国家标准化管理委员会主页

图 6-33　国家标准化管理委员会-国家标准查询界面

检索结果列表(参见图 6－34)显示标准号、中文标准名称、英文标准名称、标准状态、替代和被替代情况。点击标准号,显示详细信息(参见图 6－35)。

中国国家标准化管理委员会
STANDARDIZATION ADMINISTRATION OF THE PEOPLE'S REPUBLIC OF CHINA

共51条记录
Search Result　　1 2 3 下一页 尾页　　每页显示 Number of Every Page Shows 20 个记录

序号	标准号 Standard No.	中文标准名称 Standard Title in Chinese	英文标准名称 Standard Title in English	状态 State	备注 Remark
1	GB 18580-2017	室内装饰装修材料 人造板及其制品中甲醛释放限量	Indoor decorating and refurbishing materials—Limit of formaldehyde emission of wood-based panels and finishing products	现行	国标委计[2007]85号
2	GB/T 33043-2016	人造板甲醛释放量测定大气候箱法	Standard test method for determining formaldehyde concentrations in air and emission rates from wood products using a large chamber	现行	
3	GB/T 22271.3-2016	塑料 聚甲醛（POM）模塑和挤塑材料 第3部分：通用产品要求	Plastics—Polyoxymethylene(POM) moulding and extrusion materials—Part 3: Requirements for general materials	现行	
4	GB/T 32684-2016	塑料 酚醛树脂 游离甲醛含量的测定	Plastic—Phenolic resins—Determination of free formaldehyde content	现行	
5	GB/T 32606-2016	文具用品中游离甲醛的测定方法 乙酰丙酮分光光度法	Determination method of free formaldehyde in stationery goods—Spectrophotometry with acetylacetone	现行	
6	GB/T 23993-2009	水性涂料中甲醛含量的测定 乙酰丙酮分光光度法	Determination of formaldehyde content of waterborne coatings - Spectrophtometric method with acetylacetone	现行	2010-02-01实施
7	GB/T 32379-2015	矿物棉及其制品甲醛释放量的测定	Determination of mineral wool and its products formaldehyde emission	现行	
8	GB/T 32461-2015	氨基树脂、酚醛树脂中甲醛含量及其成型品中甲醛迁移量的测定 高效液相色谱法	Determination of formaldehyde in amino resins and phenolic resins and the migration of formaldehyde in their molding—High performance liquid chromatography	现行	国标委综合[2010]87号

图 6－34　国家标准检索结果列表

国家标准查询
National Standard Query

标准号 Standard No.	GB/T 32379-2015				
中文标准名称 Standard Title in Chinese	矿物棉及其制品甲醛释放量的测定				
英文标准名称 Standard Title in English	Determination of mineral wool and its products formaldehyde emission				
发布日期 Issuance Date	2015-12-31	实施日期 Execute Date	2016-11-01	首次发布日期 First Issuance Date	
标准状态 Standard State	现行	复审确认日期 Review Affirmance Date		计划编号 Plan No.	20130893-T-609
代替国标号 Replaced Standard		被代替国标号 Replaced Standard		废止时间 Revocatory Date	
采用国际标准号 Adopted International Standard No.					
采标名称 Adopted International Standard Name					
采用程度 Application Degree				采用国际标准 Adopted International Standard	无
国际标准分类号 (ICS)	91.120.10			中国标准分类号 (CCS)	Q25
标准类别 Standard Sort	方法	标准页码 Number of Pages	0	标准价格(元) Price(¥)	
主管部门 Governor	中国建筑材料联合会				
归口单位 Technical Committees	全国绝热材料标准化技术委员会				
起草单位 Drafting Committee	南京玻璃纤维研究设计院有限公司、国家玻璃纤维产品质量监督检验中心				

图 6－35　国家标准检索结果详细显示

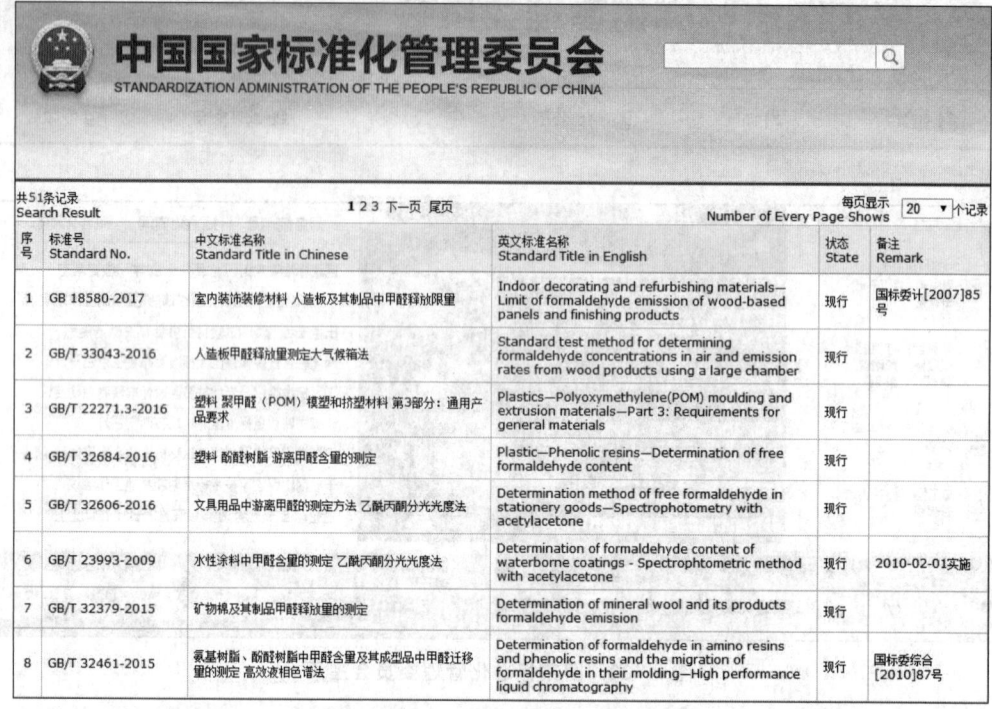

国家标准化管理委员会的"强制性国家标准查询"模块提供普通检索、高级检索、全文检索三种检索方式(参见图6-36)。所有强制性国标都可以免费阅读全文。

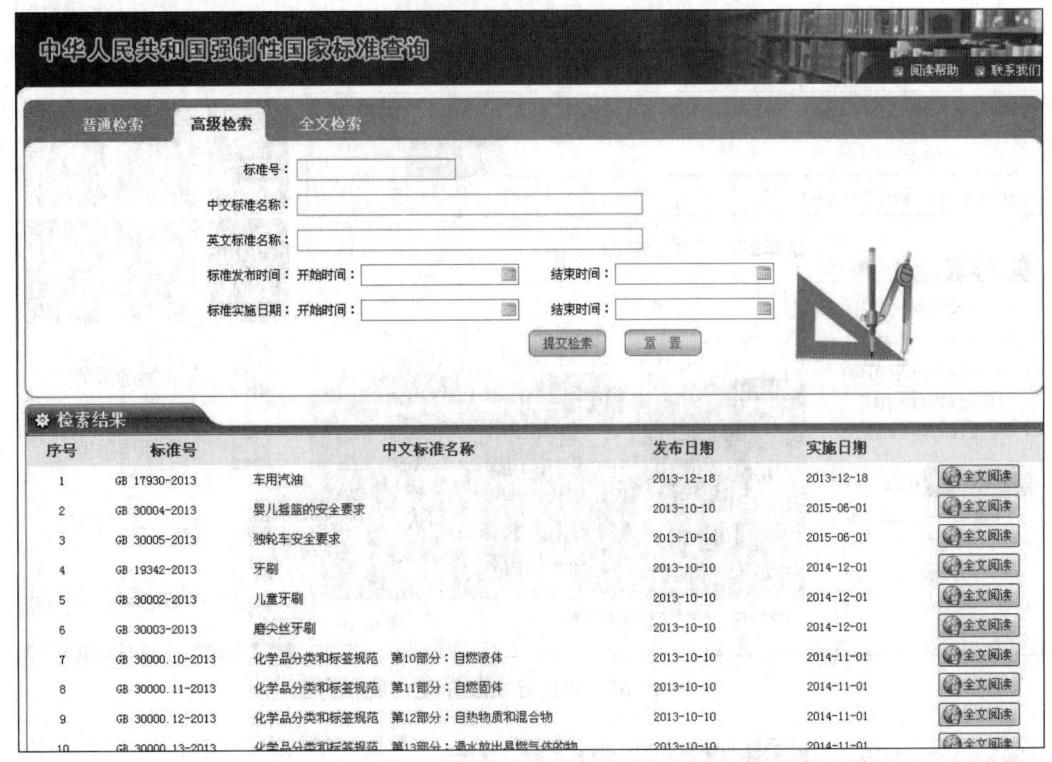

图6-36　国家标准化管理委员会-强制性国家标准查询

2. 中国标准服务网(http://www.cssn.net.cn)

中国标准服务网是国家级标准信息服务门户,是世界标准服务网(www.wssn.net.cn)的中国站点。中国标准化研究院标准馆负责网站的标准信息维护、网页管理和技术支撑。中国标准服务网的标准信息主要依托于国家标准化管理委员会、中国标准化研究院标准馆及院属科研部门、地方标准化研究院(所)及国内外相关标准化机构。中国标准化研究院标准馆收藏有60多个国家、70多个国际和区域性标准化组织、450多个专业学(协)会的标准以及全部中国国家标准和行业标准共计约60多万件。此外,还收集了160多种国内外标准化期刊和7 000多册标准化专著,与30多个国家及国际标准化机构建立了长期、稳固的标准资料交换关系,还作为一些国外标准出版机构的代理,从事国外和国际标准的营销工作。

快速检索可以从标准号或中英文关键词检索标准、技术法规、ASTM标准、标准术语、科技文献(参见图6-37)。

选择高级检索,系统提供简单检索、高级检索、专业检索、分类检索四种方式。其中的高级检索是表格式检索(参见图6-38)。左侧为资源类型选择区,右侧为检索区。点击国际标准分类号、中国标准分类号右侧的"选择"按钮,选择所需分类号;点击标准品种右侧"选择"按钮,选择所属的标准化组织;点击标准状态下拉框,选择全部、现行或作废标准。专业检索类似于

图 6-37 中国标准服务网主页

图 6-38 中国标准服务网高级检索界面

其他系统的高级检索,可以选择字段和检索行之间的逻辑关系,限定标准品种(参见图6-39)。分类检索列出国际标准分类号、中国标准分类号的大类,可以逐级点选,按分类号检出所属标准。对检索结果原文不提供在线阅读,只能订购。

图6-39 中国标准服务网专业检索

3. 其他

检索标准文献还可以利用国家科技图书文献中心、中国知网、万方数据知识服务平台等综合性信息平台(参见第5章)。中国国家标准咨询服务网(http://www.chinagb.org)提供中国国家标准、行业标准、地方标准及国际标准、外国标准的全方位咨询服务,包括标准信息的免费在线查询、标准有效性的确认、标准文献翻译、标准培训、企业立标等各种相关服务。

此外还有中国标准信息网(http://www.chinaios.com)、国家标准信息咨询网(http://www.gb-gov.cn)、中国专利信息网(http://www.patent.com.cn)等专业网站,信息丰富,检索便捷。

练习与思考

1. 法律文献、专利文献、标准文献各有哪些特点?
2. 简述国内外法律法规检索系统有哪些?描述各自的检索方式。
3. 检索关于知识产权的国际公约。
4. 专利的种类有哪些?分别举一个实例说明。
5. 了解国际专利分类法(IPC)的体系。

6. 选择一种商品,检索其商标。
7. 标准文献常见的分类法有哪几种？描述其分类体系。
8. 结合你所学的专业,检索与专业有关的国家标准。
9. 检索你所在学校申请了哪些中国发明专利？试举两三例。

第 7 章 事实与数据信息资源检索

事实与数据检索的对象或检索目的,不是要获得某一著作、论文、法律条文等文本,而是查找某一具体问题的答案。如词语的解释,企业的业务范围,某一机构的地址,某一事件的发生时间、经过情况,某位人物的简介,不同纪年方法的换算,统计数据等。因此,事实与数据信息资源的检索主要利用搜索引擎、事实型数据库、数值型数据库和参考工具书。

7.1 搜索引擎

7.1.1 搜索引擎的产生与发展

搜索引擎(Search Engines)主要是指利用网络自动搜索技术软件或人工方式对互联网上的海量信息资源进行搜集、整理与组织,并提供给用户进行检索服务的一套信息服务系统。

现代意义上的搜索引擎的祖先,是 1990 年由蒙特利尔大学学生 Alan Emtage 发明的 Archie。虽然当时 World Wide Web 还未出现,但网络文件传输还是相当频繁的,而且由于大量的文件散布在各个分散的 FTP 主机中,查询起来非常不便,因此 Alan Emtage 想到了开发一个可以用文件名查找文件的系统,于是便有了 Archie。它是第一个自动索引万维网匿名 FTP 网站文件的程序,但还不是真正的网络搜索引擎(Web Search Engine)。

由于 Archie 深受欢迎,受其启发,Nevada System Computing Services 大学于 1993 年开发了一个 Gopher(Gopher FAQ)搜索工具 Veronica(Veronica FAQ)。

而随着互联网的迅速发展,基于 HTTP 访问的 Web 技术的迅速普及,Archie,Gopher 这类搜索工具不再能适应用户的需要。在 1994 年 1 月,第一个既可搜索又可浏览的分类目录 EINet Galaxy(Tradewave Galaxy)上线,它还支持 Gopher 和 Telnet 搜索。同年 4 月,Yahoo 目录诞生,随着访问量和收录链接数的增长,开始支持简单的数据库查询。这就是早期的目录导航系统。

现代意义上的搜索引擎出现于 1994 年 7 月。当时 Michael Mauldin 将 John Leavitt 的蜘蛛程序接入到其索引程序中,创建了 Lycos。Lycos 推出基于 Robot 的数据发现技术,并支持搜索结果相关性排序,并且它第一个开始在搜索结果中使用网页自动摘要。Infoseek 也是同时期的一个重要代表,它们是搜索引擎史上一个重要的进步。

1995 年,一种新的搜索引擎工具出现了——元搜索引擎。第一个元搜索引擎是华盛顿大学的学生开发的 Metacrawler。用户只需提交一次搜索请求,由元搜索引擎负责转换处理后提交给多个预先选定的独立搜索引擎,并将从各独立搜索引擎返回的所有查询结果集中起来处理后再返回给用户。

1995年12月才登场亮相的AltaVista,是第一个支持自然语言搜索的搜索引擎,具备了基于网页内容分析和智能处理的能力,是第一个实现高级搜索语法的搜索引擎(如AND,OR,NOT等)。同时,AltaVista还支持搜索新闻群组(Newsgroups)、搜索图片等功能。同时期还有inktomi,HotBot等搜索引擎。

1997年8月Northernlight公司正式推出搜索引擎,它是第一个支持对搜索结果进行简单的自动分类的搜索引擎,也是当时拥有最大数据库的搜索引擎之一。

1998年10月,Google诞生。它是目前最流行的搜索引擎之一,具备很多独特而且优秀的功能,并且在界面等方面实现了革命性创新,目前仍然在不断开展搜索引擎技术研究,可以说Google再一次改变了搜索引擎的定义,目前也稳居业界"龙头老大"的位置。

1999年5月,Fast(Alltheweb)公司发布了自己的搜索引擎AllTheWeb。

台湾中正大学吴升教授所领导的GAIS实验室1998年1月创立了Openfind中文搜索引擎,是最早开发的中文智能搜索引擎。

2000年1月,两位北大校友、超链分析专利发明人、前Infoseek资深工程师李彦宏与好友徐勇(加州伯克利分校博士后)在北京中关村创立了百度(Baidu)公司。2001年8月发布Baidu.com搜索引擎Beta版(此前Baidu只为其他门户网站,如搜狐、新浪、Tom等提供搜索引擎),2001年10月22日正式发布Baidu搜索引擎,专注于中文搜索。2002年3月闪电计划(Blitzen Project)开始后,技术升级明显加快。2005年8月5日在纳斯达克上市。

2003年12月23日,原慧聪搜索正式独立运作,成立了中国搜索。2004年2月,中国搜索发布桌面搜索引擎网络猪1.0,2006年3月中搜将网络猪更名为IG(Internet Gateway)。

2005年6月,新浪正式推出自主研发的搜索引擎"爱问"。2007年起,新浪爱问使用google搜索引擎。

2007年7月1日全面采用网易自主研发的有道搜索技术,并且合并了原来的综合搜索和网页搜索。有道网页搜索、图片搜索和博客搜索为网易搜索提供服务。

2009年6月1日,微软正式上线原名为Kumo的搜索引擎Bing,中文名"必应",2009年11月,微软学术搜索Microsoft Academic Search beta版激活,该搜索引擎目前主要提供计算机学科及相关领域的学术论文、作者、会议和学术期刊。

2010年以来,随着人工智能的发展,人们提出了基于语义的搜索引擎,语义Web和本体论作为近年来人工智能领域中的热点问题也被运用于信息检索服务中。

2012年8月,奇虎360推出综合搜索业务。

2013年6月25日,美国联邦交易委员会发布新版消费者保护命令,要求搜索引擎必须要能够明显区分出搜索结果及广告。

2015年11月,各种垂直类App正在取代传统的网页搜索引擎。

纵观搜索引擎的发展历史,1995年前后的以Yahoo,AltaVista和Infoseek为代表的第一代搜索引擎,采取的是基于关键词的检索,即这些搜索引擎的索引数据库采用了关键词法进行信息组织。1998年以Google为代表的第二代搜索引擎,以提高查准率为主要目标,采取的是基于超链接的检索技术,强调的是网页的重要性。2007年以中搜、搜狗为代表的第三代搜索引擎,把搜索引擎技术和人工智能融合,让计算机返回的结果富有针对性,将准确信息显示在前两三项的搜索结果之中。从第一代搜索引擎到第二代搜索引擎是一个质变,由人工转向计算机;第二代到第三代是一个量变,是检索技术的提升;第三代到第四代的发展方向应该是人机结合。第四代搜索引擎的特征是主题搜索，运用了人工分类以及特征提取等智能化策略，比前三代搜索引擎更加有效和准确，因此，将这类完善的主题搜索引擎称为第四代搜索引擎。

如今越来越多的人学会通过搜索引擎，包括手机搜索引擎从海量的互联网信息海洋中找到和分享彼此的经验与智慧。2015年，我们已经可以看到移动端搜索量超过了桌面搜索量，有数据表明用户在移动App花费的时间占消耗在数字媒体总时间的52%。随着移动互联网快速发展，产品和服务的不断丰富，手机搜索作为移动互联网入口之一，其价值进一步凸显。用户随时随地查找信息的需求越来越强烈，手机搜索就满足了这种需求。随着手机终端的智能化趋势，手机搜索产品呈现语音化、个性化和基于地理位置服务等发展趋势。

7.1.2 搜索引擎的原理

虽然搜索引擎的种类繁多，但基本工作原理类似。以全文搜索引擎的工作原理为例：一般说来，搜索引擎由搜索器、索引器、检索器和用户接口等4个部分组成。具体的工作原理可参见图7-1。

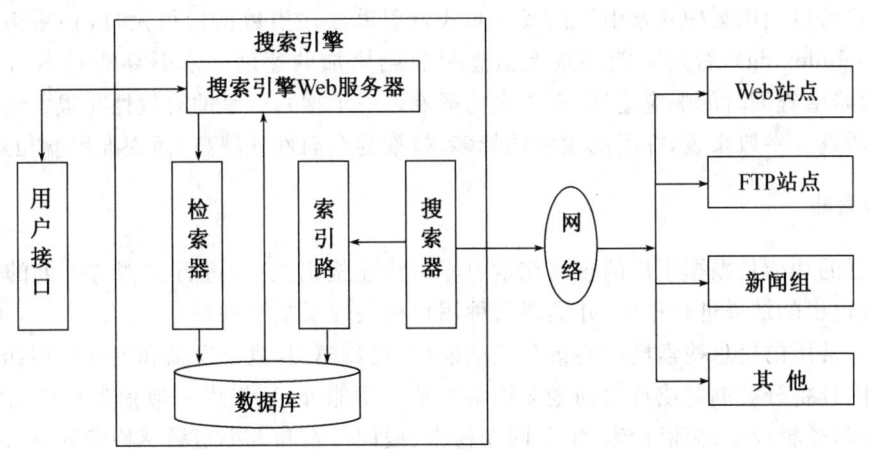

图7-1 搜索引擎工作原理图

1. 搜索器

搜索器的功能是在互联网中漫游、发现和搜集信息。它常常是一个计算机程序，如全文搜索引擎的Spider(Robot)程序，一般一周7天每天24小时不停歇地运行着，搜集互联网上各种各样新的信息，同时因为互联网上的信息更新很快，所以它还要定期更新已经搜集过的旧信息，去除死链接和无效链接。目前有两种搜集信息的策略：

第一种是从一个起始URL集合开始，顺着这些URL中的超链(Hyperlink)，以宽度优先、深度优先或启发方式循环地在互联网中发现信息。这些起始URL可以是任意的URL，但常常是一些非常流行、包含很多链接的站点。

第二种是将Web空间按照域名、IP地址或国家域名划分，每个搜索器负责一个子空间的穷尽搜索。

搜索器搜集的信息类型多种多样，包括HTML、XML、Newsgroup文章、FTP文件、多媒体信息等。其实现常常采用分布式和并行计算技术，以提高信息发现和更新的速度。商业搜索引擎的信息发现量可以达到每天上千万网页。

2. 索引器

索引器主要用于理解搜索器所搜索的网页信息，并从中抽取索引项，建立可供检索的 Web 索引数据库。

索引项有客观索引项和内容索引项两种：客观项与文档的语义内容无关，如作者名、URL、更新时间、编码、长度、链接流行度（Link Popularity）等；内容索引项是用来反映文档内容的，如关键词及其权重、短语、单字等。内容索引项可以分为单索引项和多索引项（或称短语索引项）两种。单索引项对于英文来讲是英语单词，比较容易提取，因为单词之间有天然的分隔符（空格）；对于中文等连续书写的语言，必须进行词语的切分。

在搜索引擎中，一般要给单索引项赋予一个权值，以表示该索引项对文档的区分度，同时用来计算查询结果的相关度，使用的方法一般有统计法、信息论法和概率法。短语索引项的提取方法有统计法、概率法和语言学法。

索引器可以使用集中式索引算法或分布式索引算法。当数据量很大时，必须实现即时索引（Instant Indexing），否则不能够跟上信息量急剧增加的速度。索引算法对索引器的性能（如大规模峰值查询时的响应速度）有很大的影响。一个搜索引擎的有效性在很大程度上取决于索引的质量。一般来说，标引的索引词越多，检索的全面性就越高，而查准率就相对较低。

3. 检索器

检索器的功能是根据用户的查询在索引库中快速检出文档，进行文档与查询的相关度评价，对将要输出的结果进行排序，并实现某种用户相关性反馈机制。

检索器常用的信息检索模型有集合理论模型、代数模型、概率模型和混合模型四种。多数搜索引擎除具备分类浏览或自由词全文检索等基本功能外，还提供一般信息检索所需的基本功能，如布尔逻辑检索、短语检索、字段限制检索、截词检索和大小写敏感检索等。

4. 用户接口

用户接口的作用是输入用户查询、显示查询结果、提供用户相关性反馈机制。主要的目的是方便用户使用搜索引擎，高效率、多方式地从搜索引擎中得到有效、及时的信息。用户接口的设计和实现使用人机交互的理论和方法，以充分适应人类的思维习惯。

用户输入接口可以分为简单接口和复杂接口两种。简单接口只提供用户输入查询串的文本框；复杂接口可以让用户对查询进行限制，如逻辑运算（与、或、非）、相近关系（相邻、NEAR）、域名范围（如".edu"、".com"）、出现位置（如标题、内容）、信息时间、长度等。

5. 搜索引擎的分类

按照搜索引擎的检索机制可划分为三种类型：全文搜索引擎（Full Text Search Engine）、目录式搜索引擎（Subject Directory）和元搜索引擎（Meta Search Engine）。按照检索内容来划分，又可以分为综合性搜索引擎和专题性搜索引擎两类。按自动化程度还可以分为智能化搜索引擎和非智能化搜索引擎（参见§3.4.1）。

7.1.3 常用搜索引擎介绍

1. Google（http://www.google.com 或 http://www.google.com.hk）

（1）概述。Google 是由英文单词"googol"变化而来。"googol"是美国数学家 Edward Kasner 的侄子 Milton Sirotta 创造的一个词，表示 1 后面带有 100 个零的数字。Google 使用这个词代表想征服网上无穷无尽资料的雄心。

Google 由斯坦福大学博士生 Larry Page 和 Sergey Brin 设计，于 1998 年 9 月发布测试版，一年后正式开始商业运营。2000 年 7 月份，Google 替代 Inktomi 成为 Yahoo 公司的搜索引擎，同年 9 月份，Google 成为中国网易公司的搜索引擎。2004 年 8 月 19 日，Google 公司的股票在纳斯达克（Nasdaq）上市，成为公有股份公司。2006 年 4 月 12 日，Google 公司行政总裁埃里克·施密特在北京宣布该公司的全球中文名字为"谷歌"。Google 中国对"谷歌"的解释是"播种与期待之歌，亦是收获与欢愉之歌"，并称此名称是经 Google 中国的全体员工投票选出。2010 年 3 月 23 日，Google 公司决定将原有的谷歌中国的两个域名导向至 Google 香港的域名，但仅结束了中国内地的搜索业务，而其他特有的业务依旧运营。目前，Google 是因特网上最大、最好的搜索引擎之一，它收录了因特网上百亿网页，可为世界各地的用户提供所需的搜索结果，而且搜索时间通常不到半秒，每天提供 3 亿多次的查询服务。谷歌中文版界面如图 7-2 所示。

图 7-2　Google 中国首页

Google 搜索技术所依托的软件可以同时进行一系列的运算，且只需片刻即可完成所有运算，而传统的搜索引擎在很大程度上取决于文字在网页上出现的频率。Google 使用 PageRank 算法检查整个网络链接结构，并确定哪些网页重要性最高。然后进行超文本匹配分析，以确定哪些网页与正在执行的特定搜索相关。在综合考虑整体重要性以及与特定查询的相关性之后，Google 可以将最相关最可靠的搜索结果放在首位。

通过对由超过 50 000 万个变量和 20 亿个词汇组成的方程进行计算，PageRank 能够对网页的重要性做出客观的评价。PageRank 并不计算直接链接的数量，而是将从网页 A 指向网页 B 的链接解释为由网页 A 对网页 B 所投的一票。这样,PageRank 会根据网页 B 所收到的投票数量来评估该页的重要性。此外,PageRank 还会评估每个投票网页的重要性,因为某些网页的投票被认为具有较高的价值,这样,它链接的网页就能获得较高的价值。重要网页获得的 PageRank(网页排名)较高,从而显示在搜索结果的顶部。Google 技术使用网上反馈的综合信息来确定某个网页的重要性。搜索结果没有人工干预或操纵,这也是为什么 Google 会成为一个广受用户信赖、不受付费排名影响且公正客观的信息来源。

Google 的搜索引擎同时也分析网页内容。然而,Google 的技术并不采用单纯扫描基于网页的文本(网站发布商可以通过元标记控制这类文本)的方式,而是分析网页的全部内容以及字体、分区和每个文字的精确位置等因素。Google 同时还会分析相邻网页的内容,以确保返回与用户查询最相关的结果。

第一次进入 Google,它会根据用户的操作系统,确定语言界面。需要提醒的是,Google 是通过 cookie 来存储页面设定的,另外还可以通过注册 Google 账户来实现个性化首页定制。Google 的默认搜索为网页搜索。除此之外,在首页上还有图片搜索、地图搜索、资讯搜索、视频搜索、博客搜索等项目,点击更多搜索进入 Google 搜索服务目录(参见图 7-3)。

图 7-3 来自 Google 的更多应用

(2) 初级检索。如果搜索结果要求包含两个及两个以上关键字,在两个词之间用一个空格表示逻辑"与"。

如果搜索结果至少包含多个关键字中的任意一个,Google 用大写的"OR"表示逻辑"或"操作。搜索"A OR B",意思就是说,搜索的网页中,要么有 A,要么有 B,要么同时有 A 和 B。

(3) 杂项语法。

① 英文字母大小写。Google 对英文字符大小写不敏感,"CAT"和"cat"的搜索结果是相同的。

② 搜索整个短语或者句子。Google 的关键字可以是单词(中间没有空格),也可以是短语(中间有空格)。Google 用英文双引号表示精确匹配,如果用短语做关键字,必须加英文双引号,否则空格会被当作"与"操作符。

③ 忽略高频字符以及强制搜索。Google 对一些网络上出现频率极高的英文单词,如"i"、"com"、"www"等,以及一些符号如"*"、"."等,作忽略处理。如果要对忽略的关键字进行强制搜索,则需要在该关键字前加上明文的"+"号。例如:检索"我和你",可以用"我+和你",或者用英文双引号"我和你"。

④ 同义词搜索。输入字词,需要一并搜索其同义词,则在搜索字词前加上一个代字符(~)即可。例如:~宾馆。

⑤ 要查看某个字词或词组的定义,在此字词或词组前加上"define:"即可。请注意,搜索结果会提供整个词组的定义。

(4) 高级搜索。

① 搜索特定的网站。使用"site:"表示搜索结果局限于某个具体网站或者网站频道,如"www.ntu.edu.cn",或者是某个域名,如"edu.cn"、".net"等。如果是要排除某网站或某域名范围内的页面,只需要用"-网站/域名"。

例 7-1 搜索南通大学网站上有关图书馆的相关页面。

搜索 "图书馆 site:www.ntu.edu.cn"

注意 "site"后的冒号为英文字符,而且冒号后不能有空格,否则,"site:"将被作为一个搜索的关键字。此外,网站域名不能有"http://"前缀,也不能有任何"/"的目录后缀;网站频道则只局限于"频道名.域名"方式,而不能是"域名/频道名"方式。

② 搜索的关键字包含在 URL 链接中。"inurl:"语法返回的网页链接中包含第一个关键字,后面的关键字则出现在链接或者网页文档中。有很多网站把某一类具有相同属性的资源名称显示在目录名称或者网页名称中,比如"MP3"、"FLASH"等,于是,就可以用"inurl"语法找到这些相关资源链接,然后,用第二个关键词确定是否有某项具体资料。"inurl"语法通常能提供非常精确的专题资料。

例 7-2 查找 MP3 歌曲"国际歌"。

搜索 "inurl:mp3"国际歌""

注意 "inurl:"后面不能有空格,Google 也不对 URL 符号如"/"进行搜索。

另外,"allinurl:"语法返回的网页的链接中包含所有关键词,缺一不可。这个查询的关键词只集中于网页的链接字符串中。

③ 搜索的关键字包含在网页标题中。"intitle:"和"allintitle:"的用法类似于上面的 inurl 和 allinurl,只是后者对 URL 进行查询,而前者对网页的标题栏进行查询。网页标题就是 HTML 标记语言 title 中之间的部分。网页设计的一个原则就是要把主页的关键内容用简洁的语言表示在网页标题中,因此,只查询标题栏,通常也可以找到高相关率的专题页面。

④ 通过文件类型来查找信息。"filetype:"是 Google 开发的非常强大实用的一个搜索语法。也就是说,Google 不仅能搜索一般的文字页面,还能对某些二进制文档进行检索。目前,Google 已经能检索微软的 office 文档,如 xls、ppt、doc、rtf、WordPerfect 文档,Lotus1-2-3

文档,Adobe 的 pdf 文档,ShockWave 的 swf 文档(Flash 动画)等。目前 Google 检索的 PDF 文档大约有 2500 万份左右,大约占所有索引的二进制文档数量的 80%。

例 7-3 搜索一些关于搜索引擎使用技巧方面的 PDF 文档。

搜索 "搜索引擎使用技巧 filetype:pdf"

⑤ 搜索所有链接到某个 URL 地址的网页。"link:"语法用于检索对某一网页做出链接的所有网页。需要注意的是,"link"不能与其他语法相混合操作,所以"link:"后面即使有空格,也将被 Google 忽略。

⑥ 查找与某个页面结果内容相似的页面。"related:"用来搜索结构内容方面相似的网页。

⑦ 从 Google 服务器上缓存页面中查询信息。"cache:"用来搜索 Google 服务器上某个页面的缓存,通常用于查找某些已经被删除的死链接网页,相当于使用普通搜索结果页面中的"网页快照"功能。网页快照是搜索引擎的 Spider(Robot)程序在收录网页时,对网页做的一个备份。当我们搜索的网页被删除或链接失效时,可以使用网页快照来查看这个网页之前备份时的页面。由于网页快照存储在搜索引擎服务器中,所以查看网页快照的速度往往比直接访问网页要快一些。网站的所有者亦可要求搜索引擎公司删除其网页快照。

(5) 图片搜索。Google 首页点击"图片"链接就进入了 Google 的图像搜索界面,和网页搜索的方法类似,输入检索词后点击"搜索"按钮即可得出结果。Google 给出的检索结果具有一个直观的缩略图(THUMBNAIL)以及对该缩略图的简单描述,如图像文件名称以及大小等。点击缩略图,页面分成两帧,上帧是图像之缩略图以及页面链接,而下帧则是该图像所处的页面。

Google 图像搜索目前支持的语法包括基本的搜索语法,如" "(表示一个空格)、"-"、"OR"、"site"和"filetype:"。其中"filetype:"的后缀只能是几种限定的图片类型,如 JPG,GIF 等。Google 提供的图像搜索功能对于检索分散的图片是相当有效的。

(6) 特色功能。

① 手气不错。进入 Google 首页,输入关键字后,点击"手气不错"按钮,这时就不会出现检索结果页,而是直接进入搜索结果中排在第一位的网站首页。

② 繁简转换。Google 通过默认使用的繁简自动转换功能来同时检索繁体和简体信息,因此用户输入的简体关键字也将被转换成繁体做检索。当然,可以在"使用偏好"中将此选项关掉以避免不需要的转换。

③ 网页翻译。Google 提供了网页翻译功能,可以按用户选择的语种翻译整个网页。

④ Google 工具栏。为了方便搜索用户,Google 提供了集成于浏览器中的工具栏,用户无需打开 Google 主页就可以在工具栏内输入关键词进行搜索。此外,工具栏还提供了其他功能插件,如可显示网站的 PageRank 值等。可以访问 http://www.google.com/intl/zh-CN/toolbar/ie/index.html,按页面提示自动下载并安装 Google 工具栏。目前新版的工具栏提供 Google"即搜即得"功能,即在输入字词的同时能显示相关搜索结果。另外,工具栏还可利用自动语言检测功能即时翻译网页(参见图 7-4)。

⑤ 网页快照。能从 Google 服务器里直接取出缓存的网页。网页快照中,搜索的关键词用亮色显示,用户可以点击呈现亮色的关键词直接找到关键词出现位置,便于快速找到所需信息,提高搜索效率。当搜索的网页被删除或链接失效时,可以使用网页快照来查看这个网页,起到"救急作用"。

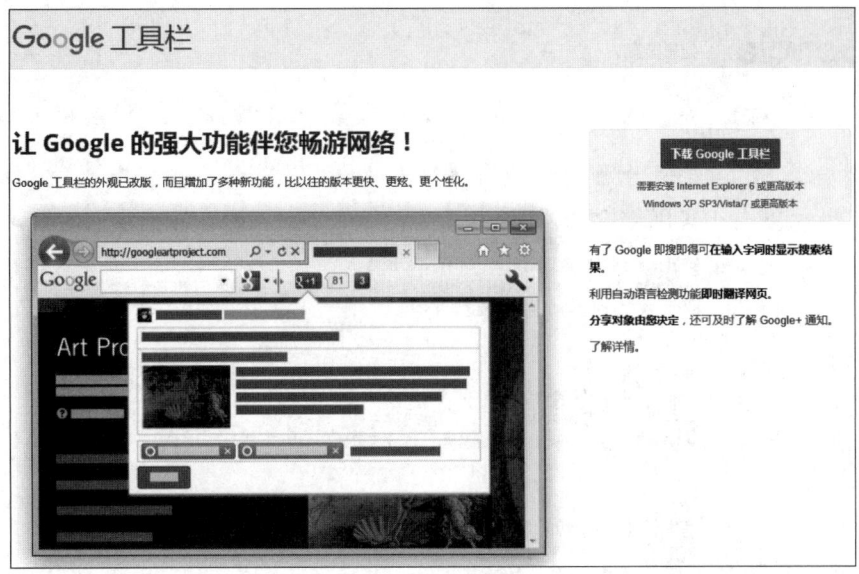

图 7-4　Google 工具栏

⑥ Google 的其他特色功能。检索结果中显示的有"相似网页"链接,单击该链接,Google 便开始寻找与这一网页性质类似的网页,一般都是同一级别的网页;拥有全球地图,即拥有导航功能,查找地图功能可以通过 Google 查找美国的精确街道地图;用 Google 股票报价可以查找美国股票和共有基金信息。

(7) Google 文档。

通过基于网络的 Google 文档(Google Docs & Spreadsheets),互联网的网友之间可以同时在线创建、编辑或修改同一份文档(http://docs.google.com/)。这也是一种 Web 2.0 思想与技术的应用。在中文版的 Google 文档上,我们可以创建基于网络的文件,也可以直接从本地将现成的文档上传上去。Google 支持多数流行的文件格式,比如上传 Word 文档、OpenOffice、RTF、HTML 或文本(或从头创建文档)以及图形文件。此外,还可以和其他用户一起分享自己的文档,并规定谁有权力修改文档,谁有权力查看文档。所有用户的修订和整理都是实时完成,真正做到了事半功倍。Google 文档规定,每个账户可以建立多达 1 000 个的文档,每一个文档的容量最高限制为 500 Kb,另外还可附加 2 Mb 的图像。每个电子表格的容量最高为 1 Mb,并且可以放入 50 Mb 的图像,这样的电子表格可做 100 个。

(8) 图书搜索。

Google 在 2007 年 3 月推出了图书搜索服务(http://books.google.com.hk/),这是一款提供全文检索的图书搜索产品(参见图 7-5,相关内容详见本书 4.2.3)。

(9) 学术搜索。2004 年底,Google 以"stand on the shoulders of giants"的口号推出了一个学术搜索引擎——Google Scholar(http://scholar.google.com.hk),把检索服务延伸到科学研究领域(参见图 7-6)。Google Scholar 是 Google 公司与众多学术科学杂志出版社共同合作开发的结晶,是世界上第一个针对学术期刊、论文、著作、摘要的搜索引擎,可以说是为科研工作者量身定做的最佳网络搜索工具。用户不仅可以查询有关科技论文,而且还可以查询自己发表过的论文被哪些文章引用过。

图 7-5　Google 图书搜索

图 7-6　Google 学术搜索

Google Scholar 的检索范围是学术出版社、专业学会和大学以及互联网可以获得的各种论文、书籍、预印本、文摘和技术报告，检索结果中每条信息按照题目、著者、文章被引用数、摘要、出版物、出版年月和相关网页排列。特别要指出的是：在文章被引用数中除了储存在各种数据库中的引用文献外，还包括在书籍和各类非联机出版物中的引用文献。这种处理对科研人员是很有帮助的，因而也是 Google Scholar 的一个亮点。

Google Scholar 的检索结果主要按照一篇论文被引用的次数排列，首先按照检索词出现在论文题目中的顺序，未被引用的论文排列在后，其次是按照检索词出现在论文的其他部分的顺序排列。点击被引用文章数后，可以看到更多的引用文献，包括这些文献被引用和连续被引用的情况。

实际上，Google Scholar 提供了一种类似于引文检索的服务，通过论文被引用和持续引用的线索，帮助用户了解某一研究领域的起源、现状、研究热点、发展方向、代表人物和竞争对手的进展等。

(10) Google 开发者平台。2016 年 12 月 8 日上午，Google 在国内开了一场开发者大会，为中国开发者而设的 Google Developers 网站（https://developers.google.com/? hl=zh-cn)正式上线了（参见图 7-7）。在这个网站中，包括了 API 文档、开发案例、技术培训视频等各类开发技术资源，内容涵盖 Android、Web、Tensor Flow、Google Play、AdMob、Firebase 和一些本地化生态项目，可以为国内的开发者带来相当大的便利。

图 7-7 Google 开发者平台

Google 为中国开发者提供了丰厚的资源，使用开放平台技术，开发创新应用，从而服务全球用户。例如，Android 开发者官方网站面向应用开发者提供了 Android SDK 以及开发相关的各类文档。TensorFlow 是一个大规模机器学习的开源框架，提供了对多种深度神经网络的支持。它还可以运行在不同的平台上，从智能手机到数据中心，并已经广泛部署到 Google 多项服务的生产环境中。借助 Google Play，开发者可以触达和服务全球 190 余个国家和地区的超10亿Android用户。

（11）其他。除以上介绍的一些Google产品外，还有许多其他特色服务，如Google移动搜索（http://www.google.com.hk/mobile/search/）、Google地图搜索（http://maps.google.com.hk/）、Google购物搜索（http://www.google.com/shopping）、Google Chrome浏览器、Google Talk、Google翻译等等。

2. 百度（http://www.baidu.com）

（1）概述。"百度"搜索引擎，全球最大的中文搜索引擎，于1999年底成立于美国硅谷。它的创建者是资深信息检索技术专家、超链接分析专利的唯一持有人——百度总裁李彦宏及其好友——在硅谷有多年商界成功经验的百度执行副总裁徐勇博士。"百度"二字正是源自辛弃疾的《青玉案》中的"众里寻她千百度"。而"熊掌"图标的想法来源于"猎人巡迹熊爪"的刺激，它与李彦宏博士的"分析搜索技术"非常相似，从而构成百度的搜索概念，也最终成为百度的图标形象。百度熊也便成了百度公司的形象物。百度是目前全球最优秀的中文信息检索与传递技术供应商。百度对中文搜索的技术支持也是最好的，中国所有提供搜索引擎的门户网站中，80%以上都是由百度提供搜索引擎技术支持。百度在中国各地和美国均设有服务器，百度搜索引擎拥有目前世界上最大的中文信息库，总量超过6亿页以上，并且还在以每天几十万页的速度快速增长。

百度世界是百度一年一度的技术创新大会，2016年度百度世界大会的主题是人工智能，百度CEO李彦宏首次向外界全面展示百度人工智能成果——"百度大脑"，并宣布对广大开发者、创业者及传统企业开放其核心能力和底层技术。语音、图像、自然语言处理和用户画像是当下人工智能领域最强大、最核心的能力。百度在这四大领域的应用，已经深入到了日常生活当中。百度大脑与各行各业结合，衍生出不同领域的行业大脑，比如医疗大脑、交通大脑、金融大脑等等。

百度主页的界面非常简洁（参见图7-8），除了提供糯米、新闻、hao123、地图、视频、贴吧等搜索频道外，还有"设置"链接。此外，百度也有其特色检索功能。在"搜索设置"界面，用户

图7-8 百度主页

可以根据自己的需要预先设置搜索语言范围、搜索结果显示条数等（参见图 7-9）。在"高级搜索"界面，用户可以对搜索结果与关键词的包含关系进行选择，还可以限定搜索的页面的时间、网页格式、关键词的位置等（参见图 7-10）。在百度也是用 cookie 记录用户的设置，方便用户以后的使用。

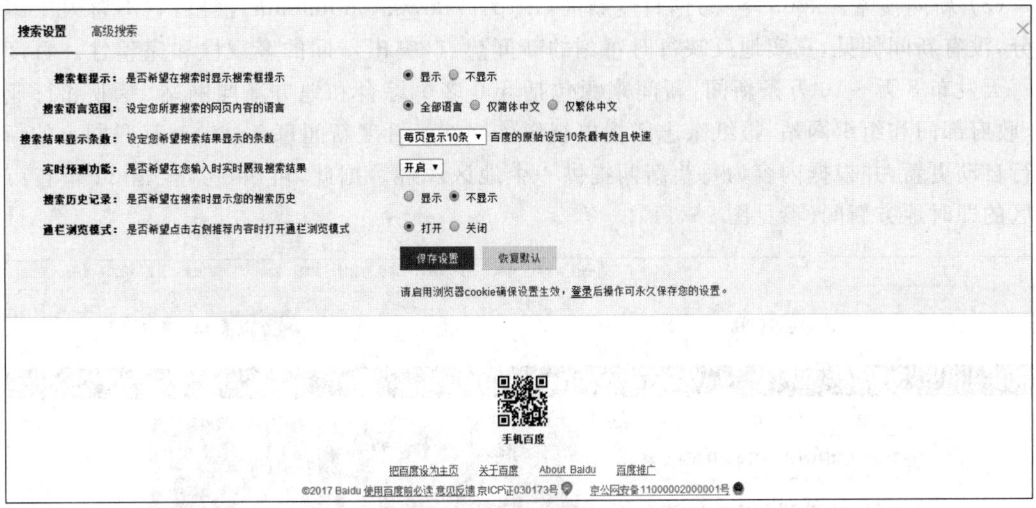

图 7-9　百度搜索设置

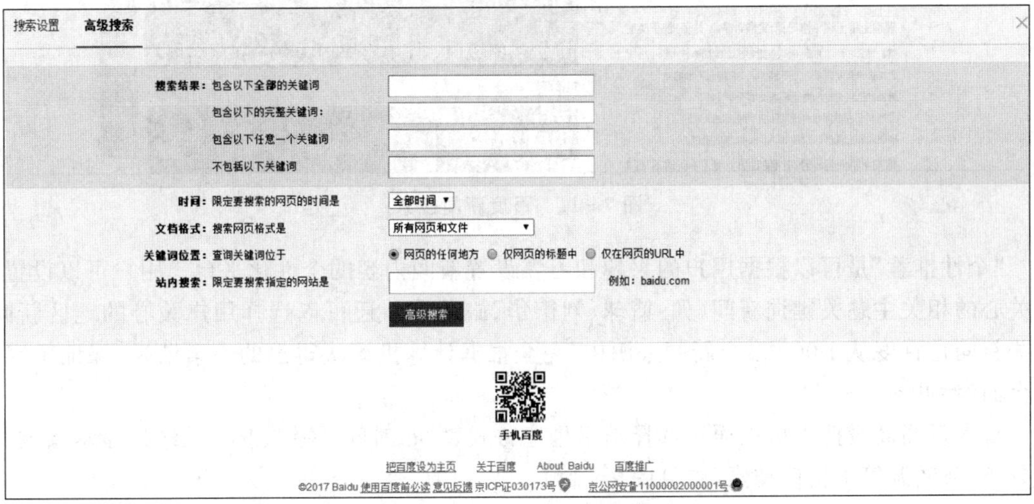

图 7-10　百度高级检索

（2）网页搜索。百度拥有全球最大的中文网页库，目前收录中文网页已超过 12 亿，这些网页的数量每天正以千万级的速度增长；同时，百度在中国各地分布的服务器，能直接从最近的服务器上，把搜索信息返回给当地用户，使用户享受极快的搜索传输速度。搜索结果包括了一般常见的内容，如网页主题、文本描述摘录、来源网页地址、网页大小、发布时间、网页快照等。

如果要搜索指定的网站、文档格式或者需要设定搜索结果中不包含什么关键词、包含任意一个关键词、完整关键词，以及需进行其他各种设置，但是记不住直接输入的代码，就可以使用百度高级搜索工具。百度网页高级搜索可以通过选择搜索结果显示的条数、网页的发布时间、网页的发布地区(可以复选)、网页语言、文档格式、关键词位置、搜索指定的网站等来精确搜索。

百度网页搜索中的一些常用的语法如"site:"、"inurl:"、"intitle:"等都和 Google 的用法一致。

(3) 新闻搜索。2003 年 7 月,百度新闻(http://news.baidu.com)推出,它不含人工编辑成分,没有新闻偏见,真实地反映每时每刻的新闻热点,突出新闻的客观性和完整性。百度新闻每天发布 8 万~10 万条新闻,新闻来源包括 500 多个综合和地方新闻网站、专业和行业网站、政府部门和组织网站、报纸杂志广播电视媒体网站。百度新闻每 5 分钟对互联网上的新闻进行自动更新,并根据内容为每篇新闻提供一个地区属性。据此,可以检索全国 34 个省市自治区的即时地方新闻(参见图 7-11)。

图 7-11 百度新闻搜索

"个性推荐"是可以根据用户的兴趣和习惯设置新闻内容的个性化平台。用户可以设置自己关心的相关主题关键词新闻(如:篮球、刘德华、旅游等),还可以选择用户关心的地区新闻。这些新闻是百度从 1 000 多个新闻来源中,完全根据计算机算法得出的检索结果,保证了客观和全面(参见图 7-12)。

百度新闻高级搜索可以通过选择结果排序方式、发布时间、关键词位置、结果显示条数、新闻分类、新闻源等来精确搜索(参见图 7-13)。

(4) 图片搜索。百度从百亿中文网页中提取各类图片,建立了世界第一的中文图片库(http://image.baidu.com/)。在图片搜索框中输入关键字,即可搜索出相关的全部图片。百度图片搜索支持图片尺寸选择,用户在输入关键词后,可以在单选框中选择大中小及壁纸不同尺寸的图片。在搜索结果页面,点击合适的图片,可将图片放大观看。如果想看到更多的图片,可以点击页面底部的翻页来查看更多搜索结果。在百度图片首页会显示一些热门选项,如微距摄影、宠物、明星、高清动漫、多肉植物、头像、风景、小清新、星空、PPT 模板等(参见图 7-14)。

第 7 章　事实与数据信息资源检索

图 7-12　百度新闻个性推荐

图 7-13　百度新闻高级搜索

图 7-14　百度图片搜索

（5）音乐搜索。2013年7月，百度音乐旗下PC客户端"千千静听"正式进行品牌切换，更名为百度音乐PC端。百度在天天更新的百亿个中文网页中提取音乐的链接，建立了庞大的歌曲链接库。百度音乐搜索（http://music.baidu.com/）拥有自动验证下载速度的功能，始终把下载速度最快的排在前列（参见图7-15）。

图7-15 百度音乐搜索

百度音乐搜索提供了歌单、动态、歌手、分类、榜单、MV、演出等多种选择方式。在搜索框内可以输入歌名、歌词、歌手或专辑，还有"随心听"、"我的音乐盒"等特色功能。百度的歌词搜索方便易用，可以通过歌曲名或是歌词片段来搜索用户想要的歌词。在歌词搜索结果列表，可以对歌曲进行播放、添加、下载、下载到手机等操作，还可以"听相似歌曲"。

百度还做了几个热门链接，例如：首发、新歌榜、热歌榜、T榜、经典老歌榜、网络歌曲榜、原创榜、热门主题、歌单精选、影视歌曲等。

（6）视频搜索。百度视频（http://v.baidu.com/）是百度旗下的视频聚合平台，主要依托百度在视频搜索、推荐、大数据等领域的核心技术，面向用户推荐个性化的视频内容。百度视频通过全系列产品向网民提供服务，包括百度视频官方网站、百度影音播放器、百度视频App等，是全球最大的中文视频搜索平台，聚合了超过5亿条视频，包括影视相关、音乐MV、游戏、娱乐、体育、搞笑等内容。2016年7月，百度视频进军直播。在百度视频首页提供如下分类：电视剧、电影、综艺、动漫、娱乐、资讯、体育、游戏、教育、卫视、页游（参见图7-16）。

（7）百度百科。百度百科（http://baike.baidu.com/），是一部由全体网民共同撰写的百科全书（参见图7-17）。百度百科始于2006年4月，是一部开放的网络百科全书，每个人都可以自由访问并参与撰写和编辑，分享及奉献自己所知的知识，所有人将其共同编写成一部完整的百科全书，并使其不断更新完善。截至2016年4月，百度百科已经收录了超过1 300多万的词条，参与词条编辑的网友超过580万人，几乎涵盖了所有已知的知识领域。

图 7-16 百度视频搜索

图 7-17 百度百科

百度百科本着平等、协作、分享的互联网精神，提倡网络面前人人平等，所有人共同协作编写百科全书，让知识在一定的技术规则和文化脉络下得以不断组合和拓展；它为用户提供了一个创造性的网络平台，强调用户的参与和奉献精神，充分调动草根大众的力量，汇聚上亿网民的头脑智慧，积极进行交流和分享，同时实现与搜索引擎的完美结合，从不同的层次上满足用户对信息的需求。

(8) 百度知道。百度知道(http://zhidao.baidu.com/)是一个基于搜索的互动式知识问答分享平台，于 2005 年 6 月 21 日发布，并于 2005 年 11 月 8 日转为正式版。它是一种用户自己根据具有针对性地提出问题，通过积分奖励机制发动其他用户，解决该问题的搜索模式。同时，这些问题的答案又会进一步作为搜索结果，提供给其他有类似疑问的用户，达到分享知识的效果(参见图 7-18)。

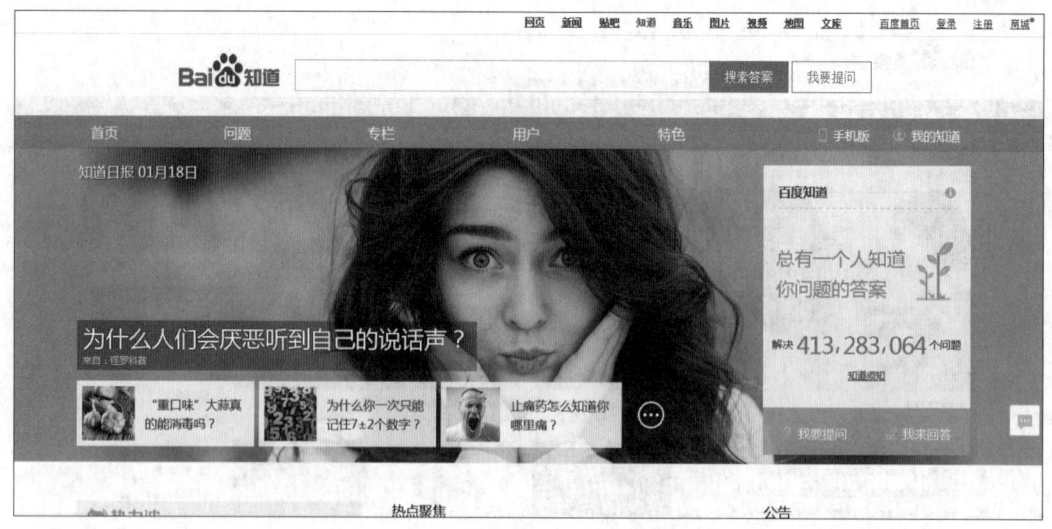

图 7-18 百度知道

百度知道的最大特点就在于和搜索引擎的完美结合,让用户所拥有的隐性知识转化成显性知识,用户既是百度知道内容的使用者,同时又是百度知道的创造者,在这里累积的知识数据可以反映到搜索结果中。通过用户和搜索引擎的相互作用,实现搜索引擎的社区化。

百度知道也可以看作是对搜索引擎功能的一种补充,让用户头脑中的隐性知识变成显性知识,通过对回答的沉淀和组织形成新的信息库,其中信息可被用户进一步检索和利用。这意味着用户既是搜索引擎的使用者,同时也是创造者。百度知道可以说是对过分依靠技术的搜索引擎的一种人性化完善。

(9) 百度文库。百度文库(http://wenku.baidu.com/)是供网友在线分享文档的开放平台(参见图 7-19)。在这里,用户可以在线阅读和下载涉及课件、习题、考试题库、论文报告、专业资料、各类公文模板、法律文件、文学小说等多个领域的资料,不过需要扣除相应的百度积

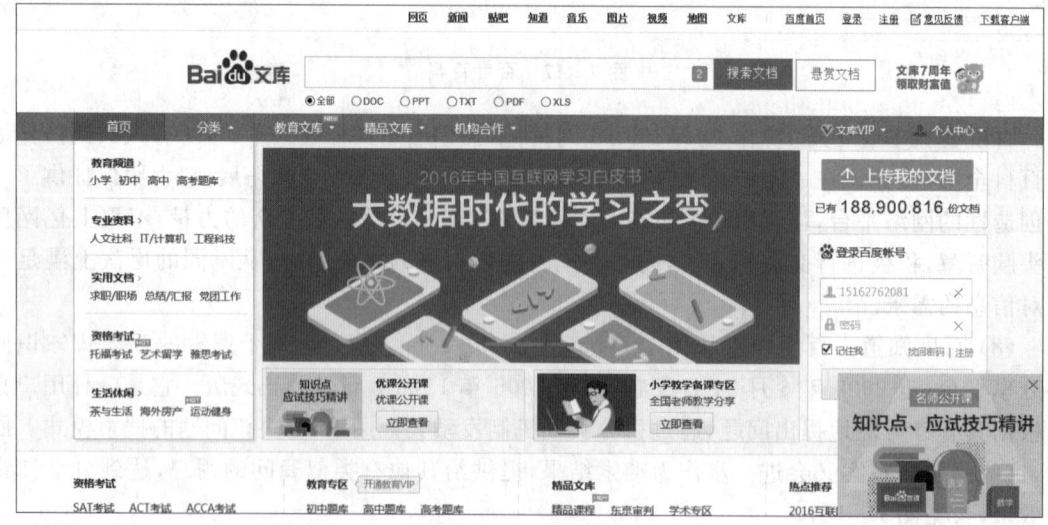

图 7-19 百度文库

分,平台所累积的文档,均来自热心用户上传。百度自身不编辑或修改用户上传的文档内容。用户通过上传文档,可以获得平台虚拟的积分奖励,用于下载自己需要的文档。下载文档需要登录,免费文档可以登录后下载,对于上传用户已标价了的文档,则下载时需要付出虚拟积分。当前平台支持主流的".doc"(".docx")、".ppt"(".pptx")、".xls"(".xlsx")、".pot"、".pps"、".vsd"、".rtf"、".wps"、".et"、".dps"、".pdf"、".txt"文件格式。

(10)百度地图。百度地图(http://map.baidu.com)是百度提供的一项网络地图搜索服务,覆盖了国内近400个城市、数千个区县。在百度地图里,用户可以查询街道、商场、楼盘的地理位置,也可以找到离用户最近的所有餐馆、学校、银行、公园等等。2010年8月26日,在使用百度地图服务时,除普通的电子地图功能之外,新增加了三维地图按钮。百度地图提供了丰富的公交换乘、驾车导航的查询功能,为用户提供最适合的路线规划。不仅知道要找的地点在哪,还可以知道如何前往。

百度地图提供地点搜索(普通搜索、周边搜索、视野内搜索)、公交搜索(公交方案查询、公交路线查询、地铁专题)、驾车搜索(驾车方案查询、跨城市驾车查询、添加途经点),此外还设置了步行导航、交通流量、测距、截图、百度房产地图等特色功能参见图7-20。

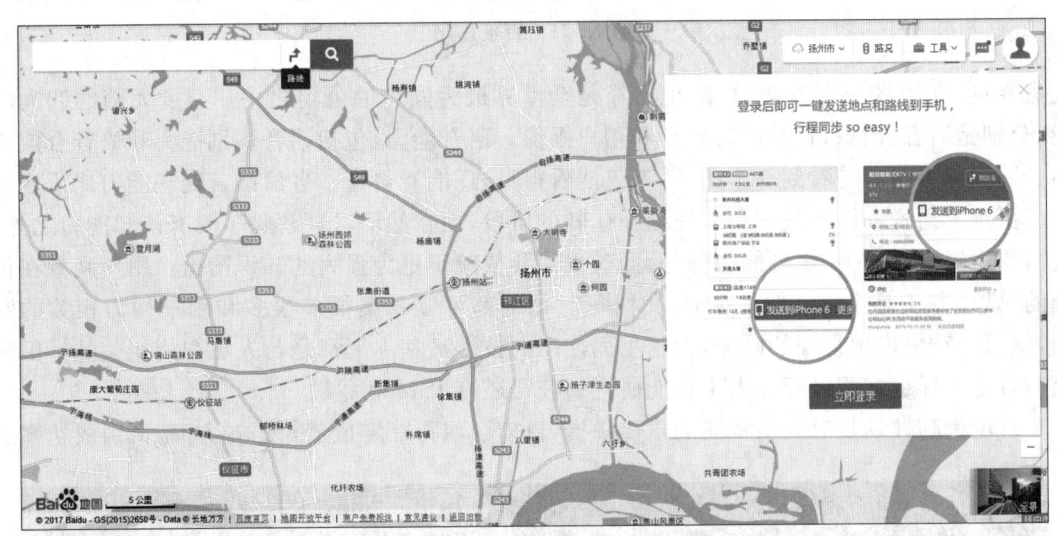

图7-20 百度地图

(11)贴吧。贴吧(http://tieba.baidu.com/)是百度的一个BBS论坛,于2003年11月推出。贴吧是一种基于关键词的主题交流社区,与搜索紧密结合,准确把握用户需求,为兴趣而生。在短短的一年时间里,贴吧迅速蹿升为中国最大的网络社区,目前也是国内最大的公众留言板。贴吧诞生的意义,是让网民将自己头脑中的知识、想法和经验与大家分享。

贴吧设有13个主题:娱乐明星、爱综艺、追剧狂、看电影、体育、小说、生活家、闲趣、游戏、动漫宅、高校、地区、人文自然。每个主题下,还有各自的子主题。网民还可以抛开这些主题,创建自己的"吧",发布自己感兴趣的话题和想法(参见图7-21)。

(12)百度大脑(http://ai.baidu.com/)。百度的深度学习研究工作启动于2012年,2013年百度深度学习研究院IDL(Institute of Deep Learning)正式成立。

深度学习的研究让百度搜索更加"智能"了。如百度的语音识别,准确度已经近乎和人际

图 7-21 百度贴吧

交流相同;在图像识别方面,百度也已经是全世界最为领先的公司之一。百度大脑的四大功能,分别是语音、图像,自然语言处理和用户画像。语音能力,包括语音识别能力和语音合成能力。图像能力指的是看到一个图片,不仅能看得见,还能看得懂。自然语言处理能力比语音和图像更难。语音和图像技术更多还处在认知的阶段,而自然语言理解除了要有认知能力之外,还需要逻辑推理能力、规划能力等等,同时也需要依赖于更为强大的知识图谱。用户画像在传统的 AI 中并不是主流。但是今天,我们每时每刻都可以收集很多很多和用户行为相关的数据,就可以对用户做很好的画像,而这里面使用的技术又基本上都是与人工智能相关的。国际上与百度一样也在积极开展人工智能研究的公司还有 IBM 和谷歌。

百度大脑计划是对人工智能的重要举措,目前已取得一定成就。语音方面,识别成功率达

图 7-22 百度大脑主页

97%；图像方面，人脸识别准确率达99.7%；除此之外，百度大脑将与医疗、交通、金融等领域展开合作。同时，助力百度无人车发展。

（13）百度开放平台。百度开放平台（http://open.baidu.com/）是基于百度"框计算"最先进的信息技术与服务机制，针对用户需求，为广大站长和开发者免费提供的开放式数据分享暨对接平台（参见图7-23）。以此，站长和开发者可以将结构化的数据或具体应用直接提交到百度开放后台，使其同步运行于百度大搜索之中，并以最佳展现形式与最优展现样式的搜索结果，与数亿用户的需求直接对接。

图7-23 百度开放平台

百度的核心技术在于超链分析，通过分析链接网站的多少来评价被链接的网站质量，这保证了用户在百度搜索时，越受用户欢迎的内容排名越靠前。当然，随着市场风云变幻，百度又提出了竞价排名系统，虽然影响了检索结果的绝对相关性，但对于搜索引擎自身的发展，不失为一次重大突破。目前，百度推出的竞价排名业务已经成为中国众多中小企业网络营销的利器。

3. 其他搜索引擎

（1）必应（http://cn.bing.com/）。微软必应（英文名：Bing）是微软公司于2009年5月28日推出，用以取代Live Search的全新搜索引擎服务，于2009年6月3日正式在世界范围内发布。内测代号为Kumo，其后才被命名为Bing。中文名称被定为"必应"，有"有求必应"的寓意。实际上，Bing是一位百岁老人的姓氏，他就是出生在德国，现居美国的理查德·宾博士（Dr. Richard Bing）。作为全球领先的搜索引擎之一，截至2013年5月，必应已成为北美地区第二大搜索引擎。

必应集成了多个独特功能，包括每日首页美图，与Windows 10深度融合的超级搜索功能，以及崭新的搜索结果导航模式等。用户可登录微软必应首页，打开内置于Windows 10操作系统的必应应用，或直接按下Windows Phone手机搜索按钮，均可直达必应的网页、图片、视频、词典、翻译、资讯、地图等全球信息搜索服务（参见图7-24）。

图 7-24 必应主页

在 Bing 首页提供了网页、图片、视频、学术、词典、网典、地图等分类按钮。Bing 搜索引擎的界面较其前身 Live.com 有很大改观。在感官上,它和 Google 十分相似,但在每个搜索结果后面有一个垂线,你如果点击一下,就可预览更多搜索结果的内容,这对于衡量搜索结果的实用性是非常有益的。Bing 在主页面上还有一些旋转的图片,在新界面中添加了"快速标签"(QuickTab),帮助用户更快更准确地进行搜索。

与传统搜索引擎只是单独列出一个搜索列表不同,Bing 搜索的最大特点是会对返回的结果加以分类。例如,当用户搜索某位歌星的名字时,搜索结果的主要部分会显示传统的列表,左侧的导航栏则会显示图片、歌曲、歌词、专辑和视频等几个类别。当用户输入某一产品名称时,侧边栏会显示评价、使用手册、价格和维修等类别。而如果输入的是某一城市名称,则会显示地图、当地商业指南、旅游路线以及交通信息等类别。另外,侧边栏会显示一组相关的搜索关键词。微软认为,由于 Bing 能够为用户提供更为广泛的相关结果,将比谷歌更优秀、快捷且更加精准。

(2) Yahoo!(http://www.yahoo.com)。Yahoo! 由美国斯坦福大学工程学院的两位博士生于 1994 年开发,其中一位就是美籍华人杨致远先生。开始的时候他们只搜集一些自己感兴趣的网站,并把它们介绍给其他的网友使用,结果名声大振,很多因特网用户都来访问他们的网址。Yahoo 中文版于 1998 年 5 月问世,被命名为"雅虎中文",2005 年 8 月被阿里巴巴集团收购,改名为"中国雅虎"(http://cn.yahoo.com/)。"中国雅虎"不是 Yahoo! 的翻译版,它为全球中文用户提供一个因特网信息的导航,其实际内容比 Yahoo! 要少得多。

Yahoo! 最初以网站为主要搜索目标,其完备的分类目录索引和方便的浏览方式吸引了全球成千上万的用户。Yahoo! 数据库收录了 50 万条网站信息,经过专家手工筛选、甄别,将其分布在 25 万个主题(类目)中。用户可以很方便地通过分类目录去浏览相关主题,同时也可以通过关键词来检索。

随着搜索技术的发展,Yahoo! 除了继续保留对网站的分类标引外,也采用网页搜索技术,对网页进行全文搜索(https://search.yahoo.com)。目前,通过 Yahoo!,除可以搜索网站信息外,还可以搜索网页信息、图片信息、视频信息、本地信息、新闻和购物等信息(参见图 7-25)。

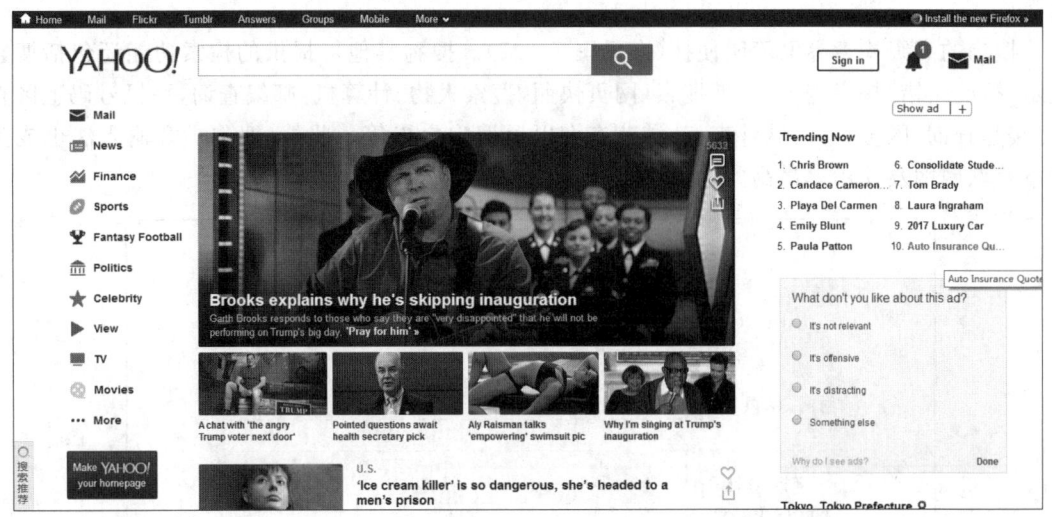

图 7-25 YAHOO！主页

(3) 搜狗搜索(http://www.sogou.com)。搜狗的名称取自 2001 年电影《大腕》里的幽默台词——"他们搜狐,我们搜狗,各搜各的!"。搜狗是搜狐公司于 2004 年 8 月 3 日推出的完全利用自主技术开发的全球首个第三代互动式中文搜索引擎,是一个具有独立域名的专业搜索网站(参见图 7-26)。它以一种人工智能的新算法,分析和理解用户可能的查询意图,给予多个主题的"搜索提示",在用户查询和搜索引擎返回结果的人机交互过程中,引导用户更快速准确定位自己所关注的内容,帮助用户快速找到相关搜索结果,并可在用户搜索冲浪时,给予用户未曾意识到的主题提示。

图 7-26 搜狗主页

搜狗是全球首个中文网页收录量达到 10 亿的搜索引擎。当前收录网页已经超过 20 亿,网页更新频率最快 10 分钟/次,平均搜索时间小于 0.1 秒。搜狗除了网页搜索外,还有多个专项搜索,如新闻、微信、知乎、图片、视频、明医、海外、学术、音乐、地图、购物等,涵盖生活的方方面面。

搜狗的高级检索界面简明便捷(参见图7-27)。搜狗其他可提供的检索功能还包括搜索提示,智能纠错,拼音查询,扩展搜索,网页快照,搜索人物、计算机、邮编查询,手机号码地区查询,楼盘查询,区号查询,软件查询,游戏查询以及搜狗焦点等。此外,搜狗拼音输入法也成为时下互联网网友使用率最高的输入法之一。

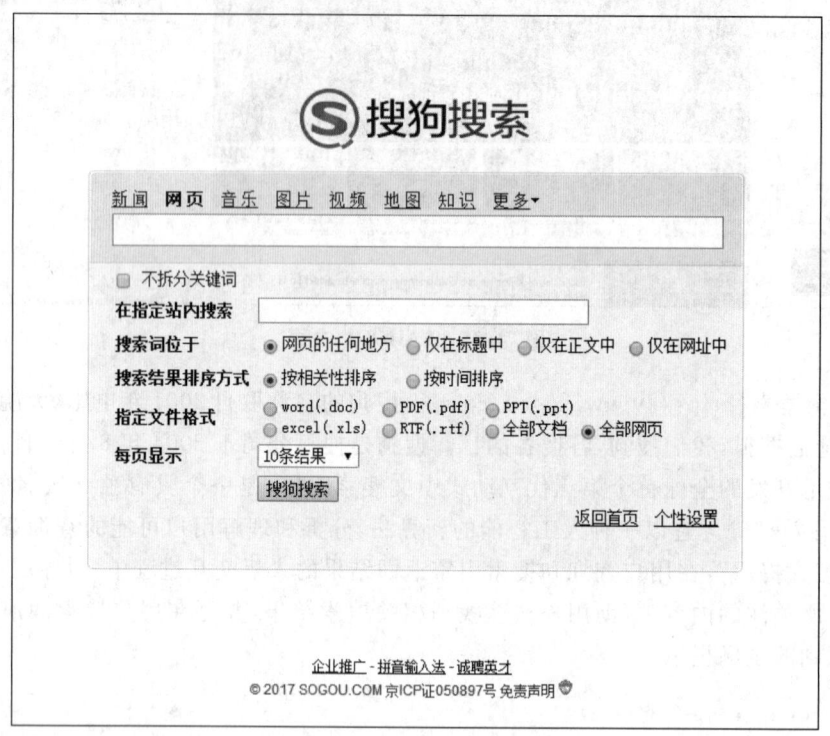

图7-27 搜狗高级搜索界面

7.1.4 搜索引擎的未来发展趋势

搜索引擎的快速发展也就是近15年发生的,这与互联网的发展趋势密切相关。互联网在经过了web 2.0的市场培育阶段后,迎来了以互联网用户的个性化和社交化为中心的趋势。同时,移动设备的逐渐流行及两大趋势的融合,催生了很多新型应用,这对搜索引擎来说,也产生了新的挑战。关于搜索引擎技术的未来发展趋势,大致可归结为以下几点。

1. 重视提高信息查询结果的精度,提高检索的有效性

用户在搜索引擎上进行信息查询时,并不十分关注返回结果的多少,而是看结果是否和自己的需求吻合。对于一个查询,传统的搜索引擎动辄返回几十万、几百万篇文档,用户不得不在结果中筛选。解决查询结果过多的现象目前出现了几种方法:一是通过各种方法获得用户没有在查询语句中表达出来的真正意图,包括使用智能代理跟踪用户检索行为,分析用户模型;使用相关度反馈机制,使用户告诉搜索引擎哪些文档和自己的需求相关(及其相关的程度),哪些不相关,通过多次交互逐步求精。二是用正文分类(Text Categorization)技术将结果分类,使用可视化技术显示分类结构,用户可以只浏览自己感兴趣的类别。三是进行站点类聚或内容类聚,减少信息的总量。

2. 基于智能代理的信息过滤和个性化服务

信息智能代理是另外一种利用互联网信息的机制。它使用自动获得的领域模型(如Web知识、信息处理、与用户兴趣相关的信息资源、领域组织结构)、用户模型(如用户背景、兴趣、行为、风格)知识进行信息搜集、索引、过滤(包括兴趣过滤和不良信息过滤),并自动地将用户感兴趣的、对用户有用的信息提交给用户。智能代理具有不断学习、适应信息和用户兴趣动态变化的能力,可以提供个性化的服务。智能代理可以在用户端进行,也可以在服务器端运行。

3. 采用分布式体系结构提高系统规模和性能

搜索引擎的实现可以采用集中式体系结构和分布式体系结构,两种方法各有千秋,但当系统规模到达一定程度(如网页数达到亿级)时,必然要采用某种分布式方法,以提高系统性能。搜索引擎的各个组成部分,除了用户接口之外,都可以进行分布:搜索器可以在多台机器上相互合作、相互分工,进行信息发现,以提高信息发现和更新速度;索引器可以将索引分布在不同的机器上,以减小索引对机器的要求;检索器可以在不同的机器上进行文档的并行检索,以提高检索的速度和性能。

4. 重视交叉语言检索的研究和开发

个性化搜索主要面临两个问题:如何建立用户的个人兴趣模型?在搜索引擎里如何使用这种个人兴趣模型?个性化搜索的核心是根据用户的网络行为,建立一套准确的个人兴趣模型。而建立这样一套模型,就要全民收集与用户相关的信息,包括用户搜索历史、点击记录、浏览过的网页、用户 email 信息、收藏夹信息、用户发布过的信息、博客、微博等内容。比较常见的是从这些信息中提取出关键词及其权重。

为不同用户提供个性化的搜索结果,是搜索引擎总的发展趋势,但现有技术有很多问题,比如个人隐私的泄露,而且用户的兴趣会不断变化,太依赖历史信息,可能无法反映用户的兴趣变化。

5. 地理位置感知搜索

目前很多手机已经有 GPS 的应用,这是基于地理位置感知的搜索,而且可以通过陀螺仪等设备感知用户的朝向。基于这种信息,可以为用户提供准确的地理位置服务以及相关搜索服务。目前此类应用已经大行其道,比如手机地图 App。

6. 跨语言搜索

跨语言搜索做得最好的是 Google。Google 目前已经提供多种语言之间的跨语言搜索,比如搜索"麻省理工",排在第一位的则是麻省理工学院的主页。如何将中文的用户查询翻译为英文查询,目前主流的方法有 3 种:机器翻译、双语词典查询和双语语料挖掘方法。对于一个全球性的搜索引擎来说,具备跨语言搜索功能是必然的发展趋势,而其基本的技术路线一般会采用查询翻译加上网页的机器翻译这两种技术手段。

7. 多媒体搜索

目前搜索引擎的查询还是基于文字的,即使是图片和视频搜索也是基于文本方式,那么未来的多媒体搜索技术则会弥补查询这一缺失。多媒体形式除了文字,主要包括图片、音频、视频。多媒体搜索比纯文本搜索要复杂许多,一般多媒体搜索包含4个主要步骤:多媒体特征提取、多媒体数据流分割、多媒体数据分类和多媒体数据搜索引擎。例如图片搜索,一般的步骤为:第一步,缩小尺寸;第二步,简化色彩;第三步,计算平均值;第四步,比较像素的灰度;第五步,计算哈希值。

8. 情境搜索

情境搜索是融合了多项技术的产品,上面提到的社会化搜索、个性化搜索、地点感知搜索等都是支持情境搜索的,目前Google在大力提倡这一概念。所谓情境搜索,就是能够感知人与人所处的环境,针对"此时此地此人"来建立模型,试图理解用户查询的目的,根本目标还是理解人的信息需求。比如某个用户在苹果专卖店附近发出"苹果"这个搜索请求,基于地点感知及用户的个性化模型,搜索引擎就有可能认为这个查询是针对苹果公司的产品,而非对水果的需求。

7.2 事实型、数值型数据库

事实型和数值型数据库多以收录人物资料、机构名录、统计数据等为主,目前收录事实和数值数据库的检索系统,也兼收全文数据库,成为收录各种类型文献的专业性学科门户(万方数据系统和中国知网的事实数据库请参见第5章)。

7.2.1 国务院发展研究中心信息网(简称"国研网",http://www.drcnet.com.cn)

1. 简介

国研网由国务院发展研究中心主管、国务院发展研究中心信息中心主办、北京国研网信息有限公司承办,创建于1998年3月,是中国著名的专业性经济信息服务平台。国研网以国务院发展研究中心丰富的信息资源和强大的专家阵容为依托,与海内外众多著名的经济研究机构和经济资讯提供商紧密合作,全面汇集、整合国内外经济金融领域的经济信息和研究成果,为中国各级政府部门、研究机构和企业准确把握国内外宏观环境、经济金融运行特征、发展趋势及政策走向,从而为管理决策、理论研究、微观操作提供有价值的参考。有综合版、世经版、金融版、教育版、企业版、党政版等版块,以针对不同用户群(参见图7-28和图7-29)。

国研网的数据库由全文数据库、统计数据库、研究报告数据库、专题数据库、世经数据库、电子商务数据库、文化产业数据库、经济·管理案例库、战略性新兴产业数据库、DRC行业监测平台等数据库集群组成,每个数据库群分别包含若干子库。

2. 检索方式

（1）全文数据库。国研网各版的主界面都有快速检索入口,可检字段有标题、作者、关键词、全文(参见图7-29和图7-30),也可以选择进入检索中心检索。其快速检索(参见图7-30),首先选择版块,再选择检索字段,在搜索栏输入检索词,即可进行检索。

图7-28 国研网教育版界面

图7-29 国研网综合版界面

图 7-30 国研网检索中心快速检索界面

检索中心的高级检索可对检索栏目、时间段、检索字段、排序方式进行选择(参见图 7-31)。点击左侧栏目选择各数据库前的"+"号,逐级选择所需要的子库。在右侧检索词输入框输入关键词,选择字段、时间段,点击"DRCNet 搜索"按钮即可开始搜索。搜索完毕后系统会自动折叠搜索条件部分,使得有充分的屏幕空间来查看搜索结果,当需要更改搜索条件的时候,只需点"显示搜索条件"即可。

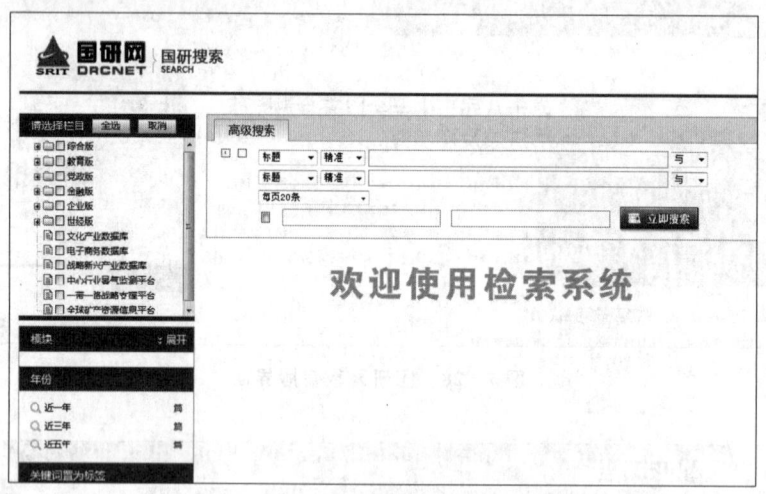

图 7-31 国研网检索中心高级检索

(2)统计数据库。统计数据库总体包含 5 大系列:宏观专题数据库系列、区域经济数据库系列、重点行业数据库系列、世界经济数据库系列及其他辅助数据库(参见图 7-32)。

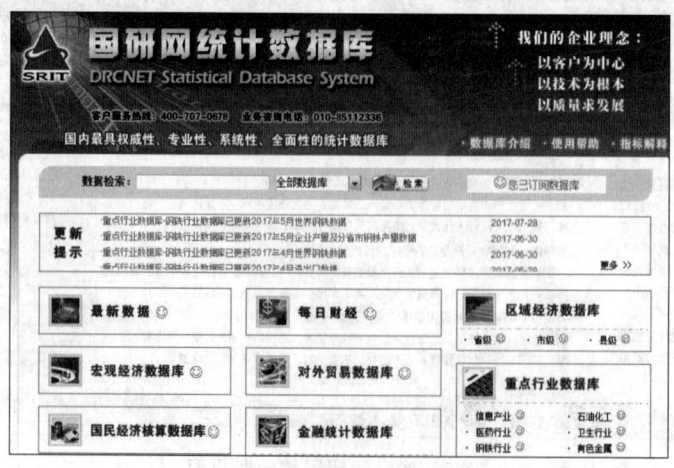

图 7-32 国研网统计数据库

第 7 章 事实与数据信息资源检索

系统默认在整个统计数据库群中检索,在检索结果中分库列出命中记录。如需检索其中一个数据库,从"数据检索"右侧的下拉框中选择需检索的数据库,输入检索条件,对该库检索。或者点击该数据库题名,进入该库检索。统计数据库的五大系列中又包含若干二级数据库、三级数据库,例如世界经济数据库中包括了国际货币基金组织(IMF)数据、世界贸易组织(WTO)数据、世界银行(World Bank)数据、经济合作与发展组织(OECD)数据、亚洲开发银行(ADB)数据、欧元区(Euro Area)数据、亚太经济合作组织(APEC)数据、东南亚国家联盟(ASEAN)数据等二级数据库。选择二级库,选择其中的数据种类,进入检索参数设置界面(参见图 7-33)。再选择参数栏的下拉框中的国家(地区)、时间、指标等参数,点击显示数据按钮,显示结果(参见图 7-34)。

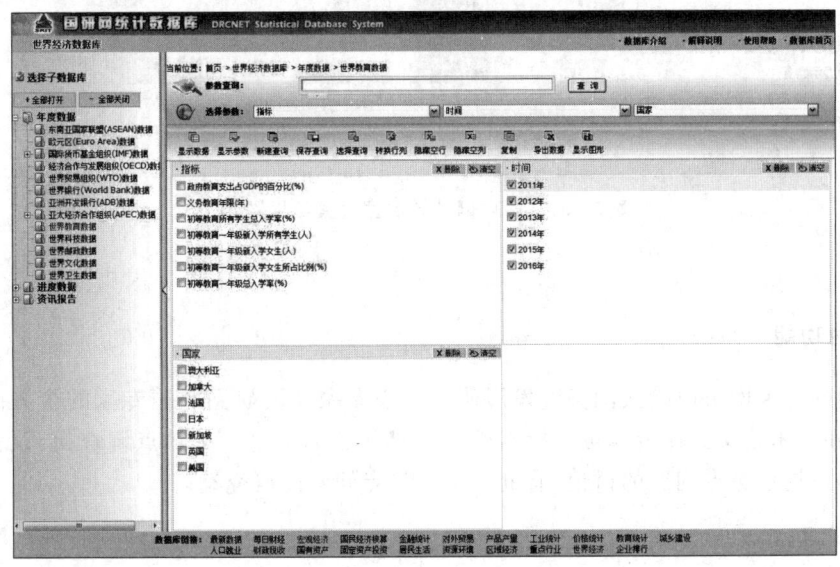

图 7-33 国研网统计数据库参数设置

对检索结果列表可以用"转换行列"功能自己选择纵横坐标。检索结果可以保存,可以导出为 Excel 表格,可以显示为图形(参见图 7-35)。

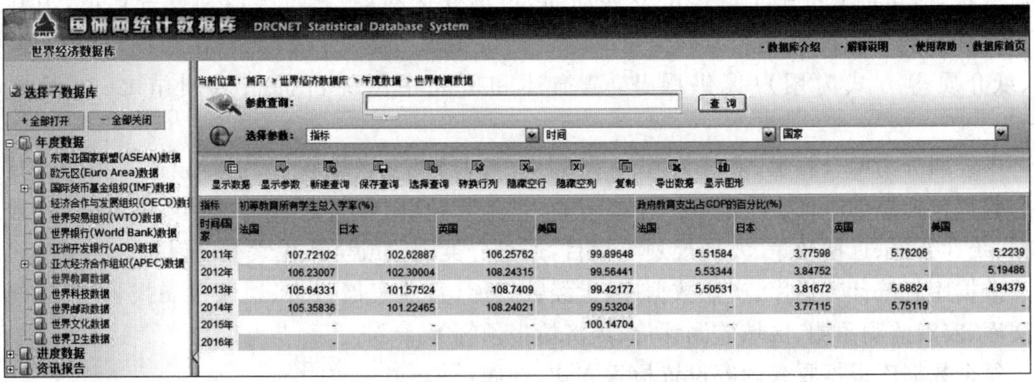

图 7-34 国研网统计数据检索结果列表

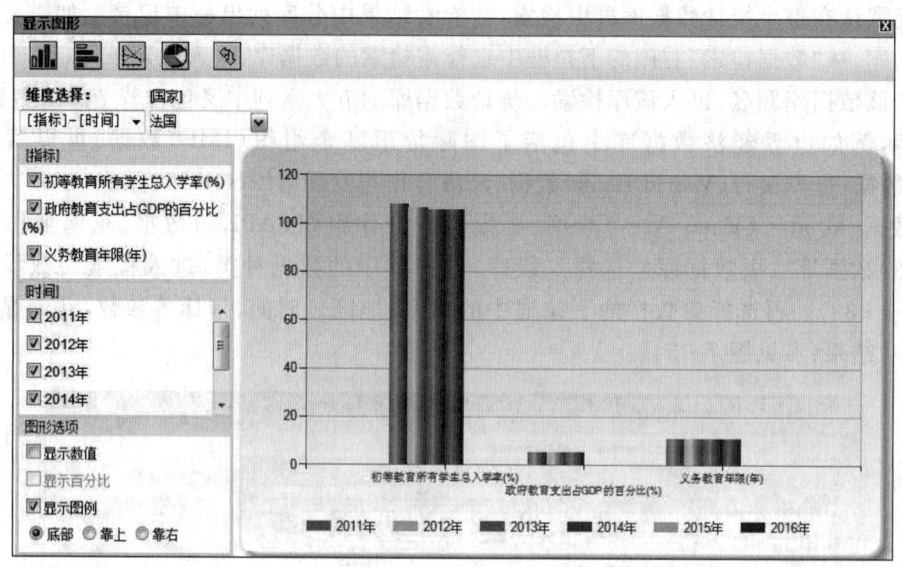

图 7-35 国研网统计数据检索结果图示

3. 其他功能

国研网的专家库可以检索国务院发展研究中心专家及国研网聘请专家的个人简历、研究领域、著作和学术论文。作者库可以检索所收文献作者的信息。其热点调查、会议资讯、国研大讲堂等栏目提供热点问题的讨论,有助于跟踪热点问题的研究动态。

7.2.2 中国经济信息网(简称"中经网",http://www.cei.gov.cn)

中经网是国家信息中心组建的、以提供经济信息为主要业务的专业性信息服务网络,于1996年12月3日正式开通。为政府部门、金融机构、高等院校、企业集团、研究机构及海内外投资者提供宏观经济、行业经济、区域经济、法律法规等方面的动态信息、统计数据和研究报告,帮助其准确了解经济发展动向、市场变化趋势、政策导向和投资环境,为其经济管理和投资决策提供强有力的信息支持。通过卫星广播、专线传送、在线浏览、E-mail定制、纸介质等方式为用户提供服务,是描述和研究中国经济的权威网站之一(参见图7-36)。

中经网分为综合频道、宏观频道、金融频道、行业频道、区域频道、国际频道等模块。其中综合频道包括总编时评、中经指数、中经评论、世经评论、财经报道、国内大事、国际大事、最新数据、统计公报、近期政策、发展规划等栏目,通过分类浏览或全文检索查询信息。

数据库有统计数据库、产业数据库、世经数据库、行业发展报告、地区发展报告、权威经济论文库、宏观监测预测、区域监测评价、经济情报预警等。

每个数据库根据收录内容设置检索方式,例如:

企业产品数据库有三种查询方式:关键词查询,选择行业、地区、城市、企业名称,输入关键词检索信息。产品分类查询,产品共分19个大类,89个小类,690个细类,按类逐级查找。服务分类查询,服务产品共分12个大类,47个小类,按类逐级检索(参见图7-37)。

第7章 事实与数据信息资源检索

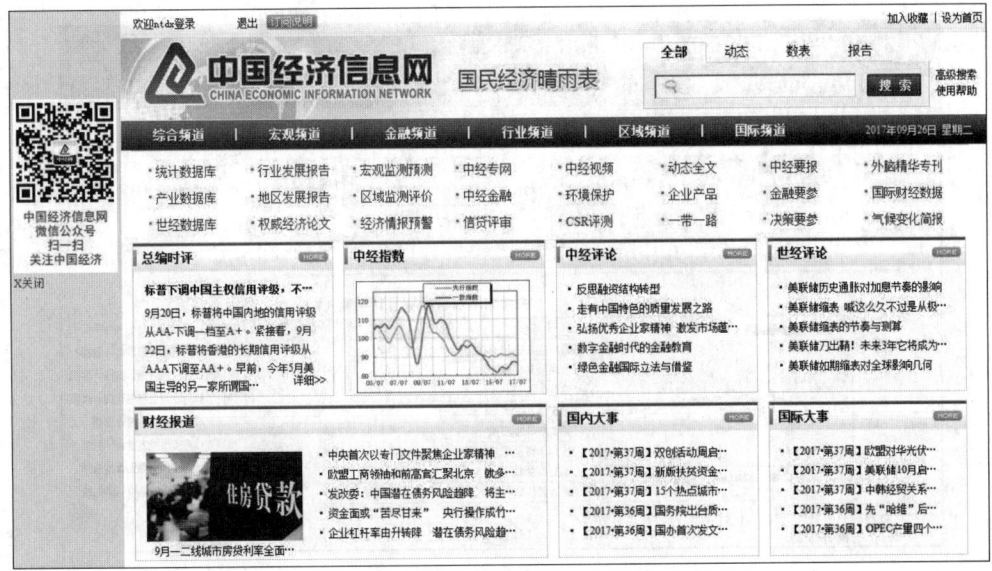

图7-36 中经网综合版

中国产业数据库包括24个产业,涵盖了宏观、农业、二三产主要产业。2009年10月起,每个产业增加了能耗、环保、投资等多项数据。每个产业子库都包括数据报表、名称解释、内容简介等信息,可以用关键词检索,或采用分类浏览(参见图7-38)。

图7-37 中经网企业产品数据库

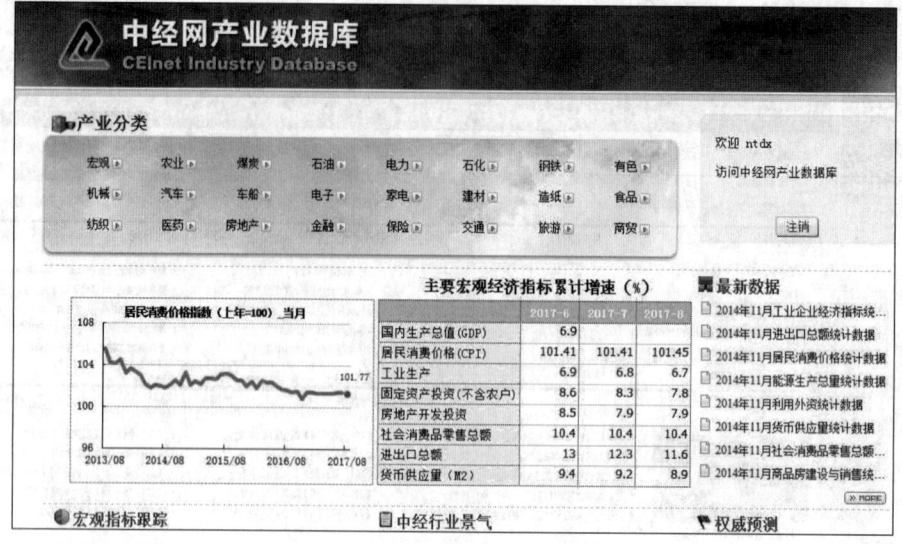

图 7-38 中经网产业数据库

7.2.3 中国资讯行(http://www.infobank.cn)

1. 简介

China INFOBANK 于 1995 年在香港成立,由香港中国资讯行(国际)有限公司主办,总站在香港,信息范围涵盖 19 个领域、197 个行业,主要收集经济信息,包括实时财经新闻、权威机构经贸报告、法律法规、商业数据、证券消息等。INFOBANK 通过网络、光盘、纸版等多种媒体向全球客户提供信息服务,成为目前全球最大的中文信息提供商之一。INFOBANK 与教育部和"中国高等教育文献保障系统"(CALIS)合作,设立教科网镜像站(http://www.bjinfobank.com),名为"高校财经数据库",有 12 个数据库和 14 个"热点行业百日动态"专题。

各数据库的具体收录情况为:

➢ 中国经济新闻库 China Economic News。收录时间:1992 年至今。收录了中国范围内及相关的海外商业财经信息,以媒体报道为主。数据来源于中国千余种报纸期刊及部分合作伙伴提供的专业信息,内容按 197 个行业及中国各省市地区分类。

➢ 中国统计数据库 China Statistics。收录时间:1986 年至今。大部分数据收录自 1995 年以来国家及各省市地方统计机构的统计年鉴及海关统计、经济统计快报等月度及季度统计,其中部分统计数据可以追溯到 1949 年,亦包括部分海外地区的统计数据。数据按行业及地域分类,数据日期以同一篇文献中的最后日期为准。

➢ 中国商业报告库 China Business Report。收录时间:1993 年至今。收录了经济学家及学者关于中国宏观经济、中国金融、中国市场及中国各个行业的评论文章及研究文献,以及政府的各项年度报告全文。

➢ 中国法律法规库 China Laws & Regulations。收录时间:1903 年至今。收录的内容以中国法律法规文献为主,兼收其他国家法律法规文献。收录自 1949 年以来中华人民共和国中央及地方的法律法规,以及各行业有关条例和案例。

➢ 中国上市公司文献库 China Listed Company。收录时间：1993 年至今。收录了沪、深交易所上市公司（包括 A 股、B 股及 H 股）的资料，网罗深圳和上海证券市场的上市公司各类招股书、上市公告、中期报告、年终报告、重要决议等文献资料。

➢ 中国医疗健康库 China Medical & Health。收录时间：1995 年至今。收录了中国 100 多种专业和普及性医药报刊的资料，向用户提供中国医疗科研、新医药、专业医院、知名医生、病理健康资讯。

➢ 中国人物库 China Who's Who。收录时间：1909 年至今。提供详尽的中国主要政治人物、工业家、银行家、企业家、科学家以及其他著名人物的简历及有关的资料，此库文献主要建立在中国 800 多种公开发行的资料的基础之上。

➢ 中国企业产品库 China Company Directory。本数据库收录了中国 27 万余家各行业企业基本情况及产品资料。文献分为十三个大类。

➢ 名词解释 Glossary。主要提供中国大陆所使用的经济、金融、科技等行业的名词的解释，以帮助海外用户更好地了解文献中上述行业名词的准确定义。

➢ 中国中央及地方政府机构库 Chinese Government Agency。载有中央国务院机构及地方政府各部门资料，内容包括各机构的机构职能、地址、电话等主要资料。

➢ ENGLISH PUBLICATIONS。收录了部分英文报刊的全文数据及新华社英文实时新闻资料。

➢ 香港上市公司文献库 Hong Kong Listed Company（中文）。收录时间：1999 年至今。收录了香港主板及创业板上市公司的详细资料。热点专题为：能源、WTO、保险、金融、投资、食品、生物工程、电力、石化、电子、教育、旅游、知识产权、环境保护。

2. 检索方式

（1）基本检索。首先选择数据库；再选择逻辑关系（全部字词命中、任意字词命中、全部字词不命中），时间段，检索范围（全部、标题）；输入检索词，如有多个检索词，词与词之间用空格隔开（参见图 7-39）。

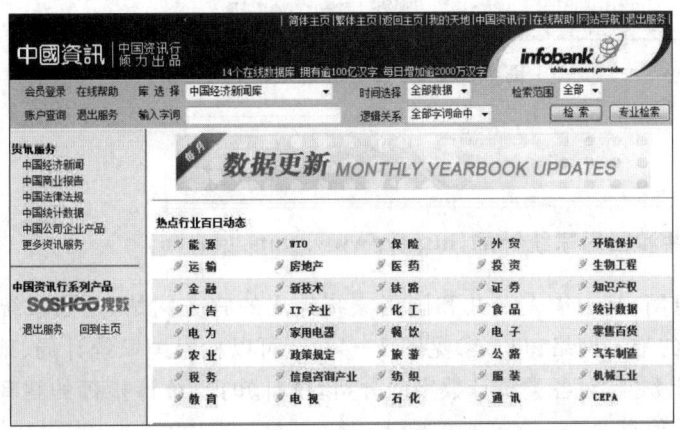

图 7-39 中国经济新闻库基本检索

（2）二次检索。对第一次检索结果可以进行二次检索，可以选择重新检索、同一检索命令在其他库中检索、在前次结果中检索。例如，在中国经济新闻库中检索关于纺织品面料出口的文献,二次检索选择"同一检索命令在其他库中检索",数据库选择中国商业报告库,不需输入检索词,系统使用前一次的检索式对本次选择的数据库实施检索(参见图7-40)。

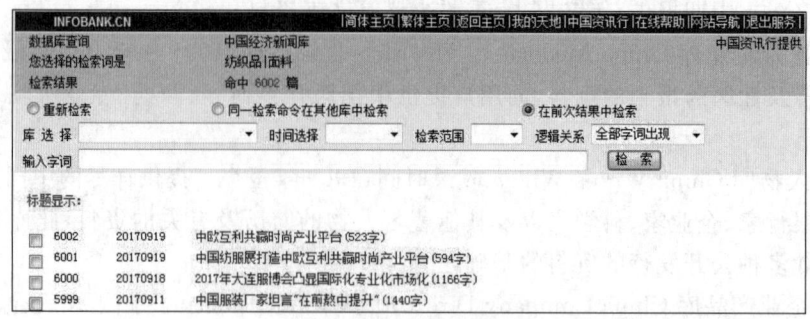

图7-40 中国经济新闻库二次检索

(3)专业检索。专业检索的字段和限制条件设置根据各数据库内容确定,但模式大致相同。以中国人物库为例,限制条件有职业分类、籍贯、文献出处、时间等,检索范围可选择姓名、性别、正文、全部(参见图7-41)。

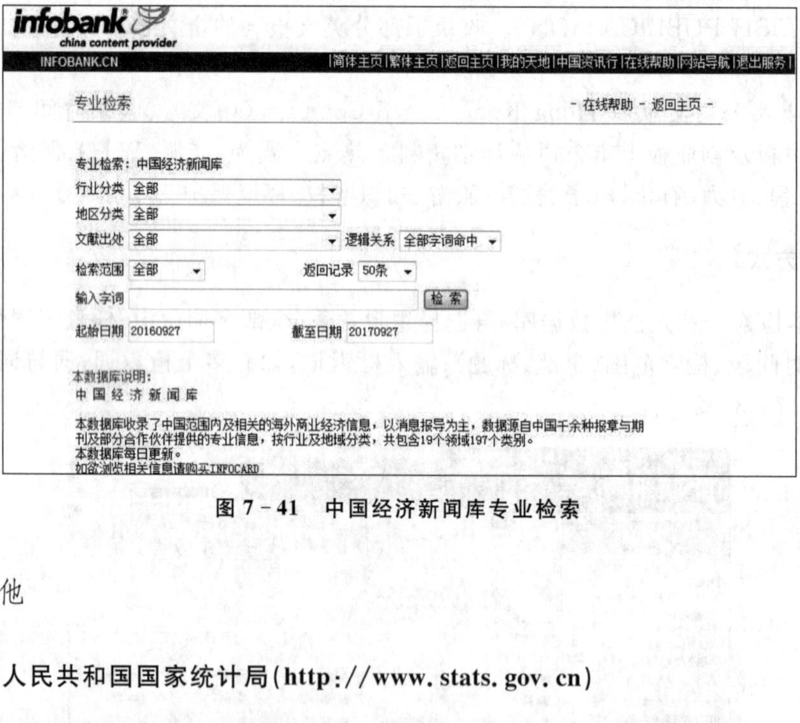

图7-41 中国经济新闻库专业检索

7.2.4 其他

1. 中华人民共和国国家统计局(http://www.stats.gov.cn)

中国统计信息网,是中华人民共和国国家统计局的官方网站,是国家统计局对外发布信息、服务社会公众的唯一网络窗口(参见图7-42)。可以检索国家统计局、地方统计局发布的综合性及专题统计数据,对各类统计数字的分析,统计知识、统计指标的解释,相关政策法规,统计出版物等多种信息。

图 7-42 中国统计信息网

2. 中国宏观经济信息网(简称中宏网,http://www.macrochina.com.cn)

中宏网是隶属国家发改委中国宏观经济学会的专业网站。中宏数据库有 19 个大类,内容涵盖了 20 世纪 90 年代以来的宏观经济、区域经济、产业经济、金融保险、投资消费、世界经济、政策法规、统计数据、热点专题等内容。

3. 皮书数据库——中国与世界经济社会发展数据库(http://www.pishu.com.cn)

皮书数据库是社会科学文献出版社"社科文献资源库"(Social Science Database,简称 SSDB)中的重要产品。"皮书"是该社推出的大型系列图书,由一系列权威研究报告组成,每一年度对有关中国与世界的经济、社会等各领域的现状与发展态势进行分析和预测,是各级党政决策部门、企事业单位、国外驻华机构必备的资讯读物。SSDB 皮书数据库就是以这套大型连续性系列皮书为基础,整合国内外其他相关资讯构建而成的。该数据库下设六个子数据库:

➤ 中国经济数据库,包括经济形势、经济政策、民营经济、"三农"与城市化、劳动与就业 5 个专题,帮助用户实时了解经济运行动态,把握经济规律,洞察经济形势。

➤ 中国社会数据库,包括社会形势、社会保障与政策、人口问题、资源与环境、法治与政府建设 5 个专题,国内顶级专家对中国社会多个热点问题进行深刻解读。

➤ 世界经济与国际政治数据库,包括国际形势、亚太、欧洲、中东非洲、拉丁美洲和加勒比、美国、俄罗斯、日本、韩国、越南 10 个专题,通过年度分析进行国际政治经济预测。

➤ 中国区域数据库,包括北京、天津、河北以及港澳台等 35 个专题,覆盖东北、西部、中部、长三角、泛珠三角、海峡西岸等区域,囊括了数千篇专题研究报告。

➤ 中国文化传媒数据库,包括文化发展、公共文化事业、文化产业、典型案例等 4 个专题,对报业、期刊业、广播影视、广告业等行业领域进行了年度分析。

➢ 中国行业数据库，包括企业、服务业、IT业、金融、房地产、汽车、能源、旅游、教育、医药、食品、行业发展等12个专题，跟踪分析各行业市场整体运行状况和政策导向。

4. 新华社综合信息数据库（http://www.xinhuanet.com）

新华社综合信息数据库以新闻和经济信息为主。新华社为党政机关、教育部门、大型企业等用户制作专供数据库。《新华社高等教育专供信息》就是新华社针对高等院校的实际需求，依托新华社多媒体数据库原创资源，整合所有新闻信息资源，利用教育专网发布平台，研制开发的具有教育参考性、权威性和回溯性的产品。主要栏目包括新华电讯、新华报刊、教育信息、名校浏览、特供数据库、学术论文、人才市场、环球财经、新华图片、新华视频。

5. Gale Reference Center（Gale参考资料中心 http://www.galegroup.com）

这是美国Gale集团（Thomson Gale）的产品。该公司以出版人文和社科参考工具书著称，尤其是文学和传记类数据库。其著名数据库有：

➢ 文学资源中心，主要包括全球12万位作家的传记，45 000篇文学评论，5 000篇作品概述、情节摘要，250种文学期刊的全文，10 000条文学词汇的定义（由韦氏文学大百科全书提供）等。

➢ 人物传记资源中心，已有超过38万人的传记资料。

➢ 现代世界历史资源中心，主要包括1 400种原始档案、1 400多份地图、900多幅插图、150种学术期刊的全文。

➢ 商业与公司资源中心，主要包括46万家公司及8 000多个行业协会的信息、500万份投资报告、4 000多种期刊的论文、Gale集团出版的著名商业参考书。

这些数据库被公认为相关领域中全面、权威的参考资料。该网站有部分索引可以免费使用。

7.3 参考工具书

网络搜索引擎搜得的资料往往数量巨大，需花费时间挑选鉴别，网民撰写的百科词条因水平参差不齐，存在一些差错，因此学术性或权威性的解释还需查正式出版的权威型的参考工具。

7.3.1 字典词典

1. 汉语字典词典

（1）《现代汉语词典》，中国社会科学院语言研究所词典编辑室编，商务印书馆出版。本书于1960年出版试印本，1965年又出版试用本（送审稿），1973年内部印刷发行，1978年正式出第1版，随着时代发展，词典多次修订重版，2016年出第7版。这是一部以记录普通话词汇为主的中型语文词典。该词典为推广普通话、促进汉语规范化服务，在字形、词形、注音、释义、排序等各方面，全面执行国家的语言文字规范和科学技术术语规范。全书收词目约65 000条，包括字、词、词组、熟语、成语等。此外，还收了一些用于地名、人名、姓氏等方面的生僻字和少数现代不很常用的字。字头和词条都按汉语拼音字母次序排列。每个词条都用汉语拼音字母注音。释义也以现代汉语为准，不详列古义，不列书证。每个词都注明词性，对口语、方言、文言词语和外来语一一注明。同时，注意吸收汉语研究的成果，对语音的变化、词的意义以及其语法功能，都有细致的分析。

  汉语辞书的排序，多采用汉语拼音、部首、笔画笔顺等方法，根据辞书的收录内容特点，以其中一种排正文，其余几种为索引。大型辞书，尤其是古汉语辞书，多用部首法。《现代汉语词典》的部首检字表是为用户查找不认识的字提供方便，因此，当一个字有多个部首时，在多个部首下并收。《现代汉语词典》1~4版的部首表都采用189部，第5版开始采用201部，与《现代汉语规范词典》一致。

  (2)《辞源》(修订本，1~4册)，商务印书馆1979~1983年出版，2016年出版第三版。这是一部古汉语词典，收词一般止于鸦片战争(1840年)，共收单字14 210个，复词92 646条。全书使用繁体字，释义用浅近文言，注意词义发展，按本义、引申义、假借义次序及时代先后排列。注音用汉语拼音，注音字母，《广韵》或《集韵》的反切、韵部和声纽。编排用《康熙字典》214部部首法，附四角号码词目索引，全书单字汉语拼音索引、繁简字对照表。网络版可通过商务印书馆的工具书在线检索。

  (3)《辞海》，上海辞书出版社出版，1979~2009年每10年修订1次。这是一部常用的综合性辞典，一般语词和百科词汇兼收，古今兼顾(但在世人物不收)。2009年版收单字字头17 914个，附繁体字、异体字4 400多个，词条127 200多条，彩图近18 000幅。《辞海》释义以介绍基本知识为主，不仅新词条注重反映当代科学文化的最新成就，反映古代文化的词条也注意采纳今人的研究成果，强调释义的科学性、准确性。1979、1989、1999年版均按250部部首法编排，附笔画、汉语拼音、四角号码索引；2002年出汉语拼音音序版；2009年版按汉语拼音音序编排。有《中国历史纪年表》等10多种附录，以及笔画索引、四角号码索引、词目外文索引3种索引。可通过上海世纪出版集团易文网在线检索。

  (4)《汉语大字典》，徐中舒主编，四川辞书出版社、湖北辞书出版社1986~1990年出版。全书共收楷体字头56 000多个，是目前收集汉字单字最多的一部历史性详解字典。它的任务是反映汉字形、音、义的历史演变。在字形方面，对古今楷书汉字作了整理，每个单字下凡有可靠材料的，都列举甲、金、篆、隶、战国古文字等古字形，以反映文字的演变源流。在字音方面，采取三段标注法，现代音用汉语拼音标注，中古音注《广韵》或《集韵》的反切、韵部、声类，上古音只标韵部(以古韵三十部为准)。在字义方面，凡在古今著作中有书证并可据以确立义项的，都一一分列，对多义字则按本义、派生义、通假义的顺序作解释，理清其源流与发展。多音字按不同读音分项，先本义，后引申义，也包括少量词素义，引书证尽量溯源，并注意收元明清及现代白话中的新义(参见图7-43)。本书采用部首法编排，共200个部首，它们是在《康熙字典》214部的基础上加以删并而成的。

  (5)《汉语大词典》，罗竹风主编，上海辞书出版社1986年出版第1卷，汉语大词典出版社1988年起出版第2卷及以后各卷。这是一部"古今兼收，源流并重"的大型语文词典。全书共收词目37万余条，其中单字2.2万余个。它收录古今汉语的一般语词，专科词语一般不收。对所收条目作了历史的、全面的阐述，力求做到义项齐全、释义准确、书证丰富、资料翔实可靠。对单字的注音现代音用汉语拼音标注，中古音注《广韵》或《集韵》的反切、韵部、声类。单字释

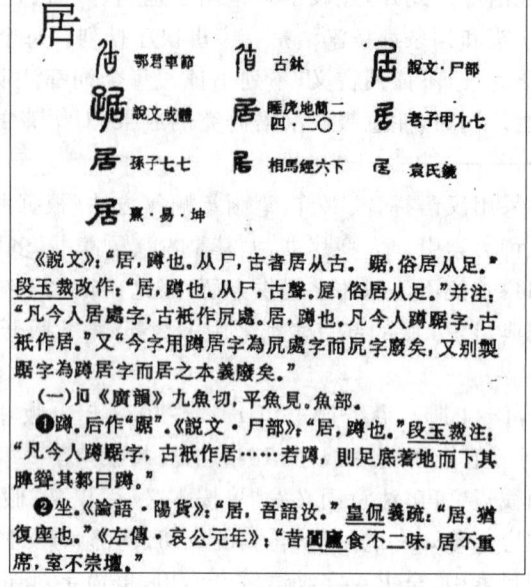

图 7-43 汉语大字典样条

义方法与《汉语大字典》相同,词语释义较详尽,每个义项的例句,第一个用最早的,最后一个用最晚的,尽量反映词语的全貌。单字的编排方法亦与《汉语大字典》相同,同一字头的词语按第二个字的笔画笔形为序。有词目音序索引等多种索引,有光盘版和网络版。

汉语大词典出版社与中国知网合作,推出了《汉语大词典》知网版,包括《汉语大词典订补》。《订补》共收单字条目和多字条目 30 000 余条,所收条目主要有新增条目、订讹条目、补义条目和补证条目。因《汉语大词典》中所收字词有大量是用户不熟悉的,知网版的检索界面的输入助手设置了部首、笔画、拼音 3 种导航方式,可方便地输入不会读写的字(参见图 7-44)。高级检索界面可以选择在《康熙字典》、《汉语大词典》、《汉语大词典订补》中检索,可对多个检索字词进行组配(参见图 7-45)。每条检索结果后有阅读全文按钮,点击该按钮,展示该条目全文(参见图 7-46)。右侧的"词语苑"列出相邻字词、顺序词(以该字词开头的词语)、逆序词(以该字词结尾

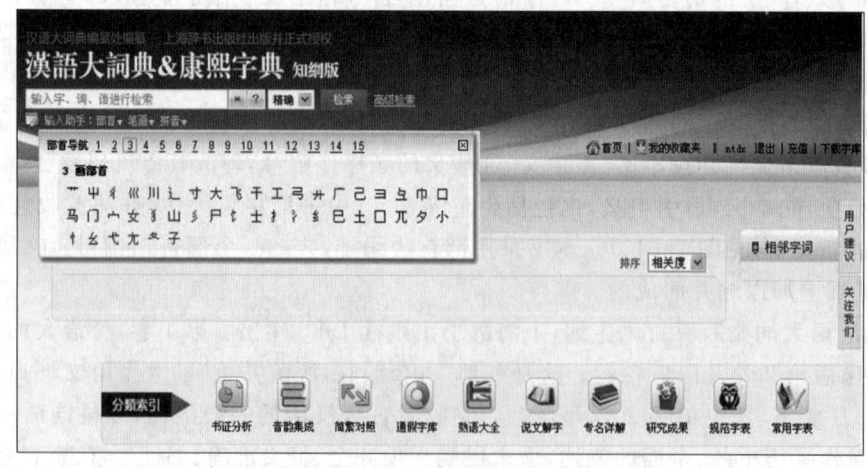

图 7-44 汉语大词典知网版检索界面

的词语)、熟语(包含该字词的词语),以供参考。其分类索引有书证分析、音韵集成、简繁对照、通假字库、熟语大全、说文解字、专名详解、研究成果、规范字表、常用字表等,请注意使用。

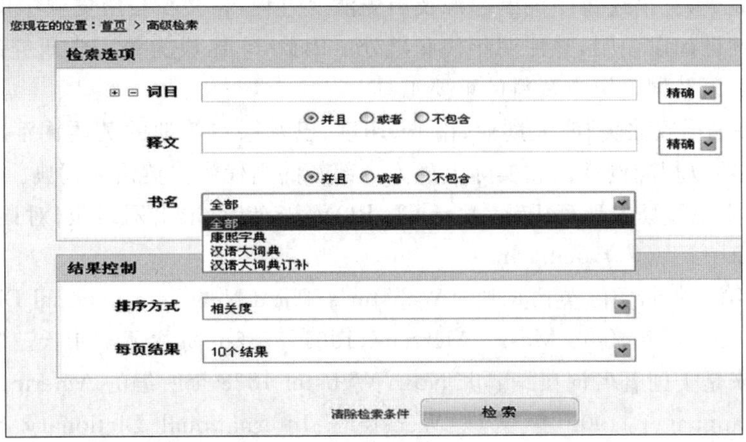

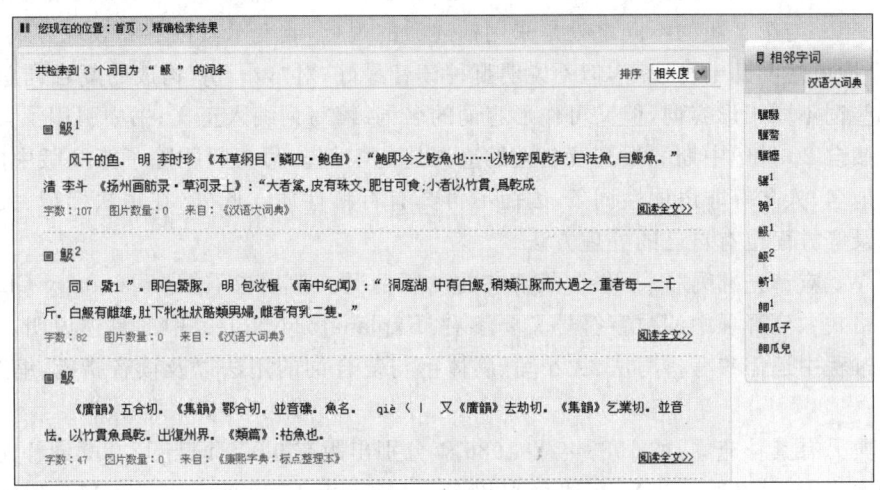

图 7-45　汉语大词典知网版高级检索界面

图 7-46　汉语大词典知网版检索结果

2. 英语词典

英语词典按规模可分为:足本词典(unabridged dictionaries)指收词条在 26 万条以上,为某种语言全面提供词的释文、拼写、读音、派生词、音节划分等方面资料的大型词典。半足本和节本词典一般又称大学版(college 或 collegiate)或案桌词典(desk dictionary),这类词典多为足本词典的删节本,也有独立编纂的。

(1)《牛津英语大词典》(The Oxford English Dictionary, 2nd ed., by J. A. Simpson and E. S. C. Weiner. New York:Clarendon PR./Oxford Univ. Pr.,1989,简称 OED)。

原书名是 New English Dictionary on Historical Principles,于 1884~1928 年出版,共 10 卷。1972~1986 年先后出版了 4 卷补编。1989 年出版了修订的第 2 版,改用国际音标注音,共 20 卷,收词 50 万条,引文例句 240 万条,是一部权威性的历史英语语言大词典。收录 12 世纪中叶以来见于文献的全部英语词汇,包括仅出现一次的罕见词及现代书面语中的普通词、专业词汇、方言、俚语和稳定的科技用语,通过定义来追溯英语发展和历史。OED 的主要特征在于按历史原则编纂,它描述每个词的起源及历史演变过程,各义项按历史顺序排列。对词的每一种变化都有例证加以说明,并注明年代和出处。因此,它已成为语言学研究的主要参考书,也是查考古典引语及词语历史资料的重要工具。

4 卷本的补编增收北美、澳大利亚、南非、印度、巴基斯坦等地的英语词汇,不少是来自汉语的外来语,并给以相应例证。它实际上成为一部新的当代牛津英语大词典。

OED 较早实现编纂的计算机化,发行 CD-ROM 光盘版,推出网络版,对词典进行及时更新修订,网址:http://www.oed.com。

(2)《韦氏第三版新国际英语词典》(Webster's Third New International Dictionary of the English Language. Springfield Mass.;Merriam,1961,3736p. 简称 W3"韦氏三版")。

该词典原来是美国著名词典编纂家 Noah Webster 1828 年所编的 American Dictionary of the English Language。1909 年又以 Webster's International Dictionary of the English Language 为书名出版。1934 年由 William Allan Neilson 出版第 2 版,并在书名中加上"New"字。第 3 版由著名语言学家 Philip B. Gove 主编,1961 年出版,收词 45 万,起始时间为 1755 年至 1960 年。与第 2 版的不同之处是采用描述派的观点,改变了其内容和表现方式。在标音方面,一个词可注明几十种读音,但不说明哪种读音最好;对"v+adj"构成的复合词单独列条;指明了哪些词不同于形容词,但又可作形容词的名词;缩写词编入正文;书中引用了大量例证,其中多数摘自 20 世纪中期的报刊及名人的遣词造句实例。第 3 版删除了第 2 版中的外来语词条以及地名、人名等非语词性词条,因而不再具有百科性质。此外,在用法标记、大小写、印刷体及附录等方面也有自己的处理方法。

使用 W3 应首先翻阅"Preface",了解它的出版情况。然后参看"Explanatory Chart"了解词条著录格式。注释项中的数字符号又要参看"Explanatory Notes"中的具体说明。此外,在查阅词典过程中还需参考拼写法、大小写、斜体字与复合词的用法以及读音指南、缩写词的含义等。

该词典另有其补充本,如 1983 年和 1986 年分别出版有 9 000 词与 12 000 词补充本。

有光盘版和网络版。韦氏在线词典网址:Dictionary and Thesaurus-Merriam-Webster Online (http://www.merriam-webster.com)《新不列颠百科全书》的网络版整合了韦氏词典,我国高校用户可从 EB Online 的入口检索该词典。

梅里亚姆公司出版的韦氏词典系列中销路最广影响最大的大学版词典是《梅里亚姆韦氏大学版词典》(Merriam Webster's collegiate dictionary,Springfield,Mass.;Marriam,1996) 1898 年初版,2003 年出第 11 版(Merriam-Webster's 11th Collegiate Dictionary),收词 22.5 万条,词义 20 余万条,提供词的产生年代,具有实用性和可读性,多义词按年代顺序排列,并增加用法说明,义项按历史原则先后次序排列,注明每个词或词组出现的年代。有人名、地名、诗韵、缩写词、书信称呼、美国、加拿大大学和学院名录等附录。

(3)《朗曼当代英语词典》(简称 LDOCE3)。

该词典动员知名语言学家为其出谋划策,被 English Today 称作 The Big Four。它的词汇近 60 000 条,包括当代新词 3 000 个、例句 80 000 条、语言提示 20 个、用法说明 400 个,还有彩色插图 20 多页。该词典最重要的特色是词汇覆盖面的扩大、释义的精益求精和对口语词语、例证的重视。它采用了3个语料库:1亿词的英国国家语料库;3 000万词的朗曼-兰开斯特语料库;500万词的朗曼学生语料库,还增收了大量20世纪90年代英语口语和书面语中出现的新词语。LDOCE3的另一特点是在部分词目中尝试采用了句子型释义,这种释义方式亲切自然,使读者比较自然地理解和接受释义的内容。另外还根据使用频率排定释义在条目中出现的顺序,常用义在前。

现该词典的第四版已于2003年3月出版。有光盘版和网络版,网址:http://www.longman.com。

(4) 其他著名英语词典。

➢《芬氏和华氏标准英语词典》(Funk & Wagnalls New Standard Dictionary of the English Language),收词45万条,其中6.5万条是《韦氏三版》不收的专用名词。

➢《蓝登书屋足本词典》(The Random House Unabridged Dictionary, 2nd ed. N. Y.: Random House ,1993),收词32万条,注明英美读音和拼写的不同。例证大多由编者自撰,有时不够贴切。

➢《钱伯斯二十世纪英语词典》(Chambers Twentieth Century Dictionary, New ed. , by E. M. Kirkpatrick. Edinburgh:Chambers,1985),收录文学和通用英语词汇13.8万条,25万个义项,是研究英国文学的很好的参考书。

➢《科林斯英语词典》(Collins English Dictionary , 3rd ed. London:Harper-Collins Publishers,1991)是一部标准而权威的英语词典,涉及200多个专业领域,规模在《简明牛津词典》与《牛津英语大词典简编》之间。

双语词典、专科词典和词语特殊用法词典不一一列举,在线的词典资源可注意利用。

7.3.2 百科全书

1.《中国大百科全书》

(1)内容简介。本书由《中国大百科全书》总编委会编,中国大百科全书出版社出版。第一版总编委会主任胡乔木。第一版从1978年开始编撰,于1993年全部出齐。这是我国第一部现代大型综合性百科全书,全书内容包括哲学、社会科学、文学艺术、文化教育、自然科学、工程技术以及军事科学等各个学科和领域古往今来的基本知识。第一版按学科分卷,共分66个学科和知识领域,74卷,卷内按条目标题汉语拼音音序编排。《中国大百科全书》第二版是第一版的修订重编版,1995年开始修订,2009年3月出版。第二版总编委会主任周光召。第二版在继承第一版的编纂原则和编写理念的基础上,设条和行文更注重综合性和检索性,介绍知识既坚持学术性、准确性,又努力做到深入浅出,具有可读性,适于中等及其以上文化程度的读者查检和阅读,也为全社会各个领域的读者综合运用人类已有知识成果,并继续有所创新提供了桥梁和阶梯。全书不仅涵盖全人类科学文化成果,同时注重对悠久的中国各民族历史文化遗产和科学技术成就的传承,尤其是充分反映了我国在建设中国特色社会主义事业过程中取得的重要成果,形成了具有鲜明中国特色的百科知识宝库。第二版不按学科分类排列,而是按条目标题的汉语拼音字母顺序排列,更加便于读者寻检查阅。全书总卷数为32卷,其中正文30卷,索引、附录2卷,共选收条目约6万条、插图约3万幅、地图约1 000幅,总篇幅约6 000万字,是面向21世纪反映国家科学文化水平的新一代百科全书。附有世界大事年表、世界各国

(地区)简表、中国历史纪年表等12种附录。附有条目标题汉字笔画索引、条目外文标题索引、内容索引等。《中国大百科全书》有光盘版、局域网版和在线版。

(2)网络版。中国大百科全书网络版(http://ecph.cnki.net/)有普通搜索、分类浏览(第一版)、字顺检索、高级搜索(参见图7-47,图7-48)等检索方式。会员可以阅读全部内容,并可申请编写条目。访客可以阅读条目的部分免费内容。

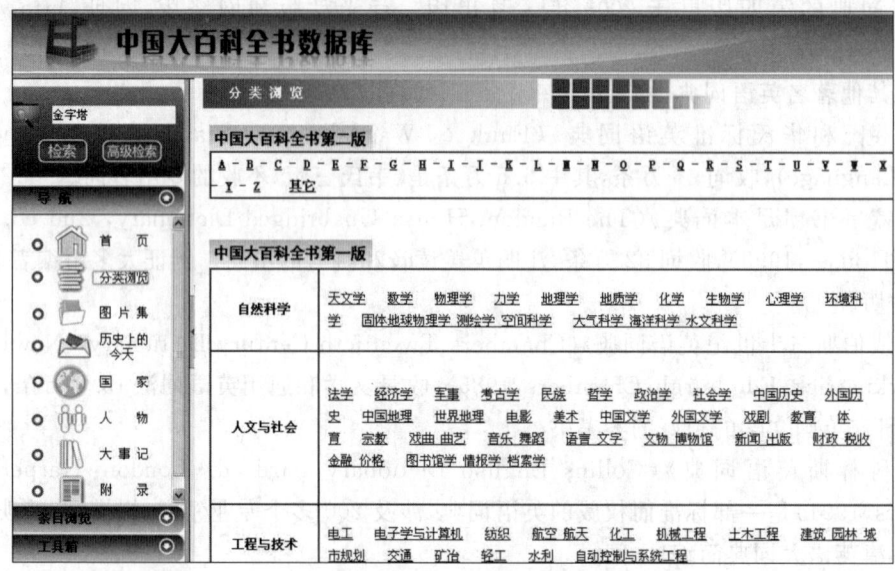

图7-47　中国大百科全书分类浏览检索

图7-48　中国大百科全书高级检索

2. 新不列颠百科全书

(1) 简介。The New Encyclopaedia Britannica(简称 EB)，也译为大英百科全书。不列颠百科全书创编于 1768 年，1771 年在苏格兰的爱丁堡出第 1 版，1920 年版权转让给美国，1929 年美国出第 14 版，1974 年出第 15 版改为现名，后多次修订。EB 的结构分为百科类目、百科简编、百科详编三部分，附两卷索引。百科类目是知识纲要，简编部分为小条目，详编部分是大条目。

《百科类目——知识纲要和不列颠百科指南》(Propaedia Outline of Knowledge and Guide to Britannica)，1 卷，它起着全书分类指南的作用，是一个可供参考的知识体系总表，共分为 10 大类(参见图 7-49)，每一大类下设 division(部)，部下分 section(门)，往下再分为 A，B，C，D……1，2，3……a，b，c……，这样就把知识内容分设成几个层次，15 000 多个条目，每条标有卷、页码分别指向 Macropaedia 的 45 000 处。《类目》在学习和研究中起指南作用，利用它可在《详编》中获得更详细的资料。

知识分布	
艺术与文学	主要科目（建筑、舞蹈、装饰艺术、素描、文学、电影、音乐、绘画、摄影、版画、雕塑、戏剧）、区域艺术及文化传统、风格流派、艺术研究
地球与地理	地球分层、各地球物理、生物、化学过程、水貌、地貌、灾害、火山作用与地壳、人文地理、地表特征、相关学科
健康与医药	人体、健康与疾病、人类生命、心理学、医疗保健
哲学与宗教	人文学科、观念、逻辑、哲学、宗教
运动与休闲	运动、业余爱好与游戏、户外体育与休闲娱乐
科学与数学	生物科学、地球科学、数学、物理学、科学、社会科学、科学史与哲学、自然哲学
社会与社会科学	各类话题：武装部队、书刊检查制度、公民资格、规则、通信、犯罪、文化、争端、服态、经济、教育、家庭、民间传说、政府、意识形态、国际关系、新闻业、语言、法律、执法、司法制度、休闲、婚姻、政治制度、贫困、财产、公共管理、刑罚、宗教、权利、仪式、奴隶制、社会契约论、社会控制、社会分化、社会互动、社会流动、社会服务、社会结构、恐怖主义、财富；社会进程、分布形态、机构、社会成员体、社会类型
工艺与技术	工业、材料、能量、研发、安全、科学、农业与食品加工、生物与医学、通信、电脑与互联网、建筑与工程、能源、通用技术、工业与制造、仪器、军事、产品、运输
历史与历史学	文明、历史编纂（按大陆或海洋区域、按事件类型）、国内政治、事件、国际政治、法律问题、主要年代、文明与历史区域、政治团体、社会、历史研究、战争与其他暴力事件

图 7-49 EB 知识分布图

《百科简编——便捷参见索引》(Micropaedia Ready Reference and Index)，10 卷。1985 年版增至 12 卷，把原《详编》中有关传记和各国基本情况的条目都编入《简编》，并修订条目内容。《简编》采用小条目编法，提供定义、解释和最基本的资料，可作为独立的百科词典使用。此外，它还是《详编》的索引。条目释文前后的卷、页数引导参阅《详编》某处。如 encyclopedia 6:779，表示在《详编》第 6 卷 779 页上有该条内容的详细介绍。《简编》利于检索简单的事实资料。

《百科详编——知识深义》(Macropaedia Knowledge in Depth)，19 卷。1985 年版减为 17 卷。它是这套百科全书的主体部分。采用大条目编法，以概括性长文为特色，详细介绍重要人物、历史、地理、国家和学科。大条目做到知识连贯、叙述一致。为了方便查阅，有的长条目还标出其小标题,并在页边空白处以眉批形式列出文中要点。《详编》适用于学习和研究。虽然书中插图较少,但其学术性较高。

1985 年新版将《简编》、《详编》的编卷方法改为连续编号,并加编了两卷索引。为及时增补新资料,每年出版《不列颠百科年鉴》(Britannica Book of the Year),《不列颠世界资料卷》将年鉴和补编汇集一体,属新设的单行本,包含各种新颖的统计资料。经过改编的新版,加强了检索性和时效性,能在《类目》、《索引》的指引下,更好地使用《详编》。

中美合作组成中美联合编审委员,将 EB 第 15 版简编部分翻译成《简明不列颠百科全书》,由中国大百科全书出版社 1985 至 1986 年出版。全书共 10 卷,其中有关中国的条目由我国学者重新撰写。条目按汉语拼音音序排列。第 10 卷为索引,包括标题汉字笔画索引和标题外文与中文对照索引。1991 年又出版了第 11 卷,对前 10 卷内容做了增加、补充和更新。

1999 年由美国不列颠百科全书公司和中国大百科全书出版社合作编译出版了《不列颠百科全书》(国际中文版),共 20 卷。

(2) EB 的在线版(Encyclopedia Britannica Online,网址:http://www.search.eb.com)。在线版整合了大英公司的百科全书参考数据、梅利亚姆-韦伯斯特大学词典(Merriam-Webster's College Dictionary and Thesaurus),收录世界地图及国家相关资料,精选超过 200 000 个以上优质网站链接、视频、音频资料,并随时增添最新信息。CALIS 用户可以在校园网内使用。

EB Online 整合了不列颠百科全书,不列颠百科学生版、初级版、简明版,各种不同的版本适合各个层次读者的需求。包含的信息非常丰富,并可分类检索。主要有:

➢ Video Collection 视频采集。

➢ Merriam-Webster Dictionary & Thesaurus 韦氏大词典及英语同义词字典。

➢ World Atlas 交互式世界地图集,收录了世界各国地图资料、国旗及国家重要统计信息。

➢ Britannica Year in Review 不列颠百科年鉴,收录了 1993～2004 年出版的各年鉴内容。

➢ Britannica Internet Guide 精选网络资源,包括 30 多万个优秀网站链接,这些资源是由不列颠百科全书的编审团队审查并挑选出来的。

➢ Britannica Spotlights 大英百科主题聚焦、Timelines 大事纪年表,按 14 个主题线索展开纪年,涵盖文学、艺术、科学、技术、环境、建筑、探索、生态、少儿、体育、音乐、医学、宗教、女性和日常生活。

EB Online 检索范围可以选择不列颠百科或韦氏大词典。普通检索界面(参见图 7-50)可以输入词语检索,也可以从索引中选择字顺浏览、主题检索、年鉴检索、人物传记检索、作者检索。高级检索界面(参见图 7-51)选择适合的匹配模式,在输入框中输入词语检索。

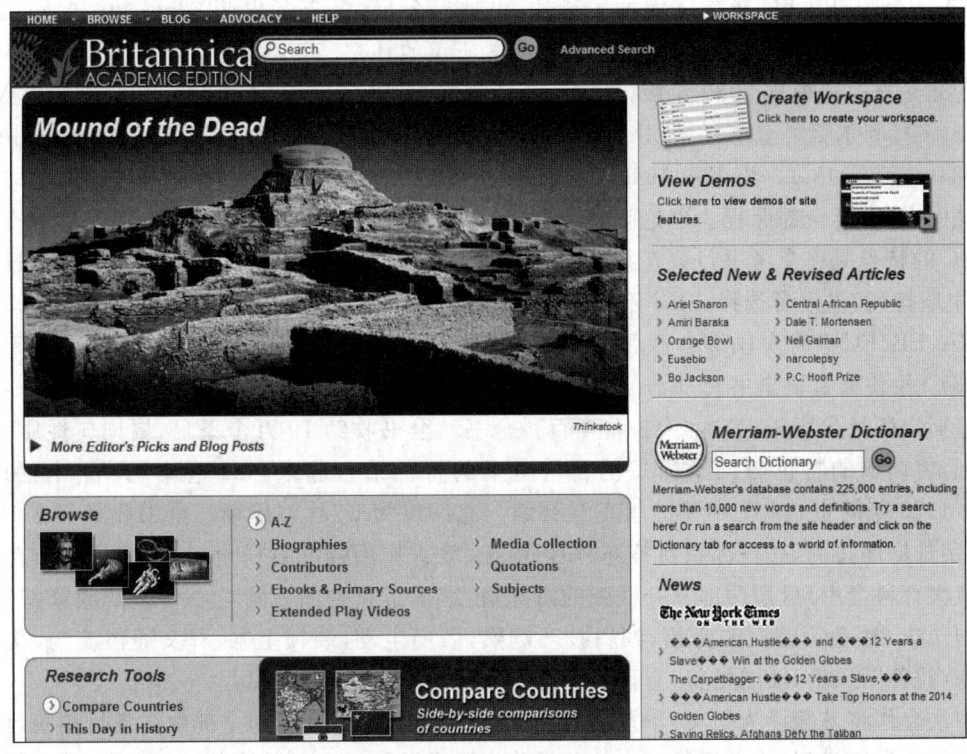

图 7-50 EB Online 主页

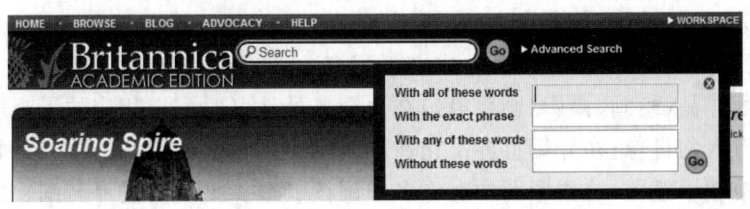

图 7-51 EB Online 高级检索界面

3. 其他百科全书

(1)《美国百科全书》。Encyclopedia American. Danbury,Conn.；Grolier,Inc. 30v.(简称 EA),它是美国出版的第一部大型综合性百科全书。1829～1833 年以德国的布洛克豪斯《社交词典》第 7 版为范本编译出版,共 16 卷。1918～1920 年又扩充为 30 卷,其权威性仅次于 EB。全书采用小条目编法,每一长条目列有层次标题,其目的是为了检索长条目中包含的具体材料。条目之间设有参见,便于查找某些交叉内容和补充资料。条目之后有"Bibliographies"(参考书目),选择不同学派、观点的书籍,为进一步深入研究做参考。与 EB 相比,全书结构简单。第 30 卷为索引,共 30 多万条按字顺排列的索引,包括释文内的隐含主题。根据索引条之后的卷、页数,能够在正文中查到所需资料。

EA 的内容主要涉及美国、加拿大的历史、地理等方面的知识。人物传记条目占全书的 40%,特别是 19 世纪以来的美国人物资料收录较多。此外,还介绍文学、音乐、美术等名著梗概。EA 不断更新内容,新版还增加了科技、史地等条目,每年还出版 *American Annual*: *An Encyclopedia of Events*(《美国百科年鉴》)作为 EA 的补充。

台北光复书局根据 1989 年版《美国百科全书》编译成《大美百科全书》,1990 年起出版。

(2)《科利尔百科全书》。Collier's Encyclopedia. New York: Macmillan Educational Co., 1990,24v.(简称 EC)。该书于 1949~1951 年初版,共 20 卷。1959 年后扩充为 24 卷。内容配合美国大、中学全部课程。理论阐述较少,介绍实用知识。文字通俗、简洁,适合学生查阅。

EC 的特点是将参考书目列在第 24 卷中,按哲学、历史、地理、语言学、文学、经济、教育等 31 个主题排列,供读者选择。EC 不断更新其内容,每年还出版 Collier's Yearbook。

EA、EB、EC 合称美国综合性百科全书 ABC。

(3)《拉鲁斯百科全书》。*Larousse Encyclopedia* 是法国综合性百科工具书。1959~1964 年拉鲁斯出版社出版 10 卷本《大拉鲁斯百科全书》,全书收约 19 万个条目,属词典性质,条目多且细,将词典的特色与词条简短的百科全书的特色结合起来。21 卷本《大百科全书》于 1971~1976 年问世,1981 年又出版 1 卷补编。总编辑为 C. 杜波伊斯。全书收条目 8 000 余个,按字母顺序排列,是一部条目整齐、知识系统、教育作用强的百科全书。《大拉鲁斯百科全书》和《大百科全书》可谓两部互补性强的姐妹篇,继承了拉鲁斯百科全书传统的编纂特点:突出法国历史、社会等情况的介绍;编辑技巧娴熟,版面生动,装帧上乘;释文通俗流畅,文字简练,具有拉鲁斯风格;插图精美,有许多彩图属美术艺术名作的复制品。

中法合作将其翻译为中文,华夏出版社 2005 年出版。中文版的全部中文条目按条目标题的汉语拼音音序排列;法文原版书中的条目分为语言性条目和百科性条目两大类,中文版未收入语言性条目,只选译了原书中的百科类条目。此外中文版还有一些增补条目,主要涉及有关中国的内容。为了反映近几年各个方面的最新情况,有些条目补充了一些原版书所没有的最新资料,这些资料截止到 2003 年 6 月。中文版配有 8 000 多幅精美的彩图。在介绍艺术家时配有相应的艺术作品(绘画、摄影、剧照等);在介绍各处地名时配有相应的景观彩照;在介绍各学科名人时配有人物肖像;在介绍世界文化遗产时配有系列大幅图片;在介绍国家和地区时配有彩色地图和地理示意图,这些彩图中有许多中国读者很少见到的世界名画、名作。

(4)《布罗克豪斯百科全书》。*Brockhaus Enzyklopädie* 是由布罗克豪斯出版社所出版的以标准德语编写的百科全书。从 1808 年到现在,内容和形式都经过多次大幅度修订。目前的第 21 版已经有 30 万个条目,篇幅达 24 000 页,包括 35 000 幅地图、图片及表格。它是 21 世纪最大的印刷版德语百科全书。2008 年 2 月,布罗克豪斯出版社宣布不再发行印刷版百科全书。

7.3.3 表谱、图录及其他参考工具

1. 检索历史纪年

世界各国在过去几千年的历史中,使用过多种不同的纪年方法和历法。

(1)我国古代使用的主要纪年法。

① 王位纪年法。即以帝王在位的年次纪年,如齐桓公二十八年、秦穆公二年。

② 年号纪年法。从汉武帝刘彻开始使用帝王年号纪年法。帝王即位时建立年号,有些帝王在位期间经常改元,一人用过多个年号,也有的年号被多人使用过。明清时期的帝王一人只

有一个年号。年号纪年是用朝代、年号加上年次或干支纪年。

③ 干支纪年法,即 10 个天干(甲乙丙丁戊己庚辛壬癸)和 12 个地支(子丑寅卯辰巳午未申酉戌亥)依次组合,可得 60 个单位(参见表 7-1),周而复始,可以用来纪年、月、日、时。我国古代很早就用干支纪时间,甲骨文中就有记载,但仅凭一对干支无法判断具体年代,还需结合朝代、年号或人物及其他信息。

表 7-1 甲子表

甲子 1	乙丑 2	丙寅 3	丁卯 4	戊辰 5	己巳 6	庚午 7	辛未 8	壬申 9	癸酉 10	甲戌 11	乙亥 12
丙子 13	丁丑 14	戊寅 15	己卯 16	庚辰 17	辛巳 18	壬午 19	癸未 20	甲申 21	乙酉 22	丙戌 23	丁亥 24
戊子 25	己丑 26	庚寅 27	辛卯 28	壬辰 29	癸巳 30	甲午 31	乙未 32	丙申 33	丁酉 34	戊戌 35	己亥 36
庚子 37	辛丑 38	壬寅 39	癸卯 40	甲辰 41	乙巳 42	丙午 43	丁未 44	戊申 45	己酉 46	庚戌 47	辛亥 48
壬子 49	癸丑 50	甲寅 51	乙卯 52	丙辰 53	丁巳 54	戊午 55	己未 56	庚申 57	辛酉 58	壬戌 59	癸亥 60

④ 岁星纪年法。岁星纪年法是一种以木星的运行周期来纪年的方法。木星自西向东运行一周天约需 12 年(11.862 2 年),古人将一周天分为 12 等分,称为"十二星次"。十二星次的名称自西向东依次为星纪、玄枵、娵訾、降娄、大梁、实沈、鹑首、鹑火、鹑尾、寿星、大火、析木。木星每年经过一个星次,就依次纪年,如"岁在析木"、"岁在大火"。

古人也将一周天的 12 等分由东向西用十二地支的名称命名,称为"十二辰"。因十二辰的运行方向和顺序与木星运行方向相反,当时的天文星占家就设想出一个假岁星,叫作"太岁"(参见图 7-52),让它与十二辰方向一致,自东向西,与真岁星背道而驰,并取了一组别名作太岁年名,也叫作岁阴名(参见表 7-2)。后又为 10 个天干也起了别名,称为岁阳名。《尔雅·释天》与《史记》、《淮南子》的记载略有不同(参见表 7-3),一般以《尔雅·释天》为准。

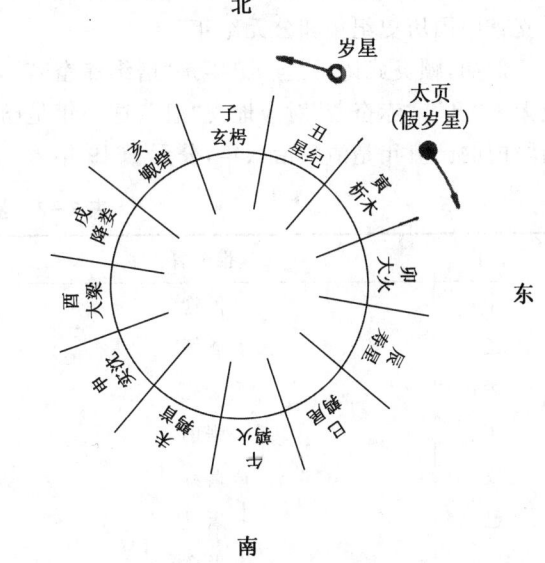

图 7-52 岁星、太岁运行示意图

表 7-2 太岁年名

岁阴（太岁年名）	十二辰（太岁所在）	十二次（岁星所在）
摄提格	寅（析木）	星纪
单阏	卯（大火）	玄枵
执徐	辰（寿星）	娵訾
大荒落	巳（鹑尾）	降娄
敦牂	午（鹑火）	大梁
协洽	未（鹑首）	实沈
涒滩	申（实沈）	鹑首
作噩	酉（大梁）	鹑火
阉茂	戌（降娄）	鹑尾
大渊献	亥（娵訾）	寿星
困敦	子（玄枵）	大火
赤奋若	丑（星纪）	析木

岁星纪年法主要在先秦时期使用，后代的文人学者在文献中使用是从天干地支改为岁阳岁阴，并非实际生活中仍在使用。查询此类问题只需将岁阳岁阴相对应的天干地支找到，再按干支查中国历史纪年和公元纪年。

例如，顾炎武诗《元旦》纪年是"屠维赤奋若"，要查这是中历何年、公元何年。查"屠维"对应天干"己"，"赤奋若"对应地支"丑"，这一年是己丑年。顾炎武生卒年为1613～1682，这一时间段内的己丑年是清顺治六年，公元1649年。

表 7-3 岁阳名

十干	《尔雅·释天》	《史记·历书》
甲	阏逢	焉逢
乙	旃蒙	端蒙
丙	柔兆	游兆
丁	强圉	疆梧
戊	著雍	徒维
己	屠维	祝犁
庚	上章	商横
辛	重光	昭阳
壬	玄黓	横艾
癸	昭阳	上章

⑤ 生肖纪年法。干支纪年传入民间后，演变为生肖纪年，即以12种动物代表12地支纪年。对应关系是：

子	丑	寅	卯	辰	巳	午	未	申	酉	戌	亥
鼠	牛	虎	兔	龙	蛇	马	羊	猴	鸡	狗	猪

(2) 历日换算。

查询具体的历史年代，不同历法之间的换算，用网上的万年历，一般列出1800年以来的历日换算，查更早的，常常需用各种年表和历表。

① 《中国历史纪年表》，方诗铭编，中华书局1980年出版，是《辞海》附录的单行本。从2002年版起，《辞海》吸收了夏商周断代工程的成果，列入《夏商周年表》。全表上起公元前2070年，下至公元1949年。表中列出公元、干支纪年、帝王及农民起义、封建割据、少数民族政权的纪年，便于对照。从秦代开始，表中注明了帝王即位的年代、建年号、改年号及灭亡的中历月份，使用起来方便准确。

② 《中国史历日和中西历日对照表》，方诗铭、方小芬编，上海辞书出版社1987年出版。该书分上编、下编和附编。上编从公元前841年至公元前1年，下编从公元1年至1949年，附编为殷、西周历日表，1949～2000年历日表。各编都按中国历史纪年编排，每年一表，每表12格（中历闰月并在上月格内）。每格列出该月三旬的第一日，公元前部分月日与纪日干支对照，公元后部分增加公历月日对照（参见表7-4和表7-5）。

表7-4 中国史历日和中西历日对照表（公元前）

秦始皇二十六年庚辰（前221）

一.一	癸未	二.一	壬子	三.一	壬午	四.一	辛亥
一.十一	癸巳	二.十一	壬戌	三.十一	壬辰	四.十一	辛酉
一.二十一	癸卯	二.二十一	壬申	三.二十一	壬寅	四.二十一	辛未
五.一	辛巳	六.一	庚戌	七.一	庚辰	八.一	己酉
五.十一	辛卯	六.十一	庚申	七.十一	庚寅	八.十一	己未
五.二十一	辛丑	六.二十一	庚午	七.二十一	庚子	八.二十一	己巳
九.一 己卯	闰九.一 戊申	十.一	戊寅	十一.一	丁未	十二.一	丁丑
九.十一 己丑	闰九.十一 戊午	十.十一	戊子	十一.十一	丁巳	十二.十一	丁亥
九.二十一 己亥	闰九.二十一 戊辰	十.二十一	戊戌	十一.二十一	丁卯	十二.二十一	丁酉

表7-5 中国史历日和中西历日对照表（公元后）

宋仁宗嘉祐七年、辽道宗清宁八年壬寅（1062～1063）

一.一	己酉 2.12	二.一	己卯 3.14	三.一	戊申 4.12	四.一	戊寅 5.12
一.十一	己未 2.22	二.十一	己丑 3.24	三.十一	戊午 4.22	四.十一	戊子 5.22
一.二十一	己巳 3.4	二.二十一	己亥 4.3	三.二十一	戊辰 5.2	四.二十一	戊戌 6.1
五.一	丁未 6.10	六.一	丙子 7.9	七.一	丙午 8.8	八.一	乙亥 9.6
五.十一	丁巳 6.20	六.十一	丙戌 7.19	七.十一	丙辰 8.18	八.十一	乙酉 9.16
五.二十一	丁卯 6.30	六.二十一	丙申 7.29	七.二十一	丙寅 8.28	八.二十一	乙未 9.26
九.一	丁巳 10.6	十.一	申戌 11.4	十一.一	甲辰 12.4	十二.一	甲戌 1.3
九.十一	乙卯 10.16	十.十一	甲申 11.14	十一.十一	甲寅 12.14	十二.十一	甲申 1.13
九.二十一	乙丑 10.26	十.二十一	甲午 11.24	十一.二十一	甲子 12.24	十二.二十一	甲午 1.23

③《中华五千年长历》,毛耀顺主编,《中华五千年长历》编写组编,气象出版社 2002 年出版。本书是从公元前 2070 年夏朝开始直至公元 2100 年的历法长编,其中日历表给出起自公元前 221 年的每日干支和公历日期对照表,免除以前换算的繁复步骤,查阅方便。可从中国知网的工具书网络出版总库查询。

④《两千年中西历对照表》,薛仲三、欧阳颐编,三联书店 1956 年版。这是公元元年至 2000 年间的中西历日对照表。以中国阴历为纲,注明相对照阳历,并可推算纪月干支、纪日干支和星期等。推算方法参看该书的引言。附表也要注意利用,如第 13 表列出本书与《中西回史日历》的不同之处。

⑤《近世中西史日对照表》,郑鹤声编,中华书局 1981 年新 1 版。本书详细地反映了从明正德十一年(1516)至 1941 年,计 426 年间的中、西历日对照和纪日干支、星期及节气等。将中历、公历合为一表,逐日对照。书前有近世中外年号纪元对照表,后附太平天国历法与阴、阳历对照表。

⑥《中西回史日历》,陈垣撰,北京大学研究所国学门 1926 年印行,中华书局 1962 年重印(修订增补本)。全书分为 20 卷,每卷 100 年。每页 2 年,4 年为一个单元。以阳历为纲,自公元元年至 2000 年逐年列出公历与中历的月、日序,互相对照。公元 476 年以前加入罗马纪年;自公元 622 年起加入回历纪年和月、日序,可以解决三种历法历日的相互换算。附有"日曜表"和"甲子表",可据此查检星期和纪日干支。书末附"年号表",注明每一个年号元年的公元纪年,供由中历检索公历使用。其姊妹篇是《二十史朔闰表》(中华书局 1962 年修订重印版),以中历为纲,列出公元前 206 年至 2000 年每年中历各月朔日的干支,旁注阳历的月、日。公元 622 年以后,增加回历元旦,旁记中历之月、日。

⑦《新编中国三千年历日检索表》,徐锡祺编,人民教育出版社 1992 年出版。本书列出公元前 1500 年至公元 2050 年之间阳历(公历)、阴历(回历)、阴阳历(农历)三种历法的对照,以便换算。主体是历日检索表,自公元前 1500 年起按朔闰(每月朔日及闰月)对照农历和公历月日,自公元 445 年起加入日本和历与农历对照(只列出不同的朔闰),自 622 年起加入回历与公历、农历对照。表中还列出日本、朝鲜、越南的历史纪年(朝鲜、越南历法与中国农历相同)。

2. 检索历史事件

检索历史事件可以利用史书、历史词典、百科全书,还可以利用各种大事年表、年鉴。

(1)《中外历史年表》,翦伯赞主编,三联书店 1958 年初版,后由中华书局 1967 年、1981 年两次重印。

本书按年编录国内外大事,每年分中国和外国两部分,是一部较详细的中外大事年表。对于历史事件的选录,着重记载:生产工具和生产技术的改进,经济制度、政治制度的改革和重要法令的颁行,阶级斗争和统治阶级内部的矛盾,重要科学技术的发明与发现,国际和民族间的相互关系,著名历史人物的生卒年代。本书材料丰富、收录范围广,对学习、研究中国史、世界史颇有参考价值。

(2)《中国历史大事年表》,上海辞书出版社 1997~2001 年出版。

沈起炜编古代卷,记事从上古至 1839 年(清道光十九年);沈渭滨编近代卷,记事从 1840 至 1919 年 5 月;唐培吉编现代卷,记事从 1919 年"五四运动"至 1994 年。

(3)《世界史便览(公元前 9000 年~公元 1975 年的世界)》,《泰晤士世界历史地图集》中文版翻译组编,三联书店 1983 年出版。主要内容有:世界史大事年表、中国历史年代简表、公元前 9000 年～公元 1975 年的世界、小辞汇、世界史英文简明参考书目等。

(4)《世界七千年大事总揽》,〔美〕伯纳德·格伦主编,雷自学等选译,东方出版社 1990 年出版,以分类表格的形式介绍公元前 5000 年至公元 1978 年的世界重大事件。

(5)《中华人民共和国年鉴》,中华人民共和国年鉴编辑部编,新华出版社出版。

该年鉴是忠实记录中国改革发展成就和国家方针政策的唯一综合性国家年鉴,有中英文两个版本。设有国家机构、国防、外交、经济、社会、文化等 39 个部类,还收录了具有史料价值的精彩新闻图片,内容翔实、资料完整、数据权威,是海内外各界人士,尤其是经贸界人士了解中国、研究中国、投资中国的决策参考刊物和权威工具书,同时也是各级党政机关、企事业单位、研究机构、高等院校查阅资料、掌握信息、了解全局、指导工作的重要参考刊物和具有收藏价值的大型工具书。

还有专题性大事记、年鉴,地方大事记、年鉴,请注意利用。

3. 检索图像信息

检索图片、图像,除了利用搜索引擎、综合性事实数据库之外,专题数据库也是重要的信息源。

(1) 检索文物或美术图片,可以利用美术资料数据库。

① 世界美术资料库(http://www.airiti.com)。该数据库由华艺数字艺术股份有限公司制作,收录中外 500 多位艺术家的 45 000 多幅作品。

② 故宫在线(http://www.airitinpm.com/)。中国台北故宫博物院为现今世界上四大博物馆之一,被视为东方文物宝库。"台北故宫在线数据库"由中国台北故宫博物院独家授权,数据库收录藏品主要分为:书、画、陶瓷、青铜、玉器、佛教用品和其他珍品等七大类,总计收录 12 000 余件台北故宫文化精华,内容丰富,是目前全球唯一呈现中国台北故宫文物最完整的图文数据库,是一个兼具教育推广与学术性质的数据库。

该数据库拥有中文(简体、繁体)、日语及英语三种语言版本,每页实时切换。所有的图文解析均由故宫专业研究人员撰写,浅显易懂,文物图说栏位包括:品名、作者、尺寸、媒材、图说、释文、款识与印记流传等。每一类搜寻皆有各项引导功能,让使用者随时方便搜寻自己喜好的作品。有 1 024×768 大图赏析,对部分珍藏文物提供文物局部特写,使用者可快速浏览典藏文物之精彩局部、纹饰、拓印等图像。通过数据库艺术年表,可快速进入并全面浏览整个数据库,在朝代的时间轴之下,加入横向的作品分类,帮助使用者快速掌握数据库的内容。

③ 卢浮宫艺术博物馆(http://louver.fr/llv/commun)。有卢浮宫的历史、藏品介绍,活动与展览信息,通过该网站的"虚拟导游",浏览参观卢浮宫的画廊、艺术殿堂。

④ 大英博物馆(http://british-museum.ac.uk)。有关于该馆的介绍、展讯、演讲、会议信息。对该馆 700 万件藏品中的代表作配以精美图片和详细的文字介绍。

(2) 检索历史地图,可以利用著名的历史地图集。

①《中国历史地图集》,谭其骧主编,地图出版社 1982～1987 年出版。这是一部耗时达 30 年之久的空前巨著,反映了 1840 年以前我国各个历史时期的政区设置和部族分布概况。全集共 8 册,共有图 304 幅(不包括插图),分为 20 个图组,收历史地名 7 万个左右。前言、总编例和图组编例均有中英文对照。

②《泰晤士世界历史地图集》,〔英〕杰弗里·巴勒克拉夫主编,伦敦泰晤士图书公司 1978

年出版；中文版编辑邓蜀生，三联书店1982年出版。本图集有600幅彩色地图，反映了从人类起源到1975年人类历史的运动和发展。书中的127篇文字论述，由80名西方历史学家执笔。书后附有《专名汇编》，对重大历史事件和历史人物作了简明介绍。本图集编排先按时间后按地区，最后附有索引。书中涉及我国的某些内容，有明显错误，使用时要注意。

③《钱伯斯世界历史地图集》（中文版），〔英〕爱丁堡钱伯斯出版社编，杨慧玫译，三联书店1981年版。编者力图用示意图形式说明人类历史的进步、世界各国的兴衰、国际关系的发展、文化和宗教的演变。全书共有地图108幅，包括了几千年来世界历史的各个方面。书后附索引7 000余条。

在线工具书还可参见中国知网、超星、百度等收录或链接的工具书资源；各出版社的工具书在线资源，如商务印书馆的工具书在线（http://www.refbook.com.cn），上海世纪出版集团的易文网（http://www.ewen.cc）；专业网站的网络导航和特色数据库。

练习与思考

1. 全文搜索引擎的检索流程是什么？
2. 熟悉搜索引擎的检索语法。
3. 检索当年的普通高校在校学生数。
4. 选择一个人物，检索其简历、传记资料。
5. 选一个汉字查，用《现代汉语词典》、《辞海》、《辞源》、《汉语大字典》、《汉语大辞典》检索该字，比较各辞书的异同。
6. 选择一个词语，用百度百科、《中国大百科全书》、《不列颠百科全书》检索这个词语，比较异同。
7. 吴昌硕《桃实图》题款为"灼灼桃之花，赪颜如中酒，一开三千年，结实大如斗。乙卯秋吴昌硕。"请问此画作于公元何年？其时吴昌硕多大年纪？
8. 查询"宋美龄在美国国会的演讲稿"。
9. 搜索有关高分子材料方面的PDF文档。
10. 分别利用百度和Google搜索"美国生物医学信息中心"（http://www.ncbi.nlm.nih.gov）网站中含有gene的网页并注意比较两种SE的搜索结果（请写出基本检索的检索式和结果）。

第 8 章 文献信息综合利用

信息的综合利用是对信息进行有目的、有计划的收集整理、分析鉴别,对获得的信息加以深入研究,进行知识再生产的过程。

8.1 信息收集与整理

8.1.1 信息收集

信息收集是人文社科研究工作的首要环节。开展课题研究或进行论文写作之前,要通过信息调研了解关于特定问题的研究状况,已有的成果或相关作品、设计的创作情况。在此基础上确定自己的研究方向,调整研究思路。信息收集工作的好坏,直接关系到整个信息整理、信息分析、信息利用工作的质量。

信息收集要点有以下几点。

1. 充分利用各种检索工具

检索信息要充分利用各种信息检索工具,获取尽可能全面的检索结果。各种检索工具收录文献的学科范围、文献类型、时间段等各有侧重。信息收集要求尽可能齐全,尽可能涵盖各种文献类型,因此,必须全面搜索,防止重大遗漏。

2. 新旧资料兼顾

收集社会科学研究信息要兼顾新旧资料,既要跟踪前沿,了解最新研究进展,又要了解前人已做的工作,才能避免重复劳动。

3. 充分利用各类信息源

(1) 重视非文献信息。收集人文社科信息,不仅要重视文献信息,非文献信息资源也不能忽视。在社会调查、实地考察、设计实验、参加学术会议、参加社会实践等活动中,获取口语或实物信息,这些鲜活的第一手资料,是社会科学研究的重要资源。

(2) 重视未公开出版的信息。社会科学研究中有大量信息是没有公开出版的,如日记、手稿、各种档案等。现存各级各类档案只有一小部分整理出版了,大量的没有出版,其中蕴含着政治、经济、军事、文化以及社会生活各方面的重要史料。可以通过档案收藏管理机构的案卷目录,查找已解密的档案。

4. 及时调整检索策略

在信息收集过程中要根据收集的情况及时调整检索策略,如选择检索工具、限定检索范围、修改检索式,使之更适合课题要求。

5. 注意信息的有效性

所谓有效信息是对决策活动具有现实的或潜在的效用价值的信息。有效信息必须具备时效性和准确性。

（1）信息的时效性。按《现代汉语词典》中对"时效"的解释,"时效"是指"在一定时间内能起作用"。据此,可将信息的时效性理解为信息内容有用的有效期。因此,在收集信息的时候必须注意所收集的信息内容是否还在有效期内。

（2）信息的准确性。准确性是信息的生命,是信息的使用价值所在。信息从收集到整理到加工,准确性始终是信息处理的第一要求。不准确的信息,会使人们做出错误的判断和决策,可能造成严重的失误。

8.1.2 信息整理方法

1. 记录

对每次收集的信息或平时学习研究中获得的信息,应注意随时记录,尤其是非文献信息,要及时记录下来,保存、积累,形成个人专题资料库。

积累信息的传统方法是做摘录,做剪贴,记在卡片或记录本上。而采用数字化方式更便于后续的整序、分析和利用。

如利用 Excel 建立信息档案,根据信息的特征,设立相应的字段。如社会调查获得的数据,则调查时间、地点,调查对象的身份（年龄、性别、职业等）,调查的内容等都是必备字段。学术文献的题名、著者、版本、出版者、出版时间、文献来源、关键词或主题词、分类号等字段都必备,最好有摘要,可以更充分地反映文献内容。

也可以自建一个小型数据库,如利用 Microsoft Office Access 数据库,若数据量较大,可以利用 SQL Server 数据库。

对检索到的文献全文,最好分类保存在文件夹中,文件夹的命名应完整清晰,一目了然,便于记忆。将全文文档与 Excel 表中（或数据库）中的相应记录建立超链接,则更加便于日后利用。借助个人文档管理软件和统计分析软件可以使信息整理方便快捷。个人文献管理软件请参阅 8.4 节。

2. 整序

对收集的信息加以整序,使之有序化,是信息整理最常用的手段。整序的方法有多种,如分类法,选择一种适合的分类法,根据其体系排序。国内出版的中文文献多采用《中图法》,国外文献多采用《国际十进分类法》（UCD）。按主题排序,多采用按主题词或关键词的字顺编排。如果建立了电子表格或数据库,排序就可根据需要选择任意字段。信息整序的其他方法请参阅第 2 章。

3. 校勘

文献在流传过程中会产生多种不同的版本,这些版本产生的时代和地区不同,会以不同的制作方式、不同的载体形式、不同语种的面貌出现,其内容及语句会有差异。文献不同版本的产生原因较多,有的是作者自己修改,有的是出版者修改,有传抄或印刷过程中出现的新版本,还有由于社会的、政治的、经济的因素而对原版本进行的修改等。因此,对文献的多种版本需进行校勘,以力求接近文献的本来面目。

文献整理中常用的校勘的方法主要有对校法、本校法、它校法、理校法等方法。对校法是用同一文献的不同版本相校,找出其中的不同之处。本校法是用同一文献的前后文相校,以发现不同或讹误之处。它校法是用其他文献引用本文献的内容校对本文献,以找出异同。理校法是运用分析、综合、类比等手段,据理推断文献内容正误的校勘方法。理校法不是单纯的校勘,已进入文献研究的层面,须有较深入的相关专业知识背景才能做出合理的推断。实际研究中,一种文献往往有多种版本,要选择善本、精本为底本,要与其他版本互校,多种校勘方法要综合运用。

8.2 信息分析

对于所检索到的大量文献信息,我们必须进行研究,加以分析、鉴别,对所选课题的研究状况有清晰的认识,才能选择正确的材料。

8.2.1 信息分析的原则

对文献信息进行分析,是通过对众多的信息的整理、辨析、评价,提取出共性的、特征性的或方向性的内容,达到去粗取精、去伪存真的目的。因此,信息分析应遵循可靠性、科学性、新颖性、适用性的原则。

1. 可靠性

信息真实可靠是第一要素,使用了不可靠甚至虚假的信息,会使论文的论证和结论完全失去意义。鉴别信息是否可靠,可从以下几个方面入手:

(1) 信息来源:① 文献是否由严肃的出版机构正式出版,严肃的媒体正式发布。网上信息良莠不齐,常有虚假的甚至有害的信息,引用时务必注意其真实性。例如,统计数据应以官方或专门机构正式公布的为准。② 信息是第一手资料还是经过多次转引,如是转引必须核对原始文献。文献的引用资料是否有确切的出处,参考文献著录是否规范。

(2) 编纂目的:文献的编纂目的是用于学术研究、政府决策,还是用于商业目的,是否因商业目的而夸大、带偏见,是否客观公正。

(3) 文献著者:专业文献的著者是否为该专业的学者、研究人员。一般情况下,专业人员撰写的本学科研究文献其可靠性要高于非专业人员。

(4) 被引用情况:文献的引用和被引用情况可以反映论文在学科内和学科之间的影响,也可反映论文相互之间的关系。论文被引用次数多,说明受关注程度高,影响大,参考价值高。查论文的被引用情况可利用引文索引和综合性检索系统,如中国知网(CNKI)(参见第5章)。

2. 科学性

科学性的主要标准是文献的学术水准。例如，研究深入，在学科研究中处于领先位置，或是有代表性的著作。文献内容真实，记述准确，无虚假信息，没有或极少学术性错误。经过精心校对，极少印刷错误。调查报告的调查对象具有代表性，选取的样本有足够的覆盖面。

3. 新颖性

新颖性是分析文献中是否包含新问题、新材料、新方法、新思想、新方向等新信息。在人文社科研究中，既有时时刻刻都在产生的新事物，也有不断成为过去时的历史事件，对早已存在的材料或问题能够使用新方法研究，发现新的意义或新的价值，同样是具有重要意义、新颖的信息。

4. 适用性

适用性是分析文献的学科、研究对象、使用对象（受众），包含的内容是否适合你所选课题，是否能够为你的论文提供研究论据。文献的版本是否适用也很重要。

8.2.2 信息分析的方法

信息分析的方法主要来源于逻辑学、文献情报学、统计学等，目前常用的有定性分析法、定量分析法、定性与定量结合法。

1. 定性分析法

定性分析法是指获得关于研究对象的质的规定性方法。常用的文献信息定性分析法主要有分类法、比较法、综合归纳法、头脑风暴法等。

（1）分类法是指按属性异同将事物区分为不同种类的逻辑方法。依据不同的标准可以将事物分成不同的类别，注意一次分类只能使用一个划分标准。文献信息的分类分析最常用的是根据学科分类或主题分析。

（2）比较法是确定事物之间差异点和共同点的逻辑方法，是信息分析中最常用、最基本的方法之一。信息可比较的方面不可胜数，例如，对同一事件的不同记载，对同一作者不同作品的比较，对同时代不同作者作品的比较，对不同时代作者作品之间的比较，对不同国家作者作品之间的比较，对不同文化环境的作者作品之间的比较等。对这些信息进行分析研究，找出其中的共性以及差异之处。

（3）综合归纳法是将事物加以总体考虑的方法。根据有关的材料、数据，将事物的各个部分、各个方面、各种因素联系起来，通观全貌，从整体的角度把握事物的本质特点及其发展规律。

（4）头脑风暴法亦称智力激励法、智囊团讨论法，是借助专家的创造性思维来探索事物发展变化的未知或未来状态的一种直观预测方法。

2. 定量分析法

定量分析法是指获得关于研究对象的量的特征的方法，是对一定时间段内的与所选课题相关的研究论著从数量上进行研究。进行定量分析首先要全面检索,各种检索工具都不可能做到收录所有文献,因此要用各种工具检索,检索时要用系统提供的各种检索途径(字段)查询,并注意利用文后参考文献,做到无重大遗漏,所得到的数据才比较准确。

常用的定量分析方法有时间序列法、趋势外推法、回归分析法、聚类分析法、文献计量分析法等。

(1) 时间序列法是一种广泛应用的定量分析方法。通过将观测数据按照时间顺序进行排列,以描述和探索现象随时间发展变化的数量规律。

(2) 趋势外推法是基于对历史数据的观察,找出一条误差尽可能小的函数曲线来描绘历史数据,据此函数曲线预测未来的发展。

(3) 回归分析法是一种研究变量之间依存关系的统计分析方法。通过对变量之间依存关系的分析,确定变量之间某种关系的性质和程度,并在一定精度下,利用已知变量对未知变量进行有效的估计和预测。

(4) 聚类分析法是将研究对象按照它们性质上的亲疏程度,在没有事先指定分类标准的情况下进行分类的多元统计分析方法。类内部的对象在特征上具有相似性,不同类间对象特征的差异性较大。

(5) 文献计量分析法是一种基于数学和统计学的分析方法。它以文献的各种特征为研究对象,以输出量必定是量化的信息内容为主要特点,采用数学与统计学方法来描述、评价和预测研究的现状与发展趋势。文献计量分析法包括一系列描述文献信息流动态特征的经验和规律,如布拉德福定律、洛特卡定律、齐夫定律等。

定量分析可从多方面了解课题的研究进展状况。如通过对作者的统计,了解本学科撰文最多的核心作者,以及他们的研究领域,作者分布的机构和地区;通过对文献类型的统计,了解本学科研究成果的形式和成熟程度;通过对相关主题的论文数量的统计,了解热点主题;通过对引文的分析,了解作者之间、学科之间的相互影响等。

大型检索系统如 CNKI、万方、Web of Science、Springer 等都有一些统计功能,可以提供部分统计数据,这些数据可以用于优化检索结果,有些数据也有一定的参考作用。但是,各检索系统的统计数据是对每次检索的结果所做的分析,检索式、检索时间段不相同,得出的结果也不同。由于各系统收录的文献范围不同,统计数据也必然不同。例如,同一篇文献的被引用情况,用中国知网(CNKI)查得的数据与用中文社会科学引文索引(CSSCI)查得的数据有很大区别,后者的来源文献只是精选出来的核心期刊。因此,要获得比较可靠的统计结果,应将所有检索结果汇总,去掉重复记录,重新做出统计。

对检索结果统计分析,可以利用 Excel 电子表格,建立相应的字段,导入数据,利用 Excel 的统计分析功能,可以方便地获得相关统计结果。利用社会科学统计分析软件 SPSS (Statistics Package for Social Science)、统计分析系统 SAS(Statistical Analysis Systems),可以对数据作多种分析。

3. 定性与定量结合法

信息分析常常需要综合使用上述各种方法,通过定性研究与定量研究相结合,使得分析结果更准确可靠。如同一个问题,会有不同角度的研究文献,因此需要对各种调查数据作统计分析,对不同个案的研究作分析,对不同主题的论文作分析,综合归纳出该问题研究的总体状况。

定性与定量相结合的研究方法的典型代表是德尔菲法（又称为专家调查法）和层次分析法。

德尔菲法由美国兰德公司于1964年发明并首先将其应用于技术预测，它以匿名方式通过几轮咨询，征求专家意见，预测领导小组对每一轮意见都进行汇总整理，作为参考资料再发给每位专家，供他们分析判断，提出新的论证。如此多次反复，专家意见通常会趋于一致，专家的意见逐渐聚拢，最终形成比较可靠的结论。

层次分析法是将决策问题按总目标、各层子目标、评价准则直至具体的备选方案的顺序分解为不同的层次结构，然后用求解判断矩阵特征向量的办法，求得每一层次的各元素对上一层次某元素的优先权重，最后再用加权和的方法递阶归并各备选方案对总目标的最终权重，此最终权重最大者即为最优方案。

8.3 论文写作规范

8.3.1 学位论文写作过程

学位论文写作一般包括选题，收集整理信息，撰写开题报告、文献综述，拟定大纲，撰写初稿，修改定稿等步骤。

1. 选题

论文选题非常重要，好的选题是论文成功的决定性因素。选题要根据自己的研究兴趣、学科背景和平时积累，如果选了自己不熟悉的课题将会事倍功半。选题宜小不宜大，选重要的小课题深入开掘，"小题大做"，以小见大，将问题研究透彻，可以写出有价值的论文。

选题可以关注以下几个方面：
① 新事物、新现象的研究；
② 新观点的提出或已有观点的新阐释；
③ 有争议的问题；
④ 填补研究领域的空白；
⑤ 对原有研究结论或研究方法的重新论证；
⑥ 学术研究的前沿课题；
⑦ 新方法、新工具的提出、发明、应用；
⑧ 新理论、新政策的提出、论证和实验；
⑨ 对社会发展和人民生活有实际意义的课题。

确定选题后，围绕选题收集、整理、分析文献信息，根据分析结果对原定选题做出调整，即可撰写开题报告。

2. 开题报告

开题报告是论文的总体构想，主要包括计划研究的课题，该课题研究目的和意义、适用理论，国内外研究动态，文献综述，将采用的研究方法（技术路线），研究的重点、难点和主要创新点，写作大纲，写作进度安排。

3. 文献综述

文献综述是开题报告中的重要组成部分(文献综述也是一种论文类型,本章不讨论),是对一个时期内某一学科或专题的大量研究成果和文献进行系统的归纳、分析、综合,整理而成的概述性文献。综述应反映研究课题的研究起源,研究现状和水平,发展趋势,主要研究者,主要观点,主要研究方法,研究热点、难点、薄弱环节,存在的主要问题,解决问题的方法等。

对研究历史只要讲清课题的主要方面,已解决的问题,重点介绍当前研究现状。可以按时间顺序介绍,也可以按分类叙述。根据研究课题的特点,按不同流派,或不同问题,或不同研究视角,分别叙述,做到条理分明,思路清晰。

4. 撰写初稿

撰写学位论文应先拟定详细的写作提纲,选择适合的材料。精心谋篇布局,扣紧论文的主题,突出重点,层次清晰。恰当地使用论据,不要堆砌材料,材料要与论点相结合。语言要清楚简练,逻辑性强,有说服力,论证严密。

5. 修改定稿

初稿难免存在缺陷或遗漏,修改是论文写作的必要环节,也是提高论文质量的关键环节。修改的范围包括论文内容,如论点、结构、论据、语句、图表等,以及论文格式、引文、文后参考文献格式等。经多次仔细修改后方可最终定稿。

8.3.2 论文格式规范

1. 学位论文的基本格式

按照国家标准 GB/T 7713.1—2006《学位论文编写规则》的规定,学位论文的结构包括以下内容:

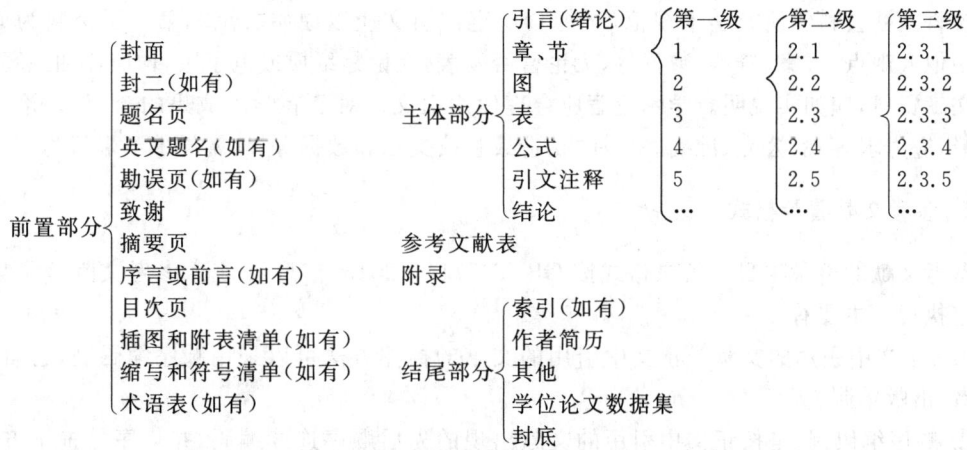

图 8-1 学位论文结构图

其中主要项目:

(1) 题名。题名又称题目或标题,是论文主题思想的概括。论文题名是反映一篇论文研究范围、深度、价值的重要信息。标题要精心设计,用词应准确精练,一般不超过 25 个字。

(2) 责任者。责任者是指对论文内容负主要责任的人员,学位论文的责任者包括著者姓名,指导老师姓名、职称等。

(3) 摘要。摘要是以提供文献内容梗概为目的,简明确切地记述文献主要内容的短文。摘要应包含论文的主要信息,说明研究工作的目的、方法、结果和结论等,重点是结果和结论。中文摘要一般字数为 300～600 字,外文摘要一般 300 个实词。

(4) 关键词。关键词是用来标引文献主题的具有实质性意义的词汇,每篇论文应选取 3～8 个关键词。关键词另起一行,排在摘要的下方。关键词应体现论文特色,具有语义性,在论文中有明确的出处。应尽量采用《汉语主题词表》或各专业主题词表提供的规范词。

(5) 分类号。分类号以论文涉及的学科门类为依据,采用《中国图书馆分类法》(第 5 版)或《中国图书资料分类法》(第 4 版)标注。

(6) 引言。引言(绪论)作为论文的开端,主要说明研究工作的目的、范围,论文相关领域里前人研究历史、当前研究现状,作者的意图和分析依据,作者采用的研究方法和流程等。

(7) 正文。正文是论文的主体,应充分阐述作者的观点、原理、方法、解决的问题等。如关于研究对象目前的已有研究成果中主要观点的分析、所做调查研究或实验的对象、调研过程、实验方法、获得的数据、实验结果的分析,论文的理论依据、事实依据等都应充分讨论,从而论证作者的观点。

学位论文章节的编号采用阿拉伯数字分级编写,一级标题编号为 1,2,…;二级标题编号为 1.1,1.2,…,2.1,2.2,…;三级标题编号为 1.1.1,1.1.2,…,2.1.1,2.1.2,…(参见图 8-1)。

(8) 结论。论文结论是最终的、总体的结论,不是正文中各段小结的简单重复。结论应包括论文的核心观点,交代研究工作的局限,提出未来工作的意见或建议。结论应该准确、完整、明确、精炼。

(9) 参考文献。参考文献是文中引用的有具体文字来源的文献集合。列出参考文献反映作者的研究基础及相关的科学依据,也是对别人学术成果的尊重,有利于保护知识产权。《高等学校哲学社会科学研究学术规范(试行)》规定:"引文应以原始文献和第一手资料为原则。凡引用他人观点、方案、资料、数据等,无论曾否发表,无论是纸质或电子版,均应详加注释。凡转引文献资料,应如实说明。学术论著应合理使用引文。对已有学术成果的介绍、评论、引用和注释,应力求客观、公允、准确。伪注、伪造或篡改文献和数据等,均属学术不端行为。"

2. 参考文献著录格式

参考文献的著录项目和著录格式按 GB/T 7714—2015《信息与文献 参考文献著录规则》的规定执行。主要有:

(1) 正文中引用的文献。正文中引用的文献的标注方法可以采用顺序编码制,也可以采用著者-出版年制。

① 顺序编码制:是按正文中引用的文献出现的先后顺序连续编码,并将序号置于方括号内。同一处引用多篇文献时,只需将各篇文献的序号在方括号内全部列出,各序号间用","。如遇连续序号,可以标注起讫序号。多次引用同一著者的同一文献时,在正文中标注首次引用的文献号,并在序号的"[ ]"外著录引文页码。

例如:

> ……对《补注》所引《释文》问题,余嘉锡《楚辞释文考》[9]发人所未发,"考《宋史·艺文志》总集类,有王逸《楚辞章句》二卷、《楚辞释文》一卷、《离骚约》二卷。在宋遵度群书丽藻之后,徐锴赋苑之前,则作者姓名,具有可考……疑亦南唐人也。"姜亮夫[10]403及游国恩均赞成余说[11]。……
>
> ……相互对待公平包括抱怨者受到对待的方式[18-19]、可察觉出的关心[20]以及对服务提供者努力的感受[19,21]。……

② 著者-出版年制:标注内容有著者姓氏和出版年构成,并置于"( )"内。倘若只标注著者姓氏无法识别该人名时,可标注著者姓名,例如中国人著者、朝鲜人著者、日本人用汉字姓名的著者等。集体著者著述的文献可标注机关团体名称。倘若正文中已提及著者姓名,则在其后的"( )"内只需著录出版年。

在正文中引用多著者文献时,对欧美著者只需标注第一著者的姓,其后附"et al";对中国著者应标注第一著者的姓名,其后附"等"字,姓名与"等"之间留适当空隙。

多次引用同一著者的同一文献时,在正文中标注著者与出版年,并在"( )"外以角标的形式著录引文页码。

例如:

> ……冯雪峰在《鲁迅的文学道路》一书中将《野草》中的篇目分成三类,《过客》则被放在"明显地反映着作者的空虚和失望的情绪以及思想上的深刻的矛盾"(1980)……
>
> ……如果说《腊叶》"是为爱我者的想要保存我而作的"(陈金淦,1986)[187-188],那么《过客》同样有这种情绪的流露,只不过形式较为隐晦"难以直言"而已……。《野草》里的象征形象有两个特点:一是暗示性,一是不确定性。"(陈金淦,1986)[193]……

(2) 文后参考文献的著录格式

① 专著的著录格式。

主要责任者.题名:其他题名信息[文献类型标志].其他责任者.版本项.出版地:出版者,出版年:引文页码[引用日期].获取和访问路径.(文献类型标志代码参见表8-1,文献载体标志代码参见表8-2)

著作方式相同的责任者不超过3个时,全部照录。超过3个时,只著录前3个责任者,其后加",等"或与之相应的词。

从网络获取的文献,应注明引用日期、获取和访问路径。

例如:

> 钱穆.中国文学论丛[M].北京:生活·读书·新知三联书店,2002.
> 潘树广,黄镇伟,涂小马.文献学纲要[M].增订本.桂林:广西师范大学出版社,2005.
> 辛希孟.信息技术与信息服务国际研讨会论文集:A集[C].北京:中国社会科学出版社,1994.
> 马银银.《冒襄巢民诗集》笺注[D/OL].南通:南通大学,2016[2017-01-07].http://zjyj.ntu.edu.cn/ThesisLib/WebSearch/Search_DataDetails.aspx? dbcode=ETD&dbid=13&sysid=2791.

② 专著中的析出文献的著录格式。

析出文献主要责任者. 析出文献题名[文献类型标志]. 析出文献其他责任者//专著主要责任者. 专著题名：其他题名信息. 版本项. 出版地：出版者，出版年：析出文献的页码[引用日期]. 获取和访问路径.

例如：

> 芬格莱特.《论语》如何描绘理想的权威及其作用模式[M]. 彭国翔，张华，译//芬格莱特. 孔子：即凡而圣. 南京：江苏人民出版社，2002：144－171.
> 端木艺. 张謇图书馆思想与实践研究综述[M]//王敦琴. 张謇研究百年回眸. 南京：南京大学出版社，2007：158－167.

③ 连续出版物的著录格式。

主要责任者. 题名：其他题名信息[文献类型标志]. 年，卷（期）—年，卷（期）. 出版地：出版者，出版年[引用日期]. 获取和访问路径.

例如：

> 中国社会科学院文学研究所. 文学评论[J]. 2009(2)—2009(4). 北京：文学评论杂志社. http://ntu.vip.qikan.com/reader/.

④ 连续出版物中的析出文献的著录格式。

析出文献主要责任者. 析出文献题名[文献类型标志]. 连续出版物题名：其他题名信息，年，卷（期）：页码[引用日期]. 获取和访问路径.

例如：

> 周扬. 计算机技术与汉语方言研究[J]. 现代语文，2007（2）：17－18
> 马建红. 孟子的"最低生活保障线"[N/OL]. 北京青年报，2017－01－07（A02）[2017－01－07]. http://epaper.ynet.com/html/2017－01/07/content_234805.htm? div＝－1

⑤ 专利文献著录格式。

专利申请者或所有者. 专利题名：专利国别，专利号[文献类型标志]. 公告日期或公开日期[引用日期]. 获取和访问路径.

例如：

> 南通大学. 凝胶反应注射成型质子交换膜燃料电池双极板的装置：中国，200510041338.2[P]. 2017－01－07. http://www.pss-system.gov.cn/sipopublicsearch/patentsearch/showSearchResult-drillSearchByViewSetting.shtml

⑥ 电子文献著录格式。

主要责任者. 题名. 其他题名信息[文献类型标志/文献载体标志]. 出版地：出版者，出版年（更新或修改日期）[引用日期]. 获取和访问路径.

例如：

马丁.谷歌搜索引擎背后的秘密:搜索算法的平衡艺术[EB/OL].(2014-02-03)[2017-01-07]. http://www.techweb.com.cn/news/2007-06-04/201326.shtml

中国互联网络信息中心.中国互联网络发展状况统计报告[R/OL].(2013-01)[2017-01-07]. http://www.ebugu.net/action/images/P020130115503321852457.pdf.

表8-1 文献类型和标志代码

文献类型	标志代码	文献类型	标志代码
普通图书	M	报告	R
会议录	C	标准	S
汇编	G	专利	P
报纸	N	数据库	DB
期刊	J	计算机程序	CP
学位论文	D	电子公告	EB
档案	A	舆图	CM
数据集	DS	其他	Z

表8-2 电子文献载体和标志代码

载体类型	标识代码	载体类型	标志代码
磁带(magnetic tape)	MT	光盘(CD-ROM)	CD
磁盘(disk)	DK	联机网络(online)	OL

8.4 个人文献信息管理工具

8.4.1 概述

人们在学习、生活和工作中,尤其是科研工作中,会收集到大量的文献信息。对文献信息的高效管理将有助于对其高效利用。

早期个人文献信息资源是通过笔录形式进行管理,如采用卡片式摘录、笔记本式摘录等。计算机广泛使用后,大多数人会利用一些计算机软件如 Word、Excel 等保存和处理书目信息,而将全文文献分门别类保存在一个个文件夹下。

当文献量积累到一定程度后,某一天需要某篇文献或者某些文献时,人们往往找不到或者需要花费大量时间才能找到自己所需要的文献。在阅读文献时产生某些思考,人们希望能将思考实时记录,并与文献本身联系起来。此外在对学术论文进行投稿时会遇到不同期刊对参考文献的格式要求不一样,每次投稿必须要按照所投期刊的要求进行参考文献的编排,这样非常耗时耗力,所以迫切需要一种高效、方便、快捷、准确地管理和利用个人文献信息的工具。参考文献管理软件应运而生,它实现了对文献信息的自动化管理。

参考文献管理软件也被称为书目管理软件,具有文献检索与整理、引文标注、按格式要求生成参考文献列表等强大功能。可嵌入文字处理软件中使用,还可以直接通过在线数据库下载文献题录并对其进行统计分析。目前参考文献管理软件的种类很多,国外的如 EndNote、Reference Manager、ProCite、RefWorks、Biblioscape 等,国内的如 NoteExpress、NoteFirst、CNKI E-learning、PowerRef、医学文献王等。

8.4.2 常用参考文献管理软件介绍

以下介绍三款在国内较流行的文献管理软件 NoteExpress、EndNote 和 NoteFirst,其中重点介绍 NoteExpress 的相关功能,对 EndNote 和 NoteFirst 则简单介绍它们的特色功能。

1. NoteExpress

NoteExpress 是由北京爱琴海软件公司开发的一款专业级别的文献管理软件,其功能包括数据收集、知识管理、信息分析、知识发现、辅助写作等,是学术研究、知识管理的必备工具,是论文写作的好帮手。NoteExpress 当前版本 V3.2.0.6976,具有如下特点:① 通过 NoteExpress 客户端、浏览器插件和青提文献 App 可实现多屏幕、跨平台协同工作,利用碎片时间,高效地完成文献追踪和收集工作。② 分类方法灵活多样,既可进行传统的树形结构分类,还可进行灵活的标签标记分类。③ 能智能识别全文文件中的标题、DOI 等关键信息,并自动更新补全题录元数据。④ 具有强大的期刊管理功能,内置近五年的 JCR 期刊影响因子、最新的国内外主流期刊收录范围和中科院期刊分区数据,在添加文献的同时,自动匹配填充相关信息。⑤ 支持两大主流写作软件微软 Office Word 和金山 WPS,在撰写科研论文时,利用内置的写作插件可以实现边写作边引用参考文献。⑥ 内置近四千种国内外期刊、学位论文及国家、协会标准的参考文献格式,支持格式一键转换,支持生成校对报告,支持多国语言模板,支持双语输出。

(1) 软件的安装。NoteExpress 与一般软件的安装过程类似,可在 Windows Vista 和 Windows Server 操作系统上运行。除了可独立运行外,NoteExpress 还可作为 Word 或 WPS 的一个插件,与它们协同工作,这需要安装 Microsoft Office 2007 及以上的版本或者 WPS。

(2) NoteExpress 的主界面。NoteExpress 的界面如图 8-2 所示。左侧是数据库及其结构目录栏,显示打开的数据库的结构目录,以树形结构显示,通过加号和减号可展开或收起子目录。中间是题录信息列表栏,显示当前文件夹内的所有题录条目。右侧是题录详细信息栏,显示当前选中题录的相关信息,包括细节、预览、综述、附件、笔记、位置等,切换相应按钮,显示相应信息。

(3) 新建数据库。打开 NoteExpress,通过下拉工具栏上的数据库图标""选择"新建数据库",或者选择菜单"文件—新建数据库"创建新的数据库,定义数据库的存放位置和名称。NoteExpress 数据库的文件后缀为".nel"。创建的数据库和其他文件的操作一样,可以移动、复制和备份。每个数据库下有五个文件夹:题录、笔记、检索、组织和回收站。这五个文件夹是一个固定的单元,不能更改名字也不能删除。但用户可以根据个人的研究建立分类目录以便于管理,目录的文件夹结构可以增、删、改、排序。图 8-2 所示为新建的名为"IR"的数据库。

(4) 数据收集。NoteExpress 提供多种数据收集方式,分别是在线数据库检索导入,格式化文件导入(过滤器导入)、手工录入、全文导入、智能识别、更新,浏览器插件导入(青提收藏)、

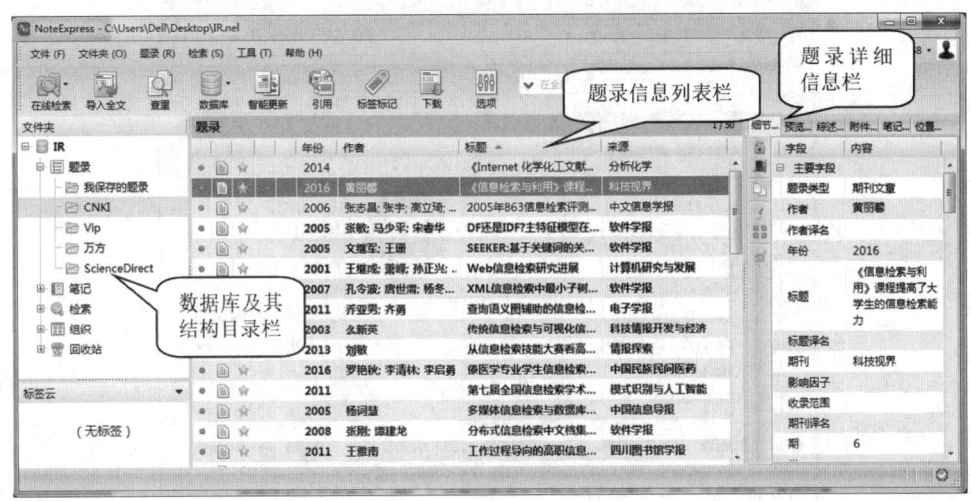

图 8-2　NoteExpress 界面

青提文献收藏题录下载。

① 在线数据库检索导入。NoteExpress 集成了绝大部分常用的数据库,无需登录到数据库页面,利用 NoteExpress 集成的在线检索作为网关即可检索题录信息。单击工具栏上的在线检索图标" ",或者单击"检索"菜单,在下拉菜单中选择"在线检索—选择在线数据库",在弹出的数据库对话框中,滑动鼠标定位到需要检索的数据库,或者使用搜索功能快速定位目标数据库,双击该数据库,输入检索条件进行在线检索,检索完毕勾选所需的题录"保存勾选的题录至文件夹"即可,如图 8-3 所示步骤。

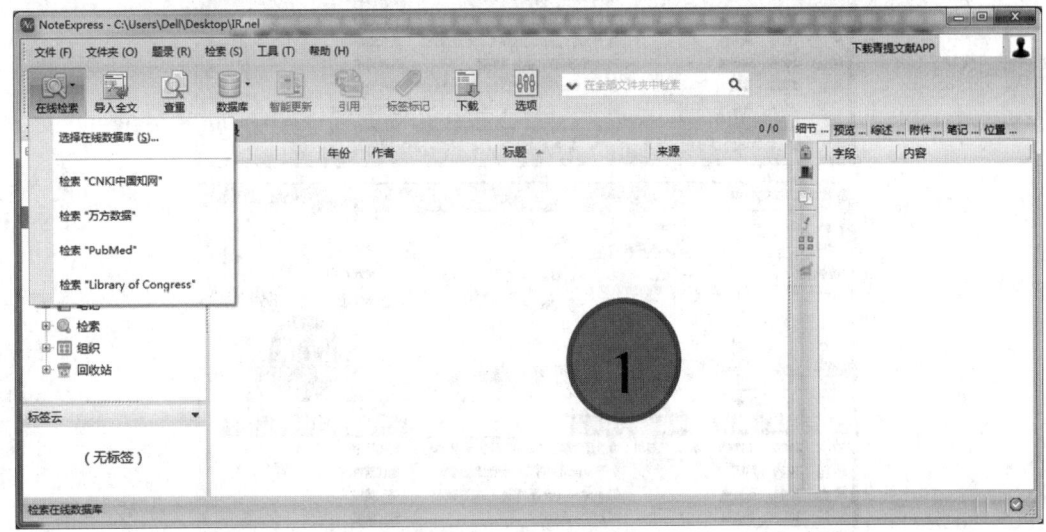

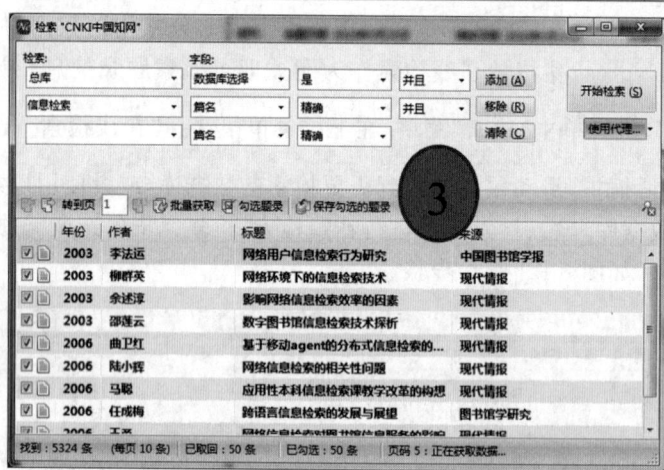
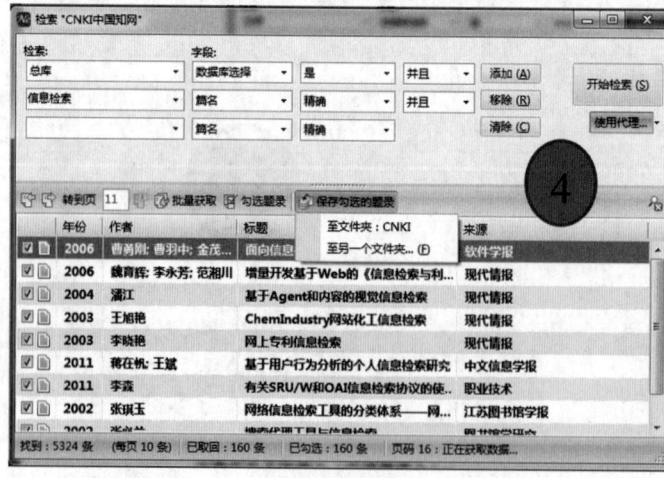

图 8-3 在线数据库检索导入步骤

② 格式化文件导入（过滤器导入）。格式化导入是指将从数据库页面导出的固定格式的检索结果导入 NoteExpress。如果在计算机内或者剪贴板上已经存储了来自某个数据库或信息源检索的文献题录信息，通过"文件"菜单下拉列表中的"导入题录"打开题录导入界面。需要注意的是如果保存的题录文件格式是 NoteExpress 本身的". nel"格式文件，可以直接导入。若是其他格式，则需要在该界面通过过滤器进行过滤，如图 8－4 所示。目前 NoteExpress 集成了几乎所有常用数据库的过滤器，过滤器的作用是使得来自不同数据库的不同格式的题录信息在 NoteExpress 中以相同格式显示出来。所以过滤器的选择是导入文献的关键，如果选择不正确，则会影响题录信息的导入。

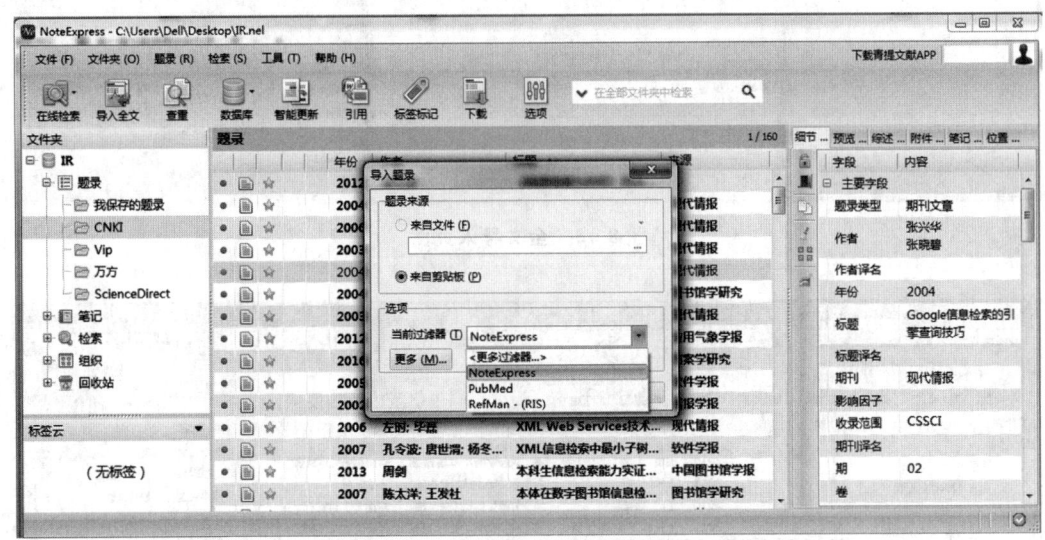

图 8－4　格式化文件导入

③ 手工录入。个别没有固定格式导出的题录或者由于其他原因需要手工录入的题录，通过快捷键"Ctrl＋N"或者单击"题录"菜单，从下拉菜单中选择"新建题录"，选择题录类型，然后在题录对话框中相应的字段输入信息即可。

④ 全文导入、智能识别、更新。对于已经下载了大量文献全文的用户，通过全文导入工具可以非常方便地将这些题录信息导入 NoteExpress，然后借助题录更新补充全题录的其他信息。方法如下：单击"文件"菜单，从下拉菜单中选择"导入文件"，或者选择工具栏的"导入全文"，如果需要导入某个文件，单击"添加文件"，如果需要导入多个文件，单击"添加目录"，然后选择题录保存的文件夹。在弹出的对话框中，选择需要导入的文件（按下"Ctrl"单击选择多个文件）或目录，单击"打开"，选中文件显示在要导入的文件框中，单击"导入"，如图 8－5 所示。

导入全文支持所有类型的文献，导入时自动生成的题录只有有限的信息，导入全文的文件名即为题录标题。NoteExpress 支持在导入的 PDF 以及 CAJ 全文中抽取关键信息作为题录，同时实现通过网络智能更新题录信息。方法如下：选择需要更新的题录，单击工具栏智能更新图标" "，或者右键单击"在线更新"—"智能更新"实现智能更新，或右键单击"在线更新"—"自动更新"，选择题录更新自数据库的名称，查找更新，完成自动更新，或右键单击"在线更新"—"手动更新"，弹出在线数据库选择框，选择题录所在数据库，输入相应字段信息进行检索，选择检索结果中的相应记录进行更新，如图 8－6 所示。

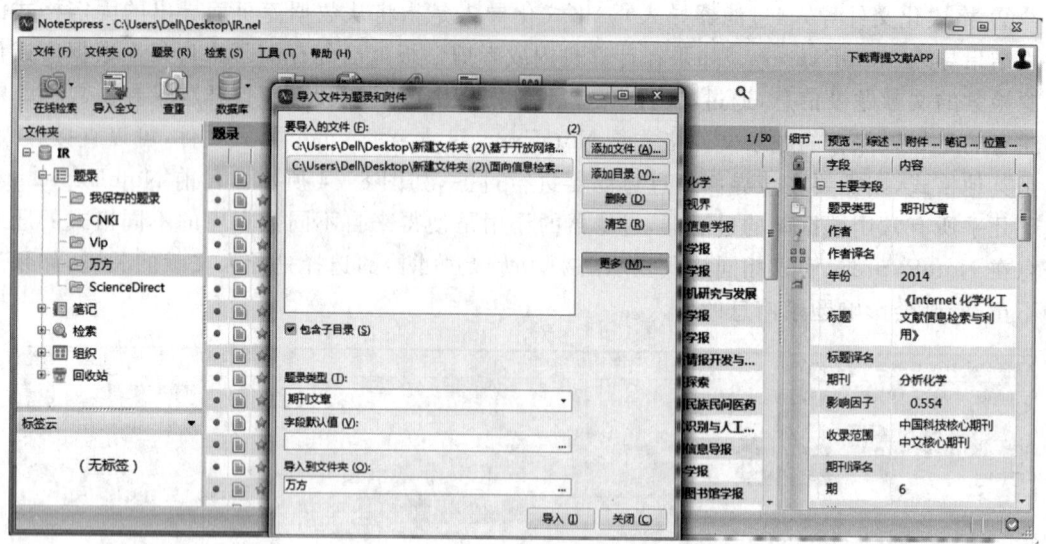

图 8-5 全文导入页面

图 8-6 在线更新题录信息

⑤ 浏览器插件导入（青提收藏）。青提收藏是一款兼容 chrome 内核的浏览器扩展插件，目前支持 chrome 浏览器、360 浏览器极速模式、百度浏览器、搜狗浏览器等。用户在浏览专业数据库或普通网页时，可以通过插件保存题录和全文到云端，登录 NoteExpress 后，单击工具栏的"下载"按钮，插件保存的题录自动导入到"我保存的题录"文件夹中，如图 8-7 所示。

⑥ 青提文献收藏题录下载。在手机上安装青提文献 App，注册并登录青提文献，青提文献提供六个数据库的检索（如图 8-8 左侧图），提供千余种国内外期刊订阅，用户可根据学科

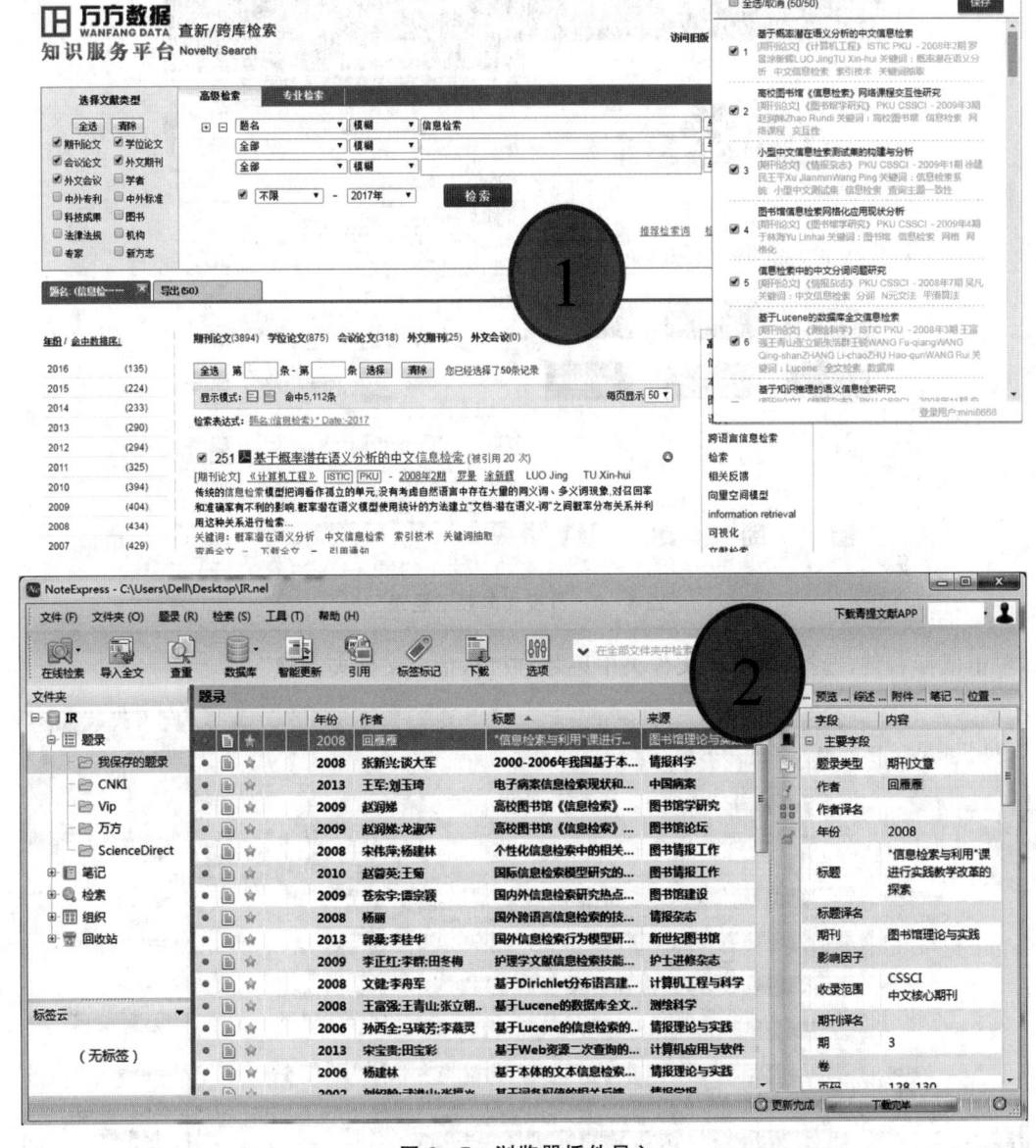

图 8-7 浏览器插件导入

选择,也可添加自定义订阅源,需要的文献点击右下角的收藏" ",如图 8-8 右侧图,在收藏栏中可以查阅所有收藏的文献。登录 NoteExpress,单击工具栏的"下载"按钮,从青提上收藏的题录就能归集到"我保存的题录"文件夹下。

(5) 管理。

① 文献查重。如果需要找出数据库中的重复文献,可通过如下操作进行:单击"检索",从下拉列表中选择"查找重复题录",或者单击工具栏查重图标" "设定查找的范围,选择重复题录比较的字段,设置查找敏感度和匹配度,单击"查找",重复题录将高亮显示,如图 8-9 所

图 8-8 青提文献收藏题录

示,单击鼠标右键,选择"从所有文件夹中删除"或"从指定文件夹删除"。

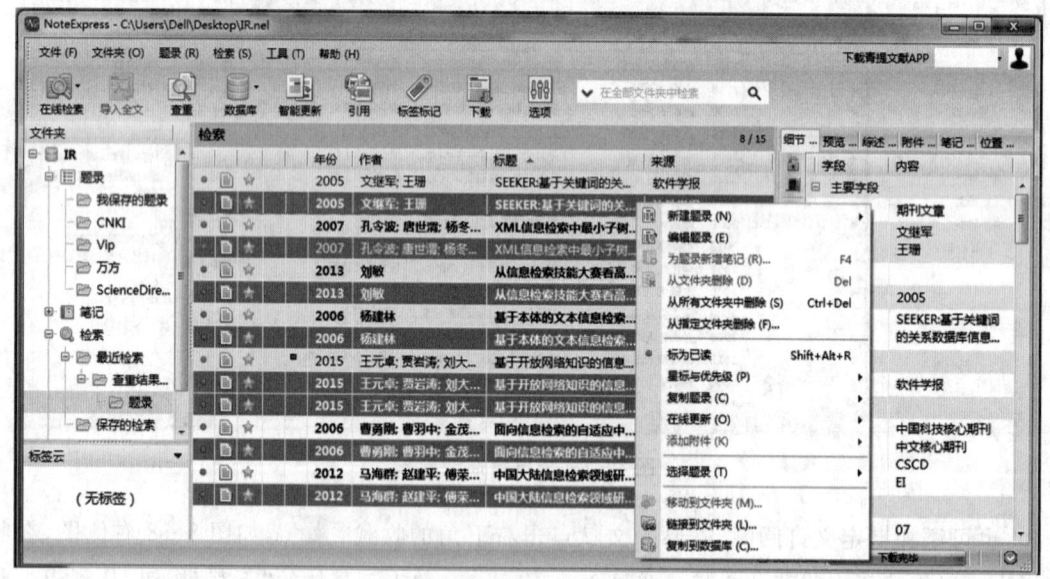

图 8-9 文献查重、删除

② 虚拟文件夹。在 NoteExpress 中,可以通过创建虚拟文件夹(比如关于某个主题或关键词)对题录进行分门别类的整理。右键单击页面"数据库及其结构目录栏"中的"题录",选择"添加文件夹",或者使用键盘的"insert"快捷键创建新的虚拟文件夹。方法如下:一条题录信息 A,目前存在于文件夹 CNKI 中,希望这条题录信息也存在文件夹 VIP 中,则可通过选择文件夹 CNKI 的题录 A,在单击右键弹出的菜单中选择"链接到文件夹",然后选择目标文件夹

VIP,确定即可(参见图 8-10)。这样题录信息 A 就会同时出现在 CNKI 和 VIP 两个文件夹中,且在 CNKI 和 VIP 中任意一个文件夹编辑该题录,另外一个文件夹中的该题录也发生同样改变。通过虚拟文件夹,可以让 NoteExpress 中保存的一条文献同时属于多个文件夹,为多学科交叉的当代科研提供了高效的解决方法。

图 8-10 将某条题录信息同时保存在多个文件夹中

③ 自定义表头。NoteExpress 在安装的时候就建立了默认表头,默认用于所有文件夹,可以根据需要建立新的表头、添加或者删除字段。不同的文件夹可以使用不同的表头,题录与笔记的表头皆可以定义。在表头处单击鼠标右键,可选择不同表头,单击"自定义"启动表头自定义对话框,单击"新建",输入新的表头名称。选择不同的题录类型,在可用的字段列中选择可用字段添加至显示列表,删除不需要显示的字段。自定义表头的高级功能可定义在同一列中显示不同题录类型的不同字段,如在来源字段中,期刊文章类型显示期刊字段,图书类型显示出版社字段,通用类型显示出版地点字段等。

④ 影响因子。NoteExpress 在 V3.0.4.6640 版本后添加了影响因子以及收录范围字段,题录在进入 NoteExpress 后会根据内置的期刊管理器的内容自动产生题录期刊的影响因子以及收录范围,用户可以将这两个字段列入表头,如图 8-11 所示。此外,NoteExpress 提供期刊近五年的影响因子趋势图,并在影响因子趋势图中显示该期刊收录范围。

⑤ 表头排序。

▷简单排序:在表头点击字段名称后按照该字段升序排序,再次点击则按照降序排序。

▷多重排序:在题录信息列表栏中,在表头处单击鼠标右键,选择"排序列表",进行多个字段排序的选择。

⑥ 附件管理。NoteExpress 提供强大的附件管理功能,支持任意的附件格式(也可添加多个附件),如常见的 PDF、Word、Excel、视频、音频文档等,还有文件夹、URL 等。添加了全文附件的题录,在"题录详细信息栏"的附件可见一回形针标志,单击回形针,则可迅速打开附

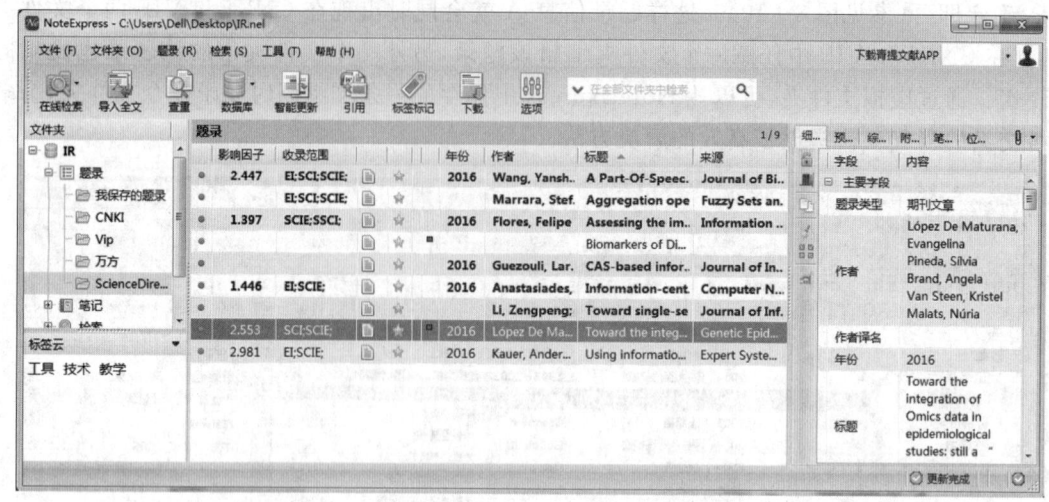

图 8-11 题录信息列表栏显示影响因子

件。选中需要添加附件的题录，单击鼠标右键，选择添加，添加附件，也可直接将所需添加的附件直接拖拽至空白处。NoteExpress 提供全文下载功能，方便用户在浏览题录信息的同时下载文献全文。选中一条或多条题录（来自同一个目标数据库），单击工具栏的"下载全文"或者菜单栏"检索—下载全文—选择全文数据库"，选择检索的数据库，NoteExpress 会自动连接网络下载。

如果为文献题录添加了附件、笔记、关联题录和文件夹，在题录信息列表栏的附件列会显示四个不同颜色的色块。各颜色小方块分别代表不同的意义，左上角红色代表关联文件附件，右上角紫色代表关联笔记，左下角黄色代表关联文件夹，右下角棕色代表关联题录。

⑦ 标记和标签云。NoteExpress 支持星标、优先级（彩色小旗）和标签云三种标记方式，方便用户根据需要和使用习惯管理题录。单击题录星标列即可标记，再单击移除星标。选中题录，单击"星标与优先级"，可标记优先级。选中题录，单击标签图标""，或者单击"星标与优先级"，选择"设置标签云"，输入标签或在已有标签中选择。在 NoteExpress 主界面的"标签云"中可对标签云进行排序，选择一个或多个标签云即可查看标记题录，相当于对题录信息进行分类，如图 8-12 所示。

⑧ 本地检索。NoteExpress 支持本地快速和高级检索，单击菜单栏的"检索"，在下拉列表中选择"在个人数据库中检索"，在弹出的检索界面中设置检索条件和检索范围后进行检索。每次检索后，NoteExpress 会自动保存最近的检索记录，单击某条检索记录，自动推送符合检索条件的题录。

⑨ 保存检索条件。在本地检索后，NoteExpress 会自动保存检索条件，默认保存 5 个检索条件。如果需要默认保存更多的检索条件，可到选项菜单中设置。如果经常使用某一检索条件，则可以将检索条件长期保存，无论何时单击保存的检索条件，显示符合的题录，相当于本地订阅或自动推送的功能。选中需要的检索条件，单击鼠标右键，选中"保存检索"，选择保存检索条件的文件夹，单击"确定"即可。

（6）分析。通过 NoteExpress 可以对文件夹中的题录信息进行多种统计分析，以快速了解某一领域的研究热点、重要专家和研究机构等信息。右键单击需要分析的文件夹，选择"文

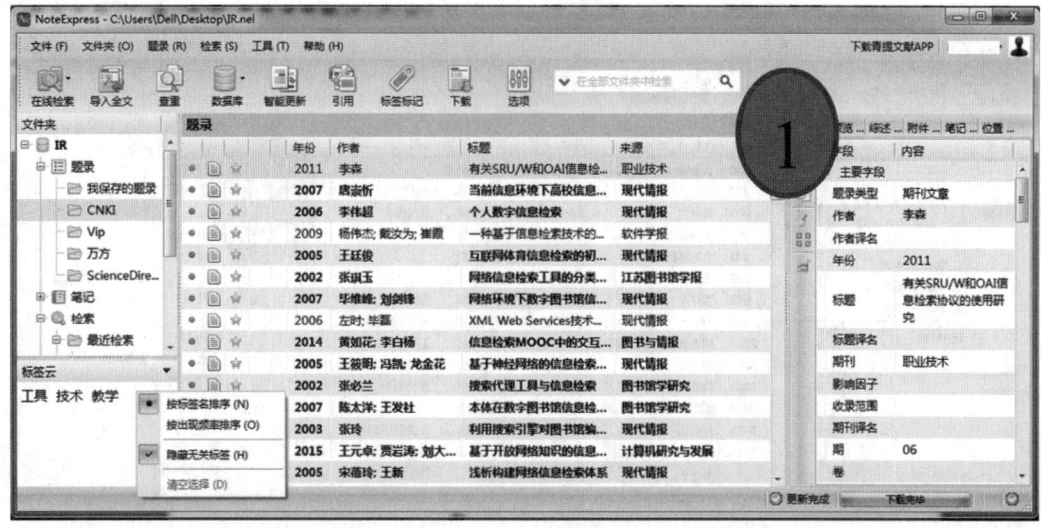

图 8-12　标签云排序及标签云题录信息

件夹信息统计",选择需要统计的字段,单击"统计"即可(参见图 8-13)。分析结果可导出为 txt 和 csv 格式,方便做出精准的报告。

(7) 发现。

① 综述。题录详细信息栏的综述提供作者、标题、来源、关键词、摘要等信息,帮助研究者快速阅读,了解文献的主要内容,判断对于自己研究的价值,以及是否需要阅读全文。

② 笔记。与文献相互关联的笔记功能,可以随时记录在阅读文献时产生的思想火花,方便以后查看和回顾。选择需要添加笔记的题录,通过"题录详细信息栏"切换到笔记窗口,直接添加笔记。如有需要,单击"打开"图标,进行高级笔记编辑,可插入图片、表格、公式等,NoteExpress 自动生成 TeX 公式代码。

(8) 辅助写作。安装完 NoteExpress 后在 Word 或 WPS 的菜单栏上会显示"NoteExpress",单击该按钮,显示 NoteExpress 的文字处理写作插件的功能按钮。通过这排

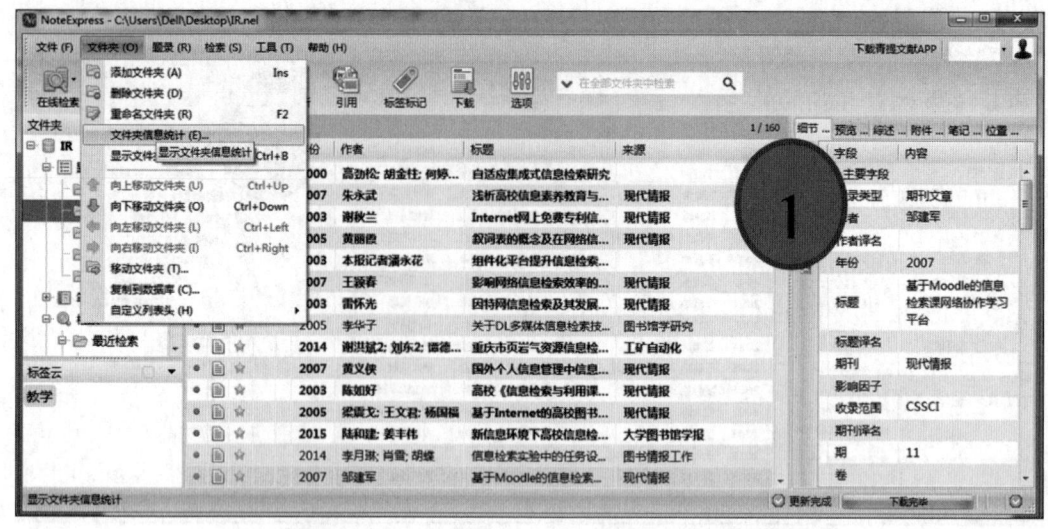

图 8-13 文件夹年份信息统计

按钮可以非常方便和高效地在写作中插入引用文献,并按照所需要的格式自动生成参考文献列表,也可以一键切换到其他格式。将光标放在文中需要插入引文的位置,切换到 NoteExpress,选择需要插入的题录,点击插入引文图标" ",NoteExpress 会自动生成参考文献列表(参见图 8-14)。若需要更换文献格式,点击格式化参考文献图标" ",浏览并选择需要的参考文献格式,应用即可。

(9) 参考文献题录的导出和交换。导出 NoteExpress 的题录,便于多个用户间交流共享数据,在题录界面选中需要导出的题录,通过菜单"文件"中的"导出题录",选择导出题录数据的格式。为方便与其他文献管理软件交换数据,建议选择"RefMan-(RIS)"格式,如果是在 NoteExpress 用户之间交换题录,可选择默认的 NoteExpress 格式。

在与其他文献管理软件交换题录时,如果其他用户保存题录使用的是 EndNote,则可以通过 EndNote 菜单"Edit"中的"Output Styles"选项,选择输出格式为"EndNote Export",选中要输出的题录,通过 EndNote 菜单"File"中的"Export……"选项,导出题录资料为一个 txt 文件。通过 NoteExpress 菜单的"文件"下拉菜单中的"导入题录",选择从 EndNote 中导出的数

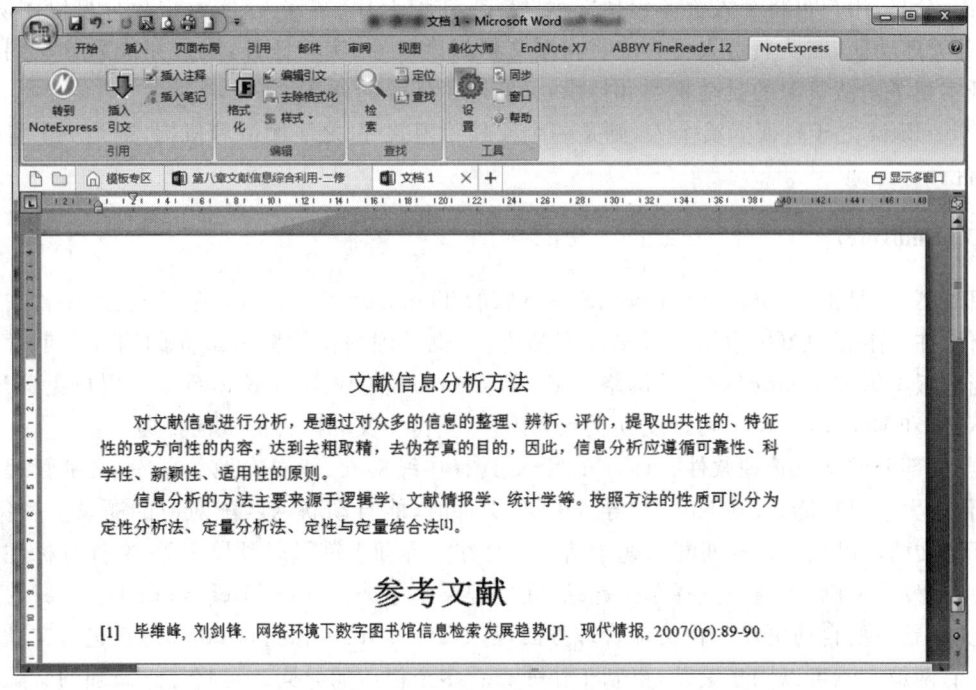

图 8-14　自动生成参考文献列表

据,选择相应的过滤器"EndNote Import",点击"导入"窗口的"导入"按钮,完成数据导入。其他软件的数据导入 NoteExpress 与此类似。

2. NoteFirst

NoteFirst 是由知先信息技术有限公司自主研发的新一代文献管理软件,它区别于大多数单机版文献管理软件,是一款基于互联网设计又兼顾用户单机使用需求的软件。互联网设计可让用户不受工作地点的限制在任意计算机上使用软件和更新个人文献数据库,而在网络不畅或者用户脱离网络的情况下则可以使用单机版,当前版本为 Ver4.4。

NoteFirst 具有知识管理、知识获取、协助论文写作、团队科研协作四大功能。

(1) 知识管理。知识管理可以把网页、网页选中部分保存为知识卡片,通过屏幕截图还可把任何有价值的内容保存为知识卡片,并可为知识卡片添加标签、进行分类、打包为电子书;知识管理还支持文献全文的自动下载、元数据的自动补充(以便满足作为参考文献引用的要求),支持分类、标签、检索功能,内置 PDF 阅读器,支持随文笔记。

(2) 知识获取。知识获取通过 RSS 订阅实现,可以订阅自己关注的期刊、博客的最新文章,也可以订阅某个数据库中某个主题、某个专家的文章。订阅的期刊中有价值的文献可以直接收藏为个人文献,并可自动下载全文,自动添加元数据,方便在论文写作时直接引用。

(3) 协助论文写作。协助论文写作表现在论文写作时能自动形成参考文献,且 NoteFirst 全面支持国标 GB/T 7714—2015。不仅能支持中文参考文献标准,还能实现 SCI、EI 收录期刊双语参考文献格式的自动形成。此外 NoteFirst 能进行参考文献的自动校对,这在国内外所有的参考文献管理软件中是首例。

(4) 团队科研协作。NoteFirst 是国内首款团队科研协作系统。支持团队成员资源的自动积累、分享，用户可将个人资源包括文献、笔记、知识卡片、文件夹、实验记录分享给团队；具有任务管理功能，团队负责人可为成员指派文献阅读任务、实验任务，成员完成后分享到团队中，既实现了团队资源的自动积累和传承，又实现了任务的评估。

NoteFirst 之于科研人员个人，则是一个文献管理软件；之于团队和机构，则是一个科研协作平台。

3. EndNote

EndNote 是由 Thomson Corporation 下属的 Thomson Research Soft 开发的一款文献管理软件，在文献管理市场中属于最早的产品之一，也是国内使用频率最高的国外文献管理软件，当前版本为 EndNote X8。其网络版 EndNote Web 向 Web of Knowledge 用户免费开放。EndNote 和 EndNote Web 可以交换文献和附件，支持全文和附件的双向传递。

与大部分的文献管理软件一样，EndNote 具有在线检索、建立本地数据库、文献管理与论文写作三大主要功能。EndNote 在导入 PDF 文件时，能自动联网匹配对应的题录信息（大多数 PDF 文档可以找到正确匹配的题录信息），且在主界面上就可以预览 PDF 文件并标注。对于一些预发表文献，可通过选择单个题录，在右键菜单中选择"Find Reference Update"的方式进行文献题录的自动更新。在文献管理方面，与 NoteExpress 相比，EndNote 在进行文献查重时，左右两篇文献可以同步滚动，更利于快速查看多个栏位的异同。可将最近添加的文献分成几个时间段内添加的，可以更细致地划分添加文献的时间。在论文写作时，EndNote 内置的期刊的参考文献格式达到了 6 000 余种。参考文献的格式除了可以统一设定外，还可以在写作时通过查找—插入的方式进行局部修改。EndNote 支持多国语言，包括中文。

8.5　学术规范与信息的合理使用

8.5.1　学术规范

学术规范是人们在长期的学术研究实践过程中总结出来的、被学术界所公认的、用来保障学术研究活动有序进行的一系列规章制度、行为准则和约束条件。学术只有走向规范化，才能促进学术的繁荣和发展。学术规范体现在学术实践活动的方方面面，集中表现为学术法律规范、学术道德规范和学术技术规范三个基本组成部分。

1. 学术法律规范

学术法律规范是指在学术活动中必须遵守国家法律法规的要求。这方面的法律法规主要有《中华人民共和国宪法》、《中华人民共和国民法通则》、《中华人民共和国著作权法》、《中华人民共和国著作权法实施条例》、《中华人民共和国专利法》、《中华人民共和国保守国家秘密法》、《中华人民共和国国家通用语言文字法》、《中华人民共和国科学技术进步法》、《中华人民共和国统计法》、《互联网著作权行政保护办法》等。

《中华人民共和国宪法》及相关法律保证了学术活动最根本的指导思想是马列主义、毛泽东思想和邓小平理论，明确了学术活动的方向是为社会主义现代化建设服务。《中华人民共和国著作权法》及相关法律规定了以下几个要点：(1) 任何作品，不论发表与否，都依法享有著作权；(2) 两人以上合作创作的作品，著作权由合作作者共同享有，合作作品可以分割使用的，作者对各自创作的部分可以单独享有著作权，但行使著作权时不得侵犯合作作品整体的著作权，合作作品不可以分割使用的，其著作权由合作作者共同享有；(3) 合作作品未经合作者许可，不能将与他人合作创作的作品当作自己单独创作的作品发表，或者未参与创作，不可在他人作品上署名；(4) 不允许剽窃、抄袭他人作品；(5) 不允许歪曲、篡改他人作品；(6) 汇编若干作品、作品的片段或者不构成作品的数据或其他材料，对其内容的选择或者编排体现独创性的作品，为汇编作品，汇编人享有著作权，但行使著作权时不得侵犯原作品的著作权；(7) 禁止在法定期限内一稿多投；(8) 使用他人作品时，应当指明作者姓名、作品名称、作品出处，不得影响该作品的正常使用。

2. 学术道德规范

学术道德规范是从事学术研究者在思想修养和职业道德方面应该达到的要求，它是学术规范的核心部分。1999年11月科学技术部颁布《关于科技工作者行为准则的若干意见》，2002年2月教育部颁布《关于加强学术道德建设的若干意见》，2004年6月教育部社会科学委员会发布《高等学校哲学社会科学研究学术规范（试行）》，2005年1月教育部发文《关于进一步加强和改进师德建设的意见》，2010年6月教育部科学技术委员会发布《高等学校科学技术学术规范指南》。这些文件对学术道德规范有详细阐述，如《高等学校哲学社会科学研究学术规范（试行）》，从基本规范、引文规范、学术成果规范、学术评价规范、学术批评规范等多方面作出规定。在此背景下，国内一些高校、科研单位纷纷响应，制定了更为具体的实施规范，如《北京大学教师学术道德规范》、《复旦大学学术规范及违规处理办法》、《浙江大学研究生学术规范》、《南京大学关于科学研究行为规范和管理办法》、《中国社会科学院关于加强学风建设的决定》等。

3. 学术技术规范

学术技术规范包括学术写作规范、学术评价规范、学术批评规范和学术引用规范等。

(1) 学术写作规范。学术写作，应坚持创新性与科学性的有机统一，要切实尊重知识产权和学术伦理，严禁抄袭剽窃，充分理解、尊重前人及今人已有的相关学术成果，并通过引证、注释等形式加以明确说明。学术写作规范包括内容上的规范和形式上的规范。内容上的规范是指选题应具有理论研究或实际应用价值。观点明确，资料充分，论证严密。要能提供新的科技信息、研究观点、研究结果等，内容应有所发现、有所发明、有所创造、有所前进，而不是重复、模仿、抄袭前人的工作。形式上的规范表现在结构合理，文字正确，图表规范，参考文献、注释等著录标准，合法出版等。

(2) 学术评价规范。学术评价涉及课题项目的立项，学术成果的鉴定或评价，各级各类优秀成果的评奖，职称评定中对科研成果的考核认定以及教学、科研人员工作考核考评诸多方面。学术评价应坚持公平、公正、公开的原则，应以学术价值或社会效益为基本标准。学术评价机构应坚持程序公正、标准合理，采用同行专家评审制，实行回避制度、民主表决制度，建立结果公示、意见反馈机制。

(3) 学术批评规范。学术批评以学术为中心，以文本为依据，批评的对象是学术"文本"及文本的创作者，而不是其他。学术批评不仅包括批评和反批评，也应包括学者的自我批评。批评者应当行使学术批评的权利,并承担相应的学术责任。被批评者可以开展反批评,但不得对批评者压制或报复。当研究者发现自己以前的研究存在错误时,应在以后发表的文章中加以说明,并予以纠正。

(4) 学术引用规范。学术研究是在继承前人成果的基础上进行的开拓和创新,所依据所参考的他人成果在写作时会被引用,通过参考文献的形式罗列在学术论文或论著中。这一方面体现了对他人劳动成果的尊重,一方面显示出当前研究与现有成果之间的继承和发展,另一方面为编辑、评审、读者、后继研究者提供评价论文的重要依据。学术引用规范如下:① 对已有文献任何形式的引用,都必须注明出处;② 引文应以原始文献和第一手资料为原则;③ 原则上不采用间接引用方式;④ 引用原则上使用最新版本;⑤ 引用不得改变或歪曲被引内容的原貌、原义;⑥ 引用以必要、适当为限;⑦ 引用标注应完整、准确显示被引作品的相关信息;⑧ 引用网络资源必须注意其"动态性"。

8.5.2 学术不端

学术不端行为是指违反学术规范的行为,是指在科学研究和学术活动中出现的各种造假、抄袭、剽窃和其他违背学术共同体道德惯例的行为。具体表现在以下几个方面:

1. 争取研究经费和研究资源

(1) 伪造前期研究成果,虚夸工作基础;
(2) 以不正当手段窃取他人研究思想或创新观点;
(3) 伪造申请者信息。

2. 科学研究及成果形成过程

(1) 捏造、篡改、编造数据,伪造样品,编造、拼凑事实等;
(2) 剽窃、抄袭他人的研究成果,甚至联手作弊等;
(3) 不合理引用,包括歪曲证据材料或故意断章取义,继承他人研究成果不做说明,引用他人观点不注出处,伪引、伪注,转引却不说明;
(4) 署名不当,包括故意遗漏某位作者姓名,特意将声望高却未参与研究或撰写工作的人列为作者,署名次序不依据贡献大小而按职称或地位高低等,相互署名,增加研究成果。

3. 成果发表

(1) 将尚不成熟的成果提前发布以获取优先权;
(2) 因私利延迟已成熟学术成果的发布时间;
(3) 故意将同一研究成果的素材分割为多篇论文发表;
(4) 鼓动新闻界不实炒作研究成果,获得不当评价和奖励;
(5) 篡改职务发明创造为非职务发明创造并申请专利。

4. 申请科技奖励

(1) 虚构或夸大研究成果;
(2) 报奖材料中数据作假、夸大研究成果价值;

(3) 剽窃他人成果或学术侵权;
(4) 拼凑关联度不大或没关联的项目、成果报奖,已获奖励成果重复申请奖励、重复获奖;
(5) 候选人(获奖人)排名不公。

5. 借助检索系统、会议等进行研究成果造假

(1) 因会议论文摘要被知名检索系统收录而提交论文,却无故缺席以致影响会议议程;
(2) 科研成果评定时虚报不存在的信息。

鉴于目前学术界越来越多学术不端行为的发生,从政府高官到大学校长,从院士到教授到在读研究生,学术不端行为已经引起了社会各界的强烈反应。美国、德国等西方发达国家较早地出台了遏制学术不端行为的措施,并且形成了比较完善的遏制学术不端行为的系统性机制。如在美国,遏制研究不端行为是有法律依据的,美国政府部门、研究机构和大学层次都建立了专门负责处理学术不端行为的机构。我国近年来也先后制定和颁布了多部法律和部门规章,其中教育部2009年颁布的《教育部关于严肃处理高等学校学术不端行为的通知》第一次明确地对学术不端行为进行了界定和分类,为高校和科研机构查处和惩治学术不端行为提供了指导意见。2016年6月,教育部正式颁发了《高等学校预防与处理学术不端行为办法》,将高校处理学术不端行为的依据由规范性文件上升为部门规章,2016年9月1日实施。科技部制定了《关于加强我国科研诚信建设的意见》和《国家科技计划实施中科研不端行为处理办法》,《中华人民共和国专利法》和《中华人民共和国著作权法》中也出台了相关规定。

中国科协科技工作者与权益工作委员会就学术不端行为开出了"五味药方":积极倡导建立完善、科学的评价机制;加强科学道德制度建设,规范学术研究;加强科学道德和学术规范的普及性教育;增强科技工作者法律观念,强化科技工作者法律意识;健全监督约束机制,大力开展学术批评。

网络技术的发展使得各种反"学术不端行为"的软件不断被开发并运用,国外如Turnitin、CrossCheck、Safeassign,国内如中国知网的学术不端文献检测系统,包括学位论文学术不端行为检测系统、科技期刊学术不端文献检测系统、社科期刊学术不端文献检测系统、大学生论文抄袭检测系统等,万方数据知识服务平台的"论文相似性检测服务",包括"新论文检测"、"已发表论文检测"和"大学生论文检测"三个系统,通过技术手段来防止学术不诚信行为的发生。

8.5.3 信息的合理使用

1. 概述

著作权法中的"合理使用"是各国著作权制度中对著作权限制的一种主要制度。该概念最早是在美国Folsom VS. Marsh一案中被提出,1976年在美国著作权法中被法典化。合理使用制度的初衷是为了解决后续的作者为了创作新作品而利用先前作者的作品的问题。到目前为止,合理使用制度已成为各国著作权法中通行的制度。合理使用是指在一定条件下使用受著作权保护的作品,可以不经著作权人的许可,也不必向其支付报酬。合理使用最直观的考虑,是不允许使用他人的作品时出现阻碍自由思想的表达和交流的情形。

2. 《著作权法》中的合理使用

《中华人民共和国著作权法》第二十二条 在下列情况下使用作品，可以不经著作权人许可，不向其支付报酬，但应当指明作者姓名、作品名称，并且不得侵犯著作权人依照本法享有的其他权利：

（1）为个人学习、研究或者欣赏，使用他人已经发表的作品；

（2）为介绍、评论某一作品或者说明某一问题，在作品中适当引用他人已经发表的作品；

（3）为报道时事新闻，在报纸、期刊、广播电台、电视台等媒体中不可避免地再现或者引用已经发表的作品；

（4）报纸、期刊、广播电台、电视台等媒体刊登或者播放其他报纸、期刊、广播电台、电视台等媒体已经发表的关于政治、经济、宗教问题的时事性文章，但作者声明不许刊登、播放的除外；

（5）报纸、期刊、广播电台、电视台等媒体刊登或者播放在公众集会上发表的讲话，但作者声明不许刊登、播放的除外；

（6）为学校课堂教学或者科学研究，翻译或者少量复制已经发表的作品，供教学或者科研人员使用，但不得出版发行；

（7）国家机关为执行公务在合理范围内使用已经发表的作品；

（8）图书馆、档案馆、纪念馆、博物馆、美术馆等为陈列或者保存版本的需要，复制本馆收藏的作品；

（9）免费表演已经发表的作品，该表演未向公众收取费用，也未向表演者支付报酬；

（10）对设置或者陈列在室外公共场所的艺术作品进行临摹、绘画、摄影、录像；

（11）将中国公民、法人或者其他组织已经发表的以汉语言文字创作的作品翻译成少数民族语言文字作品在国内出版发行；

（12）将已经发表的作品改成盲文出版。

3. 网络环境下的合理使用

大型网络产品如电子期刊、网络数据库因信息量大、检索方便等特点，越来越受到学生的欢迎，尤其在学生进行毕业论文写作或毕业设计时是使用频率最高的信息源。高校图书馆购买电子资源，电子资源供应商授权给高校图书馆。按照国际惯例，高校图书馆购买的是这些网络电子产品的使用权，对电子资源的合理使用通常要求授权用户是出于个人的研究和学习目的，用户可以对网络数据库进行以下合理使用：

（1）检索网络数据；

（2）阅读检索结果；

（3）打印检索结果；

（4）下载检索结果存储在个人计算机上；

（5）传送检索结果到个人的电子邮箱或者个人的存储空间（不对外共享）；

（6）承担使用单位正常教学任务的授权用户，可以将作为教学参考资料的少量检索结果下载并组织到供本使用单位教学使用的课程参考资料包中，置于内部网络的安全计算机上，供选修特定课程的学生在该课程学习期间通过内部网络进行阅读。

练习与思考

1. 论文写作有哪些规范?
2. 选择一个课题,围绕这个课题收集整理信息,用 Excel 记录,并从学科、主题、作者、出版时间等方面分析检索结果。
3. 撰写一篇文献综述,并将撰写综述时收集的文献信息通过 NoteExpress 进行保存管理。
4. 什么是学术规范? 学术规范包括哪些内容?
5. 如何合理使用网络数据库?

附录 《中国古籍善本书目》分类简表

1. 经部

总类
易类
书类
诗类
礼类（周礼、仪礼、礼记、三礼总义、通礼、杂礼书）
乐类
春秋类（汇编、左传、公羊传、谷梁传、春秋总义）
孝经类
四书类（论语、孟子、大学、中庸、四书总义）
群经总义类
小学类（汇编、训诂、字书、韵书）

2. 史部

纪传类（汇编、通代、断代）
编年类（通代、断代）
纪事本末类（通代、断代）
杂史类
诏令奏议类（诏令、奏议）
传记类（总传、别传、年谱、日记、家传、宗谱、杂录、贡举、职官录）
史抄类
时令类
地理类（总志、方志、杂志、山水志、专志、游记、外纪）
职官类（官制、官箴、政纪）
政书类（通制、典礼、邦计、军政、法令、邦交、考工、科举、公牍、档册、杂录）
目录类（汇编、公藏、家藏、知见、地方艺文、杂录）
金石类（总类、金类、石类、玉类、陶类、钱币、玺印）
史评类

3. 子部

总类
儒家类
兵家类
法家类
农家类（附兽医）
医家类（丛编、医经、本草、诊法、方论、针灸、养生、史传）
天文算法类（天文、历法、算书）
术数类（数学、占候、相宅相墓、占卜、命书相书、阴阳五行、杂术）
艺术类（书画、画谱、篆刻、乐谱、棋谱、杂技）
谱录类（丛编、器物、食谱、花草树木、鸟兽虫鱼）
杂家类（杂学杂说、杂考、杂记、杂品、杂纂）
小说类（笔记、短篇、长篇）
类书类
释家类（大藏、译经、撰疏）
道家类

4. 集部

楚辞类	清别集类
汉魏六朝别集类	总集类（丛编、通代、断代、地方艺文、家集）
唐五代别集类	诗文评类
宋别集类	词类（丛编、别集、总集、词话、词谱、词韵）
金别集类	曲类（诸宫调、杂剧、传奇、散曲、俗曲、弹词、宝卷、曲选、曲谱、曲律、曲韵、曲评、曲话）
元别集类	
明别集类	曲目

5. 丛部

汇编丛书	家集丛书
地方丛书	自著丛书

参考文献

[1] GB/T 4894—2009 信息与文献术语.
[2] GB 3792.1—2009 中华人民共和国国家标准·文献著录总则.
[3] 孟广均等.信息资源管理导论[M].第3版.北京:科学出版社,2008.
[4] 张凯.信息资源管理[M].第3版.北京:清华大学出版社,2013.
[5] 潘树广,黄镇伟,涂小马.文献学纲要[M].第2版.桂林:广西师范大学出版社,2005.
[6] 邹志仁.信息学概论[M].第2版.南京:南京大学出版社,2007.
[7] 何斌,吕诗芸,李泽莹.信息管理原理与方法[M].第2版.北京:清华大学出版社,2011.
[8] 沈固朝,储荷婷,华薇娜.信息检索(多媒体)教程[M].第3版.北京:高等教育出版社,2015.
[9] [美]利贝卡·鲁宾等.传播研究方法:策略与资料来源[M].第4版.北京:华夏出版社,2000.
[10] 张国良.传播学原理[M].第2版.上海:复旦大学出版社,2011.
[11] 张琪玉,侯汉清.情报检索语言实用教程[M].武汉:武汉大学出版社,2010.
[12] 储节旺,郭春侠,吴昌合.信息组织学[M].北京:清华大学出版社,北京交通大学出版社,2007.
[13] 马张华.信息组织[M].第3版.北京:清华大学出版社,2008.
[14] 冷伏海.信息组织概论[M].第2版.北京:科学出版社,2008.
[15] 国家图书馆《中国图书馆分类法》编辑委员会.中国图书馆分类法.第5版.北京:国家图书馆出版社,2010.
[16] 朱天俊,李国新.中文工具书基础[M].北京:北京图书馆出版社,2005.
[17] 邵献图.西文工具书概论(增订版)[M].北京:北京大学出版社,2010.
[18] 黄爱平.四库全书纂修研究[M].北京:中国人民大学出版社,1989.
[19] 彭奇志.信息检索与利用[M].北京:中国轻工业出版社,2013.
[20] 孙济庆,葛巧珍,曾媛.现代信息检索教程[M].上海:华东理工大学出版社,2010.
[21] 袁曦临.信息检索:从学习到研究[M].南京:东南大学出版社,2011.
[22] 董建成.医学信息检索教程[M].南京:东南大学出版社,2015.
[23] 中华人民共和国专利法(2008)[EB/OL].(2008-12-27). http://www.lawyee.org.
[24] 中华人民共和国国家知识产权局专利申请号标准制定工作组.ZC 0006—2003,专利申请号标准,行业标准—知识产权(CSIC-ZC),2003-07-14[S].
[25] 赵泉.信息管理基础[M].第2版.北京:机械工业出版社,2007.
[26] 焦玉英,温有奎,陆伟等.信息检索新论[M].武汉:武汉大学出版社,2008.
[27] 刘廷元.数字信息检索教程[M].上海:华东理工大学出版社,2006.
[28] 张厚生,袁曦临.信息素养[M].南京:东南大学出版社,2007.
[29] 王知津.信息存储与检索[M].第2版.北京:机械工业出版社,2016.
[30] 郭年琴,康忠民,蔡福瑞.文献信息检索与实践[M].北京:中国铁道出版社,2014.
[31] 赵静编著.现代信息查询与利用[M].第4版.北京:科学出版社,2017.
[32] 欧朝晖.解密SEO——搜索引擎优化与网站成功战略[M].北京:电子工业出版社,2007.

[33] 梁斌.走进搜索引擎[M].北京:电子工业出版社,2007.
[34] 詹德优.中文工具书导论[M].第2版.武汉:湖北教育出版社,2006.
[35] 赵国璋,朱天俊,潘树广.社会科学文献检索(增订版)[M].北京:北京大学出版社,2005.
[36] 吕彬.社科信息检索与利用[M].镇江:江苏大学出版社,2015.
[37] 新闻出版总署科技发展司,新闻出版总署图书出版管理司,中国标准出版社.作者编辑常用标准及规范[M].第3版.北京:中国标准出版社,2008.
[38] 教育部社会科学委员会.高等学校哲学社会科学研究学术规范(试行)[J].社会科学论坛,2004(8):41-42.
[39] 刘洪波.近20年《楚辞补注》研究综述[J].东北师大学报(哲学社会科学版),2008(3):143-148.
[40] 曾令霞.一个文本的阐释史——《过客》研究综述[J].社会科学研究,2003(5):141-146.
[41] 李澄君,罗学妹.社科信息检索与利用[M].北京:人民出版社,2011.
[42] 靳小青.信息检索[M].北京:人民邮电出版社,2010.
[43] 查先进.信息分析[M].武汉:武汉大学出版社,2011.
[44] 叶继元.学术规范通论[M].上海:华东师范大学出版社,2017.
[45] 谭九生.学术规范的法律视角分析[J].图书与情报,2006(3):81-84.
[46] 张积玉.学术规范体系论略[J].文史哲,2001(1):80-85.
[47] 顾海良.学术规范与学术道德:他律与自律[J].社会科学论坛,2005(1):11-15.
[48] 胡婧坤,刘培.2000—2009年国内学术不端行为研究综述[J].图书情报工作,2010(20):144-148.
[49] 教育部关于严肃处理高等学校学术不端行为的通知[EB/OL].(2009-03-21)[2017-01-07].http://www.gov.cn/gzdt/2009-03/21/content_1264527.htm
[50] 中华人民共和国教育部令.高等学校预防与处理学术不端行为办法[EB/OL].(2016-06-20)[2016-07-20].http://www.moe.gov.cn/srcsite/A02/s5911/moe_621/201607/t20160718_272156.html
[51] 窦靖伟.论学术不端行为的法律规制[J].河南财经政法大学学报,2012(3):182-186.
[52] 全国信息与文献标准化技术委员会.信息与文献 参考文献著录规则 GB/T 7714—2015[S].北京:中国标准出版社,2015.
[53] 张昊浩,高国龙,钱俊龙等.国内外学术不端文献检测系统平台的比较研究[J].中国科技期刊研究,2011,22(4):514-521.
[54] 中华人民共和国教育部令.高等学校预防与处理学术不端行为办法[EB/OL].(2017-06-20)[2017-07-20].http://www.moe.gov.cn/srcsite/A02/s5911/moe_621/201607/t20160718_272156.html
[55] https://www.capub.cn/zxgk/jgjs/cipzx/
[56] http://www.chinaxwcb.com
[57] http://www.dangdang.com
[58] http://www.bookschina.com
[59] http://www.amazon.cn
[60] http://www.nlc.cn
[61] http://www.calis.edu.cn
[62] http://www.oclc.org
[63] http://www.chaoxing.com
[64] http://www.apabi.com/tiyan
[65] http://www.du8.com
[66] http://www.europeana.eu
[67] http://www.wdl.org/zh
[68] http://book.people.com.cn/GB

[69] http://www.xinhuanet.com/book
[70] http://www.china.com.cn
[71] http://books.google.com.hk
[72] http://www.duxiu.com
[73] http://www.sikuquanshu.com
[74] http://www.nlc.cn/pcab/
[75] http://rbsc.calis.edu.cn
[76] http://www.er07.com
[77] http://www.guoxue.com
[78] http://dbpub.cnki.net
[79] http://www.hytung.cn
[80] http://www.unihan.com.cn
[81] http://hanchi.ihp.sinica.edu.tw
[82] http://www.chant.org
[83] http://bamboo.lib.cuhk.edu.hk
[84] http://www2.ihp.sinica.edu.tw/
[85] http://www.ncl.edu.tw
[86] http://cssci.nju.edu.cn
[87] http://www.ncl.edu.tw
[88] http://tci.ncl.edu.tw
[89] https://ndltd.ncl.edu.tw/cgi-bin/gs32/gsweb.cgi
[90] http://www.cnki.net
[91] http://www.wanfangdata.com.cn
[92] http://www.cqvip.com
[93] https://www.rdfybk.com/
[94] http://www.cnbksy.cn/
[95] http://www.cashl.edu.cn/portal/index.jsp
[96] http://ccc.calis.edu.cn
[97] http://www.nstl.gov.cn
[98] http://www.socolar.com
[99] http://www.ebscohost.com
[100] http://link.springer.com/
[101] http://www.sciencedirect.com
[102] https://onlinelibrary.wiley.com/
[103] https://search.proquest.com/
[104] http://pqdt.calis.edu.cn/
[105] http://apps.webofknowledge.com/
[106] http://vip.chinalawinfo.com
[107] http://www.lawyee.org
[108] http://www.chinalaw.net
[109] http://www.guodao.cn/zzfdsite/a_search..aspx
[110] https://legalsolutions.thomsonreuters.com/law-products/westlaw-legal-research/
[111] http://www.lexisnexis.com/hottopics/lnacademic/?

[112] http://www.heinonline.org
[113] http://www.sipo.gov.cn
[114] http://patft.uspto.gov
[115] http://www.epo.org/searching-for-patents/technical/espacenet.html#tab-1
[116] http://ipsearch.ipd.gov.hk
[117] http://sbj.saic.gov.cn
[118] http://www.sac.gov.cn
[119] http://www.cssn.net.cn
[120] http://www.google.com.hk
[121] http://www.baidu.com
[122] http://www.sogou.com
[123] http://www.iask.com
[124] http://www.youdao.com
[125] http://www.yahoo.com
[126] http://www.drcnet.com.cn
[127] http://www.cei.gov.cn
[128] http://www.infobank.cn
[129] http://www.stats.gov.cn
[130] http://www.macrochina.com.cn
[131] http://www.pishu.com.cn
[132] http://www.xinhuanet.com
[133] http://www.galegroup.com
[134] http://www.oed.com
[135] https://www.ldoceonline.com/
[136] http://ecph.cnki.net
[137] https://academic.eb.com/
[138] http://www.airiti.com/tw/page_art.html
[139] http://airitinpm.com
[140] https://www.louvre.fr/zh/
[141] http://www.britishmuseum.org/
[142] http://www.nssd.org/
[143] http://www.airitilibrary.cn/
[144] http://www.twscholar.com/
[145] http://ipub.exuezhe.com/index.html